国家出版基金项目
NATIONAL PUBLICATION FOUNDATION

2010年教育部人文社会科学规划课题成果
（“唐朝与中亚诸胡关系史研究”，编号10YJA770061）

欧亚历史文化文库

总策划 张余胜

兰州大学出版社

唐朝与中亚九姓胡关系史研究

丛书主编 余太山

许序雅 著

图书在版编目(CIP)数据

唐朝与中亚九姓胡关系史研究/许序雅著．—兰州：兰州大学出版社,2012.10

(欧亚历史文化文库/余太山主编)

ISBN 978-7-311-03979-0

Ⅰ.①唐… Ⅱ.①许… Ⅲ.①中外关系—国际关系史—研究—中亚—唐代 Ⅳ.①D829.36

中国版本图书馆CIP数据核字(2012)第242922号

总 策 划 张余胜

书　　名 唐朝与中亚九姓胡关系史研究
丛书主编 余太山
作　　者 许序雅 著
出版发行 兰州大学出版社 (地址:兰州市天水南路222号 730000)
电　　话 0931-8912613(总编办公室) 0931-8617156(营销中心)
　　　　 0931-8914298(读者服务部)
网　　址 http://www.onbook.com.cn
电子信箱 press@lzu.edu.cn
印　　刷 天水新华印刷厂
开　　本 700 mm×1000 mm 1/16
印　　张 21.25
字　　数 285千
版　　次 2012年10月第1版
印　　次 2012年10月第1次印刷
书　　号 ISBN 978-7-311-03979-0
定　　价 65.00元

出版说明

随着20世纪以来联系地、整体地看待世界和事物的系统科学理念的深入人心，人文社会学科也出现了整合的趋势，熔东北亚、北亚、中亚和中、东欧历史文化研究于一炉的内陆欧亚学于是应运而生。时至今日，内陆欧亚学研究取得的成果已成为人类不可多得的宝贵财富。

当下，日益高涨的全球化和区域化呼声，既要求世界范围内的广泛合作，也强调区域内的协调发展。我国作为内陆欧亚的大国之一，加之20世纪末欧亚大陆桥再度开通，深入开展内陆欧亚历史文化的研究已是责无旁贷；而为改革开放的深入和中国特色社会主义建设创造有利周边环境的需要，亦使得内陆欧亚历史文化研究的现实意义更为突出和迫切。因此，将针对古代活动于内陆欧亚这一广泛区域的诸民族的历史文化研究成果呈现给广大的读者，不仅是实现当今该地区各国共赢的历史基础，也是这一地区各族人民共同进步与发展的需求。

甘肃作为古代西北丝绸之路的必经之地与重要组

成部分，历史上曾经是草原文明与农耕文明交汇的锋面，是多民族历史文化交融的历史舞台，世界几大文明（希腊—罗马文明、阿拉伯—波斯文明、印度文明和中华文明）在此交汇、碰撞，域内多民族文化在此融合。同时，甘肃也是现代欧亚大陆桥的必经之地与重要组成部分，是现代内陆欧亚商贸流通、文化交流的主要通道。

基于上述考虑，甘肃省新闻出版局将这套《欧亚历史文化文库》确定为2009—2012年重点出版项目，依此展开甘版图书的品牌建设，确实是既有眼光，亦有气魄的。

丛书主编余太山先生出于对自己耕耘了大半辈子的学科的热爱与执著，联络、组织这个领域国内外的知名专家和学者，把他们的研究成果呈现给了各位读者，其兢兢业业、如临如履的工作态度，令人感动。谨在此表示我们的谢意。

出版《欧亚历史文化文库》这样一套书，对于我们这样一个立足学术与教育出版的出版社来说，既是机遇，也是挑战。我们本着重点图书重点做的原则，严格于每一个环节和过程，力争不负作者、对得起读者。

我们更希望通过这套丛书的出版，使我们的学术出版在这个领域里与学界的发展相偕相伴，这是我们的理想，是我们的不懈追求。当然，我们最根本的目的，是向读者提交一份出色的答卷。

我们期待着读者的回声。

总序

本文库所称“欧亚”(Eurasia)是指内陆欧亚，这是一个地理概念。其范围大致东起黑龙江、松花江流域，西抵多瑙河、伏尔加河流域，具体而言除中欧和东欧外，主要包括我国东三省、内蒙古自治区、新疆维吾尔自治区，以及蒙古高原、西伯利亚、哈萨克斯坦、乌兹别克斯坦、吉尔吉斯斯坦、土库曼斯坦、塔吉克斯坦、阿富汗斯坦、巴基斯坦和西北印度。其核心地带即所谓欧亚草原(Eurasian Steppes)。

内陆欧亚历史文化研究的对象主要是历史上活动于欧亚草原及其周邻地区(我国甘肃、宁夏、青海、西藏，以及小亚、伊朗、阿拉伯、印度、日本、朝鲜乃至西欧、北非等地)的诸民族本身，及其与世界其他地区在经济、政治、文化各方面的交流和交涉。由于内陆欧亚自然地理环境的特殊性，其历史文化呈现出鲜明的特色。

内陆欧亚历史文化研究是世界历史文化研究中不可或缺的组成部分，东亚、西亚、南亚以及欧洲、美洲历史文化上的许多疑难问题，都必须通过加强内陆欧亚历史文化的研究，特别是将内陆欧亚历史文化视做一个整体加以研究，才能获得确解。

中国作为内陆欧亚的大国，其历史进程从一开始就和内陆欧亚有千丝万缕的联系。我们只要注意到历代王朝的创建者中有一半以上有内陆欧亚渊源就不难理解这一点了。可以说，今后中国史研究要有大的突破，在很大程度上有待于内陆欧亚史研究的进展。

古代内陆欧亚对于古代中外关系史的发展具有不同寻常的意义。古代中国与位于它东北、西北和北方，乃至西北次大陆的国家和地区的关系，无疑是古代中外关系史最主要的篇章，而只有通过研究内陆欧亚史，才能真正把握之。

内陆欧亚历史文化研究既饶有学术趣味，也是加深睦邻关系，为改革开放和建设有中国特色的社会主义创造有利周边环境的需要，因而亦具有重要的现实政治意义。由此可见，我国深入开展内陆欧亚历史文化的研究责无旁贷。

为了联合全国内陆欧亚学的研究力量，更好地建设和发展内陆欧亚学这一新学科，繁荣社会主义文化，适应打造学术精品的战略要求，在深思熟虑和广泛征求意见后，我们决定编辑出版这套《欧亚历史文化文库》。

本文库所收大别为三类：一，研究专著；二，译著；三，知识性丛书。其中，研究专著旨在收辑有关诸课题的各种研究成果；译著旨在介绍国外学术界高质量的研究专著；知识性丛书收辑有关的通俗读物。不言而喻，这三类著作对于一个学科的发展都是不可或缺的。

构建和发展中国的内陆欧亚学，任重道远。衷心希望全国各族学者共同努力，一起推进内陆欧亚研究的发展。愿本文库有蓬勃的生命力，拥有越来越多的作者和读者。

最后，甘肃省新闻出版局支持这一文库编辑出版，确实需要眼光和魄力，特此致敬、致谢。

余太山

2010年6月30日

目录

1 粟特、粟特人及九姓胡[1]

汉唐时期，由于经商和战争等原因，粟特地区的居民沿丝绸之路大批移居中国，散布于塔里木盆地、蒙古高原和中国北方，建立起移民聚落，对中古中国的政治进程、宗教、音乐舞蹈等，都产生了深刻的影响。多年来，学者们对汉文史籍中以昭武九姓为姓的"粟特人"的活动及其影响做过深入的探讨。[2]但是，对于"粟特"、"康居"、"康国"的区别，以及"粟特人"的构成、"粟特人"与"昭武九姓"的关系，许多学者仍有误解，似仍有深入探讨的必要。这是我们探究唐朝与九姓胡或粟特人关系的起点。

1.1 "粟特"和"粟特人"溯源

粟特人，属伊朗人种的中亚古族。日本学者白鸟库吉认为"粟特"一词在祆教经典《阿维斯他（陀）经》中记为 Sughda，古波斯大流士一世下令所刻的《贝希斯敦（Behistum）碑铭》记作 Sugude（或 Suguda，Sugda）；古希腊希罗多德《历史》中记为 Saghdo（Sogdoi）。白鸟库吉辨别了康居与粟特（Sogdiana）的区别，认为粟特地当中亚布哈拉地区；在汉代，粟特人居锡尔河之南，属于伊兰（朗）人，以农业为主；康居人则生活在锡尔河以北的吉利吉思大草原，属于突厥人，以游牧为主；粟特人

[1]参见拙文：《粟特、粟特人及九姓胡考辨》，载《西域研究》2007 年第 2 期，第 8－15 页。

[2]关于入华粟特人的研究史，参看程越：《国内粟特研究综述》，载《中国史研究动态》，1995 年第 9 期，第 13－19 页；荣新江、廉湘民：《隋唐五代史研究概述》（天津教育出版社 1996 年）第六章《中外关系》一节中的《昭武九姓粟特人的东迁》，第 453－458 页。关于粟特地区的考古材料对研究汉文史料的价值，参看姜伯勤：《俄国粟特研究对汉学的意义》，提交"汉学研究国际会议"论文，北京大学，1998 年 5 月 6－8 日。

和康居人实属两个不同的民族;[1] Sogdiana 地方,相当于《后汉书》、《晋书》之“粟弋”,《魏略》之“属繇”,《魏书》之“粟特”;南北朝末期汉籍所记“贵霜匿”,乃 Soghd 之转译,代表粟特国家。[2] 英国学者亨宁考辨说,希腊人一般把粟特称作 Sogdiana(索格底亚那),把粟特的居民称作 Sogdianoi;在粟特文献中,“粟特”记作 swγδ -, suγδ -, sγwδ -, sγuδ -。[3] 俄国学者 W. 巴托尔德认为,Soghd(粟特)一词在古波斯文中写作 Suguda,在《阿维斯陀经》记作 Sughda,希腊人记作 Sogdioi、Sogdianoi(指“粟特人”)和 Sogdiane(指“粟特地”)。根据希腊史料,在古代 Soghd 一词用来称呼臣服于大流士一世的波斯的伊朗血统的人,这些伊朗血统的人居住在乌浒水(阿姆河)至药杀水(锡尔河)之间的土地上。[4] 在公元前 6 世纪末波斯大流士一世所刻的“贝希斯敦铭文”中,就已提到索格底亚那。[5] 在鄂尔浑突厥碑文中,把粟特人和他们的国家分别记载为 Soghd 和 Saghdaq(或 sordaq)。[6] 德国突厥学家葛玛丽认为,在古突厥语中,“粟特”作 Soγd[ï]q。[7] 目前,我国许多学者已把“粟特”视作 Sogdiana(索格底亚那)之音译。[8] 余太山先生认为,粟特(siok - dək)应为 Sughd 之对译。[9] Sughd 又可转写为 Soghd。

在伊斯兰时期(公元 7 世纪以来),粟特地的范围要比古代狭窄得多。在 10 世纪中叶中亚历史学家纳尔沙喜(Narshakhī)的笔下,把布

---

〔1〕〔日〕白鸟库吉:《康居粟特考》,傅勤家译,(上海)商务印书馆 1936 年,第 3 - 16 页。

〔2〕〔日〕白鸟库吉:《康居粟特考》,第 85 - 89 页。

〔3〕〔英〕亨宁(W. B. Henning):《焉耆和“吐火罗人”》,载伦敦大学《东方学院学报》(BSOS),1938 年第 9 卷第 3 期,第 548 页。

〔4〕*The Encyclopaedia of Islam*, Vol . IV, Leyden & London, 1934, p. 473. “Soghd”(W. Barthold)

〔5〕〔前苏联〕Б. Г. 加富罗夫:《中亚塔吉克史》,肖之兴译,中国社会科学出版社 1985 年,第 6 页,注释 22。

〔6〕〔俄〕W. 巴托尔德:《中亚突厥史十二讲》,罗致平译,中国社会科学出版社 1984 年,第 36 页。

〔7〕A. von Gabain, *Alttrkische Grammatik*(《古突厥语语法》), Leipzig, 1950, p. 334. 引自张广达《唐代六胡州等地的昭武九姓》注 1,载《北京大学学报》1986 年第 2 期,第 71 - 82,128 页。

〔8〕例如,芮传明:《五代时期中原地区粟特人活动探讨》,载上海社会科学院历史研究所编:《史林》,1992 年第 3 期,第 7 - 13 页;荣新江:《北朝隋唐粟特人之迁徙及其聚落》,北京大学中国传统文化研究中心编:《国学研究》第 6 卷,北京大学出版社 1999 年,第 27 - 86 页。

〔9〕余太山:《两汉魏晋南北朝正史西域传研究》,中华书局 2003 年,第 127 页。

哈拉、撒马尔罕、粟特并列,[1]粟特并不包括布哈拉(安国首府)和撒马尔罕(康国首府)。据阿拉伯—伊斯兰舆地学家伊斯塔赫里(Istakhrī,10 世纪上半叶)《道里邦国志》的记述,粟特本土包括布哈拉以东地区,即从代布西亚(Dabūsiya,即《新唐书·西域传》所记之喝汗,又称东安国,此地距布哈拉 22 法尔萨赫(1 法尔萨赫约合 6.24 公里),距撒马尔罕 17 法尔萨赫[2])到撒马尔罕;他还说,粟特地区还包括布哈拉、渴石(Kishsh,Kash,《隋书·西域传》作史国,《大唐西域记》作羯霜那)和那色夫(Nesef,《新唐书·西域传》作那色波,亦曰小史),布哈拉地方的人也讲粟特语。[3]阿拉伯—伊斯兰舆地学家雅古比(Ya'kūbī,卒于 897 年)《诸国志》则说,粟特的首府有时是渴石,但主要是在撒马尔罕;粟特地区还包括那色夫,但不包括布哈拉。[4]麻赫默德·喀什噶里(Mahmūd Kāshgharī,11 世纪末)在《突厥语大词典》"粟特人"条把粟特看做是布哈拉与撒马尔罕之间的地区。[5] 由此看来,在 8—10 世纪时,阿拉伯—伊斯兰舆地学家一般把"粟特"地区视做布哈拉和撒马尔罕之间的地区,也即泽拉夫善河流域,粟特的中心在撒马尔罕,"粟特"的地理范围时大时小。

根据美国学者费耶教授(F. N. Frye)的研究,在阿拉伯征服时代(8 世纪前期),中亚地区大致分成 3 个语言和文化区域,其一是广义的粟特地区,包括撒马尔罕、布哈拉、赭时(石国)和拔汗那,该地区使用粟特语,其文化带有鲜明的东方商业贸易特点;其二是花剌子模地区,使用当地土著语言花剌子模语;其三是巴克特利亚地区,包括石汗那、现代塔吉克斯坦的大部和阿富汗北部,使用一种用希腊字母拼写的、改

---

〔1〕Narshakhī, *The History of Bukhara*, Cambridge, Mass., U.S., 1954. pp. 38 – 40.

〔2〕〔阿拉伯〕伊本·胡尔达兹比赫:《道里邦国志》(附古达玛:《税册及其编写》),宋岘译,中华书局 1991 年,第 28 页。

〔3〕B. G. A., i, 314 – 316. Leyden, 1870. (《阿拉伯舆地丛书》第 1 卷,第 314 – 316 页,莱顿,1870 年。)引自 *The Encyclopaedia of Islam*, Vol. IV, Leyden & London, 1934, p. 473.

〔4〕B. G. A., vii, 293. Leyden, 1892. 引自 *The Encyclopaedia of Islam*, Vol. IV, Leyden & London, 1934, p. 473.

〔5〕麻赫默德·喀什噶里:《突厥语大词典》第 1 卷,第 391 页以下,引自 *The Encyclopaedia of Islam*, Vol. IV, Leyden & London, 1934, p. 473.

良的库山—巴克特利亚语，其文化具备佛教文化特征，该地区直到10世纪末尚未完全伊斯兰化。[1]费耶主要依据的是阿拉伯—伊斯兰舆地文献，没有使用《大唐西域记》等汉籍，因而把拔汗那也列入粟特之地。

但值得我们注意的是，玄奘所记窣利（粟特）范围要大得多："自素叶水城，至羯霜那国，[2]地名窣利，人亦谓焉。"[3]玄奘把窣利与窣利人相对应，并把窣利北界推至锡尔河北的楚河上游流域，很可能是由于当时窣利人（粟特人）在楚河流域的移民地已相当繁荣。此外，玄奘西行时，他发现沛捍（拔汗那）"人性刚勇，语异诸国，形貌丑弊"。慧超也称，跋贺那国（拔汗那）"言音各别，不同余国"。[4]这与窣利人（粟特人）的"形容伟大，志性恇怯，风俗浇讹，多行诡诈"[5]有极大差异。

综合以上诸种材料，笔者认为，"粟特"地区主要在布哈拉和撒马尔罕之间地区，也即泽拉夫善河流域，粟特的中心在撒马尔罕；在不同时期，粟特的范围或有扩大，但拔汗那和楚河上游流域不应包括在粟特本土；[6]在唐代，粟特地大体上包括昭武九姓中的康、安、东安、曹（西曹）、米、何、史诸国；石国主要由突厥人控制和统治，[7]似不应纳入粟特之地。[8]

公元9世纪，随着中亚本地王朝塔赫尔王朝（821—873）的建立，以粟特、吐火罗斯坦和呼罗珊毗邻地区某一种方言为基础发展起一种新的语言——达里语（Darī），它为河中地区的人民所广泛使用。达里语实际上是东伊朗语和中亚诸方言的发展。在萨曼王朝（874—999）统治时期，达里语正式成为官方语言，粟特语逐渐成为一种死文字。[9]

---

[1]F. N. Frye ed, *The Cambridge History of Iran*, vol. 4, London, 1975, pp. 146 - 148.

[2]羯霜那国（Kashūna），即史国，位于撒马尔罕西南约75公里，今名Shaar - sabiz，意为"绿城"。9世纪后期阿拉伯地理学家雅古比认为，它是粟特地区最重要的城市。

[3]玄奘：《大唐西域记》卷1，季羡林，张广达等校注，中华书局1985年。

[4]慧超：《往五天竺国传》，张毅笺释，中华书局1994年，第131页。

[5]玄奘：《大唐西域记》卷1。

[6]关于拔汗那，参见拙作：《〈新唐书·宁远传〉疏证》，载《西域研究》，2001年第2期，第19－29页。

[7]参见拙作：《〈新唐书·石国传〉疏证》，载《西域研究》，1999年第4期，第19－26页。

[8]白鸟库吉也认为，唐代石国不应归属昭武九姓。参其《康居粟特考》，第68页。

[9]详见拙著：《中亚萨曼王朝史研究》，贵州教育出版社2000年，第164－166页考述。

据喀什噶里的《突厥语大词典》记述，大约在11世纪中叶，巴拉萨衮（今托克马克城东40里）人、怛逻斯和巴伊扎城的居民使用粟特语和突厥语。[1] 粟特语的使用到了最后阶段。在这个时期，从布哈拉和撒马尔罕之间地区迁居到巴拉萨衮的一支粟特人——"索格达克人"（Sogdak）"已经突厥化了"。[2]随着11世纪中亚突厥化运动的广泛展开，"粟特人"作为伊朗人种的中亚古族，也逐渐融合到中亚其他民族中，从此退出历史舞台。

1.2 关于粟特、康居、康国

从汉至唐，中国史籍有康居、康（国）、粟弋、粟特4个概念。

"康居"一名出现最早，见之于《史记·大宛列传》。《汉书·西域传》和《汉书·匈奴传》也记述了康居。余太山先生考定，汉代的"康居"国本土位于锡尔河以北，康居南以Chatkal－tau和Urtak－tau为界与大宛相邻，西北在锡尔河下游与奄蔡分界，东北似以Alexandrovski山脉和楚河与乌孙相接；在汉代，自塔什干（Tashkend）至率都沙那（Sutrüshna，即Ura－tübe）皆属大宛国；[3]在北魏时，康居已亡，"康国"取而代之。[4]所以，《魏书·西域传》不见"康居传"，而列"康国传"。康国首府在撒马尔罕（Samarkand），属粟特（Sogdiana）地区；Samarkand译为"康"国，是因为粟特人称该地为γ'n = χan；[5]《魏书》编修者之所以选用"康"字译称Samarkand，也可能是因为他们知道该地旧为康居属地。[6]

《魏书·西域传》记："康国者，康居之后也。迁徙无常，不恒故地，

---

〔1〕麻赫默德·喀什噶里：《突厥语大词典》第1卷，何锐等中译本，民族出版社2002年，第33页。

〔2〕麻赫默德·喀什噶里《突厥语大词典》第1卷，何锐等中译本，第497页。

〔3〕余太山：《塞种史研究》，中国社会科学出版社1992年，第96－101页

〔4〕余太山：《嚈哒史研究》，齐鲁书社1986年，第58－59页。

〔5〕W. B. Henning, "*The Sogdiana Texts in Paris*," *Bulletin of the School of Oriental and African Studies*, 11, 1946, pp. 711－740。

〔6〕余太山：《塞种史研究》，第104－105页。

自汉以来，相承不绝。其王本姓温，月氏人也。旧居祁连山北昭武城，因被匈奴所破，西逾葱岭，遂有其国。枝庶各分王，故康国左右诸国，并以昭武为姓，示不忘本也。王字世夫毕，为人宽厚，甚得众心。其妻突厥达度可汗女也。都于萨宝水上阿禄迪城，多人居。……名为强国，西域诸国多归之。米国、史国、曹国、何国、安国、小安国、那色波国、乌那曷国、穆国皆归附之。"[1]从以上记述来看，最迟在汉末，月氏人已在撒马尔罕立国，"相承不绝"。康国的王族是月氏人，臣民则系粟特土著；来华的昭武氏中，应当包括王族的月氏人和粟特土著人。今日学者所论魏晋至唐来华的"粟特人"，实际上也是由这两种人所构成。因为汉籍所记，是无法甄别来自粟特地区的人是属于月氏人，抑或属于粟特土著人的。此外，对《魏书·西域传》所记"康国者，康居之后也"，我们应理解为：康国继康居之后，占据了康居旧地；似不应理解为康国统治者乃康居之子孙。

Sogdiana 第一次中译名为"粟弋"，出现在《后汉书·西域传》："粟弋国，属康居。"据余太山先生考证，两汉时 Sogdiana 为康居属地。[2]《晋书·四夷传》也作"粟弋"。现在通行的"粟特"这个译名，似以前秦建元三年(367)《邓太尉祠碑》冯翊军所辖五部之"夷类十二种"之一的"粟特"为较早。[3]"粟特"国第一次见之于史籍是在《魏书·西域传》：魏"太延中，魏德益以远闻，西域龟兹、疏勒、乌孙、悦般、渴盘陁、鄯善、焉耆、车师、粟特诸国王始遣使来献。""粟特国，在葱岭之西，古之奄蔡，一名温那沙。居于大泽，在康居西北，去代一万六千里。先是，匈奴杀其王而有其国，至王忽倪已三世矣。其国商人先多诣凉土贩货，及克姑臧，悉见虏。高宗初，粟特王遣使请赎之，诏听焉。自后无使朝献。"[4]此时，粟特与康居并列，实为两地。不过，《魏书·西域传》把粟特与位于粟特西北的奄蔡混为一谈，其误已由白鸟库吉、余太山先

[1]《魏书》卷102，中华书局1984年点校本。

[2][日]白鸟库吉：《康居粟特考》，第27－30页；余太山：《塞种史研究》，第98－99页。

[3]录文见马长寿：《碑铭所见前秦至隋初的关中部族》，中华书局1985年，第12页。有关考释见同书第21－22页。

[4]《魏书》卷102。

生所证。[1]

陈海涛先生认为：粟特在康居时代就已经存在，《后汉书·西域传》载："粟弋（粟特）国，属康居。"所以粟特不可能是代替康居而出现的国家。《后汉书》之粟弋，《魏略》之属繇，《魏书》、《北史》、《周书》之粟特，即原先康居所属的五小国之一的罽城，与《隋书》、《新唐书》之安国，实即为一，即今布哈拉（Bukhara）；《汉书》、《后汉书》、《晋书》之康居，《晋书》之苏薤，《魏书》之悉万斤，《隋书》、《新唐书》之康国，实即为一，即今撒马尔罕；隋唐时期康国由汉魏康居发展而来，二者有渊源关系。康居的位置，根据《史记·大宛列传》、《汉书·西域传》、《后汉书·西域传》等记载，应在费尔干纳（大宛）、锡尔河（奄蔡）、楚河（乌孙）、铁门（大夏）之间，中心地区即为河中地区，亦即粟特地区。根据《魏书·本纪》记载，在北魏时期，以"粟特"名义入贡者多在北魏前期（435—479），以"悉万斤"名义入贡者多在后期（473—509），其中公元473年以后二者有交叉者5次，孝文帝太和三年（479），"粟特"与"悉万斤"分别来朝。这一现象，不能简单认为是"误记"，说明"粟特"与"悉万斤"之间并非是一种继承关系；而悉万斤与汉代的康居是继承关系。[2] 实际上，悉万斤是"撒马尔罕"（Samarkand）的异译，在北魏后期，汉籍记述中以原康居首府悉万斤指称康国。

"粟特"一名，在唐朝高僧著述中，还另有译音：玄奘《大唐西域记》卷1作窣利，义净《大唐西域求法高僧传·玄照传》作速利，义净《梵语千字文》作孙邻，唐利言《梵语杂名》"胡条"夹注作苏哩。[3] 德国学者马迦特认为，以上诸译名是钵罗婆语中的Sūlik的对音。[4]

有学者认为，"粟特"在吐蕃文中记为Sog。敦煌本吐蕃历史文书

---

〔1〕余太山：《嚈哒史研究》，第58－59页。

〔2〕陈海涛：《汉唐之际粟特地区诸国与中原王朝的关系》，载《敦煌学辑刊》，1999年第1期，第115－122页；陈海涛：《康居与康国关系考——兼谈昭武诸国的起源》，载《敦煌研究》，2003年第3期，第55－60页。

〔3〕引自张广达：《唐代六胡州等地的昭武九姓》注释1，载《北京大学学报》，1986年第2期。

〔4〕J. Marquart, *Die Chronologie des Alttürkis chen Inschriften*（《古突厥碑铭年代考》），Leizpis，1898，p. 56. 引自张广达：《唐代六胡州等地的昭武九姓》注释1。

《大事年表》第45条记载:"及至马年(公元694年)……噶尔·达古为Sog[po]所擒。"[1] 此处Sog一词,美籍华人学者李方桂于1957年撰文,比定为"粟特"。[2] 之后,美籍华人学者张琨、匈牙利藏学家乌瑞、日本学者森安孝夫等,也赞同此说。[3]

而德国藏学家霍夫曼则认为,Sog[Po]人是于阗之塞种人。[4] 我国学者王静如、唐长孺等认为,藏文Sog po即《辽史》中的"阻卜",宋代异译为"术保",即明代的"鞑靼";[5] 苏鲁格进一步考证说,藏文Sog po最早音译为"遬濮",秦汉时期的"遬濮"为匈奴联盟中的成员;至唐代,Sog po音译为契苾;遬濮、契苾皆"阻卜"之异译,"阻卜"即指"蒙古"。[6]

但是,也有学者或把康居与粟特相等同,或把粟特视作康居的延伸、发展。冯承钧先生在其译著《西突厥史料》(1958)、《西域南海史地考证译丛》中,往往以康居对译Sogdiana。林梅村先生认为,"汉代康居就是后世粟特","粟特人素以擅长经商而著称于世,汉代称'康居'"。[7] 刘迎胜先生说康居在"今哈萨克斯坦东部",又说康居在"阿

---

〔1〕王尧、陈践译注:《敦煌本吐蕃历史文书》,民族出版社1980年,第107页。

〔2〕李方桂:《藏文Sog简释》,载《中亚杂志》(*CAJ*)卷3第2号(1957－1958年),第139－142页。

〔3〕张琨:《敦煌本吐蕃纪年之分析》、乌瑞:《有关公元751年以前中亚史的藏文史料概述》(J. Harmatta ed, *Prolegomena to the Sources on the History of Pre－Islamic Central Asia*, Budapest, 1979, pp. 275－304.)、森安孝夫:《吐蕃的中央亚细亚进出》。参见见杨铭:《古藏文文书Sog po一词再探》,载《西藏研究》,1988年第1期,第100－103,107页。

〔4〕〔德〕H. 霍夫曼:《塞种人与粟特人之藏文称谓》,载《亚洲研究》25卷(1971年),第440－455页。

〔5〕王静如:《论阻卜与鞑靼》,载《历史语言研究所集刊》第二本第三分册,中华书局1987年,第296－301页。唐长孺:《记阻卜之异译》,载天津《大公报》,1947年5月16日,《文史周刊》第29期。

〔6〕苏音格:《藏文史料中的"蒙古"称谓辨析》,载《西藏研究》,1987年第1期;《Sog po称谓证补》,载《西藏研究》,1988年第3期,第101－109页。杨铭对苏音格观点提出商榷,认为Sog po人应指粟特人。见杨铭:《古藏文文书Sog po一词再探》,载《西藏研究》,1988年第1期,第100－103,107页。

〔7〕林梅村:《古道西风》,三联书店2000年,第174页。林梅村:《粟特文买婢契与丝绸之路上的女奴贸易》,载《文物》,1992年第9期,第49－54页。

姆河以北粟特之地”。[1]齐思和先生认为,“粟特”濒临咸海。[2]这些学者实受《魏书·西域传》“康国者,康居之后也”之误导,把粟特、康国、康居三者相等同。上述诸说之误,早已为白鸟库吉所辨。

值得注意的是,直到唐朝开元年间,“康居”一词仍在使用。《资治通鉴》卷221记述:开元三年(715)十一月,拔汗那之战后,“[张]孝嵩传檄诸国,威振西域,大食、康居、大宛、罽宾等八国皆遣使请降。”[3]这儿的“康居国”实际上指“康国”。

显然,中亚九姓胡国的地理范围,既不能与中亚“粟特”地区的地理范围相吻合,也不能与汉籍所记的“粟特”地理范围相等同,它比后二者的地理范围要大得多。

1.3 关于“粟特人”和“昭武九姓”

在唐代,粟特地区的居民还有所谓“昭武九姓”和突厥人等。

粟特人长期受其周边的强大外族所控制,先后臣属于波斯的阿契美尼德王朝、希腊的亚历山大帝国、塞琉古王朝、康居国、月氏部、贵霜帝国、嚈哒国等。粟特人在各族统治下没有灭绝,而是加强了自己的应变能力,从而成为一个独具特色的商业民族。与此同时,在粟特地区的大大小小的绿洲上,在各族统治相对薄弱的时候,渐渐聚集成为一个个大小不同的城邦国家。其中以撒马尔罕(Samarkand)为中心的康国最大,此外还有布哈拉(Bukhārā)的安国、苏对沙那(Sutrūshana/Ushrūsana)的东曹国、劫布呾那(Kapūtānā)的中曹国、瑟底痕(Ishītīkhan)的西曹国(即曹国)、赭时(Chach)的石国、弭秣贺(Māymurgh)的米国、屈霜你迦(Kushānika)的何国、花剌子模的火寻、布哈拉以西之贝梯克(Betik)的戊地(《大唐西域记》作伐地,《隋书·安国传》、《新唐书·西域传》“安国条”作毕国)、羯霜那(Kashāna)的

[1]刘迎胜:《丝路文化·草原卷》,浙江人民出版社1995年,第40,54页。
[2]齐思和:《匈奴西迁及其在欧洲的活动》,载《历史研究》,1977年3期,第126－141页。
[3]《资治通鉴》卷221,中华书局1982年点校本,第6713页。

史国等等，不同时期，或有分合，史称"昭武九姓"。[1] 尽管石国（今中亚塔什干一带）在锡尔河之北，火寻在阿姆河下游，距典型的粟特地区（Sogdiana）尚有一段路程，但是它们大多具有共性，且在《新唐书》中记为同一体，故我国多数学者将其视为昭武九姓的组成部分，并把昭武九姓胡人与粟特人相等同。[2] 他们一般把来自粟特地区的人均视为"粟特人"，并把"粟特人"认定为"粟特族人"。例如张广达、姜伯勤先生均认为，"所谓昭武九姓指的是中亚的粟特人"。[3]

关于粟特地区九姓胡与"昭武九姓胡"的关系，主要来源于《新唐书·康国传》的记述：

> 康者，一曰萨秣鞬，亦曰飒秣建，元魏所谓悉万斤者。……君姓温，本月氏人。始居祁连北昭武城，为突厥所破，稍南依葱岭，即有其地。枝庶分王，曰安，曰曹，曰石，曰米，曰何，曰火寻，曰戊地，曰史，世谓"九姓"，皆氏昭武。[4]

陈寅恪先生注意到，中亚"九姓胡"在唐代又被称作杂虏或杂种胡。"《旧唐书》多保存原始材料，不多改易词句。故在《旧唐书》为杂种胡，在《新唐书》则易为九姓胡。"[5]

根据陈海涛先生的研究，"昭武"一词是隋唐时期九姓粟特人所带来的，同汉时所设立的"昭武县"应没有关系；九姓之昭武，非河西之昭武也；月氏人的两次西迁，并没有改造昭武九姓粟特人，《新唐书》所记

---

[1]（宋）欧阳修、宋祁等：《新唐书·康国传》，中华书局1975年点校本。

[2]姜伯勤：《敦煌吐鲁番文书与丝绸之路》，文物出版社1994年，第153页；刘迎胜：《丝路文化·草原卷》，第135页；吴玉贵：《凉州粟特胡人安氏家族研究》，载荣新江主编：《唐研究》第3卷，北京大学出版社1997年，第295－338页；李鸿宾：《唐代墓志中的昭武九姓粟特人》，载《文献》，1997年第1期，第121－134页；荣新江：《北朝隋唐粟特人之迁徙及其聚落》，北京大学中国传统文化研究中心编《国学研究》第6卷，北京大学出版社1999年，第27－86页；穆德全：《西域"粟特"考》，载《河南大学学报》，1991年第1期，第61－65页。

[3]张广达：《唐代六胡州等地的昭武九姓》，载《北京大学学报》，1986年第2期，第71－82，128页；姜伯勤：《敦煌吐鲁番文书与丝绸之路》，第153页；张广达：《昭武九姓》，《中国大百科全书》第1版《中国历史》第3卷，中国大百科全书出版社1992年，第1514页。

[4]《新唐书》卷221下。

[5]陈寅恪：《以杜诗证唐史所谓杂种胡之义》，引自陈寅恪：《金明馆丛稿二编》，三联书店2001年，第57－59页。

不足凭信。[1] 此论的缺陷在于，他没有论证粟特人为什么带来"昭武"一词，该词在粟特语中是什么意思，为什么粟特人要分成"九姓"，昭武九姓居民为什么是粟特人而不包含月氏人等。

1963年，苏联学者奥·伊·斯米尔诺娃(О. И. Смирнова)从粟特地区的钵息德城(穆格山)废墟出土的钱币铭文和穆斯林文献中检出中亚地区的君王称号Jamūk、al-Jamūkīn和城名Jamūkat，以之比对汉文文献记录的昭武一名的中古音(tśi̯äu-mi̯u)试图用对双方的传说比定Jamūk与昭武一词。[2]

日本京都大学吉田丰教授在1995年提出，2002年以来不断发表文章论证，昭武九姓的"昭武"一词当源于Jamūk/*Čamūk。他从中亚钵息德城废墟出土的钱币铭文中检出一位君王的名字，在阿拉伯语的[j-]可以对应中古汉语不送气的擦音[č-]的前提下，该君王的名字当读作Cm'wky'n。吉田教授还从汉文文献中检出另外的粟特名字，其中也包含这一成分，如敦煌文书P.3559中的"康之目延"的"之目延"，ㄛ《新唐书·西域传》"康国传"中的"屈木支"；"昭武"的对音也见于嚈哒王名。由此可见，昭武源于*Čamūk，应当只是构成粟特王名的要素或成分。[3]

看来，从中亚粟特地区寻求"昭武"的源起，应是破解此谜题的钥匙。从汉籍记述看，自汉至元魏，对中亚的"康居"、"粟弋"、"粟特"地理范围都有明确记述；康居公元381年最后一次遣使中原王朝后，[4] 直到北魏太武帝太延元年(435)始，才有"粟特"、"悉万斤"等国人贡中原。[5] 这说明在公元381—435年之间，在嚈哒占领粟特地区后，康

[1]陈海涛:《昭武九姓族源考》，载《西北民族研究》，2000年第2期，第134－141页。

[2]引自张广达:《文本、图像与文化流传》，广西师范大学出版社2008年，第73－74页。

[3]Y. Yoshida(吉田丰)，"*On the Origin of the Sogdian Surname Zhaowu*(昭武)*and the Related Problems*". *Journal Asiatique*，291.1－2，2003，pp. 35－67. 另参张广达:《文本、图像与文化流传》，第73－74页。

[4]《晋书》卷103《苻坚载记》上，中华书局1974年标点本。《十六国春秋辑补》记此事发生于前秦苻坚建元十七年(381)。崔鸿:《十六国春秋》卷37，乾隆三十九年刻本。

[5]《魏书》卷4下《世祖纪》。

居作为一个统一的王国，至少是形式上的统一王国消失了。陈海涛先生认为，康居并没有亡国，而是以悉万斤的名称成为一个城邦之国。而以前康居所统属的诸小国，如罽城、附墨城等，则得到独立的发展，开始单独遣使朝贡中原，粟特国就是由康居原来的属地发展而来。[1]《魏书·高祖纪》孝文帝太和三年（479），"粟特"与"悉万斤"分别来朝。[2]这一现象，不能简单认为是"误记"，说明"粟特"与"悉万斤"是一种并立关系。可见，中原汉人对中亚粟特人是有清楚认识的。

史籍中记载粟特国朝贡最晚的记录是《周书·粟特传》：周武帝保定四年（564），"粟特遣使献方物"，[3]在本纪中也有相似的记录。[4]但这一记载，由于是条孤证，恐怕不是很可靠，有可能是粟特商人冒名所为。

隋唐史籍大量出现的昭武九姓诸国，在《魏书》中就已出现。《魏书·西域传·康国传》载："其王本姓温，昭武人也，旧居祁连山北昭武城，因被匈奴所破，西逾葱岭，遂有其国。各支庶分王，故康国左右各国，以昭武为姓，示不望本也。"又云："米国、史国、曹国、何国、安国、小安国、那色波国、乌那曷国、穆国，皆归附之。"这是昭武九姓见于史籍之始。但这一记载，与《隋书·康国传》之间有着惊人的一致。陈海涛经考证后认为，《魏书·西域传》受到了《隋书·西域传》的很大影响；由此也可以理解在《魏书·西域传》和《北史·西域传》中为何既有迷密，又有米国；既有悉万斤，又有康国；既有粟特，又有忸密。他推断，《魏书·康国传》、《北史·西域传》中对昭武九姓诸国名称的罗列，有抄袭《隋书》之嫌，并非反映当时之事。对昭武九姓诸国名称最早的记

---

〔1〕陈海涛：《汉唐之际粟特地区诸国与中原王朝的关系》，载《敦煌学辑刊》，1999 年第 1 期，第 115－122 页。

〔2〕《魏书》卷 7《高祖纪》。

〔3〕《周书》卷 50《粟特传》。

〔4〕《周书》卷 5《武帝纪》。

录,最可靠者还是《隋书·康国传》。[1]

据《魏书》卷4《世祖纪》记载,北魏太武帝太延三年(437),有"破洛那、者舌国各遣使朝献,奉汗血马。"[2]在太武帝正平元年(451),又有"破洛那、罽宾、迷密诸国各遣使朝献"。[3] "者舌国"即隋唐时期的石国,而"迷密国",即隋唐时期的米国,它们都是粟特地区的国家,此时就已经开始单独遣使朝魏了。这说明昭武九姓国开始形成的时期应在公元437—451年之间。陈连庆先生考察了昭武九姓国的朝贡时间,认为昭武九姓国的形成时期应在公元451—511年之间。[4] 但实际上,破洛那(即拔汗那)、者舌国的朝献早在太延三年(437)即有记载了,所以昭武九姓国的形成应早于公元451年。由于嚈哒的入侵,统一的康居国解体之后,在康居所属诸小王国的基础上,昭武诸国开始形成。不过,此时昭武九姓中的"石"、"米"国的名号并没有出现。

《隋书》卷14《音乐志》提及北周天和六年(571),武帝得其所获康国、龟兹等乐。可见在周武帝时期,有了康国之名称。此外,《北史·恩幸传》中记录了大量昭武九姓人,如康阿驮、康德汪、穆叔儿、曹僧奴、曹妙达、何海、何洪珍、何朱弱、何猥萨、和(何)士开、史丑多、安吐根、安未弱、安马驹等。他们同北魏时期来华之安、康姓人多为佛教僧侣有明显的差别。他们都开始以国为姓,说明中亚昭武九姓各国的名称已经形成了。"昭武九姓"的核心是康国,"康国"名称的确立,表明昭武九姓国的最终形成。所以,陈海波先生也认为,昭武九姓诸国名称的出现,大约就在北周到隋朝时期。[5]

---

〔1〕陈海涛:《汉唐之际粟特地区诸国与中原王朝的关系》,载《敦煌学辑刊》,1999年第1期,第115-122页;陈海涛:《昭武九姓族源考》,载《西北民族研究》,2000年第2期,第134-141页。另参余太山:《两汉魏晋南北朝正史西域传研究》,第91页;肖之兴:《〈魏书〉粟特不是俄粟特》,载《文史》第15辑,中华书局1982年,第59-60页。

〔2〕《魏书》卷4《世祖纪》。

〔3〕《魏书》卷4《世祖纪》。

〔4〕陈连庆《汉唐之际的西域贾胡》,载敦煌文物研究所编:《1983年全国敦煌学术讨论会文集·文史·遗书编》(上),甘肃人民出版社1987年,第96页。

〔5〕陈海涛:《汉唐之际粟特地区诸国与中原王朝的关系》,载《敦煌学辑刊》,1999年第1期,第115-122页。

到了唐代，唐人则把中亚来的胡人、商胡称为“诸胡”或“九姓胡”等。《新唐书·西域传》记述：贞观初，安国派使者献方物，“太宗厚尉其使曰：‘西突厥已降，商旅可行矣。’诸胡大悦。”[1]可见，当时的中亚胡人不被称为粟特人，而称为“诸胡”。《资治通鉴》卷219记：唐肃宗至德二载(757)正月，“河西兵马使盖庭伦与武威九姓商胡安门物等杀节度使周泌，聚众六万。武威大城之中，小城有七，胡据其五，二城坚守”。[2] 武威安姓，也被唐人称为“九姓商胡”，而不称“粟特人”。《资治通鉴》卷225“大历十四年(779)七月”条记：“庚辰，诏回纥诸胡在京师者，各服其服，无得效华人。先是回纥留京师者常千人，商胡伪服而杂居者又倍之……”[3]《资治通鉴》卷226“德宗建中元年(780)八月”条亦记：“代宗之世，九姓胡常冒回纥之名，杂居京师，殖货纵暴，与回纥共为公私之患。”[4]《新唐书·回鹘传》也明确记述：“始回纥至中国，常参以九姓胡。”[5]这些常年留居长安、人数达两千人以上的“商胡”，就是九姓胡人，而不是什么“粟特人”。

为什么到隋唐时代对中亚胡人不称粟特人，而改称诸胡、九姓胡了呢？这必定是中亚的民族版图发生了变化所导致的，用以往的“粟特人”概念不足以概括了，所以才会出现“昭武九姓”的新概念。“昭武”一词应当与粟特人以外的民族或部族有关。例如，石国从来都在粟特范围以外，可是却是“昭武九姓”之一。今天的学者硬要把“粟特人”与“昭武九姓胡”、“九姓胡”对等起来，似乎是为了研究的方便，未免牵强附会了。

实际上，唐人对“九姓胡”的界定也是不相一致的。据《新唐书·西域传》“康国”条所记，在唐代，康、安、曹、石、米、何、火寻、戊地、史，“世谓九姓，皆氏昭武”。[6] 杜佑《通典·边防九·西戌五》“康居”称：

---

〔1〕《新唐书·西域传》“安国”条。

〔2〕《资治通鉴》卷219。

〔3〕《资治通鉴》卷225。

〔4〕《资治通鉴》卷226。

〔5〕《新唐书》卷217上《回鹘传》上。

〔6〕《新唐书》卷221下《西域·康国传》。

康国"枝庶各分王,故康国左右诸国,米国、史国、曹国、何国、安国、小安国、那色波国、乌那曷国、穆国凡九国,皆其种类,并以昭武为姓,示不忘本也。"[1]上列九国,加上康国,已经超过"九姓"之数。

本书所讨论的"九姓胡",以《新唐书·康国传》为基准。但由于《新唐书》编撰者没有注意劫布呾那(西曹)与苏对沙那(东曹)的区分,把两地相混淆了,致使我们无法一一鉴别汉籍所记史事是西曹的抑或东曹的,所以笔者把苏对沙那也包括进"九姓胡"中。此外,由于《新唐书·康国传》把中曹与西曹同传,把"东安"记事系于"安国"条下,所以笔者把中曹、东安也归入九姓胡。这样归类的目的在于,使我们尽可能地接近唐人的认识轨迹。

但是,唐代文献所记的昭武九姓诸国,其王也未必是以"昭武"为姓的。

据《新唐书·西域传下》所记,高宗显庆年间(656—661),中亚昭武九姓国仍以"昭武"为姓的仅剩5国,即:安(王昭武杀)、东安(王昭武闭息)、[2]米(王昭武开拙)、何(王昭武婆达地)、史(王昭武失阿喝)。[3]

贞观初,安国王诃陵迦献名马于唐朝时,自言"一姓相承二十二世"。以一世为20年计,二十二世为440年。据《册府元龟》卷970记载,安国第1次到唐朝贡献是在贞观十二年(638)十一月。[4]从此往前推440年左右,约当公元200年。考古证实,最早的布哈拉周边村镇,

---

[1](唐)杜佑:《通典》卷193,《边防九·西戎五》,王文锦、谢方等点校本,中华书局1988年。

[2]东安国,或曰喝汗(捍),托玛舍克和巴托尔德将其比定为波斯佚名作者所著《世界境域志》(*Hudūd al-'Ālam*)中的Kharghankath(卡尔干卡特,后称为Kalkan-ata)。马迦特在《古突厥碑铭年代考》中,把喝捍考定为Kharghan,并称其城北邻泽拉夫善河,在今Kermineh附近。参见*Hudūd al-'Ālam*, trs. by V. Minorsky, London, 1970, pp. 22, 112; V. Barthold, *Turkestan down to the Mongol Invasion*, London, 1977, p. 98;〔法〕沙畹:《西突厥史料》,冯承钧中译本,中华书局1958年,2004年重印,第128页注2。

[3]《新唐书·西域传下》。

[4](宋)王钦若等:《册府元龟》卷970,中华书局1960年影印本。《新唐书·安国传》所称武德年间、贞观初安国朝贡诸事,不见《册府元龟》之记载。

如瓦拉赫沙,建成于公元3世纪。[1]布哈拉也是由村镇发展而来,其年代略比瓦拉沙赫晚些。看来,布哈拉约从公元3世纪开始建立起政权,本地王统一直存在下来。布哈拉本地统治者称布哈尔·(Bukhār Khudāh)。即便是在西突厥人、阿拉伯人统治时期,布哈尔·胡达也依然存在。[2]《新唐书·西域传下》所记显庆年间的安王昭武杀也应是布哈尔·胡达。

据美国学者费叶(R. N. Frye)等研究,布哈拉的统治者很可能采用了粟特人"王"的形式,因为"Khudāh"(胡达)与粟特文"γωτ'ω"(王)基本相同。[3]在7世纪中叶,布哈尔·胡达由本地王公比敦(Bīdūn)担当,他属于吐格什哈达(Tughshāda)家族。直到萨曼朝统治者伊斯迈益尔来到布哈拉时(874),该家族基本控制了布哈尔·胡达一职。[4]贞观初遣使入唐朝献的安国王诃陵迦,应是布哈尔·胡达,他大概也属吐格什哈达家族。德国学者约·马迦特等认定,开元十四年(726)遣弟朝贡的安国王笃萨波提(《册府元龟》卷971作波婆提),即吐格什哈达(Tughshāda)本人。开元七年(719)遣使朝贡的安国王,也应是此君。[5]由此看来,安国王统似是粟特人,其称号也不是"昭武"。

在所谓昭武九姓国中,有的国家长期被粟特以外的民族或部族统治。《新唐书·西域传下》记载,石国在"隋大业初,西突厥杀其王,以特勒匐职统其国";显庆年间的石国王,记作瞰土屯摄舍提於屈昭穆;开元初,石国王叫莫贺咄吐屯。[6] 据笔者考证,自隋大业年间(605—618)到唐玄宗天宝年间(742—756),石国一直由突厥人控制;8世纪上半叶,石国实行双王制,正王号"特勒(勤)",副王为"土屯"一系,这些石国王应均是突厥人。[7] 所以,唐朝人无法判定从石国来的人是否是

---

[1]王治来:《中亚史》,中国社会科学出版社1980年,第150－151页。

[2]Narshakhī, *The History of Bukhara*, Cambridge, Mass., U. S., 1954, pp. 7－11.

[3]Narshakhī, *The History of Bukhara*, p. 108, note30.

[4]Narshakhī, *The History of Bukhara*, pp. 8－11.

[5][法]沙畹:《西突厥史料》,第128页注5。

[6]《新唐书·西域传下》。

[7]见拙文:《〈新唐书·石国传〉疏证》,载《西域研究》,1999年第4期,第19－26页。

“粟特人”,而把后者归于“昭武九姓胡。

另外,值得令人注意的是,在粟特地区操粟特语、称粟特王的也未必是粟特人。

1933 年，苏联考古学家们在喷赤干以东约 70 公里的穆格山城堡废墟中发掘出 90 余件文书，其中大部分是粟特文书。据苏联学者斯米尔诺娃、里夫什茨、弗列依曼等人的研究，穆格山文书的主人是迪瓦什梯奇(Dīvāshtīch),此人是喷赤干的领主。在这些文书中,提到喷赤干的统治者尚有毕丘特(pnČy – tt)、其子奇金啜毗伽(ck′yn – cwr βyδk′n)。从上述人名构成、尊号来看,斯米尔诺娃认为他们大概是突厥族出身。[1]

长期以来,学者们对穆格山文书的主人迪瓦什梯奇的身世,一直争论不休。[2]

马小鹤在认定喷赤干即钵息德城的前提下,认为穆格山粟特文书中提及的毕丘特统治喷赤干的时间大约在 691 年前不久,其子奇金啜毗伽统治喷赤干至少 15 年,可能从 691—706 年。此后,迪瓦什梯奇统治喷赤干约 14 年,大约从 706—720 年。他势力渐强,终于自称粟特王、萨末鞬领主。《册府元龟》卷 971 所记开元六年(718)二月、四月遣使来朝的米国王,当即喷赤干领主迪瓦什梯奇。722 年,迪瓦什梯奇为阿拉伯人所杀。[3]

关于这些出身突厥族的喷赤干统治者的来历,笔者据《新唐书》卷 215 下及《旧唐书·突厥传》记载,认为很可能是咄陆五啜之一的胡禄屋(居)部落的一部分人在 642 年进占了米国。喷赤干统治者毕丘特、

---

〔1〕〔前苏联〕斯米尔诺娃:《喷赤干古城遗址的钱币目录》(О. И. Смирнова: *Каталог монет с городища Пенджикент.*),莫斯科 1963 年,第 18 页。引自马小鹤:《米国钵息德城考》,载《中亚学刊》第 2 辑,中华书局 1987 年,第 65 – 75 页。另参 V. Barthold, *Turkestan down to the Mongol Invasion*, London, 1977, pp. 92 – 93.

〔2〕《穆格山所出粟特文书》第一册(《Согдийские документы с горы Муг》),弗列依曼:《穆格山文书的说明、刊布和研究》(А. А. Фрейман: *Описание публикации и исследование документов с горы Муг*),莫斯科,1962 年,第 42 – 45 页。关于这些争论,参见马小鹤:《米国钵息德城考》,载《中亚学刊》第 2 辑,中华书局 1987 年。

〔3〕马小鹤:《米国钵息德城考》,载《中亚学刊》第 2 辑,中华书局 1987 年。

奇金啜毗伽很可能与胡禄屋(居)部有某种联系。[1] 统治米国的迪瓦什梯奇虽然自称粟特王,却是突厥人。这些出身突厥族的喷赤干统治者学习粟特语,信仰袄教,已经逐渐粟特化了。

那么,中亚九姓胡如何被学者们认定为粟特人的呢?

1952年,加拿大汉学家蒲立本(E. G. Pulleyblank)提出,来华胡人是否是"粟特人",以康、安、石、史、米、曹、何等九姓为判断依据。[2] 国内外学者基本上就认同了这一标准。

值得我们注意的是,在《新唐书·西域传》、《册府元龟》等汉籍中,入唐朝贡的昭武九姓使者和国君中,没有一个以康、安、曹等九姓为姓氏的。而许多入唐的粟特地区的人则往往以昭武九姓为姓。这些来华的昭武九姓,实际上仅仅用自己选定的姓氏来表明自己来自何方,而不是表明自己的族别。例如,胡人安某、康某,仅表明自己是"安国来的人"、"康国来的人"。早在20世纪三四十年代,德国汉学家哈隆(Haloun)教授就注意到了这一点。[3] 因为,即便是在昭武九姓之地,居民的民族构成也不是单一的。所以,我们在进行研究的时候,没有必要把昭武九姓之民指称为粟特人。今日学者所论魏晋至唐来华的"粟特人",实际上是主要由来自粟特地区的月氏人和粟特人两种人所构成。陈寅恪、向达、蔡鸿生等先生把昭武九姓之民称为"九姓胡",而不径称"粟特人",[4] 这是非常有见地的。

冯承钧先生注意到了"昭武九姓胡"组成的复杂性。他参证其他有关汉籍记述,认为"九姓胡"主要由康、安、曹、石、米、何、史、穆八国组成;伐地(《新唐书·西域传》误为戊地)和火寻(花剌子模)人在唐

---

[1] 详见拙著:《唐代丝绸之路与中亚历史地理研究》,西北大学出版社2000年,第117－118页。

[2] E. G. Pulleyblank, *A Sogdian Colony in Inner Mongolia*), *T'ong Pao*, XLI(《通报》第41卷), 1952, pp. 317－356.

[3] W. B. Henning, *The Date of Sogdian Ancient Letters. Bulletin of the School of Oriental and African Studies*, XII, London, 1948, p. 603, note2.

[4] 陈寅恪:《以杜诗证唐史所谓杂种胡之义》,见陈寅恪:《金明馆丛稿二编》,第57－59页;向达:《唐代长安与西域文明》,三联书店1979年;蔡鸿生:《唐代九姓胡与突厥文化》,中华书局1998年。

代未见以国为姓者，故而不应入九姓胡之列；九姓不必代表九国；由于曹有东曹、中曹、西曹，安有东安、中安、西安（即伐地），史也有大史、小史，则姓曹、安、史者，尚难确定为本国人或支国人。[1] 张广达先生也发现，昭武九姓胡不限于“九姓”。[2]

此外，在公元728年前后，在中亚粟特地区也出现了以安、康指称其国的事例。728年的一封粟特文书简提到一个“来自安氏（Анъ）的人；伯希和收集的一份8世纪粟特文手稿的题署声称，“Чурак，来自康氏（Хан）”。[3]这似乎也在提醒我们，安某、康某仅表明他们来自哪一国，并没有表明他们的族别。

事实上，在公元4—7世纪中叶，中亚河中地区的居民构成发生了很大变化。月氏人、波斯人、嚈哒人、突厥人等大量涌入河中地区，他们经过一个时期的同化，也学会了粟特语，信仰了祆教。据中亚历史学家纳尔沙喜（Narshakhī）的记载，萨珊王朝国王基斯拉（Kisrā）之子沙布尔（Shāpūr）逃到布哈拉，在城外建起阿布雅村落；在8世纪初，阿拉伯将领屈底波征服布哈拉时，当地有贵霜人建立的卡什卡坦（Kashkathān）部落，他们非常富有，信奉祆教。[4] 这些河中地区的非粟特族人，也有一些加入到东来的商队中。此外，粟特商队东来时，在行进中也吸纳了许多其他的中亚民族，如吐火罗人、西域（塔克拉玛干周边绿洲王国）人、突厥人加入其中，因此不论在粟特商队还是粟特聚落中，都有或多或少的粟特系统之外的西方或北方的部众。所以，荣新江先生也注意到，“我们把粟特聚落有时也称为胡人聚落，可能更符合一些地方聚落的实际的种族构成情况。”[5]陈海涛等先生认为昭武九

---

〔1〕冯承钧：《西域南海史地考证论著汇辑》，中华书局1957年，第179－180页。

〔2〕张广达：《唐代长安的波斯人和粟特人》，引自张广达：《文本、图像与文化流传》，第58页。

〔3〕〔前苏联〕С. Г. 克利亚什托尔内：《古代突厥鲁尼文碑铭——中亚细亚史原始文献》，黑龙江教育出版社1991年，第139页注79。

〔4〕Narshakhī, *The History of Bukhara*, Cambridge, Mass., U. S., 1954. pp. 30－32.

〔5〕荣新江、张志清主编：《从撒马尔罕到长安——粟特人在中国的文化遗迹》，北京图书馆出版社2004年，第3－4页。

姓胡均是粟特人的观点,[1]这是站不脚的。

可见,来自粟特地区的胡人未必是"粟特族人";如果把来自粟特地区的"九姓胡"人称为"粟特人",很容易引起歧义,其理与今日讲汉语的中国人未必是汉族人一样。

我们对"杂胡"的族属,似乎不易由其姓寻求其族源。隋唐时期,中原地区经常见到所谓的"杂胡"、"杂种胡",他们往往是中亚游牧人与昭武诸国定居民的后裔,故其姓不管从父还是从母,都可能或是游牧人之源,或是绿洲人之源。唐玄宗天宝年间与安禄山一起作乱的中原的史思明,便是典型一例。《旧唐书·史思明传》云:"史思明,本名窣干,营州宁夷州突厥杂种胡也。"《新唐书·逆臣上》云:"史思明,宁夷州突厥种,初名窣干,玄宗赐其名。"通常而言,所谓的"突厥杂种胡"是指其父母中一为突厥人,一为中亚绿洲地区的昭武诸国人。从史思明的原名"窣干(于)"看来,很近似于昭武诸国所在地区的古称 Soghd 的汉译名。有鉴于此,此一"史"姓,既可视作突厥"阿史那"姓之省略,又可视作昭武诸姓之一。若无其他证据,是很难清楚判别其族属的。

源出中亚游牧人和源出中亚定居人者均用同一姓的例子,尚见于"毕"。北朝时期,鲜卑人入居中原,建立北魏政权。嗣后逐渐汉化,遂将本属漠北诸部的姓氏简化成一个或两个汉字,貌似汉姓。《魏书·官氏志》便列有许多个这类姓氏,而谓"出连氏后改为毕氏"。据此,则"毕"姓当出自漠北的鲜卑游牧部落。但是,在中亚绿洲地区的昭武诸国中,有一"戊地",亦称"毕国",来源于其国者在中原便以"毕"为姓。是知仅凭"毕"姓,尚不足以辨别中亚人的来历。

五代时期的孙光宪在《北梦琐言》卷5云:"李肇《国史补》云:贞元末,有郎官四人,自行军司马赐紫而登粉署,省中谑之为'四君子'也。唐自大中至咸通,白中令入拜相,次毕相諴、曹相确、罗相劭,权使相也,继升岩廊。崔相慎猷曰:'可以归矣。近日中书尽是蕃人!'盖以毕、

[1]陈海涛:《昭武九姓族源考》,载《西北民族研究》,2000年第2期,第134-141页。

白、曹、罗为蕃姓也。"[1]"毕"之为蕃姓无疑;"曹"为昭武国姓,"白"为西域龟兹(今新疆境内之库车)国姓,"罗"则有可能为突厥之姓(《通志·氏族略》谓"斛瑟罗氏,改为罗氏。"而7世纪下半叶则有名"斛瑟罗"之西突厥可汗)。这些姓氏既有来自昭武者,也有来自突厥者,均称为"蕃姓",那么,"毕"姓究竟溯源至中亚的游牧人还是定居者,岂非也不能确定吗?

即便是安姓胡人,我们也很难确定其来自安国,还是来自东安、西安国,更不要说确定其为安国的粟特人。樊文礼先生也注意到入唐的"安"姓胡人主要来自昭武九姓的胡人,但也不能排除有一些是出自汉代以来迁入中国的安息人的后裔;他也认为,史籍和近人研究中关于安姓均出自胡人的说法不确。[2]

综上所述,"粟特"为Sogdiana(索格底亚那)之音译,在伊斯兰时期(公元7世纪以来),粟特地的范围要比古代狭窄得多,阿拉伯—伊斯兰舆地学家一般把"粟特"地区视作布哈拉和撒马尔罕之间地区,也即泽拉夫善河流域,把粟特与布哈拉、撒马尔罕并列;粟特的中心地区在撒马尔罕;玄奘所记窣利(粟特)范围要大得多,把窣利北界推至锡尔河以北的楚河上游地区;在不同时期,粟特的范围或有扩大,但拔汗那和楚河上游地区不应包括在粟特本土。实际上,汉籍记述的"粟特",与中亚事实上存在的"粟特"地区是不相吻合的;今日学者不应以汉籍记述的粟特视角来研究中亚粟特的历史。在唐代,中亚的粟特地区大体上包括昭武九姓中的康、安、东安、曹(西曹)、米、何、史诸国;石国主要由突厥人控制和统治,似不应纳入粟特之地。中亚九姓胡国的地理范围,既不能与中亚"粟特"地区的地理范围相吻合,也不能与汉籍所记的"粟特"地理范围相等同,中亚九姓胡国的地理范围比中亚"粟特"地区及汉籍所记的"粟特"要大得多。我们不能把昭武九姓胡地与粟特地相等同,也不能把粟特、康国、康居三者相等同。在中亚粟

[1](五代)孙光宪:《北梦琐言》卷5,中华书局2002年。

[2]樊文礼:《唐代的安姓胡人》,载《内蒙古大学学报》,1999年第2期,第55-62页。

特地区操粟特语、称粟特王的人也未必是粟特人；我们不应把“昭武九姓胡”与“粟特人”相等同，“昭武九姓胡”的内涵比“粟特人”要大得多；昭武九姓胡也不限于“九姓”。今日学者所论魏晋至唐来华的“粟特人”，实际上主要是由中亚月氏人和粟特人两种人所构成，还包括一些逐渐粟特化的突厥人（如米国）；我们应把昭武九姓之民称为“九姓胡”，而不要径称“粟特人”。

2　中亚九姓胡的宗教信仰[1]

关于唐代中亚九姓胡的宗教信仰,汉籍中有许多记述。其中,《新唐书·西域传》集中保存了唐人对中亚诸胡国的认知以及九姓胡与唐朝交往的基本史实。这些记载既是唐朝与中亚交往的记录,又是双方交往的历史结果之一,从一个侧面反映了唐人在与中亚诸胡交往过程中所持的立场、观点。《新唐书·西域传》的许多记述,可弥补阿拉伯——伊斯兰史料之不足。但是,《西域传》所记中亚宗教状况也有许多讹误和疑问。研究中亚九姓胡的宗教信仰,对于理清来华九姓胡的原持信仰、入华九姓胡的传教活动等,具有重要意义。

2.1　康国的宗教信仰

《新唐书·康国传》记述了唐代康国的宗教信仰状况:

> 康者,一曰萨秣鞬,亦曰飒秣建,元魏所谓悉万斤者。……王帽氈,饰金杂宝。女子盘髻,幪黑巾,缀金䔢。……以十二月为岁首,尚浮图法,祠祆神,出机巧技。……高宗永徽时,以其地为康居都督府,即授其王拂呼缦为都督。[2]

那么,《新唐书·康国传》究竟反映了康国何时的情形呢?中国史籍关于康国历法的记述,使我们有可能判定《康国传》所记述史实的年代。

据《隋书·康国传》记载,在6世纪后半叶至7世纪初,康"国立祖

[1]参见拙作:《〈新唐书·西域传〉所记中亚宗教状况考辨》,载《世界宗教研究》,2002年第4期,第121－129页。

[2]《新唐书》卷221下《西域·康国传》。

庙，以六月祭之，诸国皆来助祭"。[1]《唐会要·波斯国》也记载：波斯国"俗事天地水火诸神，西域诸国事火祆者，皆诣波斯受法焉。……以六月一日为岁首"。[2]显然，同事火祆的康国，其历法与波斯相同，也以六月一日为岁首。所以，《通典》引韦节《西蕃记》说：康国人"以六月一日为岁首。……俗事天神，崇敬甚重"。[3] 而《新唐书》则说，康国以十二月为岁首。其中的原因，蔡鸿生先生认为是粟特历时差的缘故："粟特历一年差6小时，4年共差一天；为此，粟特历岁首每4年必须提前一天。所以，韦节《西蕃记》说'以六月一日为岁首'，杜环《经行记》说九姓胡'其俗以五月为岁'，到《新唐书·康国传》则变成'以十二月为岁首'了。"[4]

如果蔡先生所考无误，那么粟特火祆历的岁首从六月一日移至十二月，至少需要150天的误差。以每4年差一天计，至少需要600太阳年。从韦节《西蕃记》成书（7世纪初）到《新唐书》成书（公元1060年）无论如何也没有600年。

看来，《新唐书·康国传》所记历法不可能是火祆历。

康国历法岁首从六月移至十二月，当与康国改历有关。中亚诸国历法均与宗教信仰密切相关。康国改历必与其宗教信仰的改变有关。8—9世纪，康国改奉伊斯兰教。可见，康国的"以十二月为岁首"之历，应当是伊斯兰教历（即回历）。

回历以354.3671天为1年，以公元622年7月16日为纪元之始。所以，回历岁首可以出现在1年中的任何一个月。回历以中国农历十二月为岁首的年份有：回历18、19、51、52、85、86/87、118、119/120、152、153/154、186/187年，分别为公元639、640、671、672、704、705、736、737、769、770、802年。[5]值得注意的是，公元705、737、770、802年的1月和

---

〔1〕（唐）魏徵等：《隋书》，中华书局1973年。

〔2〕（宋）王溥：《唐会要》卷100，上海古籍出版社1991年。

〔3〕《通典》卷193。隋炀帝遣侍御史韦节、司隶从事杜行满出使西域诸国，韦节等至罽宾、王舍城、史国而返。参见《隋书》卷83。

〔4〕蔡鸿生：《唐代九姓胡与突厥文化》，第632－633页。

〔5〕王焕春等：《公农回傣彝藏佛历和儒略日对照表》，科学出版社1991年，第12－19页。

12 月，均为农历十二月、回历岁首。就农历年而言，这 4 年都是连续两年的十二月为回历岁首。《新唐书·康国传》所记年代应是其中的某一年。从《康国传》所记康国习俗、宗教情形看，此时康人尚未完全皈依伊斯兰教。阿拉伯人第一次渡过阿姆河，开始征服河中地区是在公元 654 年。是年，阿拉伯人攻破米国，围攻康国。[1]但是，康国等地长期未被阿拉伯人征服。712 年，呼罗珊总督屈底波（705—714）率大食军攻占撒马尔罕城，焚毁城内的佛寺，建筑了清真寺，强迫当地人信奉伊斯兰教。[2]不过，粟特（Soghd）其他地区仍保持原有宗教信仰，仅在政治上一度承认阿拉伯人的宗主权。[3]即便是在撒马尔罕，信奉伊斯兰教的人也不多。直到喀里斯坦（Kharīstan）之战（738 年）以后，阿拉伯人大破突骑施军，伊斯兰文化才开始逐渐在粟特地区占优势。[4] 751 年怛逻斯之战以后，撒马尔罕逐步伊斯兰化。因此，《康国传》所反映的史实在年代上应当排除 705 年，而似应是公元 737—770 年之事。

从新、旧《唐书·康国传》所记史实，我们也可推定《康国传》所记史实不晚于公元 754 年。《旧唐书·康国传》记事最晚的一条是“天宝十三载（754）”康国王咄曷遣使朝贡；[5]《新唐书·康国传》则是唐朝册封咄曷为钦化王，且未注明年代。咄曷册封一事，《旧唐书·康国传》系于天宝三年（744）；《册府元龟·外臣部》系于天宝三年七月，唯“咄曷”记作“咄喝”。[6]

杜环《经行记》“末禄”条记，“其俗以五月为岁”，[7] 末禄，即呼罗末禄珊首府木鹿（Merv），是大食呼罗珊总督驻地。该地伊斯兰化已久，其历法为希吉拉历（回历）无疑。公元 755—757 年，回历以农历五月为岁首。在此期间，杜环适在木鹿或其附近地区。此外，《酉阳杂

---

[1]《唐会要》卷 99；《新唐书》，第 6247 页；《册府元龟》卷 995。

[2]W. Barthold. *Turkestan Down to the Mongol Invasion*（巴托尔德：《蒙古入侵时期的突厥斯坦》，以下称《突厥斯坦》），London，1977，pp. 185－187.

[3]H. A. R. Gibb. *Arab Conquests in Central Asia*，London，1923，pp. 46－48.

[4]H. A. R. Gibb. *Arab Conquests in Central Asia*，London，1923，pp. 81－85.

[5]（后晋）刘昫等：《旧唐书》，中华书局 1975 年，第 5310－5311 页。

[6]《册府元龟》，第 11346、11349 页。

[7]（唐）杜环：《经行记》，张一纯笺注，中华书局 2000 年，第 60 页。

俎》卷10“物异”条也记：“西域以五月为岁。”[1]可见，在8世纪中叶，包括康国在内的中亚地区（西域）实行的历法是回历。

《新唐书·康国传》记述的年代如上所考，其记康国的宗教状况就显出许多讹误。

按《新唐书》所记，此时康国“尚浮图法，祠祆神”。此记是有疑问的。贞观二年（628），[2]玄奘途经飒秣建（康国）时，仍见当地“王及百姓不信佛法，以事火为道。有寺两所，迥无僧居，客僧投者，诸胡以火烧逐不许停住。”[3]玄奘以佛法化度康国国王。《新唐书》编撰者很可能是根据玄奘以佛法化度康国王一事，推定康国此后必然“尚浮图法”了。直到762年，杜环归国时，他尚言：康国“土沃人富，国小，有神祠名祆。诣国事者，本出于此”。[4]在此以后，康国等中亚诸国逐渐伊斯兰化，根本不可能又改宗佛教，再“尚浮图法”。所以，《新唐书》此记不足凭信。

为了解释《新唐书·康国传》所记无误，高永久先生把康国“尚浮图法”解释为，此处的浮图“不一定是指佛教，而是指琐罗亚斯德教；此‘尚浮图法’乃是史官之笔误，因为字里行间并未出现一个‘佛’字”。[5]这个解释是非常牵强的。《旧唐书·康国传》明确记述：康国“有婆罗门为之占星候气，以定吉凶。颇有佛法”。可见，《新唐书·康国传》所称“尚浮图法”是指崇尚佛法。

中亚粟特古城品治肯特遗址（又译喷赤干，距今品治肯特城15公里，位于撒马尔罕以东约60公里）即为唐代米国都城钵息德城。[6]品治肯特在8世纪30年代，此地曾纳入康国的直接统治范围。在唐开元十九年（731）四月，唐朝应康国王乌勒伽之请，封康国王子默啜为米国

---

[1]段成式：《酉阳杂俎》卷10，见《唐五代笔记小说大观》，上海古籍出版社2000年，第631页。

[2]杨廷福：《玄奘年谱》，中华书局1988年，第126页。

[3]慧立、彦悰：《大慈恩寺三藏法师传》，中华书局1983年，第30页。

[4]杜环：《经行记》，第8－10页。

[5]高永久：《西域古代民族宗教综论》，高等教育出版社1997年，第39－40页。

[6]马小鹤：《米国钵息德城考》，载《中亚学刊》第2辑，中华书局1987年，第65－75页。

王。[1]前苏联学者对该遗址进行了考古发掘。在该遗址“蓝色大厅”东墙的中央位置,画着品治肯特的女保护神“娜娜(Nanai)”。她骑在一头背上披有花纹织物的狮子身上,身旁有乐手(或是舞伎)。在品治肯特宫殿遗址还有一幅壁画:一个男神和一个女神共坐在一个神龛内,他们的宝座置于椭圆形的地毯上,在男神的膝盖上放着一个象征太阳的黄色圆饼,饼上有狮面雕像,女神膝上放着一个象征月亮的蓝色圆物。神座下边男神一方是一峰骆驼,女神一方是一只山羊。[2] 对于这些壁画的含义,前苏联学者有很大的争议。1982年,前苏联学者 Г. А. 普加琴科娃、Л. И. 列穆佩认为,这些壁画的题材就其整体而言,不属于任何一个古代宗教的教义(如佛教、祆教、摩尼教、景教等等)。[3]

Б. Г. 加富罗夫则认为,在1947—1948年对品治肯特遗址的挖掘中:“最有趣的发现是用高度艺术的彩色壁画、木制圆柱和雕刻品装饰起来的拜火教庙宇遗址。在城外发现拜火教徒的墓地。根据现在发现的某些宗教仪式用具和壁画,可以断定粟特人的拜火教和当时伊朗萨珊(桑)王朝典型的拜火教有很大差别。粟特拜火教的特点是它保留了当地古代祭祀的部分(包括祭祀祖先和天体——太阳与月亮)。”[4]

张广达先生把法国国立图书馆藏敦煌文书 P. 4518 中的一幅画有两位祆教神祇的图画与品治肯特壁画的若干形象相参验,认为它们都应该是被纳入祆教的粟特神祇。[5]

汉籍的记述,有助于我们理解品治肯特遗址壁画的含义。据巴托尔德研究,在萨珊王朝末期,在粟特地区祆教胜过佛教,开始流行起来。[6]在6世纪末,康国仍然信奉祆教。《隋书》记载:康国“有胡律,置

---

[1]《册府元龟》卷999《外臣部·请求》;《新唐书·康国传》。

[2][前苏联]Г. А. 普加琴科娃、Л. И. 列穆佩:《中亚古代艺术》,陈继周、李琪译,新疆美术摄影出版社1994年,第62-63页。

[3][前苏联]Г. А. 普加琴科娃、Л. И. 列穆佩:《中亚古代艺术》,第63、67页。

[4][前苏联]Б. Г. 加富罗夫:《中亚塔吉克史》,第121页。

[5]张广达:《祆教对唐代中国之影响三例》,引自龙巴尔、李学勤主编:《法国汉学》第1辑,清华大学出版社1996年,第143-154页。

[6][俄]W. 巴托尔德:《中亚突厥史十二讲》,罗致平译,中国社会科学出版社1984年,第42-43页。

于祆祠，将决罚，则取而断之"。[1] 迟至726—727年，慧超仍见康、安等6国总事火祆，不识佛法；唯康国有一(佛)寺，有一僧，又不解敬。[2] 直到怛逻斯战役(751)后不久，杜环尚见康国"有神祠名祆。诣国事者，本出于此"。[3] 甚至在伊斯兰教在中亚确立很久的10世纪，撒马尔罕仍有祆教的团体。[4] 影响如此深远的祆教，必定在7—8世纪的粟特壁画中有所反映。

穆格山粟特文书也进一步说明祆教的流行。1933年，在粟特人的本土撒马尔罕以东约140公里的穆格山(Mug)发现了一批8世纪粟特文书。8世纪的穆格山地区，正处在粟特地区最大的康国首府的附近。前苏联学者对穆格山粟特文书进行了成功的解读。根据他们的研究，在穆格山文书中，记有两个负责祆教事务的官称，即 mwγ pt -(chief magus，穆护长)和 β γnpt -(lord of the temple，祠主)。姜伯勤先生在《论高昌胡天与敦煌祆寺》一文中非常有说服力地证明，上述两个称呼分别相当于《通典》所记管理祆教的萨宝府视流内官祆正和视流外官祆祝。[5]

结合汉籍记述和中亚考古资料，我们可以认定，6—8世纪中叶以康国为中心的粟特地区流行祆教；粟特的事火之道实际上是波斯拜火教与中亚当地流行的自然崇拜的结合。我们当以 Б. Г. 加富罗夫和张广达先生的结论为信从。

2.2 何国的宗教信仰

《新唐书·西域传》记述了何国的情形：

何，或曰屈霜你迦，曰贵霜匿，即康居小王附墨城故地。城左

[1]《隋书》，第1848-1849页。

[2](唐)慧超：《往五天竺国传》，张毅笺释，中华书局1994年，第118页。

[3]《经行记》，第8-10页。

[4][俄]W.巴尔托里德：《中亚简史》，耿世民译，新疆人民出版社1980年，第11页。

[5]姜伯勤：《论高昌胡天与敦煌祆寺》，载《世界宗教研究》，1993年第1期，第1-18页；又参看姜伯勤：《敦煌吐鲁番文书与丝绸之路》，第226-243页。参看《通典》，第1105页作"祓祝"，失校。

有重楼，北绘中华古帝，东突厥、婆罗门，西波斯、拂菻等诸王，其君旦诣拜则退。贞观十五年，遣使者入朝。永徽时上言：'闻唐出师西讨，愿输粮于军。'俄以其地为贵霜州，授其君昭武婆达地刺史。遣使者钵底失入谢。[1]

屈霜你迦，乃梵语化词 Kusānika、中古波斯语 Kusānik、阿拉伯语 Kusāniyya（库沙尼亚）之对音，位于今中亚撒马尔罕西北约 75 公里的库沙尼亚。马迦特认为，“何”乃阿拉伯语 Qayy 或 Qayyi 之音译，并举出穆斯林地理学家伊斯塔赫里记载，说贵霜匿为“粟特的文化最高之城，粟特诸城之心脏”；伊本·豪加勒也说，Qayy 或 Qayyi 为粟特一个区，乃“粟特之心脏”。[2]

何国城楼壁画上的列王图，使人联想起佛教《十二游经》所附地志记述的“四天子”传说：“……有八国王，四天子。东有晋天子，人民炽盛。南有天竺国天子，土地多名象。西有大秦国天子，土地饶金银璧玉。西北有月氏天子，土地多好马。”[3]

道宣《释迦方志》也著录了此传说：“凡人极位，名曰轮王。圣人极位，名曰法王。……又轮王有四王，约统四洲。”[4]所谓“四天子”，又称“四主”，在不同时期有不同的指称。道宣把“四主”属国指称为“人主”至那国（古之振旦国，即中国），“象主”印度，“宝主”胡国（波斯或拂菻），“马主”突厥国（或月支国），分别统治东、南、西、北四方。四国的土地自雪山（喜马拉雅山）分四方达于四海。“四天子”之说，在印度、阿拉伯和中国都有流传。法国著名汉学家伯希和对“四天子”源流作了考辨。[5]

然而，四天子说在中亚地区的流传，仅见于《新唐书·西域传·何

---

[1]《新唐书》卷 221 下《西域传·康国》“何国”条，第 6247 页。

[2]马迦特：《古突厥碑铭年代考》，第 60 页，引自玄奘：《大唐西域记》，第 92－93 页。

[3]［法］伯希和：《四天子说》，引自冯承钧：《西域南海史地考证译丛三编》，商务印书馆 1995 年，第 84－103 页。

[4]（唐）道宣：《释迦方志·中边篇第三》，范祥雍点校本，中华书局 1983 年，第 11 页。

[5]［法］伯希和：《四天子说》，引自冯承钧：《西域南海史地考证译丛三编》，商务印书馆 1995 年。

国》的记载。何国城楼所绘四天子的方位，也与众不同。中国天子应在东方，却被何国绘于北；突厥天子应在北，却被绘在东边；天竺（婆罗门）天子应在南，却被画在东，且与东突厥天子并列；唯有波斯、拂菻等诸王方位正确。

何国城楼位于都城之南（“城左”），楼南墙为外墙，不便何王礼拜。所以，城楼仅有东、西、北 3 墙分别绘画。蔡鸿生先生以为，何国都城重楼上的壁画是供国王从南面朝拜的，故画面不可能向四方展开，只能作左、中、右配置。[1] 此说忽略了城楼的方位。

所以，《通典》卷 193、《太平寰宇记》卷 183 皆记：何国“城楼北壁画华夏天子，西壁则画波斯、拂菻诸国王，东壁则画突厥、婆罗门诸国王”。[2]可见，这些绘画是分别画在城楼北、西、东壁上的。

何国城楼上的绘画，一方面说明何国与中国、突厥、印度、波斯和东罗马之间的广泛联系；另一方面说明，在相当长的一个时期，何国的伊斯兰化程度是不深的。

何国与中国较早建立了联系。据《通典》卷 193 记载，何国“大业中及大唐武德、贞观中，皆遣使来贡”。[3]另据《册府元龟》卷 970 记载，何国早在贞观元年（627）五月即遣使朝贡。[4] 《新唐书》又记贞观十五年（641）何国遣使入朝；显庆三年（658）唐朝在何国设贵霜州，何国君昭武婆达地遣使者钵底失入谢。何国对唐朝非常仰敬，“若中国使至，散花迎之，王东面拜，又以麝香涂使人额，以此重。”[5]

从何国欢迎唐朝使者的仪式，我们可以看出何国信奉祆教的痕迹。《唐会要》卷 100《波斯国》记：波斯国“俗事天地水火诸神，西域诸胡事火祆者，皆诣波斯受法。其事神，以麝香和苏涂须点额，及于耳鼻，

---

〔1〕蔡鸿生：《唐代九姓胡贡品分析》，载《文史》第 31 辑，中华书局 1988 年，第 99－114 页。

〔2〕《通典》卷 193《边防九·西戎五·何国》；（宋）乐史：《太平寰宇记》卷 183，《四夷十二·西戎四·何国》，台湾商务印书馆影印文渊阁《四库全书》本，第 470 卷。

〔3〕《通典》，第 5257 页。

〔4〕《册府元龟》，第 11397 页。

〔5〕《太平寰宇记》卷 183《四夷十二·西戎四·何国》。

用以为敬。”[1] 何国欢迎唐朝使者仪式与波斯敬奉火祆的仪式如出一辙。显然，在阿拉伯人来到之前，何国也是尊奉祆教的。

2.3 史国的宗教信仰

《新唐书·西域传·史国》记载：

史，或曰佉沙，曰羯霜那，居独莫水南康居小王苏薤城故地。……城有神祠，每祭必千羊，用兵类先祷乃行。国有城五百。隋大业中，其君狄遮始通中国，号最彊盛，筑乞史城，地方数千里。贞观十六年，君沙瑟毕献方物。[2]

史，佉沙，皆为阿拉伯语、波斯语 Kass、Kiss 之对音；羯霜那，乃梵文 Kasanna 或 Kusāna 之对音，故城在今撒马尔罕以南 75 公里的萨赫里萨布兹（沙赫里夏勃兹），为中世纪撒马尔罕至缚喝（Balkh，巴尔黑）大路中途之大城，该城每边长约 1/3 法尔萨赫（约 2 公里）。[3] 在波斯语（或塔吉克语）中，“萨赫里萨布兹”意为“绿城”。[4] 独莫水，沙畹比定为 Karchi daria；苏薤，似是 Soghd（粟特）之对音。佉沙一度为粟特之都城，[5] 乞史应是佉沙之异称。

《唐会要》卷 99《史国》所记，与《新唐书·西域传》之记有所不一：“史国居近独莫水北，与康国同域，中有神祠，每祭牛羊口。自隋以来，国渐强盛，乃创置乞史城，都邑二万余家。”[6] 从地理方位来看，萨赫里萨布兹在独莫水（今卡尔希河）两条支流之间，这两条支流相距不过 10 公里。所以，汉籍有史国居独莫水之北、之南的争议。

那么，史国都城的“神祠”究竟敬奉何方神圣呢？

从“每祭必千羊，用兵类先祷乃行”之记看，此时史国所崇拜的既

---

[1]《唐会要》卷 100。

[2]《新唐书·西域传·史国》

[3]［俄］W. 巴托尔德：《突厥斯坦》，伦敦，1977 年，第 134－136 页；《大唐西域记》，第 98 页；章巽、芮传明：《大唐西域记导读》，巴蜀书社 1989 年，第 113－114 页。

[4] G. Le. Strange. *The Lands of the Eastern Caliphate*, Cambridge, 1905, p. 649.

[5]［法］沙畹：《西突厥史料》，第 135 页。

[6]《唐会要》，第 2109 页。

不可能是佛教，也不可能是摩尼教。因为佛教并不杀生，摩尼教宗教习俗是素食，[1]两教都不可能杀生献祭。

用牛羊献祭的做法，在突厥人那儿也可见到。达头可汗(《隋书》作达度可汗)曾于公元598年致东罗马皇帝摩里斯一封信，称“突厥崇拜火，尊敬空气和水，颂扬大地，但仅奉天地唯一造物主为神，用马、牛、羊祭祀它，并有祭司预言未来之事”。[2]

在祆祠请教天神，以决定重大国事，是中亚信奉祆教国家的通行做法。杜环曾见康国“有神祠名祆。诣国事者，本出于此。”[3]

可见，7—8世纪中叶史国崇信的只能是祆教。所以，在726—727年，慧超从天竺归国途中，仍见安、曹、史、石骡、米、康等6国并属大食所管，但总事火祆，不识佛法。[4]

大食呼罗珊总督屈底波征服河中地区后，史国等地百姓逐渐改奉了伊斯兰教。看来，唐人对此情并不了解。《新唐书·西域传》所记史国的宗教状况，应是8世纪中叶以前的情况。

2.4 西曹的宗教信仰

《新唐书·西域传·西曹》载：

> 西曹者，隋时曹也，南接史及波览，治瑟底痕城。东北越于底城有得悉神祠，国人事之。有金具器，款其左曰：“汉时天子所赐。”武德中入朝。天宝元年，王哥逻仆罗遣使者献方物，诏封怀德王，即上言：“祖考以来，奉天可汗，愿同唐人受调发，佐天子征讨。[5]

瑟底痕城，当是穆斯林地理文献中的Ithtākhanj、Ishtīkhan之对音，

[1]林悟殊：《摩尼教及其东渐》，中华书局1987年，第136－137页；高永久：《西域古代民族宗教综论》，第169－170页。

[2]高永久：《西域古代民族宗教综论》，第50页。

[3]《经行记》，第8－10页。

[4]《往五天竺国传》，第118页。

[5]《新唐书·西域传·西曹》。

其地在撒马尔罕西北50公里的伊什特汗。[1]

《隋书·西域传》"曹国"条称:曹国方位在"那密水南。……东南去康国百里,西去何国百五十里,东去瓜州六千六百里"。[2]这与《新唐书·西域传》所记西曹,其方位基本一致。

唐代西曹的得悉神祠,在隋代也存在着。《隋书·西域传》"曹国"条记载:曹国"国中有得悉神,自西海以东诸国并敬事之,其神有金人焉。……每日以驼五头、马十匹、羊一百口祭之,常有千人食之不尽。"[3]可见,曹国的"得悉神"信仰由来已久,而且香火极盛。曹国人对宗教的虔诚以及祭品之奢靡,都是其他地区难以比拟的。这种以大量的驼、马、羊为牺牲的做法,显然具有绿洲地域特征,很可能是结合了曹国当地原有的自然崇拜的做法。

关于"得悉神"的起源,白鸟库吉认为,曹国的"得悉神"就是阿尔泰人所信奉的"托司"(Töc);突厥人"事火"是通过中亚昭武九姓向伊朗学习的。[4]

而蔡鸿生认为,曹国所信奉的"得悉神"与阿尔泰人的"托司"(Töc)没有渊源关系。阿尔泰卡钦人把他们认为自古以来存在于天上、人间和地下的一切神灵,统称为"托司"。其中最受崇拜的是火神"查巴克托司"(Чалбак - Töc),神作女相。"查巴克托司"是萨满(巫师)首先祷告的对象。实际上,托司是一种植根于母系氏族的火神崇拜。[5]

1948年,英国粟特语专家亨宁(W. B. Henning)研究了斯坦因于1907年在敦煌附近发现的粟特文信札,认为这些信札的一些人名中包含了古代伊朗神祇的名称。如第二号信札的发信人Nanai - Vandak,意为"娜娜女神之仆";又如Artixw-vandak,意为"(祆教《阿维斯塔经》中)Asis-va uhi之仆";还有第一号信札中的npt -,他认为就是当年敦

---

〔1〕《大唐西域记》,第89页,第91-92页注释1。

〔2〕《隋书》,第1855页。

〔3〕《隋书》,第1855页。

〔4〕〔日〕白鸟库吉:《康居粟特考》,傅勤家译,第45页。

〔5〕蔡鸿生:《唐代九姓胡与突厥文化》,第132-133页。

煌娜娜女神祠中的一位神职人员。[1] 1965 年，亨宁在《粟特神祇考》一文中，列举了现存粟特文献中出现的伊朗万神殿中的一系列神祇，其中见于粟特文古信札人名中者，除上述两神外，还有 Druvaspa(Druvas-pa)和 Taxsic(txs'yc)，他还比定后者即《新唐书·西域传》"西曹国"条下提到的"得悉神"。粟特语中的 txs'yc 神，很可能就是火祆教的"星辰雨水之神"。[2] 近年新疆焉耆七星乡出土过一件银碗，碗沿刻粟特铭文，经西姆斯·威廉姆斯释读，内有"这件器物属于得悉神"之句，并指出该神名带阴性词尾(txs'ycyh)，表明该神是女神。[3]

前苏联学者别伦尼茨基认为，"得悉"应还原为波斯语 Tešstar。[4] 这也是祆教的神。

看来，无论"得悉"的对音是什么，"得悉"神是波斯火祆教的神灵无疑。在西曹的祆祠中，主要供奉"星辰雨水之神"——得悉神，而不是祆教的最高神"马兹达"(阿胡拉·马兹达)，这说明西曹地区的祆教信仰之地方特色。绿洲地区对雨水的祈求，是当地居民压倒一切的愿望。

综上所考，我们可以认定，6—8 世纪中叶以康国为中心的粟特地区，包括何、史、米、西曹等国，以信奉祆教为主；粟特地区的事火之道实际上是波斯拜火教与中亚当地流行的自然崇拜之结合；8 世纪 20 年代以后粟特地区所行历法当是希吉拉历；汉籍所记可以作为粟特地区许多壁画和雕塑宗教意义的注解。

---

〔1〕W. B. Henning,"The Date of the Sogdian Ancient Letters"(亨宁:《关于粟特古信函的年代》)，*BSOAS*(伦敦大学《东方非洲研究院院刊》)，XII，1948，pp. 601 -615.

〔2〕W. B. Henning,"A Sogdian God"(《亨宁《粟特神祇》》，*BSOAS*，Vol. 28，pt. 2，1965，p. 253.

〔3〕林梅村:《中国境内出土带铭文的波斯和中亚银器》，载《文物》，1997 年第 9 期，第 56 - 57 页。

〔4〕〔前苏联〕别伦尼茨基:《论伊斯兰教以前中亚的迷信》，载前苏联《物质文化研究所简报》第 28 册，1949 年，第 84 - 85 页。引自蔡鸿生:《唐代九姓胡与突厥文化》，第 134 页。

3 中亚诸城考

在唐代有关中亚地理的记述中，经常出现千泉、白水城和恭御城等地名。有关这些城的方位，汉籍所记相互牴牾，中外文献所记也不一致。确定这些城的位置，对于理解相关文献记述非常重要。

3.1 关于千泉

关于千泉的方位，玄奘《大唐西域记》记曰：素叶（水）城西行四百余里，至千泉；千泉西行百四五十里，至呾逻私城。"千泉者，地方二百余里，南面雪山，三陲平陆。……泉池千所，故以名焉。突厥可汗每来避暑。"[1]

碎叶（素叶）城故址，学者们勘定为今吉尔吉斯斯坦之托克玛克西南8～10公里的阿克·贝欣姆（Ak—Beshim）废城。多数中外学者赞成此说，苏联考古成果也证实此说。[2] 怛逻斯故城遗址位于今哈萨克斯坦江布尔城（原名奥利阿塔）以西18公里处，西距奇姆肯特约162公里。[3]米诺尔斯基（V. Minorsky）说，怛逻斯废城位于今塔什干东北约280公里处；[4] 9世纪阿拉伯地理学家伊本·胡尔达兹比赫记曰，怛逻斯至石国有50.7法尔萨赫（约合316公里）。[5]这可能是由于后者所记道里较为迂回之故。

---

〔1〕《大唐西域记》卷1。

〔2〕G. Clauson, *Ak Beshim—Suyab*. *JRAS*, No. 1, 1961, pp. 1－13. 张广达：《碎叶城今地考》，载《北京大学学报》，1979年第5期，第70－82页。

〔3〕刘迎胜：《"草原丝绸之路"考察简记》，载《中国边疆史地研究》，1992年第3期，第119－140页。

〔4〕V. Minorsky, "Tamim ibn Bahr's Journey to the Uyghurs". *BSOAS*, XII－2, London, 1948, pp. 275－305, p. 292 note 1.

〔5〕〔阿拉伯〕伊本·胡尔达兹比赫：《道里邦国志》，第30－31页。

关于唐代里程长度，学者歧异较多。[1]唐里有大、小里之分。胡戟先生分析了存世17把唐尺的长度和有关文献记载，考定1唐大里为531米，当今1.06华里；1唐小里为442.5米，当今0.88华里；度地一般用唐大里（如唐长安城周长），也有袭用旧法而用唐小里者（如《元和郡县志》卷1所记京兆西安至东都洛阳里程）；小里还用于测晷景。[2]专治中国科技史的闻人军考定，1唐大里为531.486米；1唐小里为442.905米，与隋里相同，50唐小里合今44.29华里；天文、大地测量及道里记载一般用唐小里。[3]玄奘等所记之"里"，应是唐小里。而周连宽先生则认为，唐里与古汉里相同，1古汉里合0.3909公里，1公里等于2.558古汉里。[4]周说备考。笔者从闻人军说。诚如此，则千泉西至怛逻斯城（140～150唐里）约62～66.7公里，东至碎叶城（四百余唐里）约354.3华里。

《大慈恩寺三藏法师传》卷2记，屏聿，"此曰千泉。……自屏聿西百五十里。至呾（怛）逻斯城。又西南二百里，至白水城。又西南二百里，至恭御城。"[5]1930年，法国学者伯希和考证说：屏聿当是突厥语Bīng-yul的对音，该词意为"千泉"。[6]也有学者认为，屏聿当为屏筆，为东突厥语（畏吾尔语）Ming bulaq之对音，意义亦为千泉。[7]岑仲勉谓，屏聿当为屏律，对音为东突厥语Bïng－bulaq。[8]

千泉，伊本·胡尔达兹比赫记为Abarjaj。他称此地有丘冈，环丘冒出水泉千眼，汇为东流之河；人们在此地猎取黑雉。此地位于怛逻斯

---

[1]关于唐代里程长度的不同换算，周连宽：《大唐西域记史地研究丛稿》，中华书局1984年，第101－102页注释8有详细介绍。

[2]胡戟：《唐代度量衡与亩里制度》，载《西北大学学报》，1980年第4期，第34－41页。

[3]闻人军：《中国古代里亩制度概述》，载《杭州大学学报》，1989年第3期，第122－132页。

[4]周连宽：《大唐西域记史地研究丛稿》，第122页。

[5]（唐）慧立、彦悰：《大慈恩寺三藏法师传》，第29页。

[6]〔法〕伯希和：《玄奘记传中之千泉》，引自冯承钧：《西域南海史地考证译丛》五编，商务印书馆1995年，第5－6页。

[7]章巽、芮传明：《大唐西域记导读》，第122页。

[8]岑仲勉：《西突厥史料补阙及考证》，中华书局1958年，第8页。

与白水城之间，在怛逻斯以西，距白水城17法尔萨赫（约106公里）。[1]古达玛把千泉记为Barjaj；关于该地方位和道里，古达玛所记与伊本·胡尔达兹比赫相同。[2] 玄奘所记千泉则在呾逻私（怛逻斯）以东，在碎叶和怛逻斯之间，这与阿拉伯地理学家所记不同。要明了个中原委，必需先确定千泉地点。

丁谦认为：千泉，地今无考；从该地西距呾逻私（即怛逻斯）城百四五十里计之，千泉当在今俄属库穆阿雷；然自素叶至千泉断不止四百余里。[3]日本学者松田寿男认定，千泉在今哈萨克斯坦的梅尔克（又译麦尔基，Merke或Mepke，即阿拉伯地理著述中的Mirki或Barki）附近；在隋末唐初，西突厥统叶护可汗置牙帐于千泉，这在《旧唐书·西突厥传》中有记载。[4]梅尔克西至江布尔城（怛逻斯）约150公里，东距比什凯克城（原名伏龙芝，此城附近的克留切夫废墟即阿拉伯地理著述中的Jul城[5]）约100余公里，那里至今仍是吉尔吉斯人在楚河与锡尔河之间最好的避暑胜地，拥有良好的牧场和清澈的泉水。19世纪后期，舒勒尔（Schuyler）曾亲自考察梅尔克，也认定该地即古之千泉。[6]而周连宽先生则认为，千泉在江布尔城以东140~150（华）里的

[1]〔阿拉伯〕伊本·胡尔达兹比赫：《道里邦国志》，第30页。法尔萨赫（Farsakh）是古波斯及阿拉伯路程单位名。《伊斯兰百科全书》英文第1版，第3卷，第70页（莱顿，1927年）云，1法尔萨赫为马走1小时的路程，1波斯法尔萨赫约合6.232公里，1阿拉伯法尔萨赫为5.763公里；同书第2版（莱顿，1983年），第2卷，第812－812页称，伊斯兰时期1法尔萨赫为5.985公里，现代1法尔萨赫为6公里。宋岘认定，1法尔萨赫约合6.24公里（胡尔达兹比赫书，第1页中译注3）。张广达先生说，中古1法尔萨赫约为6公里（见《碎叶城今地考》）。章巽先生认为，法尔萨赫折合今制很不规则，约为3.7~6.7公里（《大唐西域记导读》，第30页）。考虑到古代道里较为迂曲，以及宋岘先生意见，笔者把1法尔萨赫折算为6.24公里。

[2]〔阿拉伯〕古达玛：《税册及其编写》，宋岘译，中华书局1991年，第217页。

[3]丁谦：《大唐西域记地理考证》，载《浙江图书馆丛书》第2集，1915年，第3页。

[4]〔日〕松田寿男：《古代天山历史地理学研究》，陈俊谋译，中央民族学院出版社1985年，第344页；〔日〕木村日纪、小林元、松田寿男合编：《中央亚细亚史、印度史》附新旧中央亚细亚要图，昭和15年，东京，平凡社。引自周连宽：《大唐西域记史地研究丛稿》，第103页注释29。

[5]张广达：《碎叶城今地考》，载《北京大学学报》，1979年第5期，第20－82页。

[6]引自章巽、芮传明：《大唐西域记导读》，第122页。梅尔克至比什凯克里程，《大唐西域记导读》称有120公里；刘迎胜先生实地考察，称公路里程为100余公里。参见刘迎胜：《“草原丝绸之路”考察简记》，载《中国边疆史地研究》，1992年第3期，第119－140页。

阿该尔托布与泼得果尔诺之间及其附近地区。[1]林梅村说,千泉在塔拉斯河上游德米特里耶夫村附近。[2]

作者按:梅尔克至江布尔城的实际里程(150公里),比玄奘所记千泉至怛逻斯城里程要多出83.5~88公里,比伊本·胡尔达兹比赫所记白尔钦(Barki,即梅尔克)至怛逻斯里程(21法尔萨赫,约合131公里[3])多出约19公里。梅尔克至碎叶故城(阿克·贝欣姆)里程,今日实际约为172公里,玄奘记为400余唐里(约合177公里),伊本·胡尔达兹比赫记为38法尔萨赫(约237公里)。[4]不过,阿拉伯地理学家所记道路,要从白尔钦往东北走,绕道阿史不来城再往东南行,所以里程要远4法尔萨赫(约25公里)左右。

综合上述材料,玄奘所言"千泉",当在梅尔克一带,玄奘所记碎叶(素叶)至千泉里程大体准确;玄奘所记千泉西至呾逻私(怛逻斯)里程则有误差,少记约85公里。另外必须指出的是,玄奘所言千泉与阿拉伯地理学家所记之千泉(Abarjaj,或 Barjaj),并非指称同一个地方。至于屏聿(Bing-yul,或 Ming bulaq)如何与白尔钦(Mirki,或 Barki,即梅尔克)相勘同,尚待有识之士作出解释。

而周连宽先生所考定之千泉方位则有误。这是因为,他注重于千泉与怛逻斯的相对位置,忽略了千泉与碎叶、伊塞克湖的相对位置。阿该尔托布、泼得果尔诺一线至碎叶故城当在260公里左右,这与玄奘所记碎叶至千泉里程(400余唐里)大大不符。丁谦也犯了相同的错误。考虑到伊塞克湖及碎叶城位置的相对固定性,我们应该注重的是千泉与碎叶、伊塞克湖的对应关系。

值得注意的是,《新唐书·突厥下》的一条记述:"统叶护可汗……控弦数十万,徙廷石国北之千泉,遂霸西域诸国……"[5]这个"千泉"位于石国之北,而非怛逻斯之东,它以石国为参照坐标;其地理位置与

[1]周连宽:《大唐西域记史地研究丛稿》,第91页。

[2]林梅村:《西突厥汗庭考》,载《中国边疆史地研究》,1992年第3期,第82-87页。

[3][阿拉伯]伊本·胡尔达兹比赫:《道里邦国志》,第31页。

[4][阿拉伯]伊本·胡尔达兹比赫:《道里邦国志》,第31-32页。

[5]《新唐书》卷215下。

玄奘所记不同，而与阿拉伯—伊斯兰舆地学家所记相近。它的方位较为可信。

3.2 关于白水城和恭御城

关于白水城和恭御城的方位，玄奘记曰："呾逻私（怛逻斯）南行十余里有小孤城，从此西南行二百余里至白水城；西南行二百余里，至恭御城；恭御城南行四五十里，至笯赤建国；从笯赤建国西行二百余里，至赭时国（唐言石国）。"[1]

白水城，位于哈萨克斯坦奇姆肯特城以东约 13～15 公里处的赛拉姆村（Sairam），《元史》称之为赛兰城。布莱脱胥乃德（E. Bretschneider）、巴托尔德对赛兰城都有详考。[2]

玄奘所记恭御城的具体地点，目前考古发掘成果尚不足以确认。季羡林先生等认为，恭御城大体上在今锡尔河支流乞儿乞克河与安格林河（Angren）流域，当在阿拉伯地理学家所说的"察赤（赭时）—伊腊克"（Chach—Ilak）地区之内。[3]周连宽先生则认定该城在乞儿乞克（齐儿齐克）与帕尔塔拉齐克之间。[4]以上两说有一个共同之处，即把恭御城视为一个独自存在的地方。

值得注意的是，《大唐西域记》和《大慈恩寺三藏法师传》都把白水城和恭御城记为两个独立的地方；但是，道宣《释迦方志·遗迹篇》，只记恭御城而无白水城；[5]在《新唐书·西域传》里，则只载白水城而没

---

〔1〕《大唐西域记》卷 1。

〔2〕E. Bretschneider, *Medieval Researches from Eastern Asiatic Sources*（《中世纪东亚史料研究》），Vol. II，London，1967，p. 94；V. Barthold，*Four Studies on the History of Central Asia*（《中亚史研究四种》），Vol. III，Leiden，1962. p. 77.

作者按：从今代地图上看，赛拉姆位于奇姆肯特之东南，而非正东方。又按：宋岘认定白水城在今奇姆肯特城。参见胡尔达兹比赫书，第 30 页中译注 2。丁谦认为，白水城在怛逻斯（奥利阿塔，今名江布尔）西南，今名曼特肯城，城滨阿克苏河；阿克苏，译言白水也；恭御城未详。参见丁谦：《大唐西域记地理考证》，第 3 页。关于此说之误，详见下文"笯赤建"考。

〔3〕《大唐西域记》，第 80 页注释（1）。

〔4〕周连宽：《大唐西域记史地研究丛稿》，第 97 页。

〔5〕《释迦方志》，第 22 页。

有恭御城。《释迦方志》和《新唐书·西域传》的有关记述都据自《大唐西域记》。所以,英国学者瓦特斯(T. Wattors)在《大唐西域记》英译本中提出,“恭御”可能是突厥语 kuyu (意为泉城)的译音;“泉”字可能是“白水”竖写时合二为一,白水城就是泉城,也就是恭御城;恭御城(白水城)与阿拉伯地理学家所称的伊斯比(菲)加卜(Isbijab,或为 Isfijab,“白水”之义)相同,故址在今哈萨克斯坦南部奇姆肯特东南约 8 英里(约 13 公里)的赛拉姆村(Sayram,即赛兰城)。[1]但是,瓦特斯未能解释玄奘为何把恭御城和白水城分作两地记述之原因,也未能从里程上考定恭御城即白水城。

我们可以从里程上探寻相关诸城的方位。从怛逻斯至白水城,玄奘记为 210 余唐里,约合 93 公里;伊本·胡尔达兹比赫记为 31 法尔萨赫,[2]约合 193.4 公里,两者相差 100.4 公里,相差一倍以上。今查两地实际直线距离,在 150 公里以上。玄奘所记肯定有误。而怛逻斯至恭御城,玄奘记为 410 唐里(约合 181.4 公里),这与穆斯林地理学家所记怛逻斯至白水城距离相比,仅少 12 公里左右。难怪瓦特斯认为玄奘所记恭御城即穆斯林地理学家所记白水城。

白水城至赭时(石国)里程,玄奘记为 440 ~ 450 里(约合 194.7 ~ 199.3 公里);伊本· 胡尔达兹比赫则记为 19.7 法尔萨赫(约合 122.6 公里),玄奘所记比后者多出 72 ~ 76.7 公里。为解决此矛盾,周连宽先生把古赭时国都定在今塔什干以西约 50 公里的旧石城,即班那卡特遗址,[3]以此证明玄奘所记无误。但如此勘定,又使玄奘以后的行程不符。

赭时国大致范围在锡尔河支流 Barak (又作 Parak)河(今名乞儿乞克 Chirchik)流域。20 世纪 70 年代,苏联学者认定,古赭时都城在今乞

[1] Thomas Wattors, *On Yuan Chwang's Travels in India*. (《大唐西域记》英译本) Vol. I, London, 1904, p. 84.

[2] [阿拉伯]伊本·胡尔达兹比赫:《道里邦国志》,第 30 – 31 页。

[3] 周连宽:《大唐西域记史地研究丛稿》,第 97 页。

儿乞克河附近的Binkath废城。[1] 1991年5月,南京大学刘迎胜先生与联合国教科文组织“草原丝绸之路”考察队的各国学者考察了塔什干地区,认定公元605—750年石国的宫廷所在地即阿克·特帕(Ak—Tepa)遗址,该遗址位于塔什干市中心东南方15公里处;从公元750年至12世纪上半叶,塔什干政治中心迁至今塔什干市中心的宾卡特(Binkat)遗址所在地;从12世纪下半叶到蒙元时代,又迁至塔什干市西南约50公里的班那卡特(Benakat)遗址所在地。[2] 班那卡特遗址并不是唐代石国都城所在。

看来,问题仍出在白水城和恭御城的方位上。如果恭御城即白水城,则玄奘所记恭御城至赭时的里程(240~250唐里,约合106.3~110.7公里),与穆斯林著述中白水城至赭时国里程相比,仅少12公里左右,两者大体吻合;这也与今日里程相符,但玄奘为何把这两个地名分作两地来记呢?

赛拉姆(白水城)至塔什干城北实际直线距离约为120公里,与穆斯林地理学家所记相符。另外,从怛逻斯至赭时的总里程,中外双方所记大体相符:玄奘记为650唐里,约合287.4公里;伊本·胡尔达兹比赫记有50.7法尔萨赫(约合316公里),而古达玛记述的捷径(中途乘船)仅有41法尔萨赫(255.8公里)。[3]

从里程上看,玄奘所记白水城之方位,正与阿拉伯地理学家所记千泉相当;而前者所记恭御城,正与后者所记白水城方位相当。显然,或是玄奘把恭御城、白水城前后次序倒错,恭御城即突厥语“泉城”(kuyu)的对音,即穆斯林著述中的千泉;[4] 或是玄奘所记两城次序未错,“白水”或许即“泉”字之讹,“白水城”应为“泉城”,即为穆斯林所

〔1〕〔前苏联〕别连尼茨基等:《中亚中世纪城市》俄文本,第195－198页,列宁格勒1973年。(A. M. Беленицкий,《Средневековый Город Средней Азии》,Ленинград,1973.)

〔2〕刘迎胜:《“草原丝绸之路”考察简记》,载《中国边疆史地研究》,1992年第3期,第119－140页。

〔3〕刘迎胜:《“草原丝绸之路”考察简记》,载《中国边疆史地研究》,1992年第3期,第119－140页;另参古达玛:《税册及其编写》,第216－217页。

〔4〕此推测乃吸收黄时鉴师之意见。

记之千泉(Abarjaj,或Barjaj),而"恭御"即阿拉伯地理学家所记之白水城(Isfijab)。至于"恭御"是否为突厥语kuyu的对音,与"恭御城"方位没有太大关系。第三种可能则是,玄奘所记白水城即阿拉伯地理学家所记Isfijab,但其记里程有误,应另比定恭御城之方位。但第三种可能微乎其微。

我们还可以从白水城与笯赤建城的相对位置来推断前者的方位。笯赤建,又作弩室羯。瓦特斯将其对应为Nujikkend,并认为该词有可能代表了突厥语复合词Nujabahkend,意为"贵人之地"。[1]但更为流行的观点是:笯赤建是中世纪阿拉伯地理著述中Nujakath、Nujikath或Nujkath等词的音译,为突厥语"新城"之意。[2]

《新唐书·西域传上》记载:"白水城……南五十里有笯赤建国,广千里,地沃宜稼,多蒲陶。又二百里即石国。"《新唐书·西域传下》则记:"新城之国,在石东北赢百里。有弩室羯城,亦曰新城,曰小石国城。后为葛逻禄所并。"[3]

上述两条记述误差约有100里(与石国之距)。从方位上看,前条记述更为明确,但这条记述与玄奘所记"笯赤建国"方位不符。玄奘说,笯赤建国在恭御城以南五十里,而《新唐书·西域传》则称,笯赤建国在白水城以南五十里。如果恭御城即白水城之说成立,那么《新唐书》和《大唐西域记》关于"笯赤建国"方位之记述,大体上是吻合的。苏联考古学者把笯赤建城比定为今乌兹别克斯坦塔什干地区的汗阿

---

[1] Thomas Wattors, *On Yuan Chwang's Travels in India*, Vol. I, p. 75–78.

[2]《大唐西域记》,第81–82页;章巽、芮传明:《大唐西域记导读》,第29,126页。努舍疆(Nushajan)之名,早在1889年即被托玛舍克(W. Tomaschek)订正为八儿思罕,也即拔塞干(Barskhan)。参见托玛舍克:《评德·胡耶撰〈论思戈与玛果戈墙〉一文》,载《维也纳东方学杂志》第3卷,第103–108页,转引自张广达:《碎叶城今地考》注释17。按:此努舍疆指上努舍疆,而非下努舍疆。另据苏北海先生研究,"拔塞干"之名是由西突厥弩失毕五俟斤中的拔塞干暾沙钵俟斤之名而来的。参见苏北海:《中亚塔拉斯——江布尔地区的历史演变》,引自苏北海:《西域历史地理》,新疆大学出版社1988年,第285–306页。冯承钧先生也认定新城即笯赤建(弩室羯),也即《新唐书·地理志》"姑墨州都督府"条之弩羯城。参见冯承钧:《西域地名》,中华书局1982年,第69页。

[3]《新唐书·西域传》,第6233,6260页。

巴德(Ханабад)。[1]汗阿巴德与白水城、塔什干的距离,大致与《新唐书·西域传上》"笯赤建"条所记相符。这似可进一步证明玄奘所言之恭御城即白水城之说。

宋岘先生把"笯赤建"对应为伊本·胡尔达兹比赫《道里邦国志》所记之"下努舍疆"(Nashsjan al-Sufla)。下努舍疆西距怛逻斯3法尔萨赫(约18.7公里),西距白水城34法尔萨赫(约212公里),白水城西去石国19又2/3法尔萨赫(122.7公里)。[2]这与《新唐书·西域传》和《大唐西域记》所记相去甚远。我们很难把下努舍疆与笯赤建相勘同。

为证实玄奘所记无误,周连宽先生把笯赤建城认定为今塔什干以东约25公里的养吉—巴沙儿。[3]章巽先生等则把笯赤建国都城故址定为今哈萨克斯坦之奇姆肯特。[4]

作者按:养吉—巴沙儿至周连宽先生所比定之赭时国都(塔什干以西约50公里的旧石城)为75公里;玄奘称,笯赤建国西至赭时国200余唐里(约88.5公里以上),两者大体相当;但养吉—巴沙儿东至赛拉姆(白水城,或玄奘所言之恭御城)约97公里,这与《大唐西域记》所记恭御城至笯赤建里程(40~50唐里)相差太大。周先生之误显而易见。究其原因,是他把玄奘所记白水城与阿拉伯地理学家所记之白水城相等同。

玄奘称,恭御城(穆斯林著述中的白水城,今赛拉姆)在笯赤建国之北。因此,我们应当在赛拉姆(白水城)之南去勘定笯赤建国故址,而不是在赛拉姆之北。奇姆肯特位于赛拉姆(白水城)之西,章巽先生之说也难以成立。相形之下,前苏联学者之说较为可信。

综上所述,玄奘所言"千泉",当在今哈萨克斯坦的梅尔克(Merke或Mepke,即阿拉伯地理著述中的Mirki或Barki)一带,玄奘所记碎叶

---

〔1〕〔前苏联〕别连尼茨基等:《中亚中世纪城市》俄文本,第198页。

〔2〕〔阿拉伯〕伊本·胡尔达兹比赫:《道里邦国志》,第30-31页,第31页中译注4。

〔3〕周连宽:《大唐西域记史地研究丛稿》,第97页。

〔4〕章巽、芮传明:《大唐西域记导读》,第29页。

（素叶）至千泉里程大体准确；玄奘所记千泉西至呾逻私（怛逻斯）里程则有错简，少记约85公里。另外必须指出的是，玄奘所言千泉与阿拉伯地理学家所记之千泉（ Abarjaj，或 Barjaj ），并非指称同一地方。玄奘所记白水城与阿拉伯地理学家所记之白水城（Isfijab）不能相等同；玄奘所记“白水”似应“泉”字之讹，“白水城”应为“泉城”，即为阿拉伯地理学家所记之千泉；而“恭御城”是阿拉伯地理学家所记之白水城；“恭御”可能是突厥语 kuyu 的对音，意为“泉城”。

4　唐朝与中亚、西亚的交通[1]

唐中叶以降，汉籍对葱岭以西交通的记述往往语焉不详。阿拉伯—伊斯兰舆地文献则详细记述了自西亚到中国的陆路交通干线及其支线。公元9—10世纪，中亚通往中国之路与玄奘西行时有所不同。而且，中亚九姓胡东来之路，与汉人西行东还之路也有所不同。阿拉伯—伊斯兰舆地文献和《新唐书·地理志》等文献记述了这个时期中西陆路交通路线的变化。这些记述从一个侧面反映了这个时期中亚九姓胡与中国交往的途径及其相互认识。阿拉伯—伊斯兰舆地文献所记可与汉籍相参照，并补汉籍所记之不足。

4.1　中亚通往中国之路

古典阿拉伯—伊斯兰舆地学从公元8世纪中叶开始发展起来，公元9—11世纪发展到鼎盛。阿拉伯—伊斯兰舆地文献既包括地理资料本身，又内含大量详实的历史资料。这些地理文献中有许多也是历史文献，只是采用地理学、行纪的写作体裁而已。这成为中古阿拉伯历史学的一大特色。而且，阿拉伯—伊斯兰舆地学对世界的认识，及其在资料的收集和考证上的贡献，都对阿拉伯历史观和方法论有很大影响。阿拉伯—伊斯兰舆地文献主要分为描述地理学和自然地理两大类，它们大量吸收各种途径得来的材料，如旅行者、朝觐者的行纪，政府邮驿、税收部门的图籍档案、钱谷簿书，地方邮驿长官札记报告，从商人、旅行者那儿探听来的有关山川形胜、路线行程方面的实际知识，等等。这些著述除了分气候带（Kishwars）记述行程、道里之外，还收录疆域、山川、

[1]参见拙文《古典阿拉伯—伊斯兰舆地文献所记欧亚陆路交通》，载《中国历史地理论丛》，2007年第3期，第127－135，160页。

城邑、关隘、要塞、人口、物产、税收、风土、民俗等资料。阿拉伯的描述地理学作品以其内容之丰富、材料之繁富而令人赞叹不已。

重要的阿拉伯—伊斯兰舆地文献有佚名作者《世界境域志》、《塔米姆行纪》、伊斯塔赫里《道里邦国志》、伊本·豪卡勒《诸地形胜》、穆卡达西《诸国知识的最好分类》、伊本·法齐赫《诸国志》(或《诸国纪事》)、伊本·胡尔达兹比赫《道里邦国志》、法拉吉·古达玛《税册及其编写》、伊本·鲁斯塔《珍品集》(原意为"珍贵的项链")、雅古比《诸国志》以及马斯乌迪《箴规篇》。西方学者早在19世纪就开始了阿拉伯—伊斯兰舆地文献的整理和研究工作。大部分阿拉伯古典时期地理著作均由荷兰学者德·胡耶(M. J. de Goeje)校勘付印,结集为《阿拉伯舆地丛书》(Bibliotheca Geographorum Arabicarum,简称BGA,莱顿,1870—1894年),共8卷。[1]

根据阿拉伯舆地学家的记述,中亚到中国的道路起于呼罗珊的木鹿(Merv,或Marw,又译谋夫,今土库曼斯坦马里)。这条道路又称大呼罗珊路。阿拉伯地理学家伊本·胡尔达兹比赫(Ibn Khordādhbeh,或作Khurradadhbih)和古达玛(Qudāmāh)详细记述了这条道路的走向。即:从木鹿至阿穆勒(Amāl,有36法尔萨赫路程),渡过乌浒水(阿姆河),到布哈拉(阿穆勒到布哈拉路程,伊本·胡尔达兹比赫说有19法尔萨赫,古达玛称有22.5法尔萨赫),[2]顺"王道"经库克(Kūk,距布哈拉10法尔萨赫)至撒马尔罕(伊本·胡尔达兹比赫说,布哈拉至撒马尔罕39法尔萨赫;古达玛说,两地相距37法尔萨赫),[3]再东至位于荒野(沙漠)中的扎敏(Zāmīn,有17法尔萨赫);从扎敏道分两条,一条通向石国(《大唐西域记》作赭时国)、突厥,另一条通向拔汗那。

---

[1]许序雅:《阿拉伯—伊斯兰舆地学与历史学》,载《史学理论研究》,1996年第4期,第82-88页。许序雅:《阿拉伯—伊斯兰舆地文献的整理和研究》,引自许序雅:《中亚萨曼王朝史研究》,贵州教育出版社2000年,第180-185页。

[2][阿拉伯]伊本·胡尔达兹比赫:《道里邦国志》,第28页;古达玛:《税册及其编写》,第215页。

[3]古达玛:《税册及其编写》,第216页。库克镇是突厥王征集军队的地方,经过该镇南边的高山,可至中国。

通石国之路从扎敏出发，渡赭时（石国）河、“突厥河”至赭时（即石国，今塔什干）。撒马尔罕至石国42法尔萨赫，扎敏至石国25法尔萨赫。从石国至银矿（即伊腊克[Ilāq]和比良坎克[Bilānkank]两地）7法尔萨赫，再至铁门（Bāb al-Hadīd, 2/3法尔萨赫），至库巴勒（Kubāl, 2法尔萨赫），[1]再至鹤尔凯尔德（Gharkard, 6法尔萨赫）、白水城（Isbījab, 4法尔萨赫），然后经沙拉布（Shārāb, 4法尔萨赫）、白都贺开特（Badūkhkat, 5法尔萨赫）、台姆塔吉（Tamtāj, 4法尔萨赫）到艾巴尔伽介（Abārjāj，即千泉？4法尔萨赫），过“河上旅馆”（Manzil 'alā al-Nahr, 6法尔萨赫），渡白尔库阿布河至久维克特（Juwīkt, 5法尔萨赫），再到怛逻斯（Tarāz, 3法尔萨赫）。[2]从石国至怛逻斯凡50.7法尔萨赫，约合316公里；从白水城至怛逻斯计31法尔萨赫，[3]约合193.4公里。

上述诸地，千泉是疑问之处。千泉，伊本·胡尔达兹比赫记为Abārjāj，他称此地有丘冈，环丘冒出水泉千眼，汇为东流之河；人们在此地猎取黑雉。此地位于怛逻斯城以西14法尔萨赫（约合87.5公里），在怛逻斯与白水城之间，距白水城17法尔萨赫（约106公里）。古达玛把千泉记为Bārjaj；关于其方位和道里，古达玛所记与伊本·胡尔达兹比赫相同。而玄奘则说：千泉位于怛逻斯城以东140至150唐里处（约合62～66.5公里），千泉往东400余唐里至素叶水城（即碎叶）；“千泉者，地方二百余里，南面雪山，三陲平陆。……泉池千所，故以名焉。突厥可汗每来避暑。”[4]由此可见，玄奘所记与阿拉伯地理学家之记是不同的。

笔者认为玄奘所言千泉在今哈萨克斯坦的梅尔克（Merke，即阿拉

[1]此库巴勒（Kubâl）并非后文论及的碎叶（Kubâl）。因为从塔什干到碎叶，肯定不止10法尔萨赫。

[2]以上据伊本·胡尔达兹比赫记述。参见伊本·胡尔达兹比赫：《道里邦国志》，第30-31页。

[3]白水城至怛逻斯（苔拉兹）里程总数，伊本·胡尔达兹比赫统计为26法尔萨赫；从石国至白水城，他又误计为13法尔萨赫，应为19.7法尔萨赫。

[4]《大唐西域记》，第76页。

伯地理著述中的 Mīrkī 或 Bārkīn)附近,与伊斯兰舆地学家所记 Abārjāj(或 Bārjaj)不是同一地。梅尔克至江布尔城的实际里程,比玄奘所记千泉至呾逻私(怛逻斯)城里程多出 83.5～88 公里,比伊本·胡尔达兹比赫所记白尔钦至怛逻斯里程(21 法尔萨赫)多 19 公里左右。后者所记与实际里程较为相近。

从怛逻斯又分两道:一道至库卧义开特(Kuwaykat,至此地 7 法尔萨赫。《塔米姆行纪》记为 K. Wāk. b,为 Kīmāk 人——即寄蔑人居留之地),[1]然后走 80 天至开义玛克王国(Mulk Kaymāk,即寄蔑,位于巴尔喀什湖西北方);另一道从怛逻斯至下努舍疆(Nashajan al-Sufla,有学者将其比定为《新唐书·波斯传》之笯室羯城,又曰小石国城,《大唐西域记》作笯赤建国。因时代变迁,地域或有变动,9—10 世纪该城距怛逻斯 3 法尔萨赫),[2]再经开苏里巴斯(KasrīBās,2 法尔萨赫,这是一块热地,葛逻禄人在此过冬)、[3]库勒晓伯(Kul Shawb,4 法尔萨赫)、吉勒晓伯(Jil Shawb,4 法尔萨赫)、俱兰村(Kūlān,4 法尔萨赫)、白尔钦村(Barkīn,4 法尔萨赫。松田寿男认为,此地为古之千泉)、艾斯白拉(Asbarah,4 法尔萨赫,即阿史不来城,属石国,山中产绿松石)、努兹开特(Nūzkat,8 法尔萨赫)、胡兰杰瓦(Khuranjawān,4 法尔萨赫)村镇、久勒(Jūl,4 法尔萨赫,学者比定为今伏龙芝附近克留切夫废墟)、[4]萨利赫村(Sārigh,7 法尔萨赫,有学者比定为伏龙芝东 33～34

[1]Minorsky, V.,"*Tamim ibn Barh's Journey to the Uyghurs.*" *BSOAS*, Ⅻ-2, London, 1948, pp.275-305.

[2]努舍疆(Nushajan)之名,早在 1889 年为托玛舍克(W. Tomaschek)订正为八儿思罕,即拔塞干(Barskhan),参见托玛舍克:《评德·胡耶撰〈论思戈与玛果戈墙〉一文》,载《维也纳东方学杂志》第 3 卷,第 103-108 页,转引自张广达:《碎叶城今地考》注释 17,参见张广达:《西域史地丛稿初编》,上海古籍出版社,1998 年,第 1-30 页。前苏联考古学者将该城比定为今塔什干地区的汗阿巴德。另据苏北海研究,拔塞干之地名是由西突厥弩失毕五俟斤中的拔塞干暾沙钵俟斤之名而来的。参见苏北海:《中亚塔拉斯—江布尔地区的历史演变》,引自苏北海:《西域历史地理》,新疆大学出版社,1988 年,第 285-306 页;另参见《大唐西域记》,第 81-82 页。关于下努舍疆,还可参见下述记载:*Istakhrī* 书,BGA,i,pp. 328-331; Mukaddasī 书,*BGA*,iii,pp.48,264-265。

[3]古达玛说,开苏里巴斯附近一处地方叫古姆(Qumn),它是葛逻禄(Kharlukhiyyah)国的第一个去处;古姆背靠沙漠,至开义玛克国边界有 2 法尔萨赫。参见古达玛:《税册及其编号》,第 217-218 页。

[4]参见张广达:《碎叶城今地考》,载《北京大学学报》,1979 年第 5 期。

公里的克拉斯诺列契村边的废城），[1]到达突骑施（al-Tunkashī）的可汗城（Madīnat Khāqān，4法尔萨赫。古达玛称此地为突厥可汗村），[2]再至奈瓦契特（Nawākit，4法尔萨赫，该地位于楚河河谷上游）、[3]库巴勒（Kubāl，3法尔萨赫，即碎叶城，故址在吉尔吉斯斯坦之托克玛克西南8～10公里的阿克·贝欣废城），[4]然后东行至上努舍疆（即上拔塞干、八儿思罕[Barskhan]），[5]它是中国的边界。由碎叶（库巴勒）到中国边界（上努舍疆），驼队走15天，突厥邮差仅用3天即可跑完这段路。从怛逻斯至碎叶城，全程59法尔萨赫，约合368公里。[6]

以上是伊本·胡尔达兹比赫的记述。古达玛则记述了另一条道路，即：从赭时出发，经过军营（Mu'askar，2法尔萨赫）、鹤尔凯尔德（Gharkard，5法尔萨赫，位于沙漠中）、艾斯比沙卜（Asbīshāb，4法尔萨

---

〔1〕参见张广达：《碎叶城今地考》，载《北京大学学报》，1979年第5期。

〔2〕〔阿拉伯〕伊本·胡尔达兹比赫：《道里邦国志》，第32页；古达玛：《税册及其编号》，第218页。

〔3〕张广达师认定，奈瓦契特即贾耽：《皇华四达记》所记"新城"；而冯承钧先生则说，新城是笯赤建（弩室羯）。参见张广达：《碎叶城今地考》，载《北京大学学报》，1979年第5期；冯承钧《西域地名》，第69页。详见许序雅：《〈大唐西域记〉所记中亚里程辨析》，载《中国边疆史地研究》，1998年第4期，第12－26页。

〔4〕参见张广达：《碎叶城今地考》，载《北京大学学报》，1979年第5期；另参见G. Clauson，"*AK Beshim – Suyab.*" JRAS，vol. 1，1961，pp. 1－13.

关于碎叶城，中国学者有中亚碎叶、拨换（姑墨）碎叶（在今阿克苏河东北岸，今新疆温宿县的帕尔满村或阿克苏市区）、焉耆碎叶、哈密碎叶（位于哈密以西四堡的合罗川）四说。详见周伟洲《略论碎叶城的地理位置及其作为唐安西四镇之一的历史事实》，载《新疆历史论文集》，新疆人民出版社1977年；薛宗正：《唐碎叶建置诠索》，载《新疆社会科学》，1984年第4期，第73－91页；钟兴麒：《唐代安西碎叶镇位置与史事辨析》，载《中国边疆史地研究》，2000年第1期，第10－23页。关于唐代究竟有几个碎叶城存在，学者分歧很大，但绝大多数学者都承认中亚碎叶城的存在，并对该城位于阿克·贝欣姆废城无疑义。周伟洲先生根据阿克·贝欣姆遗址出土唐杜怀德造像题铭，认定唐代只有一个碎叶城，位于吉尔吉斯坦的阿克·贝欣姆，参见周伟洲：《吉尔吉斯坦阿克别希姆遗址出土唐杜怀德造像题铭考》，载《唐研究》第6卷，北京大学出版社2000年，第383－393页。本书所论及碎叶城，均指中亚碎叶。

〔5〕塔米姆说，八儿思罕由4个大城和5(4?)个小城组成；从赭时途经怛逻斯到上努舍疆有40天路程，但他骑马赶路仅用了一个月。参见BSOAS，XII－2，pp. 283－292。米诺尔斯基考订：八儿思罕位于伊塞克湖东南岸，该地在下努舍疆以东至少500公里；塔米姆错把上努舍疆（八儿思罕）当成九姓回鹘的都城了。

〔6〕里程数据伊本·胡尔达兹比赫记述。

赫)、沙拉布(Shārāb,4 法尔萨赫,位于沙漠中,该地有两条大河,即 Mawā 河及 Yūran 河),乘小船至白杜贺开特(Badūkhkat,4 法尔萨赫)、台姆塔吉(Tamtāj, 5 法尔萨赫)及巴尔伽吉(Bārjāj,4 法尔萨赫,即千泉),再至白尔库阿布(Barkūāb)河的河上旅舍(6 法尔萨赫),渡河至右岸(南岸),然后至沙窝格尔(Shāwaghar,3 法尔萨赫)、久维克特(Juwīkt,2 法尔萨赫)及怛逻斯(2 法尔萨赫)。从巴尔伽吉(千泉)至怛逻斯凡 13 法尔萨赫,约合 81 公里。从怛逻斯城可到下拔塞干(Nūshajān al-Asfal, 3 法尔萨赫), 再到群山中的开苏里巴斯(Kasrībāās,2 法尔萨赫),其地之左侧(北方)为古姆(Qumn),古姆是葛逻禄国的第一个去处,从古姆至开义玛克(Kaymāk)国边界 2 法尔萨赫。

古达玛又记:从开苏里巴斯经库勒晓伯(Kūl Shawb, 4 法尔萨赫),至俱兰(Kūlān, 4 法尔萨赫,位于沙漠中,怛逻斯到此地 14 法尔萨赫),[1]然后过富庶大城白尔钦(Barkī, 4 法尔萨赫)至阿史不来城(Asbarab,4 法尔萨赫),再至大城努兹开特(Nūzkat, 8 法尔萨赫)、胡兰杰瓦(Khuranjawān, 4 法尔萨赫)、久勒(Jūl,4 法尔萨赫)、萨利赫(Sārigh, 7 法尔萨赫),然后到突厥可汗村(Qaryatu Khāqān al-Turkiyyi, 4 法尔萨赫),[2]过开义尔米布拉卧(Kayrmibrāw, 2 法尔萨赫)、奈瓦契特(Nawākit, 2 法尔萨赫)大城、班吉卡(客)特(Banjīkt, 2 法尔萨赫)镇,再至碎叶水城(2 法尔萨赫)。奈瓦契特有大路通向上拔塞干(1 法尔萨赫),此大路名为泽卡特(原文作鲁凯布,张广达先生据加尔迪齐书校改——作者注)。碎叶水(Sūyāb)城乃是两个镇,一个叫"库巴勒"(Kubāl), 另一个叫"萨虎尔 · 库巴勒"(Sāghūr Kubāl)。从萨虎尔 · 库巴勒到上拔塞干,驼队在有牧草和水源的路上行走 15 天(约 75 法尔萨赫——作者注),突厥驿骑可用 3 天跑到。上拔塞干位于中国

---

〔1〕伊本 · 胡尔达兹比赫记述,经库勒晓伯、吉勒晓伯到俱兰。古达玛所记则由库勒晓伯直接到俱兰,不经过吉勒晓伯,少走 4 法尔萨赫;从里程看,怛逻斯至俱兰 13 法尔萨赫,但古达玛总计为 14 法尔萨赫,其原因或由于计算错误,或由于开苏里巴斯至古姆可能有 1 法尔萨赫路程。参见伊本 · 胡尔达兹比赫:《道里邦国志》,第 31 页;古达玛:《税册及其编号》,第 217 – 218 页。

〔2〕张广达先生译为"突厥汗廷"(参见其《碎叶城今地考》)。

边界。[1]

值得注意的是，据古达玛所记，萨虎尔·库巴勒往东走到上拔塞干，要走15天；往西退回到奈瓦契特，再到上拔塞干仅有5法尔萨赫(31.2公里)。作者认为：奈瓦契特到位于伊塞克湖东南岸的上努舍疆(即上拔塞干)，无论如何也不止1法尔萨赫路程。古达玛此处的记述看来有误。

据古达玛记述，通拔汗那(费尔干纳)的道路具体走向为：从扎敏出发，经萨巴特(Sābāt，2法尔萨赫)、俱战提(Khujandah，10法尔萨赫，即今塔吉克斯坦苦盏市，原列宁纳巴德)，然后又分为两条路，一路通向石国和银矿(伊腊克和比良坎克)，另一路途经沙姆葛尔(Sāmghar，5法尔萨赫)、哈吉斯坦(Khājistān，4法尔萨赫，此地产盐，石国、俱战提的食盐均出自该地)、土尔木甘(Turmuqān，6法尔萨赫，伊本·胡尔达兹比赫作7法尔萨赫)、巴布(Bāb，伊本·胡尔达兹比赫写作Madinatu Bāb，意为"门"城，3法尔萨赫)，再至拔汗那城(又称Akhsīkt，4法尔萨赫)。[2]然后从拔汗那到固巴(Qubā，10法尔萨赫)城、乌什(Ush，10法尔萨赫，即今吉尔吉斯斯坦奥什城。宋岘认为，它就是汉代的贰师城[3])及乌兹坎德(Uzkand，即今吉尔吉斯斯坦乌兹根城，靠近中国边界)，再走两天(约10法尔萨赫)到艾特巴什(Atbāsh，《元史·西北地附录》作阿忒八失，其名存至今，今译阿特巴希)，艾特巴什城位于吐蕃和拔汗那之间的高原(即葱岭，帕米尔高原)山路上，从这儿走6天不见人烟的山路到上努舍疆(上拔塞干)，从上努舍疆至"土胡兹胡尔"(al－Tughuzghur，又译托古兹古思，即九姓乌古斯)可汗的地界有6天

[1]参见古达玛：《税册及其编号》，第216－219页。

[2]拔汗那城又称Akhsīkt。古达玛统计里程说，从撒马尔罕至拔汗那为35法尔萨赫。误也。作者按：应当是扎敏至拔汗那为35法尔萨赫；撒马尔罕至扎敏为17法尔萨赫。参见伊本·胡尔达兹比赫：《道里邦国志》，第32－33页；古达玛：《税册及其编号》，第219－220页。

[3]参见伊本·胡尔达兹比赫：《道里邦国志》，第33页，中译注4。古达玛说，从固巴至窝什为7法尔萨赫。参见古达玛：《税册及其编号》，第221页。《新唐书》卷221下《西域传下》称：窣堵利瑟那"即汉代贰师城也"。作者按：此记有误。岑仲勉：《汉书西域传地里校释》(第289－293页)有详考，中华书局1981年。岑氏认为，贰师城即今之Dsizak。

行程;[1]伊本·胡尔达兹比赫则说,从上努舍疆至土胡兹胡尔可汗都城有3个月行程,该城有12座铁门,许多人信奉祆教,该城左边(即北方)是开义玛克王国,该城距中国300法尔萨赫(约1872公里)。[2]

4.2 唐朝至中亚交通的变化

据《新唐书》记,天宝七年(748),北庭节度使王正见伐安西,摧毁了碎叶城。[3] 但是,碎叶在中西交通中的枢纽作用仍然保留。在穆斯林地理学家笔下,往东的道路东端总汇碎叶,然后往东北和东南分道。穆斯林地理学家的记述,也为汉籍记载所证实。贾耽所记西行路线历经碎叶,李吉甫《元和郡县志》卷40"庭州"条下也特别揭出自黑水守捉(今新疆乌苏市境内之老西湖附近)渡伊丽河(今伊犁河)以至碎叶的碎叶路。[4]可以说,7—10世纪,从天山以北的别失八里西行,经伊犁去中亚也好,或从天山以南的阿克苏启程,越天险勃达岭经热海(伊塞克湖)去中亚也好,都必须行经碎叶。

自8世纪开始,中国人往返中亚,大多取丝路中道、南道进出葱岭。开元十五年(727),新罗僧慧超由天竺取道中亚返归安西。慧超由康国(撒马尔罕)往东回返路线为:康国—跋贺那国(费尔干纳)—骨咄国(今塔吉克斯坦西南部)—吐火罗国,东行7日—胡蜜国(今阿富汗东北之瓦汉),东行15日—过大播蜜川(阿姆河支流木尔加布河)—葱岭

---

〔1〕古达玛称,从上努舍疆(上拔塞干)到土胡兹胡尔·可汗(九姓乌古斯可汗)地界为6天行程。那么,从土胡兹胡尔·可汗都城至该可汗所辖西部边界有84天左右的行程。参见古达玛:《税册及其编写》,第221页。

〔2〕关于九姓乌古斯及其到开义玛克王国路程的记述,据《道里邦国志》第34页增补。《世界境域志》第265页把九姓乌古思都城记为"脂那城"(Jinanjkath),并说:"它是政府所在地,邻接中国边境。夏季酷热,冬令宜人。"(*Hûdud al-' Alam*, Trans. by V. Minorsky, London, 1970.)据华涛博士研究,9世纪末、10世纪初的九姓乌古思人(回鹘人)都城当指高昌城(吐鲁番);伊本·胡尔达兹比赫笔下的托古兹古思(土胡兹胡尔)应是漠北回鹘(纥);而古达玛笔下的托古兹古思则指高昌回鹘。参见华涛:《穆斯林文献中的托古兹古思》,载《西域研究》(新疆社会科学院编),1991年第2期,第61-78页。

〔3〕《新唐书》卷221下《西域传下》。

〔4〕《新唐书》卷40《地理志》。另见(唐)李吉甫:《元和郡县志》卷40"庭州"条,中华书局1983年。

镇,步行一月—疏勒国(喀什)—东行一月,至龟兹国(即安西大都护府)—焉耆国。[1]

慧超归国路线是从拔汗那往西南至昆都士,再往东走。而伊本·胡尔达兹比赫所记则是从拔汗那直接往东行。看来,慧超所走之路并不为阿拉伯地理学家所熟悉。贞元年间(785—805)悟空、宋乾德四年(966)行勤等都是经由于阗、塔什库尔干而进出的。

“安史之乱”后,河西为吐蕃所占,西域通中原之路为避吐蕃势力而改取回纥(鹘)道。贞元二年(786),伊西、北庭节度使李元忠等所遣使者就是假道回鹘,得至长安。[2] 贞元五年(789)悟空自西天(印度)返国,也是经于阗到安西,再到北庭,取回鹘路归返中原。[3]

自晚唐大中年间(847—859)甘州回鹘与中原通使后,直至宋朝初年,朔方道之灵州取代了河西道南段。敦煌文书《西天路竟》(S.0338,黄盛璋认定此文书写于宋乾德四年,即公元966年后不久),[4]和田塞语文书《使河西记》(写于925年),高(平)居诲《于阗(国)行程录》(又称《居诲记》,当写于出使归返之年后不久,即942年后不久),[5]都证实了这一点。为求近便,人们有时也走夏州入回鹘道。宋太平兴国六年(981)王延德使高昌,就是自夏州渡河,经沙碛,历伊州,至高昌;从夏州至龟兹需90天。[6]

10世纪阿拉伯地理学家穆卡迪(达)西在谈及中亚各地输出商品

---

〔1〕参见慧超原著,张毅注释:《往五天竺国传笺释》,第140-177页。

〔2〕见《新唐书》卷217上《回鹘传上》。

〔3〕(唐)圆照:《大唐贞元新译十地经》后附《悟空行记》。引自长泽和俊:《丝绸之路史研究》,天津古籍出版社1990年,第560-570页。

〔4〕黄盛璋:《敦煌写本〈西天路竟〉历史地理研究》,载《历史地理》创刊号,上海人民出版社1981年,第920页;另参其《西天路竟笺证》,载《敦煌学辑刊》第6辑,1984年,第1-13页。

〔5〕高居诲等行程:(自开封到)灵州,过黄河到党项界—凉州—西行五百里至甘州(回鹘牙帐)—西行五百里至肃州—西行百里到天门关—西行百里出玉门关—经吐蕃界,西至瓜州、沙州—入仲云(小月氏遗种)界—大屯城(仲云牙帐所在地,疑即钢和泰文书第二部分的 Raurata。参见榎一雄:《关于仲云族牙帐的所在地》,载《史学杂志》卷72-12,1963年)—西至绀州(且末?)—安军州—于阗。参见长泽和俊:《丝绸之路史研究》,第573-593页考证。另参见《新五代史》卷74,中华书局1974年;《文献通考》卷337《四裔考十四·于阗》,浙江古籍出版社1988年。

〔6〕《宋史》卷490《外国传六·高昌》、《龟兹》,中华书局1985年;《文献通考》卷336《四裔考·车师前后王即高昌》。

种类时，提到“从突厥斯坦和胡塔梁（即骨咄，今塔吉克斯坦西南部）往这些地方（指中亚各地）赶来马和骡”。[1]显然，从河中到骨咄的通道一定被当时一些中亚商人所知晓。但奇怪的是，伊斯兰地理学家对这条通道没有详细记述。估计当时中亚很少有人走费尔干纳—骨咄—葱岭—疏勒（或于阗）这条线。这至少与以下两个因素有关：一是中亚粟特人在传统上一直向突厥草原进行殖民活动；二是喀喇汗王朝的兴起。

早在前伊斯兰时代，粟特人就开始了向突厥草原的殖民活动，建立了众多的商业殖民点。从6世纪开始，粟特人进一步向东深入，沿丝绸之路在罗布泊地区和塔里木盆地周边地区，以及沙州、凉州、六胡州（灵州、夏州以南之地）和内蒙诸地建立了粟特人聚落。[2] 9世纪以来，河中穆斯林仍继续粟特人的殖民传统，在锡尔河下游修建了3座伊斯兰城市，即毡的（在锡尔河右岸，今哈萨克斯坦克孜尔奥尔达东南）、库瓦拉和养吉干（其废城名为詹干特）。这些移民城市和殖民聚落对扩大河中地区对东方的贸易起了很大作用。锡尔河流域的粟特殖民聚落有道路通往曳至河（额尔齐斯河），在曳至河岸生息着游牧和半游牧的奇马克人（钦察人的祖先）和寄蔑人；从曳至河往东，可至黠戛斯人居留的地方。[3]这些游牧民或半游牧民的生活必需品，就通过河中穆斯林和粟特商人的中介而购得或交换得到。与游牧民的贸易成为萨曼朝（820—999，“萨曼朝”并不等于“萨曼王朝”）统治时期中亚的大宗贸易。所以，草原之路就相对兴盛。

---

〔1〕*BGA*（《阿拉伯舆地丛书》），iii，pp. 323－326。引自 Barthold，V.，*Turkestan down to the Mongol Invasion*（以下简称 *Turkestan*），London，1977，pp. 235－236。

〔2〕关于唐代粟特人，详见伯希和：《沙州都督府图经及蒲昌海之康居聚落》（1916），引自冯承钧译：《西域南海史地考证译丛七编》，商务印书馆1995年，第25－29页；池田温：《八世纪中叶敦煌的粟特人聚落》，引自《欧亚大陆文化研究》I，中华书局1965年；蒲立本（. Pulleyblank，E. G）：《内蒙的粟特人聚落》，载《通报》卷41，1952年，第317－356页；O. I. 斯米尔诺娃：《粟特史纲》，莫斯科，1970年；姜伯勤：《敦煌吐鲁番文书与丝绸之路》第五章；张广达：《唐代六胡州等地的昭武九姓》，载《北京大学学报》，1986年第2期；荣新江：《古代塔里木盆地周边的粟特移民》，载《西域研究》，1993年第2期，第8－15页。

〔3〕〔波斯〕加尔迪齐：《记述的装饰》，王小甫节译，载《西北史地》（兰州大学编）1983年第4期，第104－115页；W. 巴托尔德：《中亚突厥史十二讲》，第62页。

在萨曼朝崛起时,喀喇汗朝(840—1212)也在东边兴起,称雄七河地区、伊犁河谷和喀什噶尔地区。喀喇汗王朝建立后,副可汗奥古尔恰克一系(先驻怛逻斯,893 年后迁到喀什噶尔)与萨曼王朝交恶。双方在公元 893、904、990、992、996、999 年多次交战。[1] 于阗大宝王国作为一个传统的佛教国家,与萨曼王朝关系也较为紧张。公元 939 年(于阗王李圣天同庆二十八年),一位"中国君王"派使者到布哈拉,要求萨曼王朝(874—999)君王纳斯尔二世(914—943)称臣纳贡,被后者拒绝。据马雍研究,这位"中国君王"即于阗王李圣天。[2]

此外,唐王朝在公元 907 年灭亡,五代十国割据达 70 多年。战乱兵祸,也对中亚与东方的贸易和交往产生很大影响,严重阻碍了商路的畅通。因此,宋大中祥符二年(1009),喀喇汗(黑汗)王朝使节对宋朝皇帝说:"昔日道路尝有剽掠。"[3]

这样,传统的敦煌—安西(龟兹)—疏勒(或于阗)—中亚之道就被阻隔。

10 世纪初,契丹(辽)兴起。辽朝除了偶尔在河西走廊用兵之外,对西域一向以友好态度相待。辽在上京特置榷场,从事国际贸易。[4] 而且,在 10 世纪 90 年代前,驻在八剌沙衮的喀喇汗王朝大汗巴兹尔一系与萨曼王朝交好,多次得到后者的支持。两者往来较为密切。这样,传统的草原丝绸之路就进一步发展,延伸至辽朝上京。《辽史》记载,天赞二年(923)波斯国来贡;次年,大食国来贡。辖戛斯(即黠戛斯)人也于公元 931、962、976 年多次来人、来贡。[5] 这儿的"波斯国"当指东伊朗语族的萨曼王朝。因为,此时的伊朗语族王朝仅有萨曼王朝。辽

〔1〕魏良弢:《喀喇汗王朝史稿》,新疆人民出版社 1986 年,第 50,72 - 83 页。

〔2〕Bosworth, C. E. , *The Medieval History of Iran, Afghanistan and Central Asia*, Chap. Ⅻ, London,1977,pp. 1 - 13; 马雍:《萨曼王朝与中国的交往》,载《学习与思考》(中国社科院编),1983 年第 5 期。

〔3〕《宋史》卷 490《于阗传》。

〔4〕(元)马端临:《文献通考》卷 346《契丹下》,浙江古籍出版社影印本,1988 年。

〔5〕(元)脱脱:《辽史》卷 70《属国表》,中华书局点校本,1974 年。

朝对来贡者回赐甚多,“至少亦不下四十万贯”。[1]这种所谓进贡、回赐,其性质与中亚九姓胡对唐朝的朝贡迥然相异,实质上就是商业贸易的一种形式,只是史家记之曰“进贡”罢了。

4.3 中亚通往西亚之交通

公元9—10世纪,由于中亚本地伊斯兰王朝的兴起,西亚到中国的陆路交通大体上以河中地区的布哈拉和撒马尔罕为分界,分为东、西两段。

据阿拉伯地理学家伊本·胡尔达兹比赫和古达玛的记述,河中地区通往近东的商路,从布哈拉出发,渡过阿姆河到阿穆尔,然后经木鹿(谋夫)、尼沙不尔、哈马丹到巴格达(全程372法尔萨赫,约合2322公里)。[2] 值得注意的是,在布哈拉至巴格达的道路上及其附近,分布着萨曼王朝许多铸币厂,例如,杰贝勒省的喀兹维、库姆、巴士拉、哈马丹铸币厂;商路经过的库米斯附近有比亚尔铸币厂。[3] 这些铸币厂很可能就是萨曼王朝为适应国际贸易需要而开设的。

从撒马尔罕往西走,有两条路:一是走北路,经宰尔曼、开尔明尼亚、泰瓦维苏到布哈拉,然后西行(如上述);二是走南路,即从撒马尔罕向南至渴石(《大唐西域记》作羯霜那,《新唐书》作史或佉沙,即今沙赫里夏勃兹,撒马尔罕至此地有两天路程),再分成两路,一路向西南经奈塞夫(那色波,又称小史,今布哈拉东南之 Karshi)、阿黑夕哥(Akhsikak),渡阿姆河,过湛木(Zamm)、法儿亚卜(Faryāb,又作 al-Fārayāb,距巴尔黑36法尔萨赫)、舒布尔甘(Ushbūrkān),到巴尔黑;也可从法儿亚卜过塔里寒(Talakān),经木鹿察叶可(Marūchak,《道里邦

---

〔1〕(宋)叶隆礼:《契丹国志》卷21,贾敬颜,林荣贵点校,上海古籍出版社1985年。黄时鉴师推断,《契丹国志》卷21“诸小国贡进物件”所记“大食国”,是萨曼王朝及其亡后迄至1036年前的河中地区。该大食国与辽朝有物品贡赐关系。参见黄时鉴《辽与“大食”》,载《新史学》第3卷第1期,第47-67页,台北,1992年3月。

〔2〕〔阿拉伯〕伊本·胡尔达兹比赫:《道里邦国志》,第24-28页;古达玛:《税册及其编写》,第239页。

〔3〕Frye, R. N., ed, *The Cambridge History of Iran*, Vol. 4, London, 1975, p. 374.

国志》作 Marwrrūdh，距木鹿 42 法尔萨赫；《税册及其编写》称，该地距木鹿 46 法尔萨赫。此城位于今上马鲁以南）至赫拉特，再转至尼沙不尔。南路的另一条，即从渴石向南过铁门关（今乌兹别克斯坦南部布兹嘎拉山口。《大唐西域记》卷 1 云，从羯霜那至铁门有 300 余里），再至怛密（帖尔米兹，今铁尔梅兹），渡阿姆河，然后又分两道，一是往西经过法儿亚卜、舒布尔甘（al - Shubūrqān，距巴尔黑 18 法尔萨赫）到巴尔黑；二是往西南经安巴耳（Anbār）汇于塔里寒，然后西行至木鹿察叶可、赫拉特及尼沙不尔。[1] 无论是从布哈拉还是从撒马尔罕出发，各路总凑尼沙不尔，然后西去。

尼沙不尔到巴格达全程 305 法尔萨赫，具体路线为：尼沙不尔西至必斯坎德（Bīskand，5 法尔萨赫）、信开尔地尔（Sikardir，5 法尔萨赫）、侯赛纳巴德（Husaynabādh，6 法尔萨赫）、扈思老吉尔德（Khusrawjird，6 法尔萨赫）、努格（Al - Nūg，6 法尔萨赫）、白赫曼艾巴德（Bahman Abādh，6 法尔萨赫）、艾塞达巴泽（Asadābādh，7 法尔萨赫）、海夫台坎德（Haftakand，7 法尔萨赫）、密麦德（Mīmad，12 法尔萨赫）、白泽什（Badhash，7 法尔萨赫）、哈达达（Al - Haddādah，7 法尔萨赫）、古密斯（Qūmis，7 法尔萨赫），古密斯再西行阿胡林（Akhurīn，8 法尔萨赫）、西姆南（Simnān，9 法尔萨赫）、垓素尔密勒赫（Qasr al - Milh，8 法尔萨赫）、胡瓦尔（Al - Khuwār，7 法尔萨赫）、艾夫里宗（Afrīdhūn，6 法尔萨赫）、卡斯布（Kāsb，8 法尔萨赫）、穆凡达卢阿巴泽（Mufaddl Abādh，6 法尔萨赫）、再到赖伊（Reiy，4 法尔萨赫）。位于里海南部的赖伊是一个重要的交通枢纽，可去垓兹温、赞疆（Zanjān），也可西去巴格达。从赖伊到巴格达还有 167 法尔萨赫，途经哈马丹。[2]

商路在巴格达又分为两道：

一路由巴格达（和平之城）到地中海沿岸诸国（如埃及）。具体路

---

〔1〕〔阿拉伯〕伊本·胡尔达兹比赫：《道里邦国志》，第 35 - 36，143，222 - 224 页；参见《伊朗历史地图集》（*Atlas-e Tārikhīe Irān，Dāneshkāh-e. Tehrān*，1971），第 5 - 19 图，引自张广达：《西域史地丛稿初编》，上海古籍出版社 1995 年，第 84 - 88 页。

〔2〕〔阿拉伯〕伊本·胡尔达兹比赫：《道里邦国志》，第 21 - 26 页。

线是:由巴格达西行,至幼发拉底河畔的希特省(Hit,它曾是波斯萨珊王朝最西边的城市),再经富拉特省(Al - Furāt,意译为新省)、西亚的哈布尔河流域,渡过富拉特河(阿拉伯人对幼发拉底河的称呼),至哈赖布(Halab,即今阿勒坡)、安塔基亚(Antākiyah,即今安条克)、大马士革、太巴列(当时的约旦首府)、莱姆拉(当时的巴勒斯坦首府)及加沙,再经过沙漠,至凡莱玛(Al - Faramā,古代埃及的海港城市,濒临地中海,在东、西国际贸易中起重要作用)、富斯塔特(Al - Fustāt,当时埃及首府,位于今埃及首都开罗市。阿拉伯人称埃及为 Misr),从富斯塔特可至摩邻(即马格里布。摩邻一词首见于杜环《经行记》)。从阿勒坡又分出一路,往西北至土耳其,再至东南欧诸地。[1]

巴格达还有一条通往布加尔王国(Bilgaren)的商路。在 10 世纪以前,从巴格达前往布加尔王国的道路,要通过高加索可萨王国(突厥一支,7—10 世纪时,分布于里海、黑海北部一带)的领地。但到哈里发穆格台迪尔统治时期(908—932),阿拔斯朝政府与可萨王国的关系恶化,商路随之改道。据公元 921 年(又说 920 年[2])哈里发派往伏尔加河中游布加尔王国的使团成员伊本·法德兰记述,他们从巴格达先到布哈拉,然后顺阿姆河而下,到达南花剌子模的中心城市柯提,再至乌尔坚奇,再从那里经过扎姆姜、埃姆巴(位于西哈萨克斯坦埃姆巴河上游)、利克(今基涅尔,位于伏尔加河畔),到达布加尔王国。这样,商路就可绕过可萨王国的领地,而沿着伏尔加河左岸前行。这条通道一直延续下来。马卫集(1046—1120)谈到,布加尔距花剌子模有 3 个月的路程,布加尔人都是穆斯林,他们的森林里有各种毛皮兽类,如黑貂、银鼠等。[3] 加尔迪齐还记录了另一条通道,即沿咸海的西岸而行,然后穿越草原到佩彻涅格人地区。佩彻涅格人的北边是钦察人,西南是可萨人,东边是古斯人,西边是斯拉夫人,佩彻涅格人与可萨人相距 10 天

〔1〕〔阿拉伯〕伊本·胡尔达兹比赫:《道里邦国志》,第 76 - 115 页。

〔2〕〔俄〕W. 巴托尔德:《中亚突厥史十二讲》,第 68 - 69 页;另见 Saunders, J. , *A History of Medieval Islam*, *London*, 1978, p. 143.

〔3〕《马卫集论突厥》第 12 节,胡锦州、田卫疆摘译,引自新疆社会科学院中亚研究所编:《中亚研究资料》,1984 年第 3 期,第 43 - 48 页。

的路程。[1]

在这个时期,河中地区与近东国家和东南欧的贸易及经济联系有了长足发展,中亚人与布加尔人贸易的规模很大。伊本·法德兰使团的驮队就有5000人,另有3000驮畜的货物。在俄罗斯许多地方,直到波罗的海沿岸,现已发现了大量的萨曼王朝货币。在东欧,尤其是在伏尔加河流域,萨曼王朝银币既作为钱来使用,又以其银的含量而作为货币出售。[2] 萨曼王朝的银币样式甚至影响到布加尔人的铸币样式。[3]

10世纪初期,阿拔斯王朝与可萨王国交恶后,河中地区、花剌子模与可萨人仍有经济交往。萨曼王朝在9世纪晚期就与伏尔加河下游的可萨人建立了商业贸易上的联系,并通过可萨人与斯堪的纳维亚人发展了商业往来。斯堪的纳维亚人用毛皮及波罗的海沿岸的琥珀交换波斯的纺织品和金属器。[4] 在这种中间贸易中,得利最大的是花剌子模人。花剌子模三面邻近草原,在前伊斯兰时代就与游牧民族有很活跃的贸易关系。9世纪后半期以后,花剌子模商队有的向西到可萨人那儿,有的则沿咸海西岸而行,从那儿穿越草原到佩彻涅格人地区(10世纪时主要在南俄罗斯)。[5] 斯拉夫奴隶、布加尔人输出的绵羊和母牛、皮毛、兽皮及琥珀等,都由花剌子模商人所经营。[6] 许多河中地区、呼罗珊商人也到花剌子模做买卖。显然,花剌子模是中亚与东南欧及北欧贸易的中心及货物集散地。

在这个时期,河中、呼罗珊地区与印度的贸易主要是通过伽兹纳(伽色尼)来进行的。伽兹纳位于今阿富汗境内之加兹尼,当时是一个穆斯林与异教徒交界的边境城镇,也是一个富饶的商业中心。伽兹纳

---

[1]《马卫集论突厥》第10节,引自新疆社会科学院中亚研究所编:《中亚研究资料》,1984年第3期;另参 Turkestan, p. 238。

[2]〔前苏联〕Б. Г. 加富罗夫:《中亚塔吉克史》,第169页。

[3]〔俄〕W. 巴托尔德:《中亚突厥史十二讲》,第69页。

[4] Saunders, J., *A History of Medieval Islam*, p. 122.

[5] *Turkestan*, pp. 237 – 238;另见 W. 巴托尔德:《中亚突厥史十二讲》,第107页。

[6] *Turkestan*, pp. 236 – 237.

居民在与印度人贸易中发财致富。[1]公元962年，萨曼王朝军队总司令阿尔卜特勤由于政变失败而叛出朝廷，从尼沙不尔到达伽兹纳。他打败了伽兹纳当地的拉维克王朝，建立起半独立的突厥小政权——伽色尼朝。阿尔卜特勤的后继者赛布克特勤（977—997）在公元986—987年向印度人发动了进攻，并取得了胜利。[2]考虑到伽色尼朝与印度人的敌对关系，估计在10世纪后半期，河中、呼罗珊地区与印度的贸易往来不会很多。从伽色尼朝军队多次进出呼罗珊的尼沙不尔、巴尔黑、赫拉特诸城来看，从伽兹纳到河中地区大多取道巴尔黑或赫拉特、尼沙不尔。位于赫里河上游的古尔山区，从赫拉特向巴米扬（《大唐西域记》卷1作梵衍那，今阿富汗喀布尔西北）、喀布尔和伽兹纳交界处延伸。古尔山区以输出奴隶、武器和盔甲而著名。[3] 河中、呼罗珊通向伽色尼朝及印度的商路肯定经过该地。

河中地区定居者与游牧民的贸易在整个商业贸易活动中占有极为重要的地位。撒马尔罕、赭时、白水城和费尔干纳等地成为河中地区定居者与游牧民贸易的中心。游牧民（主要是各部突厥人）以牛、羊、马和皮革、裘皮、羊毛和奴隶等，换取粮食、布匹、棉花、马具、剪刀及武器等。[4] 对于游牧民来说，与定居居民的贸易是必不可少的；他们需要以这种贸易方式得到所需的衣服和谷物。在河中地区就像在中国那样，游牧民自己赶着畜群到定居者边境地区来，而不是坐等商队到草原来交易。花剌子模成为河中和呼罗珊与伏尔加河中游的布加尔人贸易的货物集散地。在与游牧民贸易的各种人中，花剌子模人得利最大。据阿拉伯地理学家伊斯塔赫里说，花剌子模人的富裕全都建立在他们与突厥人的贸易上。[5]花剌子模人成为呼罗珊商人阶层的主要代表；在呼罗珊的每一座城市，都有相当大数目的花剌子模人，他们以

---

〔1〕Saunders, J., *A History of Medieval Islam*, p. 143.

〔2〕R. N. Frye ed, *The Cambridge History of Iran*, *Vol.* 4, London, 1975, pp. 164 – 165, 168.

〔3〕*Hudūd al – 'Ālam*, Trans. by V. Minorsky, London, 1970, pp. 109 – 110.

〔4〕*Hudūd al – 'Ālam*, pp. 109 – 110, 115, 118; *Turkestan*, pp. 235 – 236.

〔5〕*BGA*, *i*, 303, 305。引自 *Turkestan*, pp. 237 – 238。

其穿着的裘衣、高帽而与当地人区别开来。[1]位于游牧草原附近的城镇,例如乌尔坚奇和赭时,出产粗制皮革、棉布和游牧民通用的其他商品。许多中亚城市(如撒马尔罕、那色波、渴石)也大量生产游牧民所需求的粗糙织物和马具。[2]游牧民对这些生活必需品的大量需求,刺激了这个时期中亚地区手工业的发展。

综上所述,我们可以得出以下结论:

(1)公元9世纪以前,中亚东来道路西起木鹿(谋夫),东汇碎叶。碎叶为中亚通往中国道路的咽喉,其地位与敦煌不相上下。从碎叶可至安西(龟兹)和庭州,然后东经西州、沙州,沿河西走廊东至中原。自9世纪以降,则主要从碎叶东行,沿天山北麓至庭州,然后走回鹘道至中原或至契丹(辽)辖境;庭州—碎叶道应是该时期唐朝至中亚的官道。

(2)从8世纪开始,中国人往返中亚,大多取丝路中道、南道而进出葱岭。具体地说,就是走于阗或疏勒—葱岭—骨咄道。但各种迹象表明,这条通道并不为多数东来中亚诸胡所取。

(3)笔者主张,碎叶以西道路里程以穆斯林地理学家为信,碎叶以东则取中国史籍和出土文书所记较宜。但《新唐书·地理志》等所记里程,不足凭信。从双方所记道里看,穆斯林地理学家的认识比较准确。

(4)从河中地区西去的道路,有3个枢纽,即尼沙不尔、赖伊和巴格达,从河中地区往西北的道路,则以花剌子模为咽喉。

(5)9世纪中叶以降,河中地区与近东国家和东南欧的贸易及经济联系有了长足发展,中亚人与布加尔人贸易的规模很大。萨曼王朝在9世纪晚期就与伏尔加河下游的可萨人建立了商业贸易上的联系,并通过可萨人与斯堪的纳维亚人发展了商业往来。

(6)花剌子模是河中和呼罗珊与伏尔加河中游的布加尔人贸易的货物集散地。在与游牧民贸易的各种人中,花剌子模人得利最大。

---

〔1〕*BGA*, *i*, 303, 305。引自 *Turkestan*, pp. 237–238。

〔2〕〔前苏联〕Б. Г. 加富罗夫:《中亚塔吉克史》,第164,168页。

5　中亚九姓诸国与唐朝的交往

7—8 世纪,中亚诸胡不断以朝贡、上表的形式,向唐朝效忠,欲借助唐朝的力量,与势力不断东扩的大食相抗衡;唐朝也通过册封、赏赐、设置羁縻州府等形式,长期控制中亚地区,在中亚地区建立起羁縻统治。只有研究了中亚诸胡与唐朝的朝贡、封赐关系及其演变,才能真正理解唐朝、大食与中亚诸胡三者之间的关系。唐代史料中有关九姓胡的贡献、唐朝的封赐之记载,较全面地反映了唐朝与中亚关系的演变。我们可以通过分析中亚诸胡贡献及唐朝封赐的频率、内容和时机,了解中亚政局的变化、唐朝政治势力在中亚的进退以及中亚与唐朝的物质文化交流,并进一步揭示出唐朝与中亚诸胡政治关系的演变及其原因。

5.1　中亚九姓诸胡入唐朝贡

中国古代所谓的"朝贡"、"朝献",源于先秦时期的政治制度"服事制"。[1] 在先秦时期,"朝贡"之"朝"意为谒见天子;[2]"贡"意为向天子献上贡品和物产。到两汉时期,有关朝贡的用语已得到整理并趋于术语化,《汉书》一般用"来朝"、"来献"、"朝献"、"奉献"、"遣使"来表述朝贡。[3]《汉书·西域传》序文中说:"昭、宣承业,都护是立,总督城郭,三十有六,修奉朝贡,各以其职。"[4]这是"朝贡"一词最终术语

〔1〕关于"服事制",参见周伟洲:《儒家思想与中国传统民族观》,载《民族研究》,1995 年第 6 期,第 64－69 页。

〔2〕《周礼·春官·大宗伯》记载:"春见曰朝,夏见曰宗,秋见曰觐,冬见曰遇。时见曰会,殷见曰同。"《汉书》卷 94 上记载:周朝,"以时入贡,名曰荒服。"

〔3〕《汉书》卷 1,卷 2,卷 4,卷 6～8,卷 94～96,中华书局点校本,1962 年。

〔4〕《汉书》卷 100 下。

化并见于文献的例证。这时的朝贡已不再反映诸侯与天子的关系，而是蕃属国与宗主国之间的关系，并具有了对外关系的意义。[1]国外一些民族或国家派遣使臣来华的活动，也称之为"朝贡"、"朝献"。汉魏以降，朝贡往往以职贡的形式出现，并与国内的土贡相区别。通过朝贡活动，朝贡双方结成一定的政治、经济关系。就朝贡国而言，"朝贡"往往包括"贡献"和"上表"（请封、请求内附、请援等）；就朝贡活动而言，朝贡国是主动的（尽管有时也迫于外部压力），它们可以选择朝贡的时间、贡品的种类和数量、贡使的人选和人数及朝贡的目的；而宗国则是相对被动的。在朝贡活动中，宗国对朝贡国往往有赏赐、册封。这种赏赐和册封实际上是与朝贡活动一起完成的，它们与朝贡活动构成了一种朝贡制度，但前者又不能说就是朝贡活动本身。此外，还有宗国在蕃属国、羁縻政权当时没有朝贡的情形下，主动册封后者的。这种册封也构成朝贡制度的一部分，但它也不是朝贡活动本身。通过分析朝贡、贡使、贡品，我们可以了解朝贡国与宗国之间、朝贡国之间的政治、经济关系以及这种关系的演变。

中亚两河（阿姆河和锡尔河）流域，主要分布着拔汗那和以康国为首的九个封建政权，即康、安、曹、石、米、何、火寻、戊地、史，"世谓九姓，皆氏昭武"。[2]他们秉承古代西域商胡"以献为名"的传统，[3]远涉千山万水，自初唐至中唐的一个半世纪入贡不绝。中亚九姓胡与唐朝的交往，往往是通过"入贡"与"封赐"的形式实现的。

从朝贡的动机、性质和频率看，中亚诸胡与唐朝的交往大体上可以分为3个时期，即：武德至永徽时期（Ⅰ期，618—655），显庆至先天时期（Ⅱ期，656—712），开元至大历时期（Ⅲ期，713—772）。九姓胡的入贡，主要集中在武德至永徽朝，以及开元、天宝朝。拔汗那（包括宁远、可汗那）朝贡则主要集中开元朝后期至宝应年间（733—762），在此期

〔1〕关于《史记》、《汉书》有关"朝贡"之记载，韩国学者全海宗有详考：《汉代朝贡制度考》，引自全海宗：《中韩关系史论集》，中国社会科学出版社1997年，第118－129页。

〔2〕《新唐书》卷221下《西域传·康国》。

〔3〕《汉书》卷96上《西域传·罽宾》。

间朝贡21次，占拔汗那朝贡总数的77.8%。在武德至永徽朝三十八年间，九姓胡入贡44次。在唐代来朝九姓胡中，康、安、东安、石、曹（西曹）、东曹、何、史、米、火寻均已来朝。从开元三年（715）至天宝十四年（755）的41年间，九姓胡入贡不下75次，[1]约占其朝贡总数的57.5%。唐朝对九姓胡的16次册封，除了武则天两次册封康王以外，其余也均集中在开元十九年（731）至天宝十二年（753）。而在显庆元年（656）到先天元年（712）前后的57年间，九姓胡朝贡仅6次（见表5－1）。

表5－1　各时期九姓胡朝贡次数统计[2]

	康	石	安	米	曹	史	火寻	何	东曹	东安	合计
Ⅰ期朝贡	18	6	6	1	6	1	1	3	1	1	44
Ⅱ期朝贡	3	1	1	1	0	0	0	0	0	0	6
Ⅲ期朝贡	19	20	17	11	4	6	4	1	2	0	83
合计	40	27	24	13	10	7	5	4	3	1	134

拔汗那在第一时期没有入贡，第二时期入贡6次（包括富那入贡1次），第三时期入贡21次（包括宁远、可汗那），占该地朝贡总数的77.8%。唐朝对拔汗那（宁远）的4次册封也均在第三时期。

5.2　中亚九姓诸胡入唐朝贡分析

显然，中亚诸胡入贡唐朝的频率和时机，与西域的政治形势及唐

---

〔1〕九姓胡接受唐朝册封，但未同时入唐朝献或上表者不作朝贡计；多国并遣使朝贡，参贡国各计1次。

〔2〕据《册府元龟》卷170《帝王部·来远》；《册府元龟》卷964、965《外臣部·封册》；《册府元龟》卷970—972《外臣部·朝贡》；《册府元龟》卷973《外臣部·助国讨伐》；《册府元龟》卷974、975《外臣部·褒异》；《册府元龟》卷977《外臣部·降附》；《册府元龟》卷978、979《外臣部·和亲》；《册府元龟》卷999《外臣部·请求》；《旧唐书·本纪三》；《旧唐书·康国传》；《新唐书》卷221下《西域传下》；《唐会要》卷98－100；《资治通鉴》相关纪年条；《太平寰宇记》卷183《四夷十二·西戎四》；《通典》卷193《边防九·西戎五》。详见拙著《唐代丝绸之路与中亚历史地理研究》，第170－190页之统计。

朝国势的盛衰有密不可分的联系。[1]我们从3个时期的朝贡和封册均可看出来。

5.2.1 第一时期(618—655)的朝贡

在唐朝初期,中亚诸国的朝献既是它们入华朝贡传统的继续,又从一个侧面反映了初唐声名远播,威服西域。早在隋朝大业年间(605—618),石、曹、安、何、穆、史诸国就曾先后遣使入隋朝贡。[2]唐朝建立不久,这些国家除穆国以外,即遣使朝献。而且,中亚最大的国家——康国也于武德七年(624)遣使朝贡。崇尚商贾的康国,在隋代并无一次入华朝献。为什么在唐初康国忽然能入唐朝贡呢?

在隋代,康国与西突厥的关系相当密切。据《隋书·康国传》记载,康王代失比娶达度可汗女为妻。此达度可汗即室点密系西突厥达头可汗(在位576—603)。[3]其后,康王屈术支又娶叶护可汗女,遂臣于西突厥。[4]囿于史料,我们不能判定康王与西突厥的联姻是否出于自愿。康国没有入隋朝献,可能是由于西突厥对康国的控制严于其他中亚国家。

隋大业年间,室点密系突厥在射匮可汗(610—617)的率领下,迁徙到了锡尔河地区,并迅速地兼吞石国:“西突厥杀其王,以特勒(勤)匐(甸?)职统其国。”[5]大业六年(610),隋朝采裴矩之计,册封射匮为西突厥大汗;610—615年,射匮可汗假借隋朝之力向东扩张,征服铁勒,基本控制了西域东部(今新疆和唐代碎叶川地区)和西部(中亚和

---

[1]关于唐代西域政治形势的演变,王小甫:《唐吐蕃大食政治关系史》(北京大学出版社1992年)、余太山《西域通史》(中州古籍出版社1996年)有较详细叙述。

[2]《册府元龟》卷970《外臣部·朝贡三》。

[3]参见余太山:《西域通史》,第130页考证。

[4]《旧唐书·康国传》。此叶护可汗应即统叶护可汗(在位617—628)。参见余太山:《西域通史》,第130,140页考证。另,薛宗正考证说:据董衡《唐书释音》,“射”,夤夜切,“匮”,居委切,复原唐音为“yabgu”,近似于突厥语“叶护”之原音“yabqu”,可见射匮可汗亦即叶护可汗。康王屈木(术)支所娶之西突厥叶护女,应即射匮可汗之女。参薛宗正:《突厥史》,中国社会科学出版社1992年,第283-284页。又,“屈术支”,《新唐书·康国传》作“屈木支”。

[5]《新唐书·石国传》;《隋书·石国传》。

吐火罗等)地区。[1]“东至金山,西至(西)海,自玉门已西诸国皆役属之。”[2]这些臣属于西突厥的西域诸国不但岁纳贡赋,还需按时朝觐,俯首称臣,一切行动皆受挟制。《旧唐书·突厥传》曾概述了统叶护可汗时期(617—630)西突厥汗国对西域诸国的统治方式:“其西域诸国悉授颉利发,并遣吐屯一人监统之,督其征赋。”可见,西突厥牢牢控制了中亚东来的贡道。监领石国的突厥官员匐职,曾在大业五年(609)遣使入隋朝贡。[3]《隋书》记载:大业十一年(615),射匮可汗遣其犹子率西蕃诸胡朝贡。[4]《册府元龟》卷970《外臣部·朝贡三》记述:大业十一年正月,突厥、吐火罗、沛汗、龟兹、疏勒、于阗、安国、曹国、何国、穆国等国并遣使朝贡。[5]两书所记大概是同一事件,这些西域诸国很可能就是由射匮之犹子率领前来朝贡的。看来,在大业年间,中亚诸国来华朝贡均受西突厥的控制。

随着唐朝的建立,西域的政治形势发生了很大变化。唐初,西突厥统叶护可汗即谋求与唐朝联盟,希图共灭东突厥,实现其统一漠北、西域的大业。武德三年(620),统叶护遣使贡条支巨卵,还与唐朝约定五年冬共击东突厥;四年,又遣使朝贡,并遣使请婚;八年,统叶护再遣使请婚,为唐高祖所允;贞观元年(627),又献聘礼。[6]西突厥的对唐政策,肯定促使西域入华贡道的解冻。因此,从武德七年开始,九姓胡以康国为首,曹(西曹)、东曹、石、安、东安、何国纷纷遣使朝贡,掀起了唐代第一次朝贡高潮。贞观四年(630),统叶护为其伯父、西突厥阿波系莫贺咄所杀。[7]西突厥从此盛极而衰,内乱不止。统叶护之子咥力特

[1]《隋书·突厥传》;《册府元龟》卷990《外臣部·备御三》。

[2]《旧唐书·突厥传》,原脱“西”字,今据《通典·西突厥》补。

[3]《隋书·石国传》。该传把“匐职”记为“甸职”。

[4]《隋书·裴矩传》。

[5]《册府元龟》,第11396页。

[6]《册府元龟》卷970、978;《旧唐书》卷194下《西突厥传》;《唐会要》卷94《西突厥》。

[7]关于统叶护的卒年,《新唐书·西突厥传》、《资治通鉴》卷193记为贞观二年(628);沙畹据《大慈恩寺三藏法师传》卷2之记(玄奘于贞观四年初见叶护可汗),断为贞观四年。校以《旧唐书》卷109《阿史那社尔传》“颉利灭,而西蕃叶护又死”之语,统叶护卒年显然与颉利亡国同年(630),可印沙畹之考无误。吴玉贵把统叶护卒年系于贞观二年,失考。参沙畹:《西突厥史料》,第30页;余太山:《西域通史》,第142页。

勒(勤)为避莫贺咄之祸而逃亡康居,被弩矢(失)毕部泥孰可汗推为肆叶护可汗。肆叶护与莫贺咄相攻杀。莫贺咄兵败,逃至金山,为泥孰所杀。此后,泥孰又与肆叶护相"争国"。[1]这给中亚诸胡以摆脱西突厥统治的希望。"于是西域诸国及敕勒先役属西突厥者皆叛之。"[2]早在隋大业年间,受西突厥统治的西域诸国"并因商人密送款诚,引领翘首,愿为臣妾"。[3]所以,在统叶护被杀后不久,贞观五年(631)十二月,康国即遣使请臣。[4]这是九姓胡第一次主动请求臣服。值得注意的是,此时阿拉伯人尚未东扩,他们没有对中亚诸胡构成威胁。康国的请臣、内附,带有明显的摆脱西突厥控制之倾向。

然而,唐朝初定天下,无意与西突厥争夺中亚。所以,唐太宗与群臣议说:"前代帝王,好招来绝域,以求服远之名,无益于用而糜弊百姓。今康国内附,傥有急难,于义不得不救。师行万里,岂不疲劳!劳百姓以取虚名,朕不为也。"[5]实际上,唐朝西域方略的当务之急为夺回天山南北两路。贞观二十二年(648),唐朝平定龟兹,设置了安西四镇龟兹、于阗、碎叶、疏勒。[6]在此以前,唐朝在西域的活动带有明显的防卫和消弭边患的性质。这时,唐朝在西突厥中心地区碎叶设置军镇,标志着唐朝西域政策的重大转变:从防卫走向开拓,从西域东部扩张

[1]《旧唐书·西突厥传》;《旧唐书·阿史那社尔传》;《资治通鉴》卷193。参见岑仲勉:《突厥集史》下册,中华书局1958年,第790页。关于唐贞观年间西突厥内部纷争,吴玉贵有详考:《贞观年间西突厥历史述考》,载中国中亚文化协会编:《中亚学刊》第4辑,北京大学出版社1995年,第97-112页。

[2]《资治通鉴》卷193。

[3]《隋书·裴矩传》。

[4]《新唐书·西域传》;《资治通鉴》卷193。

[5]《资治通鉴》卷193。

[6]《旧唐书·龟兹传》;《新唐书·龟兹传》;《册府元龟》卷964《外臣部·封册二》;《文献通考》卷336《四裔·龟兹》。另外,关于初置的安西四镇是否有碎叶,学术界有不同的意见:一种意见认为,当时碎叶一带仍主要在西突厥控制之下,唐朝并未直接管辖这一地区,要设镇是不可能的;四镇中有焉耆而无碎叶(周伟州:《略论碎叶城的地理位置及其作为唐安西四镇之一的历史事实》,引自《新疆历史论文集》,新疆人民出版社1977年,第135-150页;王小甫:《论安西四镇焉耆与碎叶交替》,载《北京大学学报》,1991年第6期,第95-104页);第二种意见认为,调露元年(679)以前的安西四镇中均有碎叶,而无焉耆(吴震:《唐碎叶镇城析疑》,引自《新疆历史论文集》,第151-175页;吴玉贵:《贞观年间西突厥历史述考》,载中国中亚文化协会编:《中亚学刊》第4辑,第97-112页;余太山:《西域通史》,第156页)。本书作者同意第二种意见。

到西部。唐朝在西域东部的一系列胜利,沉重打击了西突厥的统治,促使中亚诸胡不断来朝,积极发展与唐朝的政治、经济关系。中亚诸胡的不断来朝,又反过来促使唐朝把统治范围不断向西扩展。

大食在永徽五年(654)开始用兵征服中亚。[1] 据《册府元龟》载,康国曾在永徽五年四月与罽宾国、曹国、安国、吐火罗国并遣使朝贡。[2] 这是康国在国破家亡之前的一次朝贡。

令人惊异的是,在昭武九姓国纷纷来朝的第一时期,前后 39 年时间,拔汗那没有入朝一次。看来,这个时期的拔汗那并不注重与唐朝发展友好关系。

5.2.2 第二时期(656—712)

在显庆至先天时期(656—712),中亚的政治形势发生了极大的变化。这主要表现在以下 3 点:一是唐朝在中国历史上第一次、也是唯一一次把中亚纳入羁縻统治范围,中亚诸胡国与唐朝的关系发展成为君臣关系;二是在葱岭和西域东部地区,吐蕃、突骑施兴起,与唐朝争夺西域控制权,西突厥反复无常,这严重阻碍了丝绸之路的畅通,唐朝势力一度退出西域东部(葱岭以东)地区;三是大食日益东扩,基本完成了对中亚的征服。这种复杂的政治形势直接影响到中亚诸胡与唐朝的交往。

就在大食军攻掠米国等地后不久,拔汗那于显庆初年(656)第一次入唐朝贡。显然,大食的东扩促使了拔汗那的东来。如果说拔汗那的入朝是"以朝献为名的商业往来",这显然无法解释在唐朝建立的前 39 年拔汗那为什么没有入唐朝献。

显庆二年(657)十二月,唐朝打败阿史那贺鲁,分西突厥地置濛

〔1〕《册府元龟》卷 995《外臣部·交侵》;《唐会要》卷 99。

〔2〕《册府元龟》卷 971《外臣部·朝贡三》。康国贡使在永徽五年四月已到达唐朝廷所在地长安。

池、昆陵二都护府;[1]显庆三年,高宗派遣果毅董寄生将康王所居城列为康居都督府,以康王拂呼缦为都督,[2]又在石国置大宛都督府,史国置佉沙州,米国置南谧州,安国置安息州,东安国置木鹿州,何国置贵霜州,拔汗那渴塞城置休循州。[3]显庆四年(659 年)"九月,诏以石、米、史、大安、小安、曹、拔汗那、悒怛、疏勒、朱驹半等国置州县府百二十七"。[4]来贡中亚诸胡中,仅火寻及东曹未置羁縻州府。龙朔元年(661)六月,又在吐火罗等地设置了许多羁縻州府。[5]由此,唐朝在中亚和吐火罗故地建立起广泛的羁縻统治。

中亚等地的羁縻州府,是在大食东侵河中的背景下而设置的。大食入侵米国等地之事亦已为唐朝所闻。唐朝在设置这些羁縻州府时,不可能不知道此举与大食的利益会有冲突。早在贞观五年,唐太宗曾担心接受康国内附,会导致"师行万里,岂不疲劳";而在显庆、龙朔年间,唐高宗面对大食东侵的严峻形势,毅然在河中和吐火罗设置羁縻州府。因此,唐朝在中亚等地设置羁縻州府时,应当是有对付大食的心理准备的。

就九姓胡而言,和平进入中亚的唐朝既让他们摆脱了西突厥的统治,免除了西突厥强征贡赋之苦,又使他们看到了抵御大食东侵的希望。他们与唐朝的关系进入了一个前所未有的崭新阶段。但令人感到困惑的是,在这个时期,九姓胡与唐朝的联系反而松弛了。原因何在?

---

[1]《资治通鉴》卷 200。钱伯泉认为,濛池都护府治在碎叶,管辖碎叶以东的五咄陆部,首任都护是阿史那步真;崑陵都护府建幕府于怛逻斯,管辖碎叶以西的五弩失毕部,首任都护为阿史那弥射(见钱伯泉:《唐朝在西域的军事建置研究》,载《新疆历史研究》,1985 年第 1 期,第 34—42 页)。钱先生未言所据何本。本书作者按:据唐乾陵石人像衔名,千泉在碎叶以西数百里,尚归濛池都护府统辖,因此濛池都护府不可能仅辖碎叶以东的五咄陆部。钱说有误。查《唐会要》卷 94《西突厥》,"置崑陵、濛池二都护府,以弥射为兴昔亡可汗,押五咄陆部落,步真为继往绝可汗,押五弩失毕部。"《资治通鉴》卷 200 所记与《唐会要》相符。

[2]《唐会要》卷 99。

[3]《唐会要》卷 99,卷 100;《册府元龟》卷 966;《新唐书 · 西域传》。又,冯承钧认为,大宛都督府置于显庆三年。参见冯承钧:《附新唐书西域羁縻府州考》,引自《西域南海史地考证译丛七编》,第 62—67 页,商务印书馆 1962 年,1995 年再版影印本。

[4]《资治通鉴》卷 200。

[5]《资治通鉴》卷 200 记载:置都督府八,州七十六。

唐朝在中亚取得巨大胜利后不久，在西域东部地区却受到很大挫折。龙朔二年(662)前不久，吐蕃进入疏勒一带。[1]此后，以争夺于阗为中心，唐朝与吐蕃为争夺西域展开了激烈斗争。662年，西突厥进犯庭州，刺史来济战死；[2]麟德二年(665)，疏勒与弓月引吐蕃军入侵于阗；咸亨元年(670)四月，吐蕃陷西域十八州，又率于阗陷龟兹拨换城，唐朝被迫废罢安西四镇(龟兹、于阗、焉耆、碎叶)。[3] 673(咸亨四年)—675年(上元二年)，唐朝夺回于阗、疏勒、焉耆等地，复置羁縻府州，但安西四镇并未恢复，其后3年吐蕃与西突厥十姓可汗阿史那都支联合侵逼西域；679年(六月改元调露)七月，裴行俭以护送波斯王子泥涅师归国反抗大食为名，计擒西突厥十姓可汗阿史那都支等，收复碎叶，恢复安西四镇；[4]但就在679年，东突厥东山再起，在单于都护府辖境叛唐；永淳元年(682)，西突厥阿史那车簿与三姓咽面反叛，围攻弓月城；685—688年(垂拱年间)，东突厥默啜可汗西侵(西突厥)十姓部落；垂拱二年(686)，武则天又主动弃置安西四镇，吐蕃军队随即长驱直入，占领西域东部的绝大部分。[5] 690—692年(天授—如意年间)，濛池、崑陵二都护府事实上已不再存在，濛池都护阿史那斛瑟罗、崑陵都护阿史那元庆都留居长安，他们不过遥领其地而已。[6] 689(载初元年)—692年(四月改元如意)，唐朝3次出兵，大败吐蕃军，迫使西突厥附唐，最终恢复碎叶、龟兹、疏勒、于阗四镇，移安西都护府于龟兹，

---

[1]《资治通鉴》卷201。龙朔二年十二月，苏海政受诏讨龟兹。唐军返师至疏勒南，弓月部复引吐蕃之众来，欲与唐兵战。由此推之，吐蕃兵早已活动于疏勒一带。

[2]《资治通鉴》卷201。

[3]《资治通鉴》卷201；《唐会要》卷73，卷94；余太山：《西域通史》，第168~172页。

[4]《旧唐书》卷84《裴行俭传》；卷185《王方翼传》；《新唐书》卷221下《波斯传》；详见岑仲勉：《西突厥史料补阙及考证》，第58-60页考证。

[5]以上据《旧唐书·高宗纪》；《旧唐书》卷84《裴行俭传》；《资治通鉴》卷202、203；《册府元龟》卷967《外臣部·继袭》。686年(垂拱二年)，唐朝放弃安西四镇，已为吐鲁番文书《氾德达告身》(引自《吐鲁番出土文书》，第7册，文物出版社1986年，第224页)及崔融：《拔四镇议》(《全唐文》卷229，第978页)所证实。

[6]《资治通鉴》卷206，卷207；钱伯泉：《唐朝在西域的军事建置研究》，载《新疆历史研究》，1985年第1期。

并派遣3万汉兵戍守，结束了唐朝与吐蕃在西域东部地区的拉锯战。[1]然而，唐朝对西突厥十姓之地的统治并未完全恢复。696年（万岁通天元年）九月，吐蕃将领论钦陵请罢安西四镇戍兵，并求分十姓突厥之地，被拒。[2]不久，原属西突厥咄陆五啜之一的突骑施又兴起。698—699年（圣历年间），突骑施首领乌质勒攻陷碎叶，移牙帐于碎叶，武则天授乌质勒为瑶池都督，认可他移镇碎叶。[3]长安二年（702），武则天在原金山都护府的基础上设立北庭都护府，以防制突骑施、坚昆、（东突厥）斩啜，原属安西都护府统辖的碎叶转归北庭都护府。[4]于是，丝路北道转而通达。

上述西域东部政局的演变，显然对九姓胡与唐朝的交往有直接影响。662—678年，仅见康国一次朝贡。吐蕃在西域东部侵袭，西突厥的反复无常，肯定阻碍了贡道的畅通。咸亨二年（671）四月，唐以西突厥阿史那都支为左骁卫大将军兼匐延（都督府）都督，"以安集五咄陆之众"。[5]同年五月，康国即自656年以来第一次遣使献方物。看来，唐朝对西突厥的安抚，一度使贡道恢复。679年七月，裴行俭恢复安西四镇，王方翼修缮碎叶城，无疑又使丝路北道、中道再次通畅。所以，679年十月，康国又与拔汗那、护蜜国各遣使朝贡。[6]692年，唐朝再度恢复安西四镇。然而，长达12年（680—692）之久的隔断，使以康国为首的九姓胡与唐朝的关系疏远了。唐朝也注意到了这种变化。于是，在696、698年，唐朝两次册封康国王，以期加强唐与九姓胡之首的康国的关系。

---

〔1〕《资治通鉴》卷205；《旧唐书·龟兹传》；《新唐书·韦待价传》；《新唐书·王孝杰传》。

〔2〕关于吐蕃所提罢兵、割地之请，郭元振上疏武则天说："四镇、十姓款附日久，今未察其情之向背，事之利害，遥割而弃之，恐伤诸国之心，所以御四夷也。"可见唐朝未能完全控制十姓之地。参见《资治通鉴》卷205。

〔3〕《册府元龟》卷967《外臣部·继袭二》；另参《资治通鉴》卷207。

〔4〕《元和郡县图志》卷40；宋敏求编：《唐大诏令集》卷130《命唐休璟等北伐制》，商务印书馆1959年。

〔5〕《资治通鉴》卷202。

〔6〕《册府元龟》卷970。

5.2.3 第三时期(713—772)

在第三时期,中亚九姓胡、拔汗那(宁远)与唐朝的交往空前频繁。这个令人注目的历史现象,往往被视作“开元盛事”引起的国际反应。天宝末年进士鲍防就曾作诗:“汉家海内承平久,万国戎王皆稽首。天马常衔苜蓿花,胡人岁贡葡萄酒。”[1]实际上,九姓胡和拔汗那之所以在8世纪上半期频频入贡请援,还有其更深刻的动因,这就是在中亚阿拉伯人的残酷统治及其势力暂时萎缩的局面下,九姓胡和拔汗那力图以唐朝为依托,摆脱阿拉伯人的统治。

阿拉伯人在中亚横征暴敛,实行竭泽而渔的政策。据10世纪中叶波斯历史学家纳尔沙喜记载,布哈拉历来的年税收额不高于20万迪拉姆银币。[2]可是,呼罗珊总督乌拜都拉逼迫布哈拉赔款额就高达100万迪拉姆,其数额相当于布哈拉5年的税入;屈底波又强迫布哈拉每年纳贡21万迪拉姆,这无疑大大加重了安国的负担。屈底波强令撒马尔罕一次缴纳200万迪拉姆,以后每年交纳20万迪拉姆以及3000“头”奴隶(每个奴隶折价200迪拉姆),这对康国也是一个巨大的负担。719年二月,俱密国王那罗延在给唐朝的表文中,描述了大食的残暴统治:“……今大食来侵,吐火罗及安国、石国、拔汗那国并属大食。臣国内库藏宝及部落百姓物,并被大食征税将去。”[3]慑于大食武力的淫威,加之7世纪后期西域东部地区政局的混乱,九姓胡一直未向唐朝正面提出援助之请。一俟大食控制削弱,西域东部形势廓清,九姓胡和拔汗那就频频东来,希望与唐朝联手抗击大食。正是在这样的形势下,爆发了715年的拔汗那之战。

《资治通鉴》卷221记:开元三年(715),“吐蕃与大食共立阿了达为(拔汗那)王,发兵攻之,拔汗那王兵败,奔安西求救。[张]孝嵩谓都护吕休璟曰:‘不救则无以号令西域。’遂率旁侧戎落兵万余人,出龟兹

[1]鲍防:《杂感》,引自《全唐诗》卷307,上海古籍出版社1986年缩印本(康熙扬州诗局本),第771页。

[2]Narshakhī, *The History of Bukhara*. Cambridge, Mass., U. S., 1954, p. 36.

[3]《册府元龟》卷999《外臣部·请求》。

西数千里,下数百城,长驱而进。是月(十一月),攻阿了达于连城。孝嵩自擐甲督士卒急攻,自巳至酉,屠其三城,俘斩千余级,阿了达与数骑逃入山谷。孝嵩传檄诸国,威振西域,大食、康居、大宛、罽宾等八国皆遣使请降。"既然拔汗那王以"吐蕃与大食共立阿了达为(拔汗那)王"相告,张孝嵩等督军西征之目标显然是入侵拔汗那的吐蕃与大食军。至于唐军到来后大食军已经撤离,双方并未交战,这并不影响唐军出征的目的。[1]此战带有明显的炫耀武力的性质。这从张孝嵩军从巳时(上午9—11时)至酉时(傍晚5时—7时)连续作战8小时左右、连屠3城就可以看出来。唐朝的军事势力在此战中得到充分展示,这对中亚诸国当有很大的威慑力。

所以,从715年年底以降,康、安、米、石几乎递次来朝。米国也很想加强自己与唐朝的联系:在此以前,米国仅在658年入朝;718年,米国两次入朝;728—730年,米国连续3年遣使朝贡。719年(开元七年)二月,安王笃萨波提、康王乌勒伽分别遣使上表,请求唐朝援助抗击大食,同时献上大量贡品。同年三月、六月,安国、康国又分别遣使朝贡。两国请求唐朝援助的迫切心情由此可见一斑。康国上表请求唐朝"委送多少汉兵来此,救助臣等苦难。其大食只合一百年强盛,今年合满。如有汉兵来此,臣等必是破得大食。"安国则"伏乞天恩兹泽,救臣苦难,仍请敕下突厥(骑)施,令救臣等。臣即统领本国兵马,计会翻破大食。"[2]然而,唐朝当时在西域的主要敌人是吐蕃,经营的重点是争夺葱岭南部地区,[3]无力插足中亚争端。于是臣服于唐朝的突骑施苏禄就成了中亚抵御大食的主要力量。719年十月,唐玄宗册封苏禄为忠顺可汗,苏禄成为整个西突厥十姓之地的可汗。[4]遗憾的是,笔者没有

---

[1]王小甫先生考证出在唐军到来时,大食军已经撤离,并据此断言西征唐军不是针对吐蕃和大食而出师的,而是仅针对吐蕃出师的。参见王小甫:《唐吐蕃大食政治关系史》,第147–150页。本书作者按:我们没有任何史料可以说明,唐军出师拔汗那时,已经获悉大食军撤离了拔汗那。

[2]《册府元龟》卷999。

[3]开元五年(717)— 十七年(729),唐朝在葱岭及其以南地区开展了一系列针对吐蕃的外交和军事活动。王小甫对此有详考,见《唐吐蕃大食政治关系史》,第150–171页。

[4]《资治通鉴》卷212;《新唐书·突厥下》。

见到唐朝册封苏禄的册文。考虑到安国上表请援在二月，唐朝册封苏禄在十月，很可能唐朝册封苏禄时就委以“西头事”，让突骑施抵挡大食的东扩。

此时，大食也企图把势力扩张到葱岭以东。开元五年(717)七月，“安西副大都护汤嘉惠奏：突骑施引大食、吐蕃，谋取四镇，围钵换及大石城，已发三姓葛逻禄兵与阿史那献击之。”[1]

面对大食的咄咄攻势，唐朝肯定曾有抵御大食东侵的战略。而且，这种战略也为河中、吐火罗、天竺诸地各国所知晓。因此，开元七年(719)至开元十五年(727)，俱密国王那罗延、南天竺国王尸利那罗鲁伽摩和吐火罗纷纷上表，请求唐朝征讨大食。[2]

在这个时期，唐朝多次册封或赐封康、曹、石、史、米、安诸国国王。究其原因，仅有开元二十八年(740)石国蕃王莫贺咄吐屯、史王斯谨提有功于唐朝，其余皆无功于唐。这个时期唐朝对九姓胡的14次册、封，有4次明显是应请而册封的，而且这4次均在738年10月以前；其余10次中有9次大概都是唐朝主动诏封的(除了742年石王请封太子为官外)，且在738年以后。那么，在738年前后，西域东部和西部究竟发生了什么历史事件？

在东部，面对吐蕃与突骑施结盟攻唐的严峻形势，唐朝改变了其与大食敌对的战略，于开元二十二年(734)与大食计会连兵。据张九龄《敕安西节度王斛斯书》、《敕瀚海军使盖嘉运书》等文献，开元二十二年秋，安西节度使王斛斯派使者张舒耀与大食东面将军呼逻散(呼罗珊)訶密(emir，又作异密)联络共击突骑施；张舒耀因故于次年夏秋之际才返回；大食允诺开元二十四年(736)四月出兵；736年，大食出兵

---

〔1〕《资治通鉴》卷211，唐纪二七。王小甫认为，开元三年、五年大食与唐朝的冲突，纯属子虚。他声称亦已证明此论(见其著：《唐吐蕃大食政治关系史》，第189页，注释50)。然拜读其书(第145－178页)，未见其证。

〔2〕《册府元龟》卷999，《册府元龟》卷995《外臣部·交侵》。

杀吐火罗叶护;唐朝安西驻军因吐蕃军侵扰,未能出兵响应。[1]在西部,738年爆发了著名的喀里斯坦(Kharī—stān)之战。是役,阿拉伯军大破突骑施军。此后,阿拉伯人在河中地区推行强制伊斯兰化政策,伊斯兰文化开始在河中地区占优势。[2]

上述这两个事件的历史影响是:唐朝与大食计会连兵的消息,肯定为中亚九姓胡所知晓。但是,阿拉伯人的强制伊斯兰化政策及巨额税收,致使九姓胡与大食的矛盾日益尖锐,九姓胡迫切希望摆脱阿拉伯人的统治,他们仍然把希望寄托在唐朝身上。所以,在738年以后,石国于741年、东曹和安国于752年(天宝十一载)遣使唐朝,请击大食;745年,曹国王歌逻仆遣使上表,请求内附。[3]如果我们注意到东曹仅在武德年间入唐朝贡一次,已有120多年没有入朝,就可以发现东曹的"请击大食"之心是多么迫切。751年九月,已经106年没有来朝的火寻也入献。天宝十三载(754),东曹国王设阿、安国副王野解以及诸胡九国王共同上表,请求与唐朝共击黑衣大食。[4]这次上表的规模是唐代最大的一次,但又被唐朝慰而拒之。

就唐朝而言,尽管其无力出兵援助九姓胡,但又不甘心彻底放弃对中亚羁縻府州的控制。因此,唐朝对九姓胡的请援,总是"务以怀柔,皆劳赐,慰喻遣之,以安西域"。[5]唐朝还采用主动册封九姓胡的策略,增强它们的抵抗信心,维系唐朝与九姓胡的羁縻关系。曹国在655—741年间停贡长达87年。742年三月,曹王哥逻仆罗遣使献马及方物,唐朝即诏封其为怀德王,以此维系唐朝与曹国松散的羁縻关系。

---

[1]《张曲江文集》卷8,《敕瀚海军使盖嘉运书》;卷10,《敕安西节度王斛斯书》,引自《四部备要·集部·唐别集》。此事不见正史记载,却详见于当时的唐朝宰相张九龄为此起草的敕书及其他文稿中。郭平梁先生已将有关文稿辑出进行了研究。见郭平梁:《突骑施苏禄传补阙》,载《新疆社会科学》,1988年第4期,第47-60页。参《张曲江文集》;《全唐文》卷284至286所收张九龄文稿:《敕河西节度牛仙客书》,《敕碛西节度王斛斯书》,上海古籍出版社影印本,1990年。

[2]Gibb,*Arab Conquests in Central Asia*. London,1923,pp. 81~85.

[3]《新唐书·石国传》记载:开元二十九年,石"王伊捺吐屯屈勒上言:'今突厥已属天可汗,惟大食为诸国患,请讨之。'天子不许。"

[4]《册府元龟》卷170,《帝王部·来远》;卷974《外臣部·助国讨伐》。

[5]《册府元龟》卷974《外臣部·助国讨伐》。

唐朝对九姓胡册封之目的具有很大的针对性，主要是针对大食的，而不是对付突骑施的（详见第6章第3节论述）。

从中亚诸胡朝贡和受册封的情况看，有一个从朝贡到受册封的过程。受到唐朝册封的诸胡，往往与唐朝的关系较为紧密，如康、石和拔汗那；而唐朝也时常利用册封的手段来控制和联络中亚诸胡，增强它们的抵抗信心，维系唐朝与九姓胡的羁縻关系。如开元十九年（731）四月，唐朝对康王乌勒伽的两位王子的册封；753年十月，唐朝主动册封石国王男那俱车鼻施为怀化王，并赐以铁券。[1]

由此可见，中亚诸胡入唐朝贡的频率和时机，与西域的政治形势及唐朝国势的盛衰有密不可分的联系。在第一时期，中亚诸胡力图摆脱西突厥控制；第二、三时期，九姓胡和拔汗那力图以唐朝为依托，抵御大食的侵犯，摆脱阿拉伯人的统治；唐朝则通过册封，把九姓胡中的康、曹、石、史等国纳入唐朝的西域防御体系中，实现抵御大食东侵的战略构想。

5.3 唐朝对中亚羁縻统治的建立

7世纪中叶，中亚地区面临着大食东扩的巨大压力。

永徽年间，大食开始用兵征服中亚。永徽五年（654）五月，“大食引兵击波斯及米国，皆破之。”[2]兵祸也殃及康国。《唐会要》卷99“康国”条称：“永徽中，其国频遣使，告为大食所破，兼征赋税。”康国这次为大食所破，显然与米国被破在同一年。

与此同时，唐朝在追击西突厥人的过程中也不断向西拓展。永徽二年（651），唐高宗令梁建方为弓月道行军总管，征发秦、成、岐、雍府

---

〔1〕关于设定朝贡、册封、羁縻、内地化4个阶段来理解周边异民族与唐朝政府之间的关系，以及关于羁縻州的问题，请参考日本学者片山章雄的《亚洲历史》，南云堂，1992年，第84－85页。

〔2〕《册府元龟》卷995《外臣部·交侵》记述：永徽五年（654年）五月，“大食引兵击波斯及米国，皆破之。波斯五（王）伊嗣侯为大食所杀，伊嗣侯之子卑路期（斯）走投吐火罗，遣使来告难。上以路远不能救之。寻而大食兵退。吐火罗遣兵援立之而还。”《资治通鉴》卷199记载：永徽五年四月，“大食发兵击波斯，杀波斯王伊嗣侯，伊嗣侯之子卑路斯奔吐火罗”。从这两条材料看，可能是大食发兵时在四月，破波斯及米国、杀伊嗣侯时在五月。

兵3万，连同回纥5万骑征讨阿史那贺鲁（自号沙钵罗可汗）。俘斩万余，获牛马杂畜7万。[1]

655年，唐高宗命程知节为葱山道行军总管，第二次征讨阿史那贺鲁。次年（显庆元年）八月，程知节大败葛逻禄、处月部于榆慕谷（今新疆博尔塔拉蒙古自治州境内）；十二月，唐军到鹰娑川（今新疆和静县境内裕勒都斯河），进至怛笃城。但贺鲁逃遁。[2]

显庆二年（657），唐朝第三次出兵，以苏定方为伊丽道行军大总管。这次，唐军大获全胜，唐军副将萧嗣业追击贺鲁至石国，生擒贺鲁而归。[3]

在平定阿史那贺鲁之后，唐朝即在西突厥本土和塔里木盆地以及原来由西突厥控制的葱岭以西地区设置了许多都督府州。中亚等地的羁縻州府，是在大食东侵河中的背景下而设置的。大食入侵米国等地之事亦已为唐朝所闻。唐朝在设置这些羁縻州府时，不可能不知道此举与大食的利益会有冲突。早在贞观五年，唐太宗曾担心接受康国内附，会导致"师行万里，岂不疲劳"；而在显庆、龙朔年间，唐高宗面对大食东侵的严峻形势，毅然在河中和吐火罗设置羁縻州府。因此，唐朝在中亚等地设置羁縻州府时，应当有对付大食的心理准备。

显庆三年（658），唐朝即在西突厥旧地设立了一系列羁縻府州。对于这些在西突厥旧地设立的羁縻府州的数量和名称，《旧唐书·地理志》和《新唐书·地理志》所记不尽相同。就数目来说，《新唐书》记载了23个都督府州，而《旧唐书》只记载了16个；就名称而言，《新唐书》称"都督府"或"州都督府"，而《旧唐书》称之为"州都督府"或"州"。个中原因，至今无解。据《新唐书·地理志》记述，在伊塞克湖及七河流域的西突厥旧地，唐朝于658年设立了絜山都督府（以突骑施阿利施部置，大致在今伊犁河以西，谢米列契地区），大漠州都督府（析

[1]《旧唐书·突厥传》，《旧唐书·契苾何力传》，《新唐书·突厥传》，《资治通鉴》卷199。
[2]《册府元龟》卷964；《旧唐书·程知节传》、《新唐书·程知节传》误作"显庆二年（657）。
[3]《册府元龟》卷986。

葛逻禄炽俟部置,大致在今额尔齐斯河以南至乌伦古河之间)。[1]

另在乾陵石雕"著臣像"的衔名中,还有一些文献中阙载的都督府州,[2]其中属于濛池都护属下,在五弩失毕诸部设立的都督府州有:

千泉(州?)都督府:以西突厥阿悉吉(结)泥孰部置。大致在今吉尔吉斯斯坦境内的明布拉克。

俱兰(州?)都督府:以西突厥阿悉吉阙部置。地在今吉尔吉斯斯坦境内的卢格沃伊附近。

颉利(州?)都督府:以西突厥拔塞干部置。今地不详。据古代阿拉伯人的游记记载,在中亚地区的伊塞克湖附近和江布尔附近分别有上、下拔塞干(Brskhan Nūshajān)地区,[3]颉利(州?)都督府或者就在此附近。

碎叶州:在今俄罗斯境内的托克玛克城附近。本条衔名为"碎叶州刺史安车鼻施",与常见的都督府州略有不同。

以上为唐朝在西突厥本土设置的部督府州。此外唐朝还在天山以南,昆仑山以北,西州以西,葱岭以东的塔里木盆地边缘地区设置了4个都督府,这就是历史上有名的四镇都督府,龟兹都督府(地在今新疆库车)、毗沙都督府(地在今新疆和田)、疏勒都督府(地在今新疆喀什)、焉耆都督府(地在今新疆焉耆)。

在西突厥本土和塔里木盆地设立都督府州的前后,唐高宗还遣使在原来由西突厥控制的葱岭以西地区设置了都督府州。葱岭以西羁縻府州从最初设置到最终确立经历了4年时间(658—661),其间派往西域的封册使臣有董寄生和王名远。关于十六国所置都督府,各书记载基本相同,但对于各部督府属下的州数,记载却各不相同,一是各书之间记载不一,二是同一书中也互有矛盾。如《新唐书·地理志》说"西域府十六,州七十二",正文中具列的羁縻府也是七十二个,但是在

---

〔1〕关于大漠州都督府设置的年代,《资治通鉴》卷200、《唐会要》卷100及《新唐书·葛逻禄传》都说是在显庆二年(657)。

〔2〕陈国灿:《唐乾陵石人像及其衔名研究》,载《文物集刊》第2辑,文物出版社1980年,第189－203页。

〔3〕Minorsky, Tamin Ibn Bahr's Journey to the Uyghurs, *BSOAS*, XII/2, London, 1948.

夹行注中又说："自于阗以西，波斯以东，凡十六国，以其王都为都督府，凡州八十八，县百一十，军府百二十六。"州数比上文所列多出16个，而在记载中没有解释为什么正文与注文数目不一。其他如《唐会要》卷73、《旧唐书·地理志》等也存在同样的问题。这些问题的出现可能是因为都督府州的数目曾出现过变动，各种不同的记载反映了不同时期的都督府州的状况，当然也不能排除讹误的可能性。

《旧唐书·地理志》、《新唐书·地理志》以及《唐会要》卷73所记载的唐朝设置羁縻府州的所谓"西域十六国"，地理范围大致在葱岭以西，波斯以东，印度河以北，铁门关以南地区。主要是玄奘记载的"吐火罗故国"，[1]并不包括吉尔吉斯山以南，铁门关以北的河中地区。也就是说，在上述各书所记载的安西都护府所辖的西域羁縻府州中，漏书了河中地区设置的羁縻府州。唐朝在吐火罗故地设置羁縻州府的时间是在龙朔元年（661）六月。[2]

现以《新唐书·地理志》为主，将吐火罗故地设立的都督府州介绍如下，各都督府所属的羁縻州只记数目，不列名称。[3]

（1）月氏都督府：以吐火罗叶护阿缓城置，地在今昆杜兹附近，即玄奘记载的活国。领州25，《旧唐书》作24。[4]

（2）大汗都督府：以嚈哒部落活路城置，府治似在巴尔赫，领州15。《旧唐书》作"太汗都督府"。

（3）条支都督府：以诃达罗支国伏宝瑟颠城置，在今阿富汗喀布尔南，加兹尼附近。

（4）天马都督府：以解苏国数瞒城置，大食地理学家称为Sudman，地在今吉尔吉斯斯坦共和国首都杜尚别附近，"解苏"即玄奘所记载的奚素突厥。[5] 领州2。《旧唐书》作"大马都督府"，领州3。

---

〔1〕《大唐西域记》卷1。

〔2〕《资治通鉴》卷200，记载：在吐火罗故地"置都督府八，州七十六。"

〔3〕〔法〕沙畹：《西突厥史料》，第247～255页。余太山主编：《西域通史》，第162－166页有详考。

〔4〕《唐会要》卷73所记十六都督府所辖州数与《新唐书·地理志》完全相同。此从略。

〔5〕《大唐西域记》卷1。

(5)高附都督府:以骨咄施国沃沙(《旧唐书》作"妖沙")城置,地约当今库尔干秋别。领州2。《旧唐书》作领州3。

(6)修鲜都督府:以罽宾国遏迄城置,地在今阿富汗的贝格拉姆地方。领州10。《旧唐书》作领州11。

(7)写凤都督府:以帆延国罗烂城(《旧唐书》作"失苑延国所治伏戾城")置,地在今巴米扬。领州4。

(8)悦般州都督府:以石汗那国艳城置,大约在今阿富汗科克恰河的上游一带。领州1。《旧唐书》作"悦般都督府",无"州"字。

(9)奇沙州都督府:以护时犍国遏密城(《旧唐书》作"护特健国")置,位于今马里与巴尔赫之间的地区。领州2。《旧唐书》作"奇沙州"。

(10)姑墨州都督府:以怛没国怛没城置,即今铁尔梅兹,位于苏尔汉河注入阿姆河河口不远处。领州1。《旧唐书》作"和墨州"。

(11)旅獒都督府:以乌拉喝国摩竭城置,今地诸说不一,沙畹认为应即《隋书·西域传》记载的乌那曷国。据《隋书》,乌那曷国都在阿姆河西,"东北去安国(今布哈拉)四百里,西北去穆国(今马里)二百余里,东去瓜州七千五百里"。《旧唐书》作"依撤州"。

(12)昆墟州都督府:以多勒建国低宝那城(《旧唐书》作"护密多国所治抵宝那城")置,大致在今昆都兹以东的塔里干。《旧唐书》作"昆墟州"。

(13)至拔州都督府:以俱蜜国褚瑟城(《旧唐书》作"措瑟城")置,地在今塔吉克斯坦喀拉特金一带。《旧唐书》作"至白扳州"。

(14)鸟飞州都督府:以护蜜多国摸逵城(《旧唐书》作"摸廷城")置,即今阿富汗东北境的瓦罕。领州1。《旧唐书》作"乌飞州",无领州。

(15)王麾州都督府:以久越得犍国步师城置,在今卡菲尔纳甘河下游的卡巴迪安地方,《旧唐书》作"王庭州"。

(16)波斯都督府:以波斯国疾陵城(《旧唐书》作"陵城")置,沙畹提出"此处似为 Sedjestan 之首府 Zereng,按今之 Hamoun 湖,昔名 Zare

湖，城名盖出于此。”[1]

以上是以“吐火罗故地”为主设立的羁縻都督府州。关于唐朝在河中地区设置的羁縻都督府州，汉籍没有集中记述。据《唐会要》卷99、卷100记载，显庆三年，高宗派遣果毅董寄生将康王所居城列为康居都督府，以康王拂呼缦为都督，又在石国置大宛都督府，史国置佉沙州，米国置南谧州，安国置安息州，东安国置木鹿州，何国置贵霜州，拔汗那渴塞城置休循州。[2]《资治通鉴》卷200记载：“显庆四年(659)九月，诏以石、米、史、大安、小安、曹、拔汗那、挹怛、疏勒、朱驹半等国置州县府百二十七”。[3] 以河中地区为主体设立的都督府州主要散见于《新唐书·西域传》：

(1)大宛都督府：以石国瞰羯城置，地在今塔什干。[4]

(2)康居都督府：以康国置，地在今乌兹别克斯坦撒马尔罕城以北Afrasiyab故城遗址。

(3)南谧州：以米国置，地在撒马尔罕以南，一般认为即今Čuma'abazar地方。沙畹认为南谧州很可能隶属于康居都督府。

(4)佉沙州：以史国置，在今撒马尔罕以南的沙赫里夏勃兹地方。《唐会要》卷99做“陆沙州”。

(5)贵霜州：以何国置，或认为在撒马尔罕西北约96公里的Peishambe地方。

(6)休循州：以拔汗那国渴塞城置，地在今费尔干纳盆地。

---

[1]〔法〕沙畹：《西突厥史料》，第247－255页。

[2]《唐会要》卷99，卷100；《册府元龟》卷966；《新唐书·西域传》。冯承钧认为，大宛都督府置于显庆三年。参见冯承钧：《附新唐书西域羁縻府州考》，引自《西域南海史地考证译丛七编》，第62－67页，商务印书馆1962年，1995年再版影印本。

[3]《资治通鉴》卷200。

[4]石国位于锡尔河支流齐尔齐克河冲积形成的绿洲上。公元605—750年，石国宫廷所在地为今塔什干市中心东南方15公里处的阿克·特帕(Ak－Tepa)遗址；750年－12世纪上半叶，石国政治中心迁至今塔什干市中心的宾卡特(Binkath)遗址所在地。参见别列尼茨基等：《中亚中世纪城市》，列宁格勒1973年(А. М. Беленицк－ий, *Средневековый Город Средней Азии*, Ленинград, 1973.)，第195－198页；刘迎胜：《“草原丝绸之路”考察简记》，载《中国边疆史地研究》，1992年第3期，第119－140页。

(7)安息州:以安阿阿滥城置,地在今布哈拉附近。[1]

(8)木鹿州:以东安国之籛斤城置,[2]在今撒马尔罕与布哈拉之间,泽拉夫善河之北,约在卡尔干卡特(Kharghankath)附近。[3]

又,《唐会要》记载,天宝四载(745)曹国王向唐玄宗上表"自臣曾祖以来,奉向天可汗忠赤,常受征发"。[4] 则高宗时必定在曹国也设置了羁縻府州。

来贡中亚诸胡中,仅火寻及东曹未置羁縻府州。唐朝在中亚和吐火罗故地建立起广泛的羁縻统治。[5]

关于唐朝在中亚设置的羁縻州府的准确时间,汉籍记述不一。

《资治通鉴》卷200记:显庆四年(659)"九月,诏以石、米、史、大安、小安、曹、拔汗那、悒怛、疏勒、朱驹半等国置州县府百二十七"。[6]

《新唐书·石国传》、《唐会要》卷99"石国"条则把唐朝在石国瞰羯城置大宛都督府的年代系于显庆三年(658)。[7]

那么,在石国设置大宛都督府究竟是在哪一年?

大宛都督府的设立,与唐朝平定阿史那贺鲁之乱有关。《旧唐书·高宗本纪》记云:显庆三年二月,唐将苏定方攻破西突厥沙钵罗可汗贺鲁,贺鲁败走石国,唐军副将萧嗣业追擒之;三月,西域平,唐朝以其地置濛池、崑陵二都护府;复于龟兹国置安西都护府;十二月,贺鲁被献于昭陵。[8]《旧唐书·突厥传下》述:显庆二年,苏定方率萧嗣业等征

---

[1]据《新唐书·西域传》,安国治阿滥谧城,"安国条"下并无设置羁縻府州的记载,在东安国(喝汗)下说:"显庆时,以阿滥为安息州",从原文来看,安息州似是以东安国之"阿滥"所置,与安国之"阿滥谧"城无关。沙畹将安息州(阿滥城)置于安国之下,当是以"阿滥谧"为"阿滥"的同名异译,此姑存疑。

[2]沙畹认为木鹿州是以东安国喝汗城置,未知何据。见沙畹:《西突厥史料》,第248页。

[3]参见拙著:《唐代丝绸之路与中亚历史地理研究》,第89－91页考证。

[4]《唐会要》卷98。

[5]吴玉贵:《突厥汗国与隋唐关系史研究》第12章"唐朝在西域统治秩序的确立"(中国社会科学出版社1998年)有详考。

[6]《资治通鉴》卷200。

[7]《唐会要》卷99,瞰羯城写作"噉羯城"。冯承钧认为,大宛都督府置于显庆三年。但他未作考定。参见冯承钧:《附新唐书西域羁縻府州考》,引自《西域南海史地考证译丛七编》,商务印书馆1995年,第62－67页。

[8]《旧唐书》卷4。

讨(阿史那)贺鲁;几经征战,贺鲁败遁石国;萧嗣业追至,石国(突厥统治者)鼠耨设把被石国苏咄城(即 Shoturkath 城,距塔什干 5 法尔萨赫[1])城主伊涅达干拘执的贺鲁交给萧嗣业,贺鲁被送往长安;唐朝分贺鲁种落"置崑陵、濛池二都护府,其所役属诸国,皆分置州府,西尽于波斯,并隶安西都护府"。[2]《旧唐书·地理志三》也称:"显庆二年十一月,苏定方平贺鲁,分其地置濛池、崑陵二都护府。分其种落,列置州县。于是,西尽波斯国,皆隶安西都护府。"[3]

《册府元龟》卷 967《外臣部·继袭二》称:"显庆二年既平贺鲁,三年诏置崑陵、濛池二都护府,乃册阿史那弥射为兴昔可汗兼崑陵都护,阿史那步真为继往绝可汗兼濛池都护。"[4]同书卷 986《外臣部·征讨五》记:显庆二年"十二月,苏定方大破贺鲁金牙山,尽收其所居之地,西域悉平。……定方于是悉兵,命诸部归其所居,开通道路,列置馆驿,埋瘗骸骨,所在问疾苦,分其疆界,复其产业,贺鲁所虏掠者悉括还之。于是,西域诸国安堵如故。"[5] 又,《唐会要》卷 73 记:显庆二年十一月,苏定方大破贺鲁于金牙山,尽收其所据之地,西域悉平。……"西域诸国,安堵如故,擒贺鲁以归。十一月,分其地,置濛池、崑陵二都护府。……其月十七日,又分其种落,列置州县。……其所役属诸胡国,皆置州府,西尽于波斯,并隶安西都护府。"同书卷 99 记:显庆三年,以石国瞰(瞰)羯城为大宛都督府。[6]此记把二都护府和诸州府县置立时间记为同年同月。石国为阿史那贺鲁所役属诸胡国,大宛都督府置立时间应在十一月十七日。但是,此十一月是在平定贺鲁之乱的显庆二年,还是在擒贺鲁以归的显庆三年呢?

---

〔1〕〔阿拉伯〕伊本·胡尔达兹比赫:《道里邦国志》,第 30 页。〔日〕松田寿男:《古代天山历史地理学研究》,第 416 – 417 页。作者按:丁谦把苏咄城推定为石国以东,故浩罕部地。误也。参见丁谦:《新唐书突厥传地理考证》,引自《浙江图书馆丛书》第 1 集第 6 册,1915 年,第 17 页。《资治通鉴》卷 200,称:苏咄城在石国西北。

〔2〕《旧唐书》卷 194 下。

〔3〕《旧唐书》卷 40。

〔4〕《册府元龟》卷 967。

〔5〕《册府元龟》卷 986。

〔6〕《唐会要》卷 73,卷 99。

《资治通鉴》卷200称：显庆二年十二月十一日（乙卯朔，乙丑日），分西突厥地置濛池、崑陵二都护府；“遣光禄卿卢承庆持节册命，仍命（阿史那）弥射、步真与承庆据诸姓降者，准其部落大小、位望高下，授刺史以下官。”次年十一月，萧嗣业押贺鲁至京师长安，“甲午，献于昭陵。敕免其死，分其种落为六都督府，其所役属诸国皆置州府，西尽波斯，并隶安西都护府。”〔1〕可见，崑陵、濛池都护府应置于显庆二年十二月；〔2〕唐朝并未同时在贺鲁种落（五咄陆部）之地置都督府；六都督府应置于显庆三年十一月。《册府元龟》所记濛池、崑陵二都护府诏置时间（显庆三年），《旧唐书·高宗本纪》所记两都护府置立时间（显庆三年二月），可能是高宗正式下诏置立时间。因此，《旧唐书·地理志》所记有误。

《新唐书·地理志七下》“濛池都护府”条记：“显庆二年禽（擒）贺鲁，分其地，置都护府二、都督府八，其役属诸胡皆为州。”〔3〕此记有3点疑问。其一，唐朝在贺鲁旧地（五咄陆部之地）置都督府数，《唐会要》卷73、《资治通鉴》卷200均作6个，并详列了其称名；〔4〕其二，显庆二年唐朝并未在贺鲁旧地置都督府。因为，《资治通鉴》卷200明确记述册命使卢承庆仅册封刺史以下官。其三，两都护府的隶属，《旧唐书》和唐乾陵石人像衔名并称归安西都护府统辖。从唐乾陵石人像衔名看，濛池都护府属下有千泉都督府、俱兰都督府、颉利都督府（以西

〔1〕《资治通鉴》卷200。

〔2〕钱伯泉、王小甫也认为这两个都护府置于显庆二年，但未作考辨。钱伯泉：《唐朝在西域的军事建置研究》，载《新疆历史研究》，1985年第1期，第34－42页；王小甫：《论安西四镇焉耆与碎叶的交替》，载《北京大学学报》，1991年第6期，第95－104页。

〔3〕《新唐书》卷43下。

〔4〕《资治通鉴》卷200说：唐朝“分其（阿史那贺鲁）种落为六都督府”，即以处木昆部为匐延都督府，突骑施索葛莫贺部为嗢鹿都督府，胡禄屋阙部为盐泊都督府，摄舍提暾部为双河都督府，鼠尼施处半部为鹰娑都督府，突骑施阿利施部为洁山都督府。另参见《唐会要》卷73。

突厥拔塞干部置)、碎叶州等;[1]石国不归属濛池都护府统辖,而与康、吐火罗、波斯等一道,属安西都护府统辖。[2]

《新唐书·艺文志二》著录《西域图志》60卷,注云:“高宗遣使分往康国、吐火罗,访其风俗物产,画图以闻。诏史官撰次,许敬宗领之,显庆三年上。”[3]同年,高宗派遣果毅董寄生将康王所居城列为康居都督府,以康王拂呼缦为都督。[4]高宗遣使康国等地,应在贺鲁被擒之后;而董寄生西行,估计是在高宗御览《西域图志》之后。如果大宛都督府置于显庆三年(658),那极可能是董寄生西行时所置。所以,唐乾陵石人像才会把石国与康国、吐火罗同列。千泉、俱兰、颉利3都督府及碎叶州属于贺鲁种落之地,应是与大宛都督府同置于显庆三年。它们大概属于在贺鲁“所役属诸国皆置州府”之列。所谓“西尽于波斯,并隶安西都护府”,肯定是指显庆三年董寄生置府州之后之情形。但令人不解的是,高宗显庆四年下诏,仅有石国,而没有康国;似乎石国置于康国之后。而且,《新唐书·地理志》在著录龙朔元年(661)“于阗以西,波斯以东”的羁縻府州时,未列昭武九姓诸羁縻府州。

可以肯定的是,大宛都督府置于显庆三年。所以,《册府元龟》卷966《外臣部·继袭一》明确记载,“石国,唐显庆三年列其地为大宛府,以其王瞰吐屯摄舍提於屈昭穆为都督。”

从唐乾陵石人像衔名看,石国不归属濛池都护府统辖,而与康、吐

[1]钱伯泉认为,濛池都护府治在碎叶,管辖碎叶以东的五咄陆部,首任都护是阿史那步真;崑陵都护府建幕府于怛逻斯,管辖碎叶以西的五弩失毕部,首任都护为阿史那弥射。(钱伯泉:《唐朝在西域的军事建置研究》,载《新疆历史研究》,1985年第1期。)钱先生未言所据何本。作者按:千泉在碎叶以西数百里,尚归濛池都护府统辖,因此濛池都护府不可能仅辖碎叶以东的五咄陆部。钱说有误。查《唐会要》卷94《西突厥》,“置崑陵、濛池二都护府,以弥射为兴昔亡可汗,押五咄陆部落,步真为继往绝可汗,押五弩失毕部。”

[2]陈国灿:《唐乾陵石人像及其衔名研究》,《文物集刊》第2集,文物出版社1980年。

[3]《新唐书》卷58。

[4]《唐会要》卷99。

火罗、波斯等一道,属安西都护府统辖。[1]从地域上看,濛池都护府比安西都护府更靠近大宛都督府(石国)。可是,唐朝却绕过濛池都护府,而让安西都护府统辖大宛都督府。其原因很可能是由于濛池都护为突厥人(首任濛池都护是阿史那步真;686年,其子阿史那斛瑟罗袭父职爵[2])。濛池都护府所辖基本上是在碎叶以西的西突厥五弩失毕部落之地。唐在河中地区设置羁縻府州时,不可能把它们完全交由西突厥人统治;它们只能由唐中央政府直属的西域最高机构安西都护府统辖。唐朝在石国置都督府,反映了石国在唐朝的西域统治体系中的重要地位。在河中地区,唐朝仅设置了两个都督府,即康居都督府和大宛都督府。

[1]陈国灿:《唐乾陵石人像及其衔名研究》,载《文物集刊》第2集,文物出版社1980年;另参余太山:《西域通史》,第164页。

[2]《唐会要》,第1567页;《册府元龟》卷964;《旧唐书·突厥传》。

6　唐、九姓胡与大食的关系[1]

唐朝是否有抵制大食的战略，唐朝与大食在中亚是否有过争夺，这是牵涉到如何认识唐与中亚诸胡关系、唐与大食关系和一系列相关历史事件的重大问题。法国汉学大家沙畹认为，唐朝曾在中亚地区抗御大食。[2] 另有一种观点认为，沙畹之论述不充分，不足以论证其观点的成立；在西域地区，唐朝与大食的关系始终处于同盟友好状态；唐朝并没有支持突骑施抗击大食。[3] 孰是孰非，历史真相究竟如何呢？

6.1　唐朝与西突厥及大食的争夺

贞观初期，西突厥统治中亚地区。贞观五年(631)十二月，康国即遣使请臣。[4]这是九姓胡第一次主动请求臣服。值得注意的是，此时阿拉伯人尚未东扩，他们没有对中亚诸胡构成威胁。康国的请臣、内附，带有明显的摆脱西突厥控制之倾向。

然而，唐朝初定天下，无意与西突厥争夺中亚。所以，唐太宗与群臣议说："前代帝王，好招来绝域，以求服远之名，无益于用而糜弊百姓。今康国内附，傥有急难，于义不得不救。师行万里，岂不疲劳！劳百姓以取虚名，朕不为也。"[5]实际上，唐朝西域方略的当务之急为夺回天山南北两路。贞观二十二年(648)，唐平定龟兹，设置了安西四镇

[1]参见拙文《唐朝在中亚建立的防御体系述论》，载《浙江师范大学学报》，2003年第6期，第31－35页。

[2][法]沙畹：《西突厥史料》，第210－214页。

[3]王小甫：《唐吐蕃大食政治关系史》，第177－179页。

[4]《新唐书·西域传》"康国"条；《资治通鉴》卷193。

[5]《资治通鉴》卷193。

龟兹、于阗、碎叶、疏勒。[1]在此以前,唐朝在西域的活动带有明显的防卫和消弭边患的性质。这时,唐朝在西突厥中心地区碎叶设置军镇,标志着唐朝西域政策的重大转变:从防卫走向开拓,从西域东部扩张到西部。唐朝在西域东部的一系列胜利,沉重打击了西突厥的统治,促使中亚诸胡不断来朝,积极发展与唐朝的政治、经济关系。中亚诸胡的不断来朝,又反过来促使唐朝把统治范围不断向西扩展。

在显庆至先天年间(656—712),中亚的政治形势发生了极大的变化。这主要表现在以下3点:一是唐朝在中国历史上第一次、也是唯一一次把中亚纳入羁縻统治范围,中亚诸胡国与唐朝的关系发展成为君臣关系;二是在葱岭和西域东部地区,吐蕃、突骑施兴起,与唐朝争夺西域控制权,西突厥反复无常,这严重阻碍了丝绸之路的畅通,唐朝势力一度退出西域东部(葱岭以东)地区。咸亨元年(670),唐朝被迫废罢安西四镇。[2] 如意元年(692年,四月改元),唐朝大败吐蕃军,迫使西突厥附唐,最终恢复碎叶、龟兹、疏勒、于阗四镇,移安西都护府于龟兹,并派遣3万汉兵戍守,结束了唐朝与吐蕃在西域东部地区的拉锯战;[3]三是大食日益东扩,基本完成对中亚的征服。这种复杂的政治形势直接影响到唐朝对中亚的战略。

大食在永徽年间开始用兵征服中亚。值得注意的是,大食在向中亚东征之前,曾派使者到唐朝。永徽二年(651),第三任哈里发欧斯曼·伊本·阿凡(644—656,《旧唐书·大食传》作“噉密莫末密”)派遣使臣到达长安,开始了唐朝与大食间的正式交往。也许,大食东扩之时,它对强大的唐朝是有所顾忌的。永徽五年(654)五月,“大食引兵击波斯及米国,皆破之。”[4]兵祸也殃及康国。《唐会要》卷99“康国”条称:“永徽中,其国频遣使,告为大食所破,兼征赋税。”康国这次为大食所破,显然与米国被破在同一年。7世纪中叶以后至8世纪初

[1]《旧唐书·龟兹传》;《新唐书·龟兹传》;《册府元龟》卷964《外臣部·封册二》;《文献通考》卷336《四裔·龟兹》。

[2]《资治通鉴》卷201;《唐会要》卷73,卷94。另见余太山:《西域通史》,第168-172页。

[3]《资治通鉴》卷205;《旧唐书·龟兹传》;《新唐书·韦待价传》;《新唐书·王孝杰传》。

[4]《册府元龟》卷995《外臣部·交侵》。另参见《资治通鉴》卷199。

年，大食帝国的势力迅速向东方推进，先后征服了呼罗珊、吐火罗斯坦，进而北渡阿姆河进入河中地区，与唐朝在西域的势力相接。

但是就在大食加紧征服中亚之时，唐朝在显庆三年(658)十一月，在康、石等国设置羁縻府州(详见前文所述)。[1]

《旧唐书·波斯传》记载：波斯王子"卑路斯龙朔元年奏言，频被大食侵扰，请兵救援，诏遣陇州南由县令王名远充任西域，分置州县，因列其地疾陵城为波斯都督府，授卑路斯为都督"。显然，波斯都督府的设立，是对波斯王卑路斯抵抗大食侵扰的有力支持。

中亚等地的羁縻府州，是在大食东侵河中的背景下而设置的。大食入侵米国等地之事亦已为唐朝所闻。唐朝在设置这些羁縻府州时，不可能不知道此举与大食的利益会有冲突。早在贞观五年，唐太宗曾担心接受康国内附，会导致"师行万里，岂不疲劳"；而在显庆、龙朔年间，唐高宗面对大食东侵的严峻形势，毅然在河中和吐火罗设置羁縻府州。因此，唐朝在中亚等地设置羁縻府州时，应当有对付大食的心理准备。

就九姓胡而言，和平进入中亚的唐朝既使他们摆脱了西突厥的统治，免除了西突厥强征贡赋之苦，又使他们看到了抵御大食东侵的希望。因此，他们才会接受唐朝的羁縻统治。

公元663—671年，大食哈里发穆阿威叶(661—680)完成了对呼罗珊的征服。[2]据阿拉伯史料记载，回历52/公元672—673年，有5万名伊斯兰圣战者带着扈从和家人来到呼罗珊。[3] 673年，呼罗珊总督乌拜都拉('Ubaydullāh)奉哈里发穆阿威叶之命，率军渡过阿姆河，经一个冬天的进攻，攻陷安国所属的沛肯城(即毕国)和拉谧丹(Ramitina)，

---

[1]《新唐书·西域传》"康国"条；《唐会要》卷99。《资治通鉴》卷200则记：显庆四年(659)"九月，诏以石、米、史、大安、小安、曹、拔汗那、悒怛、疏勒、朱驹半等国置州县府百二十七。"关于唐朝在中亚设立羁縻府州的时间，详见拙文《〈新唐书·石国传〉疏证》，载《西域研究》，1999年第4期，第19-28页。

[2]*Tabarī*, ii, pp. 166-168. 引自希提：《阿拉伯通史》上册，马坚译，商务印书馆1979年，第224页。

[3]R. N. Frye ed., *The Cambridge History of Iran*. Vol. 4, Cambridge, 1975. p. 28.

劫掠大批战利品,掳走4000名布哈拉人作奴隶。布哈拉摄政王后(又称女王)向撒马尔罕仓皇逃跑。最后,女王被迫与乌拜都拉签订和约,赔款100万迪拉姆(direm)。阿拉伯军队撤回谋夫(木鹿),沿途洗劫一空,连沿路的树木也被砍掉。676年,呼罗珊总督赛义德(Saīd ibn Uthmān)又率大军渡过阿姆河,进攻布哈拉。布哈拉女王无力抵抗,宣布投降,并交80名布哈拉贵族给赛义德作人质。赛义德转而向东进攻撒马尔罕。在那里,他打败了突厥达干(Tarkhan)的军队,掳获3万俘虏和无数战利品而归。随后,赛义德食言,把布哈拉的人质强行押回麦地那。680年,河中各地纷纷起义,反对阿拉伯入侵者。682-683年,呼罗珊总督萨勒木(Salm ibn Ziyad,纳尔沙喜记作 Mslim ibn Ziyād ibn Abīhi)率6000人军队从谋夫出发,向布哈拉进发。布哈拉女王许身为妻,请求粟特统治者突厥达干(Tarkhūn)援助,突厥达干率12万突厥军前来,但被阿拉伯军队打败。女王又被迫投降求和。萨勒木满载而归,其官兵每人分得2400迪拉姆。696年,乌玛亚(Umayya)接任呼罗珊总督之职。他派兵攻掠花拉子模(火寻)、布哈拉、胡塔梁(Khuttal)等地。700年,驻扎在渴石的阿拉伯将领穆哈拉布(Muhallab)派其子哈拉比率大军进攻布哈拉。703年前后,呼罗珊总督穆法达尔(Mufaddal)又攻掠花剌子模。705年,屈底波(Qutayba ibn Muslim)出任呼罗珊总督,开始了对中亚的征服。[1]

法国学者沙畹称,661—705年"中国国力完全绝迹于西方之理由",其一是657—661年间大食内乱,阿里与穆瓦维(Mouawia,即穆阿威叶)相争,大食国对中亚的进攻为之一阻,因此药杀水南与乌浒水南诸国享有一种相对之安宁,而无需求中国之援助;其二是武后专权,在国内施行淫暴之策,无暇顾及外交政策,加之670—692年吐蕃占据西域,阻遏了中国由葱岭赴西方之路。[2]我们从上述史实分析中可以看

---

[1] Narshakhī, *The History of Bukhara*, Cambridge, Mass., U. S., 1954(以下作 *Narshakhī*), pp. 37-43; H. A. R. Gibb, *Arab Conquests in Central Asia*, London, 1923(以下作 Gibb, 1923), pp. 17-27; W. Barthold, *Turkestan Down to the Mongol Invasion*, London, 1977.(以下简作 *Turkestan*), pp. 180-187. 另参王治来:《中亚史纲》,湖南教育出版社1986年,第241-244页。

[2] 沙畹:《西突厥史料》,第263-264页。

出，与过去相比，661—705年的中亚并非相对安宁；武后朝也并非放弃西域，在西域无所作为。沙畹的分析失之细察。

面对大食对中亚咄咄逼人的征服，唐朝采取了一些措施来抵挡大食东扩。《旧唐书·波斯传》记载：波斯王子"卑路斯龙朔元年奏言，频被大食侵扰，请兵救援，诏遣陇州南由县令王名远充任西域，分置州县，因列其地疾陵城为波斯都督府，授卑路斯为都督。"679年夏，唐朝册立卑路斯之子泥涅师为波斯王，并命裴行俭组成波斯军，护送泥涅师返回吐火罗。此举以护送波斯王子泥涅师归国反抗大食为名，因而具有了阻止大食东进的战略意义，[1]并对中亚产生了一定影响。所以，同年十月，康国即遣使朝贡。696、698年，唐朝两次册封康国王，这显然是对康国抵抗大食的有力支持。697年，安国正处于大食入侵的危难时刻。但在同年四月，安国向唐朝献两头犬。安国很可能曾企求唐朝的支援。看来，自679年以降，当西域东部政局大体稳定后，唐朝就在为恢复其在中亚的统治势力而努力。

但是在8世纪之前，确切地说是大食将军屈底波担任呼罗珊总督（705—715）之前，大食对于阿姆河以北地区的入侵主要限于掠夺性的远征，并没有实行真正的征服。只是在屈底波担任呼罗珊总督期间，大食军队才真正开始了对河中地区以至锡尔河以北地区的征服活动。705年，屈底波（Qutayba ibn Muslim ）出任呼罗珊总督，开始了对中亚的征服。708—709年，屈底波以武力逼迫安国签订条约，安国每年向大食哈里发纳贡20万迪拉姆，向呼罗珊总督纳贡1万迪拉姆。同时，屈底波还诱使康国王突昏求和纳贡。此时，唐朝册立（698）的康国王泥涅师已死，由懦弱的突昏当政。710年，屈底波又率军进入布哈拉，处死反抗阿拉伯人的安国篡位者，重立笃萨波提为安国王。笃萨波提为新生的儿子取名屈底波，以示效忠。710—711年，飒秣建（撒马尔

[1]《新唐书·波斯传》；从《张说之集》卷14《裴行俭碑》，卷16《王方翼碑》看，这次波斯道行军还兼有"安抚大食"的使命。参见姜伯勤：《吐鲁番文书所见的"波斯军"》，载《中国史研究》，1986年第1期，第128－135页；荣新江：《吐鲁番文书〈唐某人自书历官状〉所记西域史事钩沉》，载《西北史地》，1987年第4期，第53－55页。

罕)的商人和贵族对康王突昏的软弱及纳贡不满,将其废黜,另立乌勒伽为康王。711 年,屈底波征复了火寻。712 年,屈底波率大军进攻飒秣建,打败援助乌勒伽的突厥、赭时、拔汗那军队,迫使康王乌勒伽签订城下之约:立即缴纳 200 万迪拉姆,以后每年交纳 20 万迪拉姆以及 3000 个奴隶(每个奴隶可折价 200 迪拉姆),撒马尔罕人必须接受伊斯兰教;屈底波保证使乌勒伽成为撒马尔罕、佉沙(Kesh,史国)、那色波(小史)国王。[1]关于这场战役,6 年多后(719)康王乌勒伽向唐玄宗上表描述:"大食元率将异密屈底波领众军兵来此,共臣等鬪战。臣等大破贼徒,臣等兵士亦大死损,为大食兵马极多,臣等力不敌也。臣入城自固,乃被大食围城,以三百抛车傍城,三穿大坑,欲破臣等城国。"[2]可见这场战役的激烈程度。713—714 年,屈底波攻掠石国和拔汗那;715 年,又入侵拔汗那,击败拔汗那王,另立阿了达为王。[3]正当大食的征服事业不断发展时,屈底波在 715 年被部下杀死,大食从拔汗那退兵。[4]阿拉伯人的征服暂时走向底谷。这为开元、天宝年间九姓胡与唐朝的关系确定了基调:九姓胡力图依赖唐朝抗击大食入侵;唐朝则在道义上、政治上支持九姓胡的抵抗。

阿拉伯人在中亚横征暴敛,实行竭泽而渔的政策。据 10 世纪中叶波斯历史学家纳尔沙喜记载,布哈拉(安国)历来的年税收额不高于 20

---

〔1〕*Narshakhī*, pp. 41 – 48, 53; H. A. R. Gibb, *Arab Conquests in Central Asia*. London, 1923. pp. 36 – 48;参见马小鹤:《七一二年的粟特》,载《新疆大学学报》,1986 年第 1 期,第 72 – 81 页。

〔2〕《册府元龟》卷 999《外臣部·请求》。薛宗正认为,康国王乌勒伽这份表文发出的具体时间应当是公元 711 年(景云二年),因鸿胪乱档,误置于开元七年(719)。见薛宗正:《康王乌勒伽向唐求援表文疏正》,载新疆社科院中亚所编《中亚研究》,1988 年第 3 期,第 1 – 6 页。本书作者按:《册府元龟》记:乌勒伽上表于开元七年二月庚午。而景云二年二月丙子朔,无庚午。薛说失之武断。沙畹考证说:乌勒伽"表文六年云云,盖修表之年应在前一年也。"此论甚当。见沙畹:《西突厥史料》,第 146 页注 5。

〔3〕《资治通鉴》卷 221 记载:"吐蕃与大食共立阿了达为王……"王小甫认为,大食不大可能与吐蕃共立阿了达为王。历史真实很可能是:715 年 9 月以前,屈底波被杀,大食撤兵,吐蕃趁虚而入,继大食之后而成为阿了达的宗主。参王小甫:《唐吐蕃大食政治关系史》,第 147 – 148 页。本书作者按:就此事件对唐与大食关系而言,重要的不是阿了达王是否由吐蕃、大食共立,而是唐朝出师之名义。既然拔汗那王告以吐蕃、大食之罪,唐军出击目标应是吐蕃、大食两者。

〔4〕Gibb, 1923, pp. 36 – 48; M. A. Shaban, *The 'Abbasid Revolution*. Cambridge. 1979, p. 75.

万迪拉姆银币。[1]呼罗珊总督乌拜都拉逼迫布哈拉赔款100万迪拉姆，其数额相当于布哈拉5年的税入；屈底波还强迫布哈拉每年纳贡21万迪拉姆，这无疑大大加重了安国的负担。屈底波强令撒马尔罕(康国)一次缴纳200万迪拉姆，以后每年交纳20万迪拉姆以及3000"头"奴隶(每个奴隶折价200迪拉姆)，这对康国也是一个巨大的负担。[2]719年二月，俱密国王那罗延在给唐朝的表文中，描述了大食的残暴统治："……今大食来侵，吐火罗及安国、石国、拔汗那国并属大食。臣国内库藏宝及部落百姓物，并被大食征税将去。"[3]慑于大食武力的淫威，加之7世纪后期西域东部地区政局的混乱，九姓胡一直未向唐朝正面提出援助之请。一俟大食控制削弱，西域东部形势廓清，九姓胡和拔汗那就频频东来，希望与唐朝联手抗击大食。正是在这样的形势下，爆发了715年的拔汗那之战。

6.2 唐朝与突骑施及大食的关系[4]

712年，屈底波在战胜花剌子模之后返回途中进攻康国，康国国王向石国、拔汗那和突厥人求救。此时正值东突厥汗国的军队大败突骑施，入侵西突厥十姓地区。于是东突厥乘机南下，进入河中地区并与大食交战，结果东突厥军队退走。这是大食军队与突厥人在阿姆河以北地区的一次较大规模的接触。此后，东突厥在唐朝打击下退出西域，突骑施别部苏禄迅速崛起并控制了西突厥十姓地区，成了大食东侵的最大障碍，也在客观上成了避免大食与唐朝在西域地区正面接触的一道屏障。

在东突厥入侵时，突骑施部落受到了很大的创伤，714—715年之间唐军击败东突厥，西突厥各部纷纷向唐朝投降，西域形势又发生了

[1] *Narshakhī*, p. 36.

[2] *Narshakhī*, pp. 37 - 43. Gibb, 1923, pp. 17 - 27. *Turkestan*, pp. 180 - 187; 王治来:《中亚史纲》，第241 - 244页。

[3]《册府元龟》卷999《外臣部 · 请求》。

[4] 参见余太山:《西域通史》，第176 - 178页。

新转机。苏禄原属突骑施别部车鼻施啜，[1]当突骑施可汗娑葛死后，苏禄纠集余众，很快就发展到了20万人。715年，唐朝授以苏禄左羽林大将军、金方道经略大使，[2]重新控制了西突厥地区。但是唐朝对苏禄只是授以虚衔，实际上唐朝并不打算将西突厥故地的统治权授予苏禄。随着西突厥各部投靠唐朝[3]和唐朝对天山北部控制的加强，唐朝又再次产生了册拜阿史那氏了孙的打算，最晚在开元四年(716)之前，唐玄宗就已经册拜阿史那弥射的孙子阿史那献为西突厥可汗，[4]令他统领西突厥部众。但是唐朝的安排遭到了突骑施苏禄的强烈反对。开元五年(717)，苏禄勾引大食、吐蕃，谋攻取四镇，围拨换城和大石城。[5] 从唐玄宗给郭虔瓘和阿史那献的书信内容来看，这次战争是以唐朝对突骑施的让步而罢兵的。[6]开元六年(718)，唐玄宗又重申原来对苏禄的任命，并加封顺国公，[7]以作为缓兵之计。但是唐朝仍然不允许阿史那献入朝，而是敦请苏禄接受阿史那献的统治。唐玄宗特别强调："史献(即阿史那献)十姓酋长，先拜可汗；一方黎庶，共知所属。突骑施部落虽云稍众，当应履信思顺，安可恃力争高？(郭)虔瓘顷将嘉言，且以忠道；此际尤资史献，未可即来入朝。苏禄先是大将军，未经制命。今故遣左武卫翊府中郎将王惠充使，宣我朝恩，册为国公(即顺国公)，令职朝序，并赐物二千段及器物等；务于绥怀得所，不欲征讨示威。"[8]唐朝一方面告诫苏禄不可"恃力争高"，在名义上支持

---

[1]《新唐书·突厥传》。《通典》卷199作"突骑施别种"(《旧唐书·突厥传》同)，《资治通鉴》卷211作"守忠(即娑葛)部将"。

[2]《旧唐书·突厥传》，参见《资治通鉴》卷211"开元三年(715)"条。《新唐书·突厥传》系于开元五年(717)，疑误。

[3]《资治通鉴》卷211《考异》，引《玄宗实录》。

[4]据《旧唐书·杜暹传》，开元四年，因"西突厥可汗阿史那献"与安西副都护、碎叶镇守使等不和，诏杜暹前去调查。至少这时阿史那献已成为西突厥可汗。

[5]此事见安西都护场嘉惠的奏章(《册府元龟》卷992《外臣部·备御》、《资治通鉴》卷211)，但715年屈底波死后，大食在中亚的势力一度衰退，故学界对大食与突骑施共攻四镇多表示怀疑。

[6]《册府元龟》卷517《帝王部·诫励》。

[7]《资治通鉴》卷212。

[8]《册府元龟》卷517《帝王部·诫励》。

阿史那献;但同时又认为“夷狄相攻,元非朝廷所遣,若大伤小灭,皆利在国家”,[1]不愿公开与突骑施冲突,在阿史那献与苏禄的争夺中采取置身事外的态度。阿史那献既然得不到唐朝在军事上的援助,又不为西突厥部落所服,最终以苏禄“强狠不能制”,如同他的父兄一样“归死长安”。苏禄遂完全控制了西突厥各部。开元七年(719),唐玄宗册封苏禄为忠顺可汗。[2] 继娑葛之后,突骑施首领再次取代阿史那氏,成为整个西突厥的可汗。同年,苏禄请求进驻碎叶,玄宗答应了苏禄的要求,安西都护汤嘉惠上表要求以焉耆备四镇之数。焉耆取代碎叶,此后的安西四镇成为龟兹、疏勒、于阗、焉耆四镇,而碎叶则转由突骑施控制。

苏禄在西突厥的统治权巩固之后,与唐朝间的臣属关系也逐渐稳定,开元十年(722)唐玄宗以阿史那怀道的女儿为金河公主,[3]嫁与苏禄为妻。金河公主既是原十姓可汗王族之女,又经唐朝册命,在名义上是唐朝的公主。唐朝将她嫁给苏禄的目的,一方面是表示对苏禄的友好和信任,另一方面也是要增强苏禄对于西突厥各部的号召力。

这时吐蕃与东突厥的势力对西域也有较大影响,苏禄在臣服唐朝的同时,私下也与吐蕃、东突厥保持着交往,史称苏禄在娶金河公主之后,“潜又遣使南通吐蕃,东附突厥,突厥及吐蕃亦嫁女与苏禄。苏禄既以三国女为可敦,又分立数子为叶护”,[4]以精明的外交手段在各大势力之间周旋。但是除了吐蕃与东突厥之外,突骑施在西方还面临着大食的东侵。

在大食帝国东侵的过程中,中亚诸胡国曾多次向唐朝求援,但是唐朝这时无力顾及葱岭以西的西域地区,臣服于唐朝的突骑施苏禄就成了抵御大食的一支重要的力量。719 年,安国王向唐玄宗上表说:“年来被大食贼每年侵扰,国土不宁,伏乞天恩兹泽,救臣苦难,仍请敕

[1]《册府元龟》卷 992《外臣部·备御》。

[2]《资治通鉴》卷 212。

[3]“金河公主”,《新唐书·突厥传》作“交河公主”,此从岑仲勉的看法(参见岑仲勉:《唐史馀瀋》,中华书局 1960 年,第 90－91 页)。

[4]《旧唐书·突厥传》,参见《通典》卷 199。

下突厥(骑)施,令救臣等。”开元十五年(727)吐火罗使臣也申诉说:“又承天可汗(指唐玄宗——作者注)处分突厥(骑)施可汗云,西头事委你,即须发兵除却大食。其事若实,望天可汗却垂处分。”[1]这些史料至少说明突骑施可汗苏禄当时是打着唐朝的旗号在中亚地区活动的,否则中亚各国断然不会请求唐朝下令突骑施出兵;而且从表文中的语气来看,唐朝委任突骑施抵御大食应该是可信的。正是因为突骑施接受了唐朝的委派,但又没有完全履行义务,中亚各国才会向唐朝提出这样的请求。[2]

突骑施苏禄控制西突厥各部之后的形势是很复杂的。苏禄凭借自己的实力取得了对西突厥的控制权,但是这一地区久已臣服唐朝,唐朝在这里建立府州,封官设职,具有很大的影响,苏禄要想号令诸部,巩固自己的统治,就必须首先得到唐朝的承认与支持;但是唐朝对苏禄的支持并不是出自本心,而是出于无奈,唐朝政府念念不忘的还是十姓可汗阿史那氏于孙,苏禄要想保持自己已取得的地位,就必须在臣服唐朝的同时保持一定的独立性,对唐朝在西域的势力形成潜在的威胁,使唐朝不得不承认自己的地位。所以苏禄虽然臣服唐朝,接受唐朝的册封,但又不是唯唐朝之命是从,而是积极开展多边外交,保持着与吐蕃、东突厥之间的关系。《新唐书·突厥传》说苏禄为人“诡猾,不纯臣于唐,天子羁系之”。这正反映了苏禄与唐朝政府之间的微妙关系。

大食帝国的威胁也对唐朝与突骑施的关系产生了重要的影响。大食势力的东侵对突骑施部在西突厥的统治,尤其是对突骑施控制久已臣服西突厥的中亚属国来说,是一个极大的威胁。如果说唐朝对突骑施的态度仅仅是不完全信任的话,那么大食的东侵则直接威胁到突骑施的存亡。维持突骑施与唐朝之间的臣属关系,对双方都是有利的。对突骑施来说,这样既避免了两面作战,又可利用唐朝在西突厥本土

〔1〕以上并见《册府元龟》卷999《外臣部·请求》。

〔2〕〔法〕沙畹:《西突厥史料》第271页的解释与此相反。

和中亚各国的影响，有效地抵御大食的入侵；对于唐朝而言，虽然明知苏禄“不纯臣于唐”，但是承认突骑施在西突厥的统治地位，可以安定西突厥十姓地区的形势，同时又避免了唐朝与大食之间的正面交锋。唐朝与突骑施之间的关系是建立在各方势力相对均衡基础上的一种不稳定的关系，一旦这种均衡被打破，双方的关系也就会随之破裂。

6.3 唐朝在中亚建立的防御体系

大食在中亚站稳脚跟后，就企图把势力扩张到葱岭以东。塔巴里所著《年代记》卷2称，呼罗珊总督屈底波在征讨拔汗那（713）后，东侵喀什噶尔。[1]万伯里（A. Vámbéry）完全接受了塔巴里的记述。[2]但是，屈底波东侵的真实性已为吉布所否定。[3]巴托尔德也接受了吉布的考证结论。[4] 我们在汉籍中也未见大食军东侵喀什噶尔一事之记述。但是，塔巴里的记述折射出大食有东越葱岭的企图。此推测已为《资治通鉴》之记述所证实：开元五年（717）七月，“安西副大都护汤嘉惠奏：突骑施引大食、吐蕃，谋取四镇，围钵换及大石城，已发三姓葛逻禄兵与阿史那献击之。”[5]

面对大食的咄咄攻势，唐朝尽管无力出兵援助九姓胡，但又不甘心彻底放弃对中亚羁縻府州的控制。因此，唐朝一方面主动册封中亚九姓胡，增强他们的抵抗信心，维系唐朝与九姓胡的羁縻关系；另一方面，扶持突骑施，让臣服于唐朝的突骑施成为抵御大食的中坚力量。这为开元、天宝年间九姓胡与唐朝的关系确定了基调：九姓胡力图依赖唐朝抗击大食入侵；唐朝则在道义上、政治上支持九姓胡的抵抗。

在696、698年，唐朝两次册封康国王，以期加强唐与九姓胡之首的

[1]引自 Turkestan，第185页。

[2]A. Vámbéry, *History of Bokhara*（《布哈拉史》），New York，1973（rep.），pp. 31－32.

[3]H. A. R. Gibb, *The Arab Invasion of Kashgar in A. D. 715*. *BSOS*, vol. Ⅱ, pt3, 1922, pp. 467－474; Gibb, 1923, pp. 52－53.

[4]*Turkestan*, p. 185, note 10。

[5]《资治通鉴》卷211。

康国的关系。

唐朝抵御大食东侵的战略也为河中、吐火罗诸地各国所知晓。开元七年(719)二月,安王笃萨波提、康王乌勒伽分别遣使上表,请求唐朝援助抗击大食,同时献上大量贡品。同年三月、六月,安国、康国又分别遣使朝贡。两国请求唐朝援助的迫切心情由此可见一斑。康国上表请求唐朝"委送多少汉兵来此,救助臣等苦难。其大食只合一百年强盛,今年合满。如有汉兵来此,臣等必是破得大食"。安国则"伏乞天恩兹泽,救臣苦难,仍请敕下突厥(骑)施,令救臣等。臣即统领本国兵马,计会翻破大食。"〔1〕

唐朝当时在西域的主要敌人是吐蕃,经营的重点是葱岭南部地区,〔2〕无力插足中亚争端。在开元二十二年(734)以前,唐朝力图在中亚地区建立以突骑施为核心的抵御大食东侵的防御体系。719年十月,唐玄宗册封苏禄为忠顺可汗,苏禄成为整个西突厥十姓之地的可汗。〔3〕遗憾的是,我们没有见到唐朝册封苏禄的册文。考虑到安国上表请援在二月,唐朝册封苏禄在十月,很可能唐朝册封苏禄时就委以"西头事",让突骑施抵挡大食的东扩。开元七年(719)二月,俱密国王那罗延上表,"伏望天恩处分大食,令免臣国征税"。〔4〕720年七月,"南天竺国王尸利那罗鲁伽摩请以大象兵马讨大食及吐蕃,仍求有以名其军制。玄宗嘉之,名为怀德军。"〔5〕727年,吐火罗也上表说:"又承天可汗处分突厥(骑)施可汗云,西头事委你,即须发兵除却大食。其事若实,望天可汗却垂处分。奴身缘大食税急,不救[不]得好物奉进。"〔6〕从安国和吐火罗的表文看,突骑施可汗苏禄当时是打着唐朝的旗号在中亚地区活动的,否则安国、吐火罗等不会请求唐朝下令突骑

〔1〕《册府元龟》卷999。

〔2〕开元五年(717)—十七年(729),唐朝在葱岭及其以南地区开展了一系列针对吐蕃的外交和军事活动。王小甫有详考:《唐吐蕃大食政治关系史》,第150－171页。

〔3〕《资治通鉴》卷212;《新唐书·突厥下》。

〔4〕《册府元龟》卷999。

〔5〕《册府元龟》卷995《外臣部·交侵》。

〔6〕《册府元龟》卷999。

施出兵；而且从表文中的语气看，唐朝委任突骑施抵御大食应该是可信的，正因为突骑施接受了唐朝的委派，但又没有完全履行义务，安国等才会向唐朝提出这样的请求。

而且，突骑施确也在中亚地区抗击大食军队。731 年初（回历 112—113 年），呼罗珊总督居纳德（Junayd）率军渡过阿姆河，从史国（Kish）向撒马尔罕进军。大食军受到突厥（即突骑施）可汗军队的阻击。突厥军中有康国等国军队。突厥人采用火攻，大食军饥渴交加，一败涂地，居纳德仅率千余人逃脱。阿拉伯历史学家塔巴里（Tabarī）把是役称之为"关隘之战"。[1]

突骑施自己也承认曾与拔汗那联合抵御"逆贼"。开元二十九年（741）三月，西突厥酋领遣首领来朝贺正，具献方物。西突厥酋领上表称："顶礼天可汗，礼诸天，奴身曾祖已来，向天可汗忠赤，每征发为国出力，今新年献月，伏愿天可汗寿命延长，天下一统，所有背恩逆贼，奴身共拔汗那王尽力枝（杖）敌，如有归附之奴，即和好。"[2]此处的"逆贼"，应包括大食。

根据以上史实，我们很难认同这样的观点，即：在西域地区，唐朝与大食的关系始终处于同盟友好状态；唐朝并没有支持突骑施抗击大食。[3]

开元二十二年（734），突骑施由于羊马贸易而与唐朝交恶。[4] 面对突骑施与吐蕃结盟攻唐的严峻形势，唐朝一度改变了敌对大食的战

---

[1]Gibb, *Arab Conquests in Central Asia*. London, 1923, pp. 73 – 75.

[2]《册府元龟》卷 971。

[3]王小甫：《唐吐蕃大食政治关系史》，第 177 – 179 页。张日铭认为，开元十年至二十年唐与突骑施关系和好；突骑施屡败大食之后，苏禄倨傲自大，竟与唐朝为敌，唐朝遂决心联大食以翦除突骑施。唐朝与大食联合，并未见诸实现。参张日铭：《开元年间（731 – 741）唐、大食关系之研究》，载台湾《食货》5 卷 6 期（1975 年 12 月），第 8 – 13 页。

[4]《全唐文》卷 286《敕突骑施毗伽可汗书》；《旧唐书·突厥传》。

略，于734年与大食计会连兵，共击突骑施，但双方的联合行动并未实现。[1]

看来，唐朝与大食计会连兵举措并没有对中亚诸胡产生影响。阿拉伯人的强制伊斯兰化政策及巨额税收，致使九姓胡与大食的矛盾日益尖锐，九姓胡迫切希望摆脱阿拉伯人的统治，他们仍然把希望寄托在唐朝身上。所以，在738年以后，石国于741年、东曹和安国于752年（天宝十一载）遣使唐朝，请击大食；745年，曹国王歌逻仆遣使上表，请求内附。[2]如果我们注意到东曹仅在武德年间入唐朝贡一次，已有120多年没有入朝，就可以发现东曹的"请击大食"之心是多么迫切。

开元十九年（731）四月，康王乌勒伽上表请封，唐朝封康王子咄曷为曹国王，默啜为米国王。曹国、米国均是独立的政权，有自己的王统。看来，这次册封并没有王统继承权的意义。开元二十六年（738），由于曹王没羡去世，唐朝又册立曹王弟苏都仆罗[3]继兄王位。这说明在738年以前，曹王是曹王室成员苏都仆罗之兄。囿于史料，我们不清楚没羡是否继康王子咄曷之后而登上曹国王位。从咄曷738年又被唐朝册立、继父王位来看，他在731—738年间不大可能就任曹国王。731年唐朝的册封，肯定有悖曹、米国的政治形势。唐朝为什么会如此做呢？无独有偶，早在715年，大食呼罗珊总督屈底波与康王乌勒伽签订和约时，也保证使乌勒伽成为撒马尔罕、佉沙（Kesh，史国）、那色波（小史）国王。这使我们有理由相信，唐朝的册封是针对16年前屈底波之保证的。唐朝也力图提高康国在九姓胡中的地位，以此来笼络康国。

唐朝对康国王子的册封，还有其特殊的历史背景。731年初（回历

---

〔1〕《张曲江文集》卷8，《敕瀚海军使盖嘉运书》；卷10，《敕安西节度王斛斯书》（《四部备要·集部·唐别集》）。此事不见正史记载，却详见于当时的唐朝宰相张九龄为此起草的敕书及其它文稿中。郭平梁先生已将有关文稿辑出进行了研究。郭平梁：《突骑施苏禄传补阙》，载《新疆社会科学》，1988年第4期，第47－60页。参《张曲江文集》；《全唐文》卷284－286所收张九龄文稿，《敕河西节度牛仙客书》，《敕碛西节度王斛斯书》。

〔2〕《新唐书·石国传》记载：开元二十九年，石"王伊捺吐屯屈勒上言：'今突厥已属天可汗，惟大食为诸国患，请讨之。'天子不许。"

〔3〕《册府元龟》卷964《外臣部·封册二》记为"苏都仆罗"；《外臣部·朝贡四》记天宝元年曹国王为"哥逻仆"；《新唐书·西曹传》记天宝元年曹王为"歌逻仆罗"。

112—113年),康国军队参加了抗击呼罗珊总督居纳德军队的"关隘之战"。[1]同年四月,康国使者到达唐廷,他们当会向唐朝报告此捷。唐朝对康国王子的册封,实有发挥康国"邻国承命,兵马强盛"[2]这样一种中心国的作用,让康国领袖曹、米诸国之意。当时突骑施尚未与唐朝为敌。[3]康、曹、米三国联盟对付的只能是大食。

唐朝还通过封赐的形式,把九姓胡中的石国、史国纳入唐朝的西域防御体系中。开元二十六年(738)夏,唐碛西节度使盖嘉运与突骑施大首领莫贺达干率石王莫贺咄吐屯、史王斯谨提及拔汗那王共击突骑施苏禄之子吐火仙;次年八月,破碎叶,入怛逻斯,生擒吐火仙。开元二十八年年(740)三月,因此功,莫贺咄吐屯被册为顺义王,史王斯谨提加拜为特进。[4]石王、史王受碛西节度使盖嘉运节制,说明唐朝的防御体系扩至中亚地区。正因为如此,开元二十七年(739)四月,史国王斯谨提与拔汗那王及突骑施大将索俟斤并遣使献表起居(起居,意问候)。[5]这是中亚诸胡唯一一次献表起居;天宝元年(742)正月,石国王上表为其长男那居车鼻施请官,唐朝诏拜那居车鼻施为大将军,赐一年俸料。[6]这是唯一一次九姓胡王室成员接受唐朝俸料的文献记载。显然,史王、石王均以唐臣自居。

唐玄宗在天宝三载(744)赐外家姓"窦"给拔汗那王,又封宗室女为和义公主,下嫁宁远(拔汗那)王。[7] 和义公主下嫁宁远(拔汗那)王,是唐朝与中亚诸胡唯一一次和亲,其意义自是非同一般。

唐朝在中亚苦心经营起一个抵抗大食的防御体系之同时,还针对大食采取了第二次军事行动。

《旧唐书·波斯传》记载:波斯王子"卑路斯龙朔元年奏言,频被大

---

〔1〕Gibb, *Arab Conquests in Central Asia*. London, 1923, pp. 73-75.

〔2〕《大唐西域记》卷1。

〔3〕参《全唐文》卷286《敕突骑施毗伽可汗书》;《旧唐书·突厥传》。

〔4〕《新唐书·突厥传下》;《旧唐书·突厥传下》;《资治通鉴》卷214。《册府元龟》卷964《外臣部·封册二》,把史王斯谨提记作"拓羯王斯谨鞮"。

〔5〕《册府元龟》卷971。

〔6〕《册府元龟》卷975《外臣部·褒异二》;卷999《外臣部·请求》。

〔7〕《新唐书·西域传》"宁远"条;《册府元龟·外臣部·封册二》。

食侵扰,请兵救援,诏遣陇州南由县令王名远充任西域,分置州县,因列其地疾陵城为波斯都督府,授卑路斯为都督"。679年夏,唐朝册立卑路斯之子泥涅师为波斯王,并命裴行俭组成波斯军,护送泥涅师返回吐火罗。此举以护送波斯王子泥涅师归国反抗大食为名,因而具有了阻止大食东进的战略意义,[1]并对中亚产生了一定影响。所以,同年十月,康国即遣使朝贡。

另一次针对大食的军事行动是拔汗那之战。据《资治通鉴》卷211记载,玄宗开元三年(715),"吐蕃与大食共立阿了达为王,发兵攻之,拔汗那王兵败,奔安西求救。[张]孝嵩谓都护吕休璟曰:'不救则无以号令西域。'遂率旁侧戎落兵万余人,出龟兹西数千里,下数百城,长驱而进。是月(十一月),攻阿了达于连城。孝嵩自擐甲督士卒急攻,自巳至酉,屠其三城,俘斩千余级,阿了达与数骑逃入山谷。孝嵩传檄诸国,威振西域,大食、康居、大宛、罽宾等八国皆遣使请降。"[2]

另据阿拉伯史料记载,713年,屈底波攻掠石国和拔汗那;715年,又入侵拔汗那,击败拔汗那王。正当大食的征服事业不断发展时,屈底波在715年被部下杀死,大食从拔汗那退兵。[3]大食军撤出拔汗那是在回历96年都尔黑哲月(Zilhidje,十二月),相当于公元715年8月7日至9月4日。[4]

王小甫认为,大食不大可能与吐蕃共立阿了达为王;历史真实很可能是:715年9月以前,屈底波被杀,大食撤兵,吐蕃趁虚而入,继大食之后而成为阿了达的宗主。唐朝出兵时,大食军已从拔汗那撤退,因此唐军是针对拔汗那的吐蕃人而出兵的。[5]

---

[1]据《新唐书·波斯传》。从《张说之集》卷14《裴行俭碑》,卷16《王方翼碑》看,这次波斯道行军还兼有"安抚大食"的使命。参姜伯勤:《吐鲁番文书所见的"波斯军"》,载《中国史研究》,1986年第1期,第128-135页;荣新江:《吐鲁番文书〈唐某人自书历官状〉所记西域史事钩沉》,载《西北史地》,1987年第4期,第53-55页。

[2]《资治通鉴》卷211。

[3]Gibb,1923,pp.36-48; M.A.Shaban,*The 'Abbasid Revolution*(沙班:《阿拔斯朝革命》),Cambridge,1979,p.75.

[4]余太山:《西域通史》,第179页。

[5]王小甫:《唐吐蕃大食政治关系史》,第147-149页。

作者认为，就此事件对唐与大食关系而言，重要的不是阿了达王是否由吐蕃、大食共立，而是唐朝出师之名义。从新罗僧慧超返程看，拔汗那至安西（龟兹）至少需70天。[1]而唐军在715年十一月（公历12月）已经到达拔汗那。唐军至晚在10月初已经开拔。看来，拔汗那王离开拔汗那、奔龟兹求援的时间在同年8月以前，当时大食尚未从拔汗那退兵。正因为如此，拔汗那王才会向张孝嵩等告以吐蕃、大食之罪。龟兹与拔汗那相隔数千里，唐军出兵之时，张孝嵩等不大可能及时了解大食从拔汗那撤兵之消息。所以，唐军出击目标应是吐蕃、大食两者。唐军的这次行动对于抵制穆斯林征服拔汗那一定起了很大作用。所以，拔汗那直到9世纪才被穆斯林最终征服。[2]

拔汗那地当吐蕃进出中亚之交通孔道，战略地位十分重要。面对大食、吐蕃在西域咄咄逼人的攻势，拔汗那在唐朝的西域防御体系中占有十分重要的地位。开元二十七年（739）八月，拔汗那王阿悉烂达干与石国莫贺咄吐屯一起助碛西节度使盖嘉运平定突骑施吐火仙。拔汗那王阿悉烂达干因此功被唐朝册封为奉化王。[3]

可见，唐朝在中亚的防御体系先后以突骑施、康国为中心，中亚九姓胡基本上加入到这个体系中。在中亚地区，唐朝对大食的战略是，利用当地的政治势力抵制大食的进一步东扩，力求以最小的军事力量保持西域地区的相对安宁。

6.4　唐朝在中亚统治的式微

739年唐朝平定突骑施苏禄余部之后，突骑施黄、黑二姓相互征

---

〔1〕开元十五年（727），新罗僧慧超由天竺取道中亚返归安西。慧超由康国（撒马尔罕）往东回返路线为：康国—跋贺那国—骨咄国—吐火罗国，东行七日—胡蜜国，东行十五日—过大播蜜川—葱岭镇，步行一月—疏勒国—东行一月，至龟兹国（即安西大都护府）—焉耆国。参见慧超《往五天竺国传笺释》，第140－77页。本书作者按：慧超绕道骨咄国、吐火罗国，行程较远。但是，拔汗那在"葱岭以西五百里"，拔汗那至葱岭至少也在10天以上。翻越葱岭至安西约需60天。

〔2〕*Turkestan*, p. 160.

〔3〕据《资治通鉴》卷214，《册府元龟·外臣部·封册二》。《新唐书·西域传》记，开元二十七年，拔汗那王阿悉烂达干被册封为奉化王。此记有误。

战,势力衰败,完全失去了作为葱岭以西中亚国家的"保护人"的作用,横亘在唐朝与大食势力之间的中间势力也就随之消失了。突骑施政权的消亡虽然客观上为大食的东进创造了条件,但实际上却并没有形成唐朝与大食之间的直接对抗。这一方面是因为除了特殊情况之外,唐朝一般并不介入葱岭以西中亚各国的实际事务,中亚各国尽管在名义上与唐朝保持着"臣属"关系,但实际上唐朝并没有像突骑施政权一样承担对中亚国家的"保护"责任,所以大食在葱岭以西的扩张活动并不足以促成唐朝与大食之间的对抗。另一方面,就大食帝国而言,从开元二十八年(740)开始,在大食东部的呼罗珊地区兴起了轰轰烈烈的反对倭马亚朝(白衣大食)的阿拔斯派运动。阿拔斯派的兴起并壮大,再加上在伊拉克、伊朗、呼罗珊等地兴起的什叶派和哈瓦利吉派的反抗活动,大大动摇了大食帝国的统治基础,从而也就延缓了大食势力东进的速度。而且河中地区的土著人民不堪忍受大食帝国苛重的税收,拒绝接受伊斯兰教,他们对大食统治的反抗此起彼伏,接连不断,也使大食势力的继续东进受到了牵制。739 年之后,大食军队虽然也曾入侵过锡尔河以北地区,但总的来说,突骑施被消灭之后,大食与唐朝在中亚基本相安无事。开元二十九年(741)石国国王曾上表说,突骑施破灭以后,突厥各部已属天可汗(指唐玄宗),西面大患只有大食,希望唐朝"发兵讨得大食,诸国自然安贴"。[1] 但是唐朝并没有就此出兵,而是以朝贡贸易的方式维持原有的关系。

突骑施被灭以后,唐朝甚至没有趁机将碎叶地区置于直接管理之下,而是继续采取了册封西突厥可汗,当有事时,由安西都护(或北庭都护)代表政府实行讨伐的统治方式。早在突骑施发动战争期间,唐玄宗就以阿史那震袭其父为西突厥可汗,招集西突厥部众。[2] 战后,玄宗又在开元二十九年(741)以阿史那怀道的儿子阿史那昕为十姓可

〔1〕《唐会要》卷 99。

〔2〕《全唐文》卷 286《敕四镇节度王斛斯书》:"史震袭父可汗,且令彼招辑,兼与卿计会,并临事处置,无失所宜。"史震就是阿史那震的略称(如阿史那献又称史献),其事不见他书记载,待考。

汗，统领西突厥及突骑施部落，但是唐朝的安排遭到了莫贺达干的强烈反对。虽然莫贺达干在平定苏禄的战争中立过大功，但是唐朝还是固执己见，在天宝元年(742)派兵强行护送阿史那昕返回十姓突厥故地。当阿史那昕到达碎叶西南的俱兰城时，被莫贺达干杀害。天宝三载(744)安西节度使马灵詧发兵征讨莫贺达干，并将其斩杀。战后另立原苏禄系统的黑姓伊里底密施骨咄禄毗伽为十姓可汗(时在六月)；同年七月，又赐曹国王为怀德王、米国王为恭顺王、康国王为钦化王，第二年以安国王为归义王。[1] 虽然唐朝将统治权又交给突骑施部落的首领，但是突骑施已经衰败，而唐朝这时正处在全盛时期，十姓故地仍然在唐朝军队的严密控制之下。

到天宝八载(749)，唐朝又另立突骑施移拨为十姓可汗。册立移拨的情由，史书中缺载。在册立移拨的前一年，即在天宝七载(748)，北庭节度使王正见曾率兵征伐碎叶，使碎叶“城壁摧毁，邑居零落”。[2] 而在玄宗册立移拨的诏册文中也称移拨“不从恶党，远慕华风，”则突骑施可汗易人或许与王正见伐碎叶有关。[3] 很可能这时的突骑施部落又有异动，紧接着在天宝九载(750)，安西节度使高仙芝以石国王“蕃礼有亏”，前往征讨。关于这次战役的起因和战况，史书记载都很简略。

天宝九载(750)十二月，安西节度使高仙芝以石国王“蕃礼有亏”为由，征讨石国。当唐军到达时，石国王向唐朝投降，高仙芝先与“石国王约为和好，乃将兵袭击破之，杀其老弱，虏其丁壮”。[4] 次年正月，高仙芝向朝廷献俘，其中有“所擒突骑施可汗、吐蕃酋长、石国王、朅师王”。[5] 在这次战役中，高仙芝“获石国大块瑟瑟十余石、真金五六馲驼、名马宝玉称是”。[6] 石国王的“蕃礼有亏”，究竟是怎么一回事，不

[1]《册府元龟》卷965《外臣部·封册》。

[2]《通典》卷193《石国》引杜环《经行记》，参见《新唐书·石国传》。

[3]《册府元龟》卷965《外臣部·封册》，参见《资治通鉴》卷216。

[4]《旧唐书·李嗣业传》。

[5]《资治通鉴》卷216；《旧唐书·高仙芝传》。

[6]《旧唐书·高仙芝传》。

见任何文献记载。估计所谓“蕃礼有亏”不会是石国与吐蕃或突骑施相勾结,否则也不会简单称之为“有亏”了。而且在天宝八载(749)八月,石国王子远恩来朝。如果石王有叛唐之心,一般是不会派王子入朝的。值得注意的是,740—749年间,除了748年以外,石国几乎每年都入唐朝贡,746年甚至入朝3次。但在750年,石国没有入朝。这也许就是石国“蕃礼有亏”的一种表现。

石国王被俘之后,石国王子逃入“诸胡”(应即河中地区),诉说高仙芝的贪暴和欺诈行为,引起诸国的愤怒,于是各国潜引大食,欲共攻四镇,高仙芝在751年秋天率领蕃、汉3万多骑,深入700余里,与大食军队会于怛逻斯城。高仙芝率领的部队中有葛逻禄和拔汗那的军队,两军相持5天之后,葛逻禄部临阵背叛,与大食夹击唐军,高仙芝大败,“士卒死亡略尽,所余才数千人”,[1]高仙芝仓惶奔回安西。这就是历史上著名的怛逻斯之战。

怛逻斯战役虽然过去了1250多年,但是其性质和历史影响仍为学者所争论。

一派观点认为,该战役只是唐朝边疆将帅发动的一场遭遇战,它既没有影响到唐朝与大食之间的关系,也没有对中亚的政治格局造成什么影响。其主要理由是:唐朝并没有在中亚与大食对抗的战略;此役之后,包括石国在内的九姓胡朝贡依旧。此派观点最初由白寿彝先生提出,后又有王小甫、吴玉贵等人进一步论证和发展。[2]

另一派以薛宗正先生为代表,认为该战役是大食与唐朝之间政治、文化、外交之间冲撞的必然产物,并不是“偶然的遭遇战”;战争的失败,导致了唐朝西域统治的初步动摇。薛先生的主要理由是:唐朝有在西域抗击大食的战略;唐军在怛逻斯与大食军的会战,其目的就是

---

〔1〕《资治通鉴》卷216,参见《旧唐书·李嗣业传》。《旧唐书·高仙芝传》对怛逻斯战役未著一词。

〔2〕白寿彝:《从怛逻斯战役说到伊斯兰教之最早的华文记录》,引自《中国伊斯兰教史存稿》,宁夏人民出版社1983年,第56-103页。王小甫:《唐吐蕃大食政治关系史》,第177-179页。余太山主编:《西域通史》,第185-187页。

与大食对抗;在怛逻斯之战后,唐朝对西域政局的控制大大削弱。[1]

实际上,怛逻斯战役的性质是不应该以战后中亚的形势和战后唐朝与大食的关系来判断的。该战役的性质主要应根据其爆发的原因来分析。而这次战争的起因是石国王子"逃难奔走,告于诸胡国。群胡忿之,与大食连谋,将欲攻四镇。(高)仙芝惧,领兵二万深入胡地,与大食战,仙芝大败。"[2]这里清楚地说明此战的起因是中亚诸胡与大食联合,打算东攻安西四镇。安西四镇是唐朝在西域的根本,如果中亚诸胡与大食联合东攻安西四镇,就对唐朝构成了直接的威胁。所以,这引起了高仙芝的恐惧,他才会主动出击,深入胡地。从这场战争的准备来看,751 年正月高仙芝向朝廷献石国王,同年七月战争爆发,期间半年有余;为了这场战争,高仙芝征调了汉军、葛逻禄和拔汗那的军队,兴师动众,有备而战,决非简单的遭遇战。这场战争的对手,《旧唐书·李嗣业传》也明白无误地说是唐军"与大食战",说明唐军和拔汗那等联军就是为了与大食军作战而出发的;战争的结果,李嗣业在战败撤退时对高仙芝说"今大食战胜,诸胡知,必乘胜而并力事汉"。[3]因此,怛逻斯战役决不是唐朝边疆将帅发动的一场遭遇战,而是一场针对大食的战争,是唐军与大食军在中亚的一次正面交锋。

值得注意的是,在怛逻斯战役之后,中亚九姓胡仍然把摆脱阿拉伯人统治的希望寄托在唐朝身上。天宝十三载(754)东曹国王设阿、安国副王野解以及诸胡九国王共同上表,请求与唐朝共击黑衣大食。尽管表文"辞甚切至",但是"帝(即玄宗)方务以怀柔,皆劳赐,慰喻遣之,以安西域"。[4] 充分说明怛逻斯战役以后,大食势力并没有进一步东侵,而唐朝虽然无意西进,与大食争夺河中地区,但仍然保持着对锡尔河以北乃至河中地区的强烈影响。

怛逻斯战役之后,包括石国在内的九姓胡朝贡依旧。同一时期中

[1]薛宗正:《论高仙芝伐石国与怛逻斯之战》,载《新疆大学学报》,1999 年第 3 期,第 52－57 页;薛宗正:《怛逻斯之战历史溯源》,载《中国边疆史地研究》,2000 年第 4 期,第 85－100 页。

[2]《旧唐书·李嗣业传》。

[3]《旧唐书·李嗣业传》。

[4]《册府元龟》卷 973《外臣部·助国讨伐》。

亚地区的火寻国(Khwarism)、宁远国(即拔汗那)、康国、罽宾国、谢飓国(Zabulistan,《隋书》记为漕国,今阿富汗之加兹尼)、安国、吐火罗国、石国也都保持着与唐朝的朝贡关系。[1] 据此,一些学者认为此役对当时西域的政治、经济局面并未产生太大的影响。[2]必须指出的是,高仙芝俘献石王事件和怛逻斯战役,严重影响了唐朝与石国的关系,石国在750—752年停贡了3年。这个事件对唐朝的西域防御体系有很大的损害。怛逻斯战役之后,唐朝很快就意识到了这一点。于是,唐朝在中亚九姓胡诸国进行了一系列的军事和外交努力:

在战后的753年,唐朝在塔里木盆地西南的葱岭地区降服了小勃律,在十姓故地册封了突骑施可汗,进一步稳定了西域的形势。在753年十月,唐朝主动册封石国王男那俱车鼻施为怀化王,并赐以铁券。从册文称那俱车鼻施的父王为"故石国王"看,石王(那俱车鼻施之父)并没有如《唐会要》所说的,是被唐朝所杀。[3]而且,742年那居(俱)车鼻施为石国王"长男",到753年册封时他仍是"石国王男",说明他在751—753年十月唐朝册封前,并未继袭父王位。唐朝的补救措施起了一定作用。同年十二月,石国又遣使朝贡。753年,唐朝还册封了突骑施黑姓可汗登里伊罗密施为突骑施可汗。[4]

753—755年,唐朝对米、康、石、宁远诸国来使分别赏赐锦袍、金带、授折卫都尉,赐紫袍、金带、鱼袋七事;754年授来朝的宁远王子薛裕以左武卫将军,并听留宿卫。怛逻斯之战以后不久,西突厥十姓故地

---

〔1〕《册府元龟》卷971《外臣部·朝贡》。

〔2〕白寿彝:《从怛逻斯战役说到伊斯兰教之最早的华文记录》,引自《中国伊斯兰教史存稿》,宁夏人民出版社1983年,第56-103页;余太山:《西域通史》,第186-187页;王小甫:《唐吐蕃大食政治关系史》,第177-179页。

〔3〕《唐会要》卷99《石国》记载:"以(石)王为俘,献于阙下,斩之。"《太平寰宇记》卷186(台湾商务印书馆影印文渊阁《四库全书》本,第470卷)亦记:"以(石)王为俘囚,献于阙下,斩之。"《资治通鉴》卷216,《新唐书·玄宗纪》均未记石王被斩之事。又参《册府元龟》卷965《外臣部·封册》;《全唐文》卷39《赐故石国王男那俱车鼻施进封怀化王并赐铁券文》。《新唐书·石国传》把那俱车鼻施被封为怀化王的时间记作"天宝初",且系于怛逻斯战之前,误。余太山:《西域通史》第186页也称,高仙芝把石国王献给朝廷杀害。

〔4〕《资治通鉴》卷216,参见《全唐文》卷39《册突骑施思姓可汗文》及《册突骑施黑姓要汗铁券文》。

就又恢复了战前的局面。所以，在怛逻斯战役之后，唐朝对西域政局的控制并没有大大削弱。西域政局的大致稳定，与唐朝在战后的外交努力分不开，而不能完全归之于怛逻斯战役的影响。

正是看到了唐朝在中亚的影响力，建朝不久的阿拔斯王朝也努力改善自己与唐朝的关系。天宝十一载（752）至天宝十二载（753）两年之间，黑衣大食4次遣使来到长安朝贡。[1]大历四年（769）正月和七年（772）秋，大食又两次遣使朝贡。[2]

怛逻斯战役的意义在于，在大食俘虏的唐朝士兵中有一些造纸工匠，通过这些工匠，中国发明的造纸技术开始传往西方，并逐渐取代了西方传统的羊皮纸和纸草，在世界文化史上引起了一场革命性的变革。但是这次战役对当时西域的政治、经济局面却并没有产生太大的影响。战后的西域形势与战前相比几乎没有发生多大的变化。唐朝的影响主要限于锡尔河以北的地区，而大食帝国也没有乘胜东进。

实际上，唐朝对西域政局的控制之削弱，是在大历年（766—779）之后。其原因主要是由于"安史之乱"大大削弱了唐朝的国力，以及葛逻禄和吐蕃在西域的崛起。到大历之后，葛逻禄盛，"徙十姓可汗故地，尽有碎叶、怛逻斯诸城"，[3]与回纥争强；同时，吐蕃西居伊吾，东有陇右，隔断了四镇与朝廷的联系；贞元六年（790），葛逻禄与吐蕃联军攻陷北庭，阻断了西域与内地的最后通道——回鹘道。[4] 819年，中亚萨曼家族阿沙德的4位儿子被呼罗珊总督加桑（Ghassan b. 'Abbad）分别任命为撒马尔罕、赭时（石国）、费尔干纳和赫拉特总督；[5] 822

---

〔1〕《册府元龟》卷971《外臣部·朝贡》。

〔2〕《旧唐书·代宗纪》。其中大历七年秋大食朝贡之事，《册府元龟》卷972记为同年十二月。

〔3〕《新唐书》卷217《葛逻禄传》。南京大学华涛博士考定，大约在8世纪60年代，葛逻禄西迁至西部天山北麓，至迟在8世纪90年代初已发展到费尔干（纳）地区。参见华涛：《西域历史研究——八至十世纪》，上海古籍出版社2000年，第9-10页。

〔4〕《旧唐书·吐蕃传》；《资治通鉴》卷233。

〔5〕Juzjani, *Tabakât-i-Nâsirī*（《诸王朝通史》，著于658 / 1260），vol. 1, Transl. by H. G. Raverty, London, 1881. p. 27. 参见R. N. Frye ed, *The Cambridge History of Iran*, vol. 4, London, 1975. p. 136.

年，伊朗语族伊斯兰王朝——塔希（赫）尔王朝在呼罗珊建立，标志着中亚本地民族依靠自己的力量摆脱了大食阿拔斯朝的政治控制，中亚地区走上了独立发展的道路。九姓胡入朝遂绝。

7　九姓胡的入华和活动

唐代国力强盛，社会经济发达，文化艺术和对外贸易繁荣，吸引着众多域外人士涉远而来。不计其数的来华胡人或随商队、使团进入大都市、商贸中心城镇，或以移民聚落形式徙居于丝路沿线；他们中间既有西北投诚或被俘的胡族将领，也有沿着丝绸之路从中亚内陆东来的粟特商人，从更遥远的波斯、大秦赶来的祆教、摩尼教和景教教士，甚至还有留学和入质来华者。多年来，学者们对汉文史籍中以国为姓的九姓胡人仔细爬梳，对入华九姓胡人的活动及其影响做过深入的探讨。这一方面是由于敦煌吐鲁番文书和唐代墓志资料的发现、公布和广泛利用；另一方面也是由于粟特地区考古工作成果的不断发表，进一步推进了汉文史料中有关九姓胡种族、宗教、艺术诸方面记载的重新解释。[1]

7.1　九姓胡入华

汉籍所记胡人的成分非常复杂，不同时期的胡人构成有很大变化。据吴震先生考证，先秦之胡指匈奴，两汉虽称匈奴，但有时仍以"胡"代，汉晋时渐以胡泛称北方、西方异族。南北朝至隋唐时期则渐将西域具有"深目高鼻"特征的种族，统称为胡。[2]　到南北朝隋唐时期

〔1〕关于入华粟特人的研究史，参看程越：《国内粟特研究综述》，载《中国史研究动态》，1995年第9期，第13－19页；荣新江、廉湘民：《隋唐五代史研究概述》第六章《中外关系》一节中的《昭武九姓粟特人的东迁》，第453－458页。关于粟特地区的考古材料对研究汉文史料的价值，参看姜伯勤：《俄国粟特研究对汉学的意义》，提交"汉学研究国际会议"论文，北京大学，1998年5月6－8日。

〔2〕吴震：《阿斯塔那—哈拉和卓古墓群考古资料中所见的胡人》，载《敦煌吐鲁番研究》第4卷，北京大学出版社1999年，第245－264页。

(5—9 世纪),汉籍对胡人形貌已有明确描绘,主要用以指西域某些异族。《魏书·西域传》“于阗国”条记云:“自高昌以西,诸国人等深目高鼻,唯此一国貌不甚胡。”这表明当时的胡人特指“深目高鼻”之种族。“貌不甚胡”是指于阗居民没有明显的“深目高鼻”特征。同书之《高昌传》不列入《西域传》,表明“自高昌以西”不包括高昌。同书“康国传”云,其“人皆深目高鼻多髯”,而波斯“文字与胡书异”,不仅表述了胡人形貌,还区别出与波斯文字不同的胡人文字——胡书,可惜对胡书未作说明。

唐代胡人义净留学印度时,记述寺僧“受斋轨则”有云:“然北方诸胡,睹货罗及速利国等,其法复别。”[1]北方指在印度以北;睹货罗(Tukhāra),《隋书》、《唐书》并作吐火罗,在葱岭西、乌浒河(今阿姆河)南一带;速利(Sūlika),又作窣利,即指粟特(Sogdiana),包括隋唐时期以康国为首的昭武九姓诸国。

在阿斯塔那506号墓出土的天宝十载(751)《制授张无价游击将军告身》中,也写明“四镇平石国及破九国胡并背叛突骑施等”。[2] 九国即昭武九姓之国。可见当时的昭武九姓、吐火罗以及今新疆天山南麓的焉耆等地的“深目高鼻”之种族皆被称为胡人。

蒲立本将隋唐时期的“胡”视为中亚粟特人(即东部伊兰人)的专称:“安遂迦(6 世纪下半叶之人——作者注)无疑是个粟特人。他被称为‘胡人’,约从这一时代开始,‘胡’字就变成特指中亚的伊兰人,即尤指粟特人了,以区别于操突厥语和蒙古语的人。”[3]此说虽然过于绝对,但若将隋唐时期的“胡”加上“深目高鼻”或“昭武诸姓”的条件,则多能视作是来自阿姆河与锡尔河流域的中亚伊兰人。

要区别来华胡人的来源地和族属,国内学者一般根据胡人的姓氏来辨别。在汉籍和出土文书中,以康、安、曹、石、米、何、史、毕等为姓的

---

〔1〕(唐)义净:《南海寄归内法传》卷1之九,王邦维校注,中华书局1995年,第69页。

〔2〕国家文物局古文献研究室等编:《吐鲁番出土文书》(录文本)第10册,文物出版社1991年,第2页。这句文字与《旧唐书·李嗣业传》的文字全同。

〔3〕E. G. Pulleyblank, *A Sogdian Colony in Inner Mongolia*, *T'oung Pao*, Vol. 41, N. 3—4, 1952, pp. 318 - 319.

胡人，中国学者普遍视为“粟特人”。[1]笔者认为，把这些胡人均目为“粟特人”未必恰当，但把他们中的绝大多数人视为九姓胡（昭武九姓国胡人）应无不妥之处。九姓胡虽然不能与粟特人划等号，但九姓胡的主体无疑是粟特人。

汉晋时生活在我国北方的胡人数量非常多。《晋书·石季龙载记下》曾记载了4世纪40年代发生在后赵襄国（今河北邢台西南）一带的一次令人发指的种族屠杀惨案：“龙骧孙伏都、刘铢等结羯士三千伏于胡天，亦欲诛[石]闵等。……宣令内外六夷敢称兵杖者斩之。胡人或斩关，或逾城而出者，不可胜数……于是赵人百里内悉入城，胡羯去者填门。闵知胡之不为己用也，班令内外赵人，斩一胡首送凤阳门者，文官进位三等，武职悉拜牙门。一日之中，斩首数万。闵躬率赵人诛诸胡羯，无贵贱男女少长皆斩之，死者二十余万，尸诸城外，悉为野犬豺狼所食。屯据四方者，所在承闵书诛之，于时高鼻多须至有滥死者半。”[2]石闵率赵人屠杀的“诸胡羯”竟多达20余万。其中虽包括许多因“高鼻多须”相貌类似胡人的无辜百姓，但即使减半，被杀诸胡亦有10余万。由此可见当时胡人之众。这些被杀的高鼻多须的“诸胡羯”，其中肯定有许多是来自中亚的胡人。

那么，这些原本生活在中亚地区的九姓胡人是如何东来入华的呢？

据中亚史籍记述，粟特人东来主要是以七河流域的殖民据点为跳板的。10世纪中叶中亚历史学家纳尔沙希（M. Narshakhī）在《布哈拉史》中，记述了6—7世纪的粟特移民在七河流域（Semirecé）扩张的史事。当时，一些布哈拉（安国首都）的大地主贵族（“德赫干”）和商人因为艾米尔阿布鲁依（Abrui）的暴政而逃难，他们来到怛逻斯附近，建造起哈木卡特（Jamukath）城（“宝石城”）。[3] 俄国东方学家W. 巴托尔德指出，“粟特人是在河中地的前伊斯兰时代来到突厥草原的，并在

〔1〕例如，薛宗正、姜伯勤、荣新江、郑炳林、吴震、李鸿宾、程越、陈海涛等先生。

〔2〕《晋书》卷107《石季龙载记下》。

〔3〕M. Narshakhī, *The History of Bukhara*, R. N. Frye (trad), Cambridge, 1954, p. 7. 相关部分的中文译文，可参见饶近龙、蓝琪等译：《布哈拉史》，载贵州师范大学编：《中亚史丛刊》第5期，1987年，第113页。

那里从事农业的。当伊斯兰教在河中地变成了大部分居民的宗教时，伊斯兰教徒仍继续粟特人在前伊斯兰时代所从事的殖民活动。"[1]

与纳尔沙希的记述相印证的是，建立于神龙元年（705）前后的唐高宗与武则天的陵墓乾陵的61蕃人石像中，有"碎叶州刺史安车鼻施"的题名。[2]

碎叶原属于西突厥汗国，显庆三年（658）唐朝灭西突厥汗国，在葱岭东西原西突厥汗国境内设立羁縻府州，碎叶州即其中之一。按照唐朝的羁縻州体制，刺史均由本地首领担任，那么这里记载的碎叶州刺史姓安，明显表明是安国出身的九姓胡人。他的名字"车鼻施"可能是粟特语 capiš（意为将军）的音译，此名也常见于西突厥的官人姓名当中，所以也可能是来自突厥语的 cavïš（也是将军之意）。[3] 由此看来，安车鼻施应是一个安国粟特人，或是由于突厥的统治，已经突厥化的安国粟特人了。无论如何，在7世纪中叶，碎叶地方首长由粟特人担任，这充分表明了粟特移民在这个城市的重要性。而羁縻州刺史一职一般是世袭担任的，那么是否碎叶州刺史一直为粟特安姓所出任，目前尚无史料证明。值得注意的是，根据纳尔沙希《布哈拉史》的记载，确实有不少安国的贵族和商人移民到这一地区。碎叶在调露元年（679）取代焉耆成为安西四镇之一，到天宝七载（748）毁于北庭节度使王正见之手。怛逻斯和碎叶，位于从粟特地区向东的主要交通路线上，因此必然有大量的粟特胡人经停。从碎叶向东，沿天山北麓的草原之

---

〔1〕〔俄〕W. 巴托尔德：《中亚突厥史十二讲》，第61－62页。

〔2〕陈国灿：《唐乾陵石人像及其衔名的研究》，载《文物集刊》第2集，1980年；此据作者修订本，见林幹编：《突厥与回纥历史论文选集》，中华书局1987年，第391－392页。

〔3〕Y. Yoshida, "*Some Reflections about the Origin of camūk*"，〔日〕森安孝夫编：《中央アジア出土文物论丛》，京都朋友书店，2004年，第130－132页。引自荣新江：《西域粟特移民聚落补考》，载《西域研究》，2005年第2期，第2页。

路,经弓月[1]可以到达北庭;向南翻过天山,则可以到达拨换(今阿克苏一带)、龟兹等绿洲王国。[2]

正如张广达先生在《唐代六胡州等地的昭武九姓》一文中指出:"从种种迹象判断,粟特人的东来是沿着怛逻斯河(Talas)、楚河(Chu)流域推进的。7世纪20年代末到30年代,唐高僧玄奘赴印求法,归来记述所历诸国情况时,不仅把乌浒水和药杀水之间的昭武九姓诸国地区称之为窣利(粟特),而且把从羯霜那延伸到碎叶城(Sūyāb)的地区也名之为窣利,这正是因为他看到碎叶城以西的楚河流域、怛逻斯河流域分布着一连串的粟特移民城镇,因而把这一地区纳入了窣利(粟特)的原故。"他举出《宋高僧传》卷18《僧伽传》为例:"释僧伽者,葱岭北何国人也,自言俗姓何氏……详其何国在碎叶国东北,是碎叶附庸耳。"这里记述的何国不是位于粟特中心的康国之西的何国(屈霜你伽),而是何国的移民在碎叶城东北所建立的聚居。[3]

玄奘《大唐西域记》卷1记怛逻斯城:"城周八九里,诸国商胡杂居也。"又记素叶水城(碎叶城):"城周六七里,诸国商胡杂居也。"[4]按怛逻斯城即今哈萨克斯坦的江布尔城,碎叶城在今吉尔吉斯斯坦的阿克·贝西姆城(Ak-Beshim),这里所记载的商胡,应当就包括大量的粟特商人。

粟特人以善于经商著名,自汉代起就活跃在丝绸之路上。粟特人

---

[1]王国维认为唐代的弓月城就是元代的阿力麻里城,大多数学者遵从其说,其地在今伊宁地区霍尔果斯北面的废城,弓月城的具体位置大体范围在今新疆霍城一带。见王国维:《长春真人西游记注》卷上,引自王国维:《蒙古史料校注》,1926年;岑仲勉:《弓月之今地及其语原》,引自岑仲勉:《西突厥史料补阙及考证》,第186-193页;松田寿男:《弓月考》,引自〔日〕松田寿男:《古代天山历史地理学研究》,陈俊谋汉译本,第387-427页。但也有一些不同的说法,见孟凡人:《弓月城和阿力麻里城方位考》,载《中国史研究》,1979年第4期,此据作者《新疆考古与史地论集》,科学出版社2000年,第291-297页。

[2]荣新江:《西域粟特移民聚落补考》,载《西域研究》,2005年第2期,第1-11页。

[3]原载《北京大学学报》,1986年第2期。此据张广达:《西域史地丛稿初编》,上海古籍出版社1995年,第264页。

[4]《大唐西域记校注》,1985年,第71、77页。

沿着他们经商的路线，由西向东进入怛逻斯、碎叶、弓月、勃律、[1]朅（渴）盘陀（新疆塔什库尔干）等地，然后进入塔里木盆地、河西走廊、中原北方、蒙古高原等地区。[2]他们有的在沿途的一些居民点留居下来，形成自己的聚落，或在可以生存的地点建立殖民地；有的继续东行，去寻找新的立脚点。

早在魏晋南北朝时期，昭武九姓胡就散居天山南北即唐代的伊、西、庭三州及安西四镇，以及敦煌、肃州、甘州、凉州、金城，有的还迁居河西、秦陇一带。粟特人东迁的路线基本上是沿丝绸之路展开，他们沿西域北道的据史德（汉唐尉头，今新疆图木舒克）、龟兹、焉耆、高昌、伊州，从南道的于阗、且末、石城镇（今新疆若羌县城），在塔里木盆地周边地区建立了众多的移民聚落，然后进入河西走廊，经敦煌、酒泉、张掖、武威，再东南经原州，入长安、洛阳，或东北向灵州、并州、云州乃至幽州、营州，或从洛阳经卫、相、魏、邢、恒、定等州，而达幽州、营州。在上述道路上的各个主要城镇，粟特人几乎都留下了遗迹，甚至形成聚落。对此，刘铭恕、荣新江、李健等先生做了详细的考索，较全面地揭示了粟特人之迁徙及其聚落的分布。[3]

除此而外，在蓝田、盐州、夏州、朔州、太原、凤翔、内蒙古、范阳、营州的柳城、青海都兰花、扬州、益州、越州、洪州、广州、宋州等地，都有九

〔1〕勃律，《大唐西域记》作钵露罗，《新唐书》作钵露，又有大、小勃律之分：大勃律，今克什米尔西北部之巴勒提斯坦（Baltistan）；小勃律在今克什米尔吉尔吉特雅辛河（Yasin）流域。

〔2〕荣新江：《西域粟特移民聚落补考》，载《西域研究》，2005年第2期，第1－11页。

〔3〕刘铭恕：《洛阳出土的粟特人墓志》，引自《洛阳——丝绸之路的起点》，中州古籍出版社1992年，第204－213页。荣新江：《西域粟特移民考》，引自马大正等编《西域考察与研究》，新疆人民出版社1994年，第157－172页；吴玉贵：《凉州粟特胡人安氏家族研究》，引自荣新江主编：《唐研究》第3卷，北京大学出版社1997年，第295－338页；荣新江：《北朝隋唐粟特人之迁徙及其聚落》，载《国学研究》第6卷（北京大学中国传统文化研究中心主编），北京大学出版社1999年，第27－86页；荣新江：《西域粟特移民聚落补考》，载《西域研究》，2005年第2期，第1－11页。李健超：《汉唐时期长安、洛阳的西域人》，载《西北历史研究》1998年号，第83－41页；荣新江：《从撒马尔罕到长安——中古时期粟特人的迁徙与入居》，引自荣新江、张志清主编：《从撒马尔罕到长安——粟特人在中国的文化遗迹》，北京图书馆出版社2004年，第1－7页。

姓胡人的足迹。[1]

迁居中国的九姓胡人数量是很大的。在吐鲁番出土文书中，从麴氏高昌时期(460—640)开始，出现了康、史、曹、何、石、安等姓。其中，康姓在文书中出现了105次，所占数量最大。在高昌诸姓中仅次于张、麴二姓，名列第三。康姓人在高昌王国上层政权中任职者较少，但在作人名籍及贸易、借贷文书中频繁出现，说明高昌的康姓人大多是后来迁居当地的。此外，曹姓出现62次，史姓出现36次，何姓出现22次，石姓出现3次，安姓出现16次。[2] 尽管当地的汉人中亦有曹、史、何等姓氏，但这些姓氏其中有许多胡人却是可以肯定的。这些胡人中的相当一部分当即是于公元7世纪移居高昌的。

贞观五年(631)，平突厥，突厥降胡人居京兆近万家，[3]约占京师总户1/30，而杂胡杂居其间。唐代宗年间(762—799)“回纥留京师者常千人，商胡伪服而杂居者又倍之”。[4]

唐至德二年(757)，“河西兵马使盖庭伦与武威九姓胡商安门物等杀节度使周泌，聚众六万。武威大城之中，小城有七，胡据其五，二城坚守。”[5]足见当地九姓胡势力之大和人数之众。

“安史之乱”以前，九姓胡有3次规模较大的移民浪潮，其方向都是由突厥进入中国内地。

第一次是北周武帝(561—578)娶突厥可汗女为皇后，“周武帝聘虏女为后，西域诸国来媵，于是龟兹、疏勒、安国、康国之乐，大聚长

---

〔1〕陈寅恪：《唐代政治史述论稿》，第28－28页；张广达：《唐代六胡州等地的昭武九姓》，载《北京大学学报》，1986年第2期，第71－82，128页；李树辉：《唐代粟特人移民聚落形成原因考》，载《西北民族大学学报》，2004年第2期，第14－19页；张松柏：《敖汉旗李家营子金银器与唐代营州西域移民》，载《北方文物》，1993年第1期，第74－78页；霍巍：《粟特人与青海道》，载《四川大学学报》，2005年第2期，第94－98页；许新国：《都兰吐蕃墓中镀金银器属粟特系统的推定》，载《中国藏学》，1994年第4期，第31－45页。

〔2〕杜斗城、郑炳林：《高昌王国的民族和人口结构》，载《西北民族研究》，1988年第1期，第80－86，282页。

〔3〕另据《唐会要》卷73“安北都护府”：“处其部落于河献朔方之地，入居长安者，近万家。”

〔4〕《资治通鉴》卷225“代宗大历十四年七月”条。

〔5〕《资治通鉴》卷219。

安。"[1]汉文史料中,较少提到粟特人出于经商以外的动机入居中国,上述记载明确指出了胡人移民的政治倾向。这次经由突厥统治区的移民促进了九姓胡人的东来。

第二次是在突厥颉利可汗时期(620—630)。颉利可汗设立"胡部","颉利每委任诸胡,疏远族类"。[2]这使大批以九姓胡为主的胡人聚集颉利可汗门下。牟羽可汗在位时,九姓胡甚至能左右回鹘朝政,最终导致了宰相顿莫贺在德宗建中元年(780)六月的政变夺权。《唐会要》卷98称,顿莫贺击杀牟羽可汗后,"并杀其亲信及九姓胡所诱来者凡三千人"。[3]

第三次是630年东突厥汗国灭亡后,唐太宗自幽州至灵州设州,以处置突厥降部。调露元年(679),高宗在宁夏灵州以南,设鲁、丽、含、塞、依、契六州,合称"六胡州",安置了大量粟特人。[4] 虽然不清楚安置的具体人数,但是从后来的一些事件看六州粟特人当在8万人左右。[5]可以说,630年前后的迁徙是至今所知九姓胡人向内地规模最大的一次移民。721年康待宾起事,攻陷六胡州,有众7万。722年康待宾被镇压后,唐廷决定移徙"河曲六州残胡五万口于许、汝、唐、邓、仙、豫等州",[6] 730年又恢复六州建置。756年安禄山叛乱,部将阿史那从礼曾"说诱九姓府,六胡州诸胡数万众,聚于经略军北"。[7]

---

[1]《旧唐书》卷29《音乐志》。

[2]《旧唐书》卷194下。

[3]《旧唐书·回纥传》作:"并杀其亲信及九姓胡所诱来者凡二千人";《资治通鉴》卷226,"建中元年"条亦称:"顿莫贺……举兵击杀之,并九姓胡二千人。"

[4]参见E. G. Pulleyblank,*A Sogdian Colony in Inner Mongolia. T' ong Pao* XLI,1952. pp. 317 - 347. 张广达:《唐代六胡州等地昭武九姓》,载《北京大学学报》,1986年第2期。

[5]周伟洲:《唐代六胡州与"康待宾之乱"》,载《民族研究》,1988年第3期,第54 - 63页。他认为六胡州的人口在三四万左右,恐不确。周伟洲先生还认为,河曲六州不能等同于六胡州。

[6]《旧唐书》卷8《玄宗纪》。

[7]《资治通鉴》卷218。关于"六胡州"粟特人研究,尚可参见王义康:《六胡州的变迁与六胡州的种族》,载《中国历史地理论丛》,1998年第4辑,第149 - 156页;陈海涛:《唐代粟特人聚落六胡州的性质及始末》,载《内蒙古社会科学》,2002年第5期,第40 - 44页;艾冲:《唐代河曲粟特人"六胡州"治城的探索》,载《民族研究》2005年第6期,第73 - 78页;〔韩〕朴汉济:《唐代"六胡州"州城的建置及其运用》,载《中国历史地理论丛》,2010年第2辑,第27 - 45页;李丹婕:《唐代六胡州研究述评》,载《新疆师范大学学报》,2004年第4期,第102 - 107页。

7.2 九姓胡入华的动因

东汉以来,粟特人入华的活动不断见诸史料,其身份包括质子、使臣、僧侣、艺人、奴婢等,而以商人为主,活跃于武威、长安等交通枢纽城市。5 世纪后期,随着粟特王国的分裂,来到中国的粟特商旅更多,而且有不少人举家东迁,入居高昌、武威一带。吐鲁番出土的高昌文书中,在一些名籍里,明显地出现了大批康、安、史、石、曹、史、何姓的移民,就是一证;而这些姓氏,在十六国时期的吐鲁番文书里,却很少见。[1] 其中一部分人又陆续进入内地,其身份也不仅限于商人。洛阳等地出土了一些 7 世纪的墓志铭,墓主是昭武九姓,追溯了其祖先在南北朝时期的活动。如咸亨三年(672)固原史阿耽墓志记其祖父史思在北周任京师萨保;[2] 仪凤二年(677)洛阳曹氏墓志记其祖父曹樊提为,"[北]周上大将军"。[3] 这些记载说明了九姓胡人在长安、洛阳等地活动时间较长,影响较大,因而有人担任正式的祆教首领,并进入了政府机构。还有一些人在南方活动,如长寿三年(694)康智墓志记其祖父康仁基入仕南朝,为"陈宁远将军"。[4]

关于九姓胡入华的原因,荣新江认为,"粟特人的东迁,主要是商业上的原因,所以从三国西晋时,真正的粟特商团就见于记载。以后粟特本土所在的中亚形势多变,粟特民族受到嚈哒、突厥、大食等势力的东侵,甚至国家被占领,更促使大批粟特人东来中国。"[5]

刘惠琴、陈海涛通过分析敦煌、吐鲁番两地的"粟特人"的来源,认为部落迁徙与商业移民是汉唐时期中亚粟特人入华、定居、著籍以至

---

〔1〕陈国灿:《魏晋至隋唐河西胡人的聚居与火祆教》,载《西北民族研究》,1988 年第 1 期,第 198 - 208,278 页。

〔2〕宿白:《武威行(中)》,载《文物天地》,1992 年第 7 期,第 90 页。

〔3〕张钫、河南省文物研究所、河南省洛阳地区文管处编:《千唐志斋藏志》,文物出版社 1983 年,图版 305。

〔4〕张钫、河南省文物研究所、河南省洛阳地区文管处编:《千唐志斋藏志》,图版 417。

〔5〕荣新江:《北朝隋唐粟特人之迁徙及其聚落》,载《国学研究》第 6 卷(北京大学中国传统文化研究中心主编),北京大学出版社 1999 年,第 70 页

形成聚落的两个主要原因。从敦煌、吐鲁番文书所反映的材料来看，在隋唐以前，粟特人的入华基本都是商业活动的结果；在此之后，粟特人开始了部落的东迁运动。其中原因，与这一时期突厥占领中亚地区有密切的关系。在此影响之下，在敦煌、吐鲁番地区就出现了大量因部落迁徙而定居入籍的粟特人，并由此形成了如敦煌的从化乡和吐鲁番的崇化乡具有一定规模的粟特人聚落。[1]

中亚九姓胡的部落迁徙，有一些是出于商业殖民的需要，有一些是由于政治斗争的失败。前述7世纪中叶碎叶州刺史安车鼻施，很可能是由于政治避难而从安国迁到碎叶的。据《沙州伊州地志》(S.367)残卷记载，蒲昌海地区的石城镇（又作“典合城”）、新城、蒲桃城、萨毗城等，是“康国大首领康艳典”于贞观(627—649)中率领东迁的粟特胡人，在原鄯善镇废址上重建的；伊州地区的七城亦居住有以石高(?)年为首领的石国移民。[2] 高宗时期，在播仙镇（今新疆且末地区）居住着以何伏帝延为城主的昭武九姓聚落。[3] 这些首领率领部民东迁的原因，很可能就是由于政治失意。[4]

洛阳出土的《大唐定远将军安君志》所记安菩一族出自昭武安国大首领，此族是以部帐的形式归唐的。根据志文及文献对证，安菩一族归附的时间应在太宗贞观初年东突厥败亡之际。唐廷为安置突厥降

---

〔1〕刘惠琴、陈海涛：《商业移民与部落迁徙——敦煌、吐鲁番著籍粟特人的主要来源》，载《敦煌学辑刊》，2005年第2期，第117－125页。

〔2〕郑炳林：《敦煌地理文书汇辑校注》，甘肃教育出版社1989年，第65－66页。另参《沙州都督府图经》(P.2005)、《沙州地志》(P.5034)残卷和《寿昌县地境》，引自郑炳林：《敦煌地理文书汇辑校注》，第19,47,61页。〔法〕伯希和：《沙州都督府图经及蒲昌海之康居聚落》(1916)，引自冯承钧译：《西域南海史地考证译丛七编》，商务印书馆1995年，第25－29页。

〔3〕荣新江：《西域粟特移民考》，引自马大正等编：《西域考察与研究》，新疆人民出版社1994年，第157－172页；〔日〕池田温：《八世纪中叶敦煌的粟特人聚落》，引自辛德勇译：《日本学者研究中国史论著选译》第9卷，中华书局1993年，第140－220页，或〔日〕池田温：《唐研究论文选集》，中国社会科学出版社1999年，第3－67页。

〔4〕《旧唐书·突厥传》记载：“统叶护可汗，勇而有谋，善攻战。遂北并铁勒，西拒波斯，南接罽宾，悉归之，控弦数十万，霸有西域。据旧乌孙之地。又移庭于石国北之千泉。其西域诸国王悉授颉利发，并遣吐屯一人监统之，督其征赋。”林梅村据此记载，认为西突厥派往西域诸国的吐屯大都是粟特人，唐初在鄯善建立移民点的康艳典就是西突厥派往西域的一位粟特吐屯。见林梅村：《中国境内出土带铭文的波斯和中亚银器》，载《文物》，1997年第9期，第55－65页。

户，曾颇费周折，最后采纳温彦博建议，将其安置于幽（治今北京）、灵（治今宁夏灵武南）之间，以羁縻州府的方式控制。[1] 安菩族帐的归附，应与此有关。

在长安和洛阳等地定居的九姓胡，主要是由于经商和入朝入侍而入华的。[2] 洛阳《唐上骑都尉康达墓志》记述，康达先族早在东汉永平中就入侍汉朝。[3]

也有一些九姓胡由于被卖为奴，而被迫来到中国。在隋唐时期，有不少九姓胡商从事奴婢买卖。在龟兹、于阗、高昌等地都设有奴隶市场，并有大量胡人少女被卖到洛阳、长安等地，唐诗中称之为“酒家胡”、“胡姬”。

7.3 入华九姓胡的身份及其活动

唐代九姓胡的活动遍及唐朝社会的各个方面，有跻身于上层社会封官授爵者、赐宅受禄者，也有从事商贸活动者，如经营珠宝者、从事饮食者、贩卖香药者、开旅馆或饭馆酒肆者、放高利贷者，还有服务于显贵豪绅家中的侍从与奴婢，以及混迹于街头巷尾公共场所，如饭铺、酒肆的歌舞伎。

向达先生把唐代流寓长安的西域人的来源分成4类：魏周以来入居华夏者，东来的西域商胡，异教僧侣，以及侍卫质子。[4] 本书作者把隋唐时期来华的九姓胡人大致分为如下几类：使臣或质子，胡商，僧侣，胡人马伕、驼伕，乐手、歌者、舞者，侍从、奴仆和奴婢等等。

---

〔1〕《资治通鉴》卷193“太宗贞观四年四月条”。

〔2〕陆庆夫：《从敦煌写本判文看唐代长安的粟特聚落》，载《敦煌学辑刊》，1996年第1期，第47－51页。韩香：《隋唐长安中亚人考索》，载《人文杂志》，2001年第3期，第115－120页。陆庆夫：《唐代丝绸路上的昭武九姓 》，引自兰州大学敦煌学研究所主编：《敦煌吐鲁番文献研究》，兰州大学出版社1995年，第544－557页。

〔3〕刘铭恕：《洛阳出土的西域人墓志》，引自《洛阳——丝绸之路的起点》，中州古籍出版社1992年，第204－213页。

〔4〕向达：《唐代长安与西域文明》，第6页。

7.3.1 使臣或质子

据《唐六典》记载，唐朝曾与300多个国家和地区有联系，每年大批外国使节往来于长安，负责接待外国使臣也成为政府外交部门——鸿胪寺的一项重要工作。章怀太子李贤墓墓道东西壁画上的《客使图》被认为就是唐朝鸿胪寺官员接待外国来使的场景。[1] 尽管这些外国人的族属和国籍众说纷纭，但其的外来身份是毋庸置疑的。

粟特人积极地参与了回鹘汗国的政治事业，回鹘统治者也从自身的利益出发，信任和利用粟特人。粟特人凭着自身的语言和交流优势，积极参与回鹘汗国的政治、外交等事务。粟特人经常以回鹘汗国的使者身份出现在中原地区。

来唐使臣或朝贡使中有些羡慕唐朝的繁荣与富足而久留不归。据《新唐书·王锷传》记述："天宝末，西域朝贡酋长及安西、北庭校吏，岁集京师数千人。陇右既陷，不得归，皆仰禀鸿胪[寺]礼宾[院]，月四万缗，凡四十年，名田养子孙如编民。"及德宗任王锷为鸿胪少卿，王锷奏议"悉籍名王以下四千人，畜马二千，奏皆停给。宰相李泌尽以隶左右神策军，以酋长署牙将，岁省五十万缗。"[2]

这一部分人中应该还有质子。羁縻制度的实行使得中亚诸国纷纷派遣王族成员作为质子来中原入充侍卫，特别是8世纪后，随着阿拉伯人势力不断向中亚推进，来华的质子数量增加，他们受到唐朝的优待，甚至封官加爵，很多人长留不返。如来自昭武九姓国的米继芬、安兴贵家族。米继芬的父亲以王子作质身份来长安，米继芬继续以质子身份留居长安，受唐封官加爵。他们成为唐朝的蕃将与文职官，构成唐代长安胡人集团之中的上层人物，世代入仕于唐，以致于唐太宗的文武官员中三分之一有胡人血统，尤以突厥官员居多。[3] 乾陵前的61蕃将雕像，就生动形象地再现了服务于唐朝政府外籍官员的风采。

此外，这类人中还包括寻求政治避难的王族或贵族。如《唐维州

---

[1]王维坤：《唐章怀太子墓壁画"客使图"辨析》，载《考古》，1996年第1期，第65－74页。

[2]《新唐书》卷170《王锷传》。

[3]韩香：《隋唐长安中亚人考索》，载《人文杂志》，2001年第3期，第115－120页。

刺史安侯神道碑》记载，高宗时期安国人安咄汗及其子附国在贞观初率5000部下投降唐朝。[1] 而波斯王子泥涅师子从长安统领回国的部属也有数千人。

7.3.2 商人

自从丝绸之路开通后，胡商的足迹随着丝绸之路交通路线延伸至中国内陆腹地。早在两汉时期，包括中亚地区在内的西域诸国与中原之间就建立了密切的政治、经济联系，粟特地区也不例外。《后汉书·西戎传》就记载："驰命走驿，不绝于时月，胡商贩客，日款于塞下。"敦煌、吐鲁番当是这些异域胡商往来的必经之地。至三国曹魏明帝太和年间（227—231），仓慈出任敦煌太守，《三国志·魏书·仓慈传》就记载，"常日西域杂胡欲来贡献，而诸豪族多逆断绝，既与贸迁，欺诈侮易，多不得分明。胡常怨望，慈皆劳之。欲诣洛者，为封过所，欲从郡还者，官为平取，辄以府见特与其交市，使吏民护送道路，由是民夷翕然称其德惠。"这些记载中的胡商、杂胡，文中虽没有确指，但因为粟特人是中古著名的商业民族，其中包括粟特人的可能性是很大的。[2] 就目前所知，可以确考粟特胡商最早在敦煌活动的材料是20世纪初斯坦因在敦煌附近烽燧中所发现的粟特文商业信札。对这批信札年代的判定，曾引起了中外学者的广泛重视。目前基本被学术界所认同的观点是，这些商业信札书写于西晋末年的公元311年前后，其中的内容反映了当时就有粟特胡商往来于中亚、敦煌、凉州，以及长安、洛阳之间，并且有两封信件就是从敦煌发出的。[3]

中国内地发现的南北朝至唐代的一些墓葬的石棺床或石椁的图像上，表现了胡人商队出行的场面。图像的主要人物是粟特人，学者们常统称之为粟特商队。不过，我们应当看到，在这些商队中也时常包含着其他种族的成员。

[1] 李至远：《唐维州刺史安侯神道碑》，见《全唐文》卷435，上海古籍出版社1990年。

[2] 陈海涛：《汉唐之际粟特诸国与中原王朝的关系》，载《敦煌学缉刊》，1999年第1期，第115－122页。

[3] 陈海涛：《敦煌粟特问题研究综述》，载《敦煌研究》，2000年第2期，第160－161页。

1971 年,在山东益都县(今青州市)傅家一座北齐武平四年墓(573)的画像砖上描绘了胡人献宝图(或商谈图),图中的胡人深目高鼻,身穿连珠纹长袍,与河南安阳石棺床上的粟特人服饰相同。[1] 在益都发现的北齐石棺床围屏上,也有一幅"商旅驼运图",绘一仆人牵着一匹骆驼和供主人骑坐的骏马向右方行进。仆人深目高鼻,短发,上穿翻领衫,腰系革带,右佩香囊,左挂短剑,下着窄腿裤,脚穿软底尖头皮鞋。骆驼背驮成捆的织物,悬挂着水囊。[2]

2000 年,西安发现了北周时期的安伽墓。安伽墓石棺床后屏左边第五幅,上部绘两人在虎皮圆帐篷内席地而坐,左边头戴虚帽者为粟特萨保,右边是披发的突厥首领;下部绘 3 个穿紧身长袍的胡人,其中一个背负包袱,一个手持胡瓶,身后有两头背负口袋的驴,还有一峰骆驼背负高大的包裹,跪地休息,旁边还有鹿、羊在歇凉。[3] 这种上下构图,和史君石椁北壁第一幅非常相像。

1999 年,在山西太原市王郭村发现的隋代虞弘墓,其石椁上亦有类似的跪胡进献贡品的场景。身为鱼国人的虞弘任职北周检校萨宝府萨宝,与入华经商的外国人,特别是粟特人交往甚密。[4]

2003 年,在西安发现的北周凉州萨保史君墓,为我们研究入华粟特人提供了丰富的图像资料。史君石椁西壁第三幅(W3)画面分上下两部分:上部描绘的是一位粟特首领在树丛中狩猎的场面;画面下部的图像是一幅商队行进图。商队最前面是两个骑马的男子,其中一位可以看见腰间悬挂着箭袋。后面是两头驮载货物的骆驼,再后面是一位头戴船形帽的骑马男子,上举的右手上握着望筒正在望。在两头骆驼的右上方,有两匹马和一头驴驮载着货物并行,后面一持鞭男子正

---

[1]杨瑾:《唐墓壁画中的胡人形象》,载《文博》,2011 年第 3 期,第 35 - 44 页。

[2]夏名采:《益都北齐石室墓线刻画像》,载《文物》,1985 年第 10 期,第 49 - 50 页,图 1。

[3]陕西省考古研究所:《西安发现的北周安伽墓》,载《文物》,2001 年第 1 期,第 4 - 26 页,图 27;陕西省考古研究所:《西安北周安伽墓》;文物出版社 2003 年,第 32 页,图 29,57。

[4]山西省考古研究所:《太原隋代虞弘墓清理简报》,载《文物》,2001 年第 1 期,第 27 - 52 页,图 27,40。

驱赶前行，构成了生动的粟特商队旅行的画卷。[1]

到了唐代，胡商通常被唐人称为商胡，这一概念代表着一个西域商人群体。《安禄山事迹》记述：禄山“潜与诸道商胡兴贩，每岁输异方珍货计百万数”。[2] 商胡被唐政府认为是同波斯、大食商人有差别的，商胡这一称呼只是指东伊朗语系商人。《旧唐书》卷110《邓景山传》载：田神功在扬州大掠时，“商胡大食、波斯等商旅死者数千人”。[3] 本书作者认为，此句应该句读为“商胡、大食、波斯等商旅死者数千人”。不过，也有学者认为，商胡即是来唐从事商业活动的西域诸族商人，包括粟特人、波斯人、大食人、回纥人、犹太人等。[4]

胡人组成的商人，还有被称胡商、胡贾、蕃商、西域贾、海商、海胡等的，例证如下：

《太平广记》卷28“郗鉴”条引《记闻》云：“其药有难求未备者，日日于市邸谒胡商觅之。”[5]

《全唐诗》卷342韩愈《送僧澄观》云：“越商胡贾脱身罪，珪璧满船宁计资。”[6]

南宋曾慥编撰的《类说》引唐玄宗时代元澄写的《秦京杂记》：“蕃商二百余家，各送压惊钱。”[7]

《太平广记》卷286“陈武振”条引《投荒杂录》：“先是，西域贾漂泊溺至者，因而有焉。”[8]

《全唐诗》卷299王建《汴京即事》：“草市迎江货，津桥税

---

[1] 荣新江：《萨保与萨薄：佛教石窟壁画中的粟特队商首领》，提交“粟特人在中国”国际学术讨论会论文，中国国家图书馆，2004年4月。荣新江：《北周史君墓石椁所见之粟特商队》，载《文物》，2005年第3期，第47－56页。

[2]（唐）姚汝能：《安禄山事迹》卷上，中华书局2006年，第83页。

[3]《旧唐书》卷110《邓景山传》。

[4] 卢向前先生持此观点。见黄时鉴主编：《解说插图中西关系史年表》，浙江人民出版社1994年，第181－182页。

[5]（宋）李昉等：《太平广记》卷28，上海古籍出版社1990年，第1册。

[6]《全唐诗》卷342。

[7] 引自谢海平：《唐代留华外国人生活考述》，台湾商务印书馆1978年，第208页。

[8]《太平广记》卷286。

海商。"[1]

《全唐诗》卷223杜甫《送重表侄王砯评事使海南》:"洞主降接武,海胡舶千艘。"[2]

胡商、胡贾、蕃商、西域贾大概是从陆路入华的,海商、海胡显然是从海路赴华的。

唐朝对于九姓胡入华经商采取鼓励政策。《资治通鉴》卷193记载贞观四年事:"西域诸国咸欲因(高昌王)文泰遣使入贡……魏徵谏曰:'……若听其商贾往来,与边民交市,则可矣,傥以宾客遇之,非中国之利也。'"[3]魏徵的话很值得玩味。为什么胡人做宾客不可,通商即可呢?人们普遍认为,胡人贪婪狡诈,若以宾客待之,当然对中国不利。但是,如果胡人以商人身分来中国从事商业活动就不同了。由于他们处身中国,受到中原文化的制约,即使贪婪狡诈,也不会比汉商坏到哪儿去,何况他们的到来,还能促进大唐的经济繁荣。所以魏徵的话很容易地被唐太宗采纳了,其他大臣也无异议。

根据池田温、陈海涛等先生的研究,[4]6世纪末期以后的吐鲁番文书中,凡粟特人名大量集中出现的文书,无一例外都是商业文书或与商业活动有关,如《高昌内藏奏得称价钱帐》、[5]《高昌昭武九姓胡人曹莫门陀等名籍》。[6] 而除商业文书以外,粟特人在其他文书中的出现,都呈现出零星、分散,与汉族人混杂在一起的特点,他们大多已经受田著籍,同样也要承担上马、供物、酢酒、调薪等赋役,在文书中并没有将他们单独、特殊对待的痕迹,如吐鲁番文书《高昌入作人画师主胶

[1]《全唐诗》卷299。

[2]《全唐诗》卷299。

[3]《资治通鉴》卷223"贞观四年"条。

[4][日]池田温:《八世纪中叶敦煌的粟特人聚落》,引自池田温:《唐研究论文选集》,中国社会科学出版社1999年,第3-67页。刘惠琴、陈海涛:《商业移民与部落迁徙——敦煌、吐鲁番著籍粟特人的主要来源》,载《敦煌学辑刊》,2005年,第117-125页。

[5]国家文物局古文献研究室等编:《吐鲁番出土文书》第3册,文物出版社1981年,第318页。

[6]国家文物局古文献研究室等编:《吐鲁番出土文书》第3册,第119页。

人等名籍》、[1]《高昌买驮人练远行马郡上马等人名籍》。[2]

从各种文献记述看,隋唐时期入华的九姓胡多为胡商。唐代的经济繁荣和政治稳定吸引大批中亚胡商东来,中亚胡商的足迹遍布丝绸之路沿线城镇,特别是善商的粟特人,即所谓"兴胡之旅,岁月相继"。[3] 大批胡商在京城及丝绸之路沿线城镇留居下来。德宗贞元三年(787),宰相李泌上书云:"胡客留长安久者,或四十余年,皆有妻子,买田宅,举质取利,安居不欲归。"[4]于是李泌命加检括,共检出胡客有田宅者4000余人,可见人数之多。在唐朝后期,朝廷积极鼓励商胡兴贩贸易。《全唐文》卷79之宣宗《收复河湟制》曰:"如商旅往来,兴贩货物,任择利润,一切听从,关镇不得邀诘。"[5]于是,商胡往来更为便利。胡商活跃于各行各业,特别是珠宝和餐饮业。如《太平广记》卷402"鬻饼胡"记述,西域某国富豪胡客,因战乱逃至长安城,藏有一颗价值50万的珍珠,以鬻饼为生。[6]

"安史之乱"后,很多中亚昭武九姓胡人常冒充回鹘之名来内地经商。《资治通鉴》卷225记载,代宗大历年间,"回纥留京师者常千人,商胡伪服而杂居者又倍者。"[7]在上述记载中,"商胡"就是指九姓胡商人。史籍又载:"代宗之世,九姓胡常冒回纥之名,杂居京师,殖货纵暴,与回纥共为公私之患。"[8]此处的"九姓胡"也是指粟特人。这些留居长安的商胡,"殖赀产,开第舍,市肆美利皆归之,日纵贪横,吏不敢问。或衣华服,诱娶妻妾",[9]大历十四年(779)七月,唐代宗不得已

[1]国家文物局古文献研究室等编:《吐鲁番出土文书》第2册,文物出版社1981年,第333页。

[2]国家文物局古文献研究室等编:《吐鲁番出土文书》第4册,文物出版社1983年,第169页。

[3]《旧唐书》卷94《崔融传》。

[4]《资治通鉴》卷232"德宗贞元三年(787)六月"条。

[5]《全唐文》卷79。

[6]《太平广记》卷402《宝三·鬻饼胡》。

[7]《资治通鉴》卷225"代宗大历十四年(779)七月"条。

[8]《资治通鉴》卷226"德宗建中元年(780)八月"条。

[9]《资治通鉴》卷225"代宗大历十四年(779)七月"条。

下令禁止这些商胡穿着华服,各穿本族服装。[1] 正因为如此,唐人小说中才出现了大量的商胡形象。[2]

7.3.3 僧侣

来唐的中亚诸国人中,宗教僧侣也是其中一支。他们是抱着传教布经的目的而来的,故许多人长期留居下来。这些人中不仅有许多佛教僧侣,亦有许多信仰各种不同宗教的波斯及中亚地区的教徒,如祆教徒、景教徒及摩尼教徒等。他们中既有天竺人,亦有中亚人。佛教凭借数百年的传播史,在中国有着深厚的民众基础。唐代佛教兴盛,佛寺林立,前来弘法的印度或西域高僧及信徒多不胜数,外来佛僧甚至与宫廷建立了密切关系,如高宗时期的高僧释僧伽即"葱岭北何国人也",有名的华严宗第三祖贤首大师释法藏亦"姓康,康居国人也",而武后时来长安译经的释弥陀山,则为"睹货罗人也(即吐火罗)"。[3] 还有"天竺三大士"(不空、金刚善、善无畏)、菩提流志、何国人释僧伽、康国人释法藏、吐火罗人释弥陀山等佛教高僧。据考证,唐朝有名姓可考的佛教胡僧约42人,国名具体者34人,其中天竺僧人30人。[4]

此外,起源于西亚一带的新宗教,如祆教、景教、摩尼教等,亦从中亚一带陆续传入中国。由于唐代统治者政治开明,对各种新宗教亦采宽容政策,一般不加以排斥,因而有不少传教士也东来长安。如贞观初年就有传法穆护何禄将祆教带入长安,并奏于太宗。于是,政府敕令在长安崇化坊立祆寺,号大秦寺,又名波斯寺。[5] 此何禄显为何国的祆教传教士;同为祆教徒的还有米萨宝,西安曾出土有《米萨宝墓志》,志文云:"公讳萨宝,米国人也……天宝元年(742)卒于长安县崇化

---

〔1〕《资治通鉴》卷225"代宗大历十四年(779)七月"条。

〔2〕关于胡商作为一个特殊群体的影响,可参见昌庆志:《论胡商形象出现于唐人小说的商业原因》,载《湛江师范学院学报》,2001年第5期,第80-83页。

〔3〕赞宁:《宋高僧传》卷18《僧伽传》,范祥雍点校,中华书局1987年;卷5《法藏传》;卷2《释弥陀山传》。

〔4〕杨瑾:《唐墓壁画中的胡人形象》,载《文博》,2011年第3期,第35-44页。

〔5〕(宋)姚宽:《西溪丛语》卷下"论穆护歌"条,孔凡礼点校,中华书局1993年,第42页。

里。"[1]萨宝为管理祆教的官员,米萨宝显为长安崇化坊的祆教官员。

隋唐时期,有大批中亚祆教徒东来,在丝绸之路沿线和中原地区聚族而居,以萨宝为统领,过着相对封闭的宗教社团生活。唐初,在唐朝律令体制下形成萨宝府制,这是一种有僚佐、武官、领民(中亚九姓胡侨民)、官品的管理西胡队商裔民的行政架构。[2]

7.3.4 胡人马夫、驼夫

胡人马夫、驼夫又被称胡控。唐墓出土的数量惊人的陶马说明唐人对马的喜爱程度之深。中国古代惯以胡人为朝廷养马官,如牧监正。他们驯养的西域良马补充到唐朝军队和皇室贵胄扈从中间,马匹的日常料理也多雇佣善马的胡人,因此,唐朝社会对胡人马夫的需求量颇大。据宁夏固原北朝粟特贵族史道德、史铁棒等人(先祖来自在今撒马尔罕东不远的史国)墓志记载,他们生前曾为朝廷养马,并因此加官晋爵,世袭罔替。唐墓壁画中狩猎、出行等宏大场面中常有一些胡人马夫,目前发现的胡人马夫图主要见于唐永泰公主墓(701)东西墓道戟架前各有一匹辔齐全的骏马和两名胡人控者、李寿墓墓道骑马出行队列中第四组之首有一牵着高头大马的深目高鼻胡人、韦君墓第一过洞有两匹鞍马与两个胡控、单峰驼一匹和胡控一名。

此外,河南洛阳唐墓亦发现有胡人马夫,如 2005 年发掘的唐氏墓(M49)墓道东壁牵骆驼图中即有一牵骆驼行走的胡人。胡人身材矮小,头裹笼帽,络腮胡,浓眉高鼻朱唇、身穿翻领长袍、腰束带,脚穿黑鞋,左手蜷缩身侧,右手置于胸部,身后骆驼头部漫漶不清。西壁第三幅也是一胡人牵骆驼图。胡人头戴尖顶帽子,络腮胡,浓眉深眼鹰鼻,张嘴,朱唇,身穿翻领束腰短袍,穿长筒靴,左手牵骆驼,右手拿鞭。应是典型的胡人马夫形象。

考古所见的胡人形象多与骆驼组合在一起,即"胡儿制骆驼",多见于陶俑中,是丝绸之路上无数奔波胡商的生动写照。来往于丝绸之

[1]向达:《唐代长安与西域文明》,第 23 页。

[2]姜伯勤:《中国祆教画像石的"语境"》,引自荣新江、李孝聪主编:《中外关系史新史料与新问题》,科学出版社 2004 年,第 233－238 页。

路上的胡商具体有多少已无法考证，但史书中"不绝于缕"、"奔走相望"等描述反映了胡商的人数之多。据《周书》卷50《吐谷浑》载，吐谷浑一次出使北齐的胡商就有240人，驼驼600头，杂彩丝绢以万计。壁画上也出现了一些牵驼胡人形象，如李凤墓（上元二年，公元675年）第二天井和第三过洞东壁为连续的牵驼出行图，表现的是一个由胡人牵引的驼队。胡人左手拉缰牵驼前行。第二幅绘一驼一人，昂首南行。类似造型的胡人驼夫还见于阿斯塔那墓群出土的隋代织锦上的牵驼图中。该驼夫深目高鼻，八字胡须，戴翻檐帽，穿白色交襟长袍，束带，脚蹬筒靴，为典型的胡人形象。陶俑中有不少胡人牵驼、骑驼俑，在壁画中也有相对应的形象。[1]

7.3.5 乐手、歌者、舞者

他们在胡人群体中数量较多，活动空间很广，上至宫廷或达官显贵府邸，下至街头巷间庙宇广场等，都可以看到他们演奏歌舞的身影。西魏、北周建都长安，中亚及西域胡人多聚于此。北周武帝聘阿史那氏为皇后，"西域诸国来媵，于是龟兹、疏勒、安国、康国之乐，大聚长安"。[2] 北周灭北齐之后，邺下的西域乐人也都被掳入长安。如北齐乐人曹妙达就被掳入长安，其后人有曹保、曹善才、曹纲，俱以演奏琵琶著称当世，在唐长安活跃一时。[3] 他们中间又分为乐器演奏者、舞者、百戏幻戏表演者，前者如善弹琵琶的曹氏家族成员、善吹筚篥的安万善家族、善舞的安叱奴和安辔新家族，著名乐师米嘉荣、米和家族等。他们多为教坊、梨园中人，主要为宫廷及上层贵族服务，如岑参《胡笳歌送颜真卿使赴河陇》的胡笳演奏者、李白《猛虎行》"胡雏绿眼吹玉笛"、李贺《龙夜吟》中的横笛演奏者以及白居易诗中的曹氏琵琶手。舞者主要有胡腾舞、胡旋舞、柘枝舞、狮子舞等西域乐舞者，特别是唐诗中有甜润歌声和迷人舞姿的、金发碧眼的西域歌舞伎。苏思勖墓（745）墓室东壁乐舞图中的胡腾舞者和乐队指挥即是其中的典型代

---

〔1〕杨瑾：《唐墓壁画中的胡人形象》，载《文博》，2011年第3期，第35－44页。

〔2〕《旧唐书》卷29《音乐志》。

〔3〕向达：《唐代长安与西域文明》，第19页。

表。李勣墓的乐舞壁画堪与之媲美。宁夏盐池唐墓石墓门上也有相似的胡人舞者形象。咸阳底张湾张去逸墓壁画上的胡人男乐伎，八字眉，高鼻，凸颧骨，虬髯。戴头，穿长袍，腰束带，席地跽坐，双手按持长笛，耸肩，瞪眼卖劲地吹奏，神情活现，极富感染力。

这个群体来到唐朝的途径各不相同，有随商队流动进入者，有通过奴隶买卖而来的，还有西域各国作为礼物赠送的乐人，如表演胡腾舞的男女童、胡旋女、幻人，他们地位低下，与奴婢相近。

7.3.6 侍从、奴仆和奴婢

入唐的九姓胡使臣、质子以及流亡的贵族，往往带有很多侍卫或随从。如章怀太子墓狩猎出行图中的胡人骑手、西安碑林中唐代书法家欧阳通写的《道因法师碑》碑座上也刻有正牵犬备马随官员出猎的西域随从，其域外特征非常明显；也有侍奉日常生活的奴婢，如咸阳底张湾薛氏墓(710)墓室东壁画的穿灰衣留中分短发的端馔男侍和束发于脑后的红衣端盆男侍，李贤墓中的当值门吏，薛氏墓和韦洞墓的抱胡瓶男侍等形象。[1]

此外，还有很多胡女通过被买卖来到中国。据《魏书·西域传》、《新唐书·西域传》记载，龟兹、于阗都有买卖胡人女子的“女市”或“女肆”。吐鲁番出土的粟特文买婢契即是最直接的证据。自魏晋以后，女奴买卖在中土流行，很多富豪之妾妃都是胡女，如石崇从胡地买得婢女翔风。一些能歌善舞的胡女被卖入酒肆倚笑卖酒，有的以色娱客，成为流徙士人和商客的外遇。

“胡姬酒肆”远在汉代已出现在中原。《汉乐府·羽林朗》中就有“昔有霍家奴，姓冯名子都。依仗将军势，调笑酒家胡。胡姬年十五，春日独当垆”的描述。[2]

粟特商人贩卖奴隶主要有两个来源，一是来自粟特本土的女奴，如吐鲁番文书《唐李贺子上阿部、阿婆书》记李贺子在646年以7500文

[1]杨瑾：《唐墓壁画中的胡人形象》，载《文博》，2011年第3期，第35－44页。

[2]《乐府诗集》第3册，中华书局1979年，第909页。

买得胡婢一人;[1]二是来自碎叶等地的突厥人,如《唐垂拱元年(685)康尾义罗施等请过所案卷》所载奴突密等人。[2] 又,《唐贞观廿二年(648)庭州人米巡职辞为公请给公验事》记粟特人米巡职欲将胡婢沙匐带至西州市交易。[3] 仅从"沙匐"一名,我们即可断定被卖胡婢为突厥人。因为"匐"当是突厥语 Beg 之对音。[4] 此外,在吐鲁番地区还发现一件粟特文买婢契,经日本学者吉田丰、森安孝夫和我国学者林梅村研究,该文书书写于贞观十三年(639),被卖女奴婢优婆遮即为突厥胡。[5]

对于奴隶买卖,唐朝做了严格规定。凡携奴婢的行客在请勘给公验过所的文书中,无一例外地都注明奴婢的人数、年龄。这完全符合唐律禁止压良为奴的律文:"诸略人,略卖人为奴婢者,绞。"[6]唐律还明确规定买卖奴婢与买卖马牛驼骡驴一样,均要"依令并立市券";买卖完成后,若"不立市券,过三日[买者]笞三十,卖者减一等"。[7] 正因为唐律对买卖奴婢有如此严格的规定,所以官府在对携奴婢申请过所者审查时,必须令其将买奴契交官府检验,并将抄件人案备查,即便是买卖家生奴也要有保人证明。然而,唐朝官府对兴胡贩卖奴婢并无严格的规定。因为兴胡已是具有法律身份的专称,只要保人证明所携奴婢非寒良詃诱等色,不需要缴验买券就可在口马市上出卖,官府可给卖主发市券,这一不成文的规定从公验过所文书(《唐开元二十年(732)薛十五娘买婢绿珠市券》[8])中可以得到证明。

---

[1]国家文物局古文献研究室编:《吐鲁番出土文书》第6册,文物出版社1985年,第390页。

[2]国家文物局古文献研究室编:《吐鲁番出土文书》第7册,文物出版社1986年,第88-94页。

[3]国家文物局古文献研究室编:《吐鲁番出土文书》第7册,第8-9页。

[4]韩儒林:《突厥官号考》,引自《韩儒林文集》,江苏古籍出版社1991年,第519页。

[5]林梅村:《粟特文买婢契与丝绸之路上的女奴贸易》,载《文物》,1992年第9期,第49-54页。温翠芳:《唐代长安西市中的胡姬与丝绸之路上的女奴贸易》,载《西域研究》,2006年第2期,第19-22页。

[6](唐)长孙无忌等:《唐律疏议》卷20《贼盗律》"诸略人、略卖人(不和为略)"条,中华书局1983年。

[7]《唐律疏议》卷26《杂律》"买奴婢马牛不立券"条。

[8]国家文物局古文献研究室等编:《吐鲁番出土文书》第9册,第29-30页。

《唐开元十九年(731)唐荣买婢失满儿市券》云:“开元拾玖年贰月日,得兴胡米禄山辞:‘今将婢失满儿,年拾壹,于西州市出卖与京兆府金城县(今陕西兴平县)人唐荣,得练肆拾匹。’”券尾有5位保人和西州市承玄亮的押署,并书“用西州都督府印”7字。[1] 文书中的婢主米禄山应是昭武九姓胡人,他以兴贩为业,兼做奴婢买卖的生意。买主唐荣仅以40匹练就买得失满儿为侍婢,价格不谓不廉。

富商大贾们争相买卖突厥奴脾之风在西州愈演愈烈,已成为严重的社会问题。因此,引起武则天的不安。大足元年(701)五月三日武则天敕云:“西北缘边州县,不得畜突厥奴婢。”[2]该敕文颁布时,武周朝与突厥的关系已经恶化。显然,武则天颁布禁蓄突厥奴婢的诏敕,目的是为了缓和唐朝与突厥族人的矛盾,稳定边疆局势。但此诏是否得以实现,史无明文。况且,西州远离长安,有法不依,有令不止的现象在西陲之地时有发生。故此敕令极可能成为一纸空文。[3]

7.3.7 其他

入华九姓胡还有其他一些来源,如工匠。齐东方认为,唐代金银器制造中有外来工匠的参与,直到唐玄宗时期,位于安南负责进出口贸易的官员还与“波斯僧广造奇巧,将以进内”,波斯人不仅带来自己的产品,还在中国制作。白玉、水晶八曲长杯的作者就可能是来华的波斯或粟特工匠。[4]

7.4 入华九姓胡的分布

随着大批入华九姓胡的久留不归,九姓胡移民在中国北方形成了

---

〔1〕国家文物局古文献研究室编:《吐鲁番出土文书》第9册,文物出版社1990年,第27-28页。

〔2〕《唐会要》卷86《奴婢》。

〔3〕尚衍斌:《唐代入华“兴生胡”的社会权益评价》,载《西域研究》,2001年第1期,第17-24页。

〔4〕齐东方:《何家村遗宝与丝绸之路》,引自《花舞大唐春——何家村遗宝精粹》,文物出版社2003年,第35页。

许多定居点。以安姓为例,除了武威郡外,还有出于泾州安定郡(今甘肃泾川)和辽左的。敦煌文书《新集天下姓望氏族谱》称安姓为安定郡八姓之一。

以下择河西走廊以东几处九姓胡聚集地论述之,以窥全豹。[1]

7.4.1 长安、洛阳[2]

唐代的长安和洛阳,有大批九姓胡聚集、定居。这些九姓胡主要出自以下几个原因在长安和洛阳留居:前朝遗留、外地转徙、经商、质子、担任官职、译语人、匠人与乐人等。

魏晋南北朝便有不少人定居于长安附近。如蒲城县东北出土前秦建元三年(367)《邓太尉祠碑》记,冯翊护军辖有"……支胡、粟特、苦水、杂户七千,夷类二十种……"此粟特即指中亚昭武九姓胡人,他们来中国,往往以国为姓,其中以康姓为多。《梁书・康绚传》记康姓之来源:"康绚,华山蓝田人也。其先出自康居……晋时陇右乱,康氏迁蓝田,绚曾祖因为苻坚太子詹事。"马长寿先生据此考证,《邓太尉祠碑》所记的康姓应是自蓝田迁来。[3] 西魏、北周建都长安,中亚及西域胡人多聚于此。北周武帝聘阿史那氏为皇后,"西域诸国来媵,于是龟兹、疏勒、安国、康国之乐,大聚长安"。[4] 北周灭北齐之后,邺下的西域乐人也都被掳入长安。如北齐乐人曹妙达就被掳入长安,其后人有曹保、曹善才、曹纲,俱以演奏琵琶著称当世,在唐长安活跃一时。[5] 除这些西域音乐舞蹈家外,亦有胡人来华做官者,如北周太学博士何妥,就为中亚何国人,入隋为国子博士,终国子祭酒。[6]

在唐以前粟特人多集中在西北地区,如伊州、沙州、敦煌、凉州等地,其中处于丝绸之路要冲的凉州,则是"襟带西蕃、葱右诸国,商侣往

---

〔1〕程越:《从石刻史料看入华粟特人的汉化》,载《史学月刊》,1994年第1期,第22-27页。

〔2〕参见韩香:《隋唐长安中亚人考索》,载《人文杂志》,2001年第3期,第115-120页。

〔3〕马长寿:《碑铭所见前秦至隋初的关中部族》,中华书局1985年,第12-13页。

〔4〕《旧唐书》卷29《音乐志》。

〔5〕向达:《唐代长安与西域文明》,第19页。

〔6〕《北史》卷82《何妥传》,《隋书》卷75《何妥传》。

来，无有停绝”。[1] 其中尤以凉州安氏家族最为著名。该家族兴于隋末，盛于唐，衰于五代初，历经数百年而不堕。至隋以后，此地陆续有中亚人迁往长安等地。如隋末唐初，凉州安氏家族中安兴贵一支就已移居长安。另外，从出土的墓志铭中看，在唐代入仕的中亚诸国人，亦有不少是出自凉州，如唐游击将军康磨伽、康留买的曾祖即为凉州刺史，其先为北周时入居中国之康国人。[2] 除此之外，丝绸之路沿线其他地区亦有中亚胡人迁入长安者，如伊吾（今新疆哈密）城主石万年于贞观四年（630）率七城慕化归附，石万年应为昭武九姓胡人，其后人可能有留居于长安一带者。如唐高僧释神会即“俗姓石，本西域人也。祖父徙居，因家于岐，遂为凤翔人也”，向达先生认为神会大概为石万年之后。[3] 此外，亦有从东都洛阳等地迁入者，有的人往往两地徙居，有的死于长安，葬在洛阳，亦有的死于洛阳，而葬于长安。[4]

流入长安的中亚诸胡人中人数最多的是商胡。他们生活于长安社会广大的中下层人民中间，是最活跃的一个胡人群体。长安之中亚商胡，一部分随贡使或冒贡使而来，如冒回鹘之名而来的商胡，属国家间朝贡贸易性质。不过更多的则是通过民间贸易而兴贩东来，其情形即如史书所称“兴胡之旅，岁月相继”，[5] 很多人的目的地即是京城。如《康尾义罗施请过所案》中的康尾义罗施等中亚诸国人来中国，即“欲将家口入京师”之事。这些人只要具备牒文，按规定说明各种项目，如入境原因、人数、身份、奴婢数及牲畜数目、来源等，即可领到过所，有过所方能入境到内地经商。这些兴贩的商胡来长安后，有很多人就长期留居下来，娶妻生子。如德宗贞元三年（787），宰相李泌检括胡客留长安者，共检出4000余人。[6] 可见长安胡商之多。

---

〔1〕慧立、彦悰：《大慈恩寺三藏法师传》卷1，中华书局1983年。

〔2〕《康磨伽墓志》，《康留买墓志》，引自向达：《唐代长安与西域文明》，第14，21页。

〔3〕向达：《唐代长安与西域文明》，第21页。

〔4〕参见李至远：《唐维州刺史安侯神道碑》，见《全唐文》卷435；赵振华、朱亮：《安菩墓志初探》，载《中原文物》，1982年第3期。录文又见《唐代墓志汇编》（上），上海古籍出版社1992年，第1104－1105页。

〔5〕《旧唐书》卷94《崔融传》。

〔6〕《资治通鉴》卷232“德宗贞元三年”条。

这些生活于长安的商胡们，其活动亦很广泛，有经营珠宝的、饮食的、香药的、开旅店的，还有高利贷者，亦有在酒店歌舞侍酒的胡姬。唐人的笔记小说中多有关于他们的奇闻轶事。有很多定居于长安的胡人，由于经商取利，遂至暴富。如敦煌写本 P. 3813 号《唐判集》残卷所记长安县人史婆陁"家兴贩，资财巨富，身有勋官骁骑尉。其园池屋宇，衣服器玩，家僮侍妾比王侯。有亲弟颉利，久已家贫壁立，兄亦不分给。有邻人康莫鼻，借衣不得，告言违法式事"。[1]这些人中，也有贫穷者，如史婆陁之弟颉利及其邻人康莫鼻，即家贫壁立。

也有一些入侍为质的九姓胡留居长安。隋唐两代国势强盛，声威远播，其势力盛时曾深入中亚一带，于其地设羁縻府州，中亚诸国或是畏威，或是慕义向化，纷遣王族成员作为质子来中原入充侍卫。特别是在 8 世纪中叶以后，随着阿拉伯势力向中亚推进，来华入质为侍的中亚人就更多了。当时朝廷对这些人优加待遇，赐宅供奉，并封官赐爵。这些人中，有很多人长留不返，世代留居下来，子嗣亦入仕为官，并加入唐籍。如昭武九姓国的有米继芬等。1956 年西安土门村西出土《米继芬墓志》，志文云："其父米国人也……父讳突骑施，远慕皇化，来于王庭，遐至京师，永通国好……历任辅国大将军，行左领军卫大将军。公承质子，身处禁军……永贞元年（805）九月廿一日，终于礼泉里之私第……"[2]从志文可知米继芬之父以王子作质身份来长安，米继芬则继续以质子身份留居长安，受唐封官赐爵。另外，据 1966 年在西安西郊发现的《何文哲墓志》记述，何文哲在 830 年四月一日死于长安县义宁里私宅，他是中亚何国王丕之五代孙。他的"前祖以永徽初，款塞来质，附于王庭"。所谓"附于王庭"，可能是指担任宿卫之类的武职。[3]

唐代宫廷之中还有中亚诸国作为礼物馈赠的乐人，如表演胡腾舞的男女童，表演受唐人喜爱的胡旋舞的胡旋女，以及表演魔术的幻人和表演泼胡寒戏的胡人等，都是由康国、石国、米国、俱密等国的贡使送

---

〔1〕〔日〕池田温：《中国古代籍帐研究》，龚泽铣译，中华书局 1984 年，第 319 页。

〔2〕阎文儒：《唐米继芬墓志考释》，载《西北民族研究》，1989 年第 2 期，第 154 – 160 页。

〔3〕卢兆荫：《何文哲墓志考释》，载《考古》，1986 年第 9 期，第 841 – 848 页。

来的，供皇室和宫廷享乐而用。这些人地位比较低下，相当于奴隶。

由于唐代统治者政治开明，对各种新宗教亦采宽容政策，因而有不少祆教、景教、摩尼教教徒东来长安。如贞观初年的祆教传教士何禄，天宝年间的米萨宝等。[1] 根据韦述《两京新记》及宋敏求《长安志》所载，长安祆祠共有4处：布政坊西南隅，醴泉坊西北隅，普宁坊西北隅，靖恭坊街西。为了管理日益增多的祆教徒，唐朝政府还设立了萨宝府。

此外，还有许多九姓胡随突厥回纥等进入长安。公元6—8世纪初，突厥人曾长期控制着中亚粟特诸国。他们之间相互通婚，更有一部分粟特人通过经商和移民进入突厥汗国境内。因粟特人见多识广，通晓各种语言，并善于理财和经商，受到突厥统治者的信任和亲近。至东突厥最后一位可汗即颉利可汗统治时，势力更盛。史载"颉利每委任诸胡，疏远族类，胡人贪冒，性多翻复，以故法令滋彰，兵革岁动，国人患之，诸部携贰"。[2] 他们在政治上积极参与突厥汗国和其他大国之间的外交，在汗国内亦专设有胡部，由颉利之弟统特勤统领，此胡部当由九姓胡人组成。如唐贞观四年(630)，在平定东突厥的过程中，就有胡酋康苏密等以隋萧后及杨政道来降。[3] 康苏密显为九姓国康国人。东突厥被灭之后，有不少中亚诸国胡人流入长安，其中就有安国人安咄汗及其子附国。

7.4.2 太原、获鹿[4]

恒州西北的太原也有祆教徒活动。据《翟突娑墓志》云：翟突娑"字薄贺比多，并州太原人也。父娑摩诃，大萨宝，薄贺比多。"[5]大萨宝是祆教之首领名。康武通墓志(勒成于672年，以下引用石刻资料，

[1]《西溪丛语》卷下"论穆护歌"条；向达：《唐代长安与西域文明》，第23页。

[2]《旧唐书》卷194上《突厥传》。

[3]《旧唐书》卷194上《突厥传》。

[4]程越：《从石刻史料看入华粟特人的汉化》，载《史学月刊》，1994年第1期，第22－27页。

[5]赵万里：《魏晋南北朝墓志集释》卷9，文物出版社1956年，第102页，图版484。

一般在括号中注明勒成时间）、安孝臣墓志（734[1]）都称墓主为太原郡人。获鹿也有粟特人，建有胡神祠。《宝刻丛编》中有“唐鹿泉胡神祠文”一目，云为“唐来复撰并书，宝（历）二年（826）四月立在获鹿”。[2] 所谓“胡神祠”无疑是指摩尼教或祆教寺庙，而更可能是一座祆祠。陈垣先生曾说：“大秦、摩尼寺均称寺，而火祆祠独称祠，间有称庙者，亦隐与大秦、摩尼有别。”[3]获鹿地连云朔，恰当幽州向西进入洛阳的孔道，而且有粟特人居住。在获鹿本愿寺有一“本愿寺庆善等造经幢题名”，据考订为707—708年之物，[4]上有安礼楷、史远道、经主张宝德妻石等人名，估计是安、史、石国人的后裔。

7.4.3 固原和建康

1981年宁夏固原发掘了仪风三年(678)史道德墓。史道德墓志开头云：“公讳道德，字万安，其先建康（今甘肃高台西南）飞桥人氏。”对史道德的族属，有3种不同的意见：罗丰、李鸿宾认为是粟特人后裔，赵超认为是十六国时期流寓凉州的河西建康汉人史淑的后裔，马驰认为是奚族内迁者之后裔。[5] 史道德的远祖大约是在北魏时来到固原的。

在史道德墓被发现后几年间，固原博物馆考古队又先后在固原县南郊乡挖掘清理了7座隋唐时期的古墓葬。共出土墓志7方，除梁元珍外，其他6位墓主人分别为：唐给事郎兰池正监史道德；唐平凉郡都尉骠骑将军史索严；唐平凉郡都尉史索严夫人安氏（安娘）；唐司驭寺右十七监史铁棒；唐游击将军直中书省史诃耽；大隋正议大夫右领军

---

[1]河南省文物研究所、河南省洛阳地区文管处编：《千唐志斋藏志》，文物出版社1984年，图版273、739。

[2]陈思：《宝刻丛编》卷6，清道光末海丰吴式芬刻本，第26页。又见《四库全书》，第682册。

[3]陈垣：《火祆教人中国考》，引自《陈垣学术论文集》第1集，中华书局1980年，第320页。

[4]（清）陆增祥：《八琼室金石补正》卷46，希古楼本，1925年。

[5]李鸿宾：《史道德族属及中国境内的昭武九姓》，载《中央民族学院学报》，1992年第3期，第54－58页；固原博物馆：《宁夏固原唐史道德墓清理简报》，载《文物》，1985年第11期，第21－30页；赵超：《对史道德墓志及其族属的一点看法》，载《文物》，1986年第12期，第87－89页；马驰：《史道德的族属籍贯及后裔》，载《文物》，1991年第5期，第38－41页；罗丰：《也谈史道德族属及相关问题》，载《文物》，1988年第8期，第92－94页。

骠骑将军史射勿。据墓志分析，此墓群为同一家族墓地。[1]

固原在隋唐时期是西北边陲重镇，它对隋唐首都长安的稳固起着举足轻重的作用。隋时，固原是隋对付突厥的重要防线。隋正议大夫右领军骠骑将军史射勿，在隋开皇年间，曾随李轨、史万岁、杨素等人与突厥作战；作为两朝边陲卫士的史索严，"武皇帝时，与平凉郡太守张隆同讨薛举"；[2]史诃耽在平息薛举之战中立有大功。

唐初在西北地区大量牧马，其地在秦、魏二州以北，会州以南，兰州以东。其中包括原州，东西六百里，南北四百里，设"八使"，"四十八监"进行管理。九姓胡人善养马，唐朝廷任命史道德为"玉亭监"、"兰池正监"，负责管理马政。

而且，史道德族人有担任萨宝这一祆教首领者。[3]以上6位墓主应为中亚"昭武九姓"中史国与安国人的后裔。

在高昌发现的史祐孝砖铭(656)，题为："交河郡功曹史……建康史祐孝之墓表。"[4]可见史祐孝的先人，是从建康(甘肃高台西)迁移到交河(吐鲁番交河故城)这座中西交通重镇的。我们虽然还不能像有些学者那样，把建康堪同为粟特人的发源地昭武城，[5]但把建康(军)作为河西走廊上的交通枢纽，东联长安，北达灵武、原州，西通武威、高昌，南接吐谷浑，成为粟特人聚居点的可能性很大。

7.4.4 六胡州

高宗调露元年(679)，唐为加强对黄河河套南的突厥降户的统治，于灵(今宁夏灵武西南)、夏(今内蒙古白城子)二州之间设六州(即鲁、丽、含、塞、依、契)，地当今内蒙古鄂托克旗南、宁夏盐池北，史称"六胡

---

[1]苏银梅：《隋唐时居住在固原的"昭武九姓"后裔》，载《固原师专学报》，1995年第1期，第77－78页。

[2]固原博物馆藏：《安娘墓志》。

[3]罗丰：《也谈史道德族属及相关问题》，疑即咸亨三年(672)固原史诃耽墓志所云北周时担任京师萨宝的史思，引自宿白：《武威行(中)》，载《文物天地》，1992年第2期，第7－11页。

[4]黄文弼：《高昌砖集》，西北科学考察团印，1931年，第9页。

[5]李鸿宾：《史道德族属及中国境内的昭武九姓》，载《中央民族学院学报》，1992年第3期，第54－58页。

州”。长安四年(704),唐朝廷把六胡州并为匡、长二州。[1] 六胡州之突厥降户大部分是原属突厥之中亚昭武九姓胡。[2] “开元十年(722),平康待宾,迁六胡州居民于河南及江、淮。十八年(730)复置匡、长二州。二十六年(738)还所迁胡户置宥州(内蒙古鄂托克旗南)及延恩等县,其后侨治经略军。至德二载,更郡曰怀德。乾元元年复故名。宝应后废。”[3]

“安史之乱”爆发后,六胡州居民六州胡再次迁徙,六胡州开始了东移。六胡州的九姓胡在至德元年(756)九月受安史叛军招诱,参预了“安史之乱”,同年底唐军击败了盗据朔方的叛军与六州胡,六州胡进一步东迁,投奔洛阳的安禄山。至德二年(757),唐军攻克洛阳,六州胡随安庆绪北奔,又降于史思明。这期间六州胡被叛军以六州胡、经略军的建制安置于范阳(今北京一带)。经过以上变故,唐在灵、夏州之间所设六胡州(即宥州),在“安史之乱”爆发后,虽至德二年(757)更名怀德,乾元二年(758)复故名,但由于居民六州胡迁出之故,终于在宝应年(762—763)后废除。贞元二年(786)六州胡从石州(今山西离石)被迁往云(今山西大同)、朔(今山西朔县)州。元和九年唐复置宥州经略军,居民却是神策军行营兵士及家属。至于迁往云、朔的六州胡,由于突厥别部沙陀东迁进入其中之故,六州胡内已是沙陀与六州

---

〔1〕《新唐书》卷37《地理志一》“宥州宁朔郡”条。

〔2〕张广达:《唐代六胡州等地的昭武九姓》,载《北京大学学报》,1986年第2期,第71－82,128页;周伟洲《唐代六胡州与“康待宾之乱”》,载《民族研究》,1988年第3期,第54－63页;王义康:《六胡州的变迁与六胡州的种族》,载《中国历史地理论丛》,1998年第4辑,第149－156页。李树辉认为,“六胡州”及武威等地的九姓商胡,除东来者之外,当主要是秦汉时便居于当地的月氏胡。见李树辉:《唐代粟特人移民聚落形成原因考》,载《西北民族大学学报》,2004年第2期,第14－19页。

关于“六胡州”粟特人研究,尚可参见陈海涛:《唐代粟特人聚落六胡州的性质及始末》,载《内蒙古社会科学》,2002年第5期,第40－44页;艾冲:《唐代河曲粟特人“六胡州”治城的探索》,载《民族研究》,2005年第6期,第73－78页;〔韩〕朴汉济:《唐代“六胡州”州城的建置及其运用》,载《中国历史地理论丛》,2010年第2辑,第27－45页;李丹婕:《唐代六胡州研究述评》,载《新疆师范大学学报》,2004年第4期,第102－107页。

〔3〕《新唐书》卷37《地理志一》“宥州宁朔郡”条。

残胡杂处，且六州胡处于沙陀押领之下。[1]

随着六胡州的变迁，归属六胡州的大批九姓胡也迁徙各地，在黄河以北地区就有着广泛分布。

六胡州居民六州胡以鞍马从戎为能事。六胡州是唐朝马匹供给基地之一。唐玄宗开元二年（714）九月，“太常少卿姜晦上封，请以空名告身，于六胡州市马，率三十匹酬一游击将军”。[2] 可见六胡州居民主要从事畜牧业。从现有历史记载来看，唐代六胡州曾是不时被征发的军事力量。早在武则天万岁登封元年（690）夏，营州契丹反，攻陷营州，进围檀州。则天武后即赎奴录囚，并“大发河东道及六胡州，绥、延、丹、隰等州稽胡精兵，悉赴营州”。[3] “安史之乱”中，六州胡又成为安禄山、史思明招诱、驱使的军事力量。这种情况延续到唐末五代，六州胡又成为沙陀崛起代北的军事力量。沙陀种族本异于昭武九姓，因东迁之故进入云、朔地区与六州胡杂处。沙陀进入六胡州后，唐称沙陀与六胡州为“六州三部落”，六州是指迁来云、朔的六胡州。三部落指沙陀、萨葛、安庆三部落。在史文中三部常常并列，乾符四年（877）十月，李钧与沙陀、薛葛、安庆部落等合兵讨李国昌父子，[4]僖宗广明元年（880）六月，唐以蔚、朔等州招讨使李琢与吐浑等共讨沙陀酋长李友金、萨葛都督米海万、安庆都督史敬存。[5] 薛葛都督米海万明显为昭武姓氏，况萨葛即薛葛、索葛，是粟特的不同音译。[6] 安庆都督史敬存也属昭武姓氏。因此，三部中萨葛、安庆二部应是源于六胡州的昭武九姓部落。在五代史中，后唐、后晋、后汉三朝出于代北的将相大臣多为安、康、史、石、何等昭武姓氏，其中许多人明言其出身三部落，世代为军将。可见从初唐到唐末五代时，六胡州的昭武九姓依然保持着以鞍

---

〔1〕王义康：《六胡州的变迁与六胡州的种族》，载《中国历史地理论丛》，1998年第4辑，第149－156页。

〔2〕《唐会要》卷72“马”条。

〔3〕《全唐文》卷211，《陈子昂上军国机要事》

〔4〕《旧唐书》卷19《僖宗本纪》。

〔5〕《旧唐书》卷19《僖宗本纪》。

〔6〕张广达：《唐代六胡州等地的昭武九姓》，载《北京大学学报》，1986年第2期，第71－82，128页。

马从戎为能事、英勇善战的本色。

以上所举说明，六胡州的昭武九姓主要从事畜牧业，终唐一代保持着部落组织，其人鞍马从戎、英勇善战与突厥无二，且有柘羯的特点，因而安史叛军、沙陀均曾倚其为军事力量。

7.4.5 营州

营州（辽宁朝阳）地处华北至东北的咽喉要道，是东北地区重要的商品集散地。在唐代，随着中西方贸易的不断扩大，丝绸之路经草原、内地，分成北、中、南道3路汇集到营州，并延伸到东北各地。北路，亦称为草原丝绸之路，以康国为始，经怛逻斯、碎叶，沿天山北麓至北庭，再东去内蒙古高原，然后南下营州；中路，以在丝绸之路的主干线甘肃境内的凉州为开端，向东至灵州，循黄河经丰州、云州、妫州，翻越七老图山脉，沿阴凉河西南行至老哈河，转而南行至营州；南路，自长安为发端，东北行经华北平原至幽州，翻越燕山山脉至营州。波斯、粟特商人大体沿上述3条路线到营州，从事商贸活动，并逐渐定居。[1]

1975年，在辽宁敖汉旗李家营子1号唐代墓葬中出土了5件金银器。[2] 据夏鼐先生研究，其中3件金银器具有极强的波斯萨珊朝风格。[3] 另据齐东方研究，这几件金银器并非中国制造，而是外来的输入品。它们的原产地应在粟特或萨珊王朝的东北部，而以粟特地区的可能性更大，其时代为7世纪后半叶到8世纪中叶。[4] 这说明粟特人已在当地定居。

在开元年间，有大批胡商聚集营州。《旧唐书·宋庆礼传》记载："开元五年，奚、契丹款塞归附。玄宗欲复营州于旧城……俄拜庆礼御史中丞，兼检校营州都督。开屯田八十余所，追拨幽州及渔阳、淄、青等户。并招辑胡商，为立店肆，数年间营州仓廪颇实，居人渐殷。"移居营

---

〔1〕张松柏：《敖汉旗李家营子金银器与唐代营州西域移民》，载《北方文物》，1993年第1期，第74－78页。

〔2〕敖汉旗文化馆：《敖汉旗李家营子出土的金银器》，载《考古》，1978年第2期，第117－118页。

〔3〕夏鼐：《近年中国出土的萨珊朝文物》，载《考古》，1978年第2期，第111－116页。

〔4〕齐东方：《唐代金银器研究》，中国社会科学出版社1999年，第326－329页。

州的九姓胡以康、史、安国移民为主。安禄山、史思明就是在营州发迹的。

7.4.6 会稽、扬州

唐代，康氏是会稽的一大望族。康遂诚墓志云："公字筠，会稽山阴人"；[1]康氏墓志（760）云"夫人会稽人"；[2]也有一些康姓人以会稽人封赠，如康日知墓志（805）之"唐会稽郡王康日知"；康志睦（康日知之子）墓志（861）之"太尉会稽郡王康志睦"即是。[3]

康姓本是地地道道的粟特康国人入华后取的汉姓，《新唐书·康日知传》称："康日知，灵州人。祖植，当开元时，缚康待宾，平六胡州，玄宗召见，擢左武卫大将军，封天山县男。"可见康日知本贯灵州，其父封天山县男，表明其家族在开元时还自称来自西域。"天山"和安史乱前粟特人墓志的"昆山"等词同义，表示家族出自西方。可是"安史之乱"以后，这些康姓家族，或称会稽人，或封会稽郡，有的甚至称为会稽山阴人，使人乍一看以为这里的会稽是指江南道越州会稽郡，其人是地道的汉人。在这里，聪明的粟特人实际上偷换了地理概念，因为在粟特聚居的河西瓜州地域内也有一个会稽。[4] 会稽、晋昌即唐代的瓜州常乐，称会稽人者，即等于说常乐人。"安史之乱"前，本姓康氏的安禄山自称常乐郡望。安史乱后，与之同姓又同郡望的康姓人一定要有所掩盖。于是，他们就用唐人已经不熟悉的会稽来作为自己的郡望，使人一望反以为他们出自江南高门，而不会想到河西的常乐。颜真卿撰《康希铣神道碑铭》，详细叙述了这个家族从周武王以来直到唐朝的谱系，中间没有断绝，其中说这个康氏是从南朝陈开始，"居会稽，遂为郡

---

[1]（宋）陈思：《宝刻丛编》卷13，见影印文渊阁《四库全书》，第682册。

[2]《咸宁长安两县续志》卷下，第18页上。

[3]《宝刻丛编》卷7。

[4]《晋书·地理志》记元康五年（295）立会稽县，属晋昌郡。又《通典》卷174《州郡典》"瓜州"条："苻坚徙江汉之人万余户于敦煌，凉武昭王遂以南人置会稽郡。"北周时废郡为县，地点就是晋昌郡治。后县治迁到玉门废县，即今赤金堡地。参看李并成：《归义军会稽镇考》，载《敦煌吐鲁番研究》第3卷，北京大学出版社1998年，第223－228页。

人焉”。[1] 不过,此碑立于大历十一年(776),也不能排除是出自其家族成员提供的伪家谱的可能性。总之,大多数康姓九姓胡人应当是从河西的会稽迁到中原的,而“安史之乱”后,一部分康氏巧妙地用地理概念的转换,改头换面变成了江南的会稽人了。[2]

从《新唐书·康日知传》的记述看,康日知祖父康植在开元年间曾缚康待宾,助唐平定六胡州之乱,其祖应该也是突厥降胡,即贞观四年颉利可汗败亡后,由突厥入居中国的康国胡人后裔。

扬州是江南的商胡聚集地之一。据载,唐肃宗上元元年(760),唐将田神功攻入扬州,“杀商胡、波斯数千人”。[3]

7.4.7 其他地区

还有一些零星的墓志证明粟特人在其他地区的活动,如:康叔卿夫人墓志铭(857),说明康叔卿等就出生于山东淄川。[4] 康君傅夫人墓志铭(856)记傅氏卒后“迁窆于淄川县万年乡之西北三里孝水之西原”。[5] 安度墓志铭(659),[6]记安度为长沙人。

---

〔1〕《颜鲁公文集》卷7;《全唐文》卷344。参看程越:《从石刻史料看入华粟特人的汉化》,载《史学月刊》,1994年第1期,第23页。

〔2〕荣新江有详考。见荣新江:《“安史之乱”后粟特胡人的动向》,引自纪宗安、汤开建主编:《暨南史学》第2辑,暨南大学出版社2003年,第102-123页。

〔3〕《新唐书》卷144《田神功传》;《资治通鉴》卷221“肃宗上元元年十二月”条。

〔4〕(清)孙星衍:《寰宇访碑录》卷4,清光绪十年(1884年)吴县朱记荣刻本,第157页。(《丛书集成初编》收录)

〔5〕罗振玉:《山左冢墓遗文》,上虞罗氏刊本,第21页。

〔6〕《千唐志斋藏志》,图版143。

8 入华九姓胡的管理和地位

随着大批九姓胡入华，这些来源纷杂、形形色色的胡人构成了唐朝社会中颇引人注目的群体，活跃在唐朝社会的各个角落。唐朝对九姓胡的入华，九姓胡的留居，在华九姓胡人的法律地位等，都做了严格规定。

8.1 九姓胡入境的手续

唐代，使节往来的食宿费用是由国家负担的，对使节的迎来送往成为沿途州县的很大负担，所以唐朝对朝贡使身份的检查较为严格。唐代《卫禁律》"越度缘边关塞"条的疏议中明确规定：除国使外，其余人等一律严禁出入国境 。因此，为查明朝贡使的身份，唐代使用一种叫作"铜鱼符"（铜契）的凭信。这种铜鱼符只是在唐前期发给通过陆路入境的西域各国行旅者，通过海路入境的国家如日本等则不使用。这一现象反映出，在8世纪前期，唐王朝的出入境管理是以西北边疆为重点的。[1]

关于"铜鱼"，钱易在《南部新书》中有较详细的记述："西蕃诸国通唐使处，置铜鱼雄雌相合十二只，皆铭其国名第一至十二，雄者留内，雌者付本国。如国使正月来贲第一鱼，余同准此。闰月即赍本国而已。校其雌雄合，依常礼待之，差谬即按。至开元末，鸿胪奏蕃国背叛，铜鱼多散失，始令所司改铸。"[2]

在国家间的朝贡贸易之外，民间还存在着互市贸易。关于唐王朝

[1] 对于西域诸国首领入华后的接待，见《隋书》卷67《裴矩传》。

[2]（宋）钱易：《南部新书》，中华书局2002年，第24页。

在西域地区和游牧民族之间的互市贸易,史料记载非常缺乏。[1]《资治通鉴》卷193"贞观四年(630)12月甲寅"条载:[2]

甲寅,高昌王麹文泰入朝。西域诸国咸欲因文泰遣使入贡,上遣文泰之臣厌怛纥干往迎之。魏徵谏曰:"昔光武不听西域送侍子,置都护,以为不以蛮夷劳中国。今天下初定,前者文泰之来,劳费已甚,今借使十国入贡,其徒旅不减千人。边民荒耗,将不胜其弊。若听其商贾往来,与边民交市,则可矣,倘以宾客遇之,非中国之利也。"

从魏徵的进谏中我们可以了解到,贞观四年(630)时,唐王朝与西域各国的民间贸易已扩大到了最大限度的"边民"贸易。不过,此时的粟特商人与其他蕃国人一样,还不能随便入境交易。

到了垂拱元年(685),唐王朝已正式认可粟特商人可突破互市贸易的地域范围,去内地交易。[3] 正如敦煌遗书S.1344《开元户部格残卷》所载:[4]

敕:诸蕃商胡,若有弛逐,任于内地兴易,不得入蕃。仍令边州关津镇戍严加捉搦。其贯属西、庭、伊等州府者,验有公文,听于本贯以东来往。

垂拱元年(685)八月二八日

从这件文书可以看出,从垂拱元年开始,粟特商人的商业活动就有了很大的变化,程序上较之以前也简单得多了。商胡可在中原自由贸易,伊、西、庭州居住的昭武九姓胡持有公验过所亦可在本贯以东地区自由兴贩,但不允许再入蕃地,他们与汉商贾享有同样的待遇。这件

---

[1]《旧唐书》卷194《突厥传》下;《吐鲁番出土文书》第8册,文物出版社1987年,第84-90页有关游牧民族互市贸易的文书。

[2]《资治通鉴》卷193"贞观四年(630)12月甲寅"条。

[3]商胡被唐政府认为是同波斯、大食有差别的,商胡这一称呼只是指伊朗系商人。《旧唐书》卷110《邓景山传》载:"商胡大食波斯等商旅死者数千人。"应该读为"商胡、大食、波斯等商旅死者数千人。"

[4]引自尚衍斌:《唐代入华"兴生胡"的社会权益评析》,载《西域研究》,2001年第1期,第17-24页;[日]荒川正晴:《唐帝国和粟特人的交易活动》,陈海涛译,载《敦煌研究》,2002年第3期,第81-91页。

诏令实际上是唐廷对早已存在的粟特商人入境现状的认可。这个诏敕在开元年间成为户部的准则，一直维持到8世纪中叶。

唐王朝通过颁发铜鱼符的办法，对来自西域国家的贡使的身份进行审查，以防止民间商人借朝贡之名入华从事贸易活动。但是正如我们所看到的，在不能归蕃的条件下，唐王朝也认可以民间贸易为目的的粟特商人入境。因此，粟特商人的入境方法有两种：一种是随同朝贡使入境，另一种则是私自入境。通常情况下，西蕃诸国使者在进入京城的时候，应该取得朝廷敕许。可是外来粟特商人，从发给他们过所的程序来看，则没有这个必要，只需到地方政府申请"过所"即可。

为了有效地管理东西陆路地区的涉外贸易，也为了方便到唐朝内地进行民间贸易的粟特商人的入境和旅行，唐朝派官员在"兴生胡"最为集中的西州（今吐鲁番）负责"过所"的发放、勘验事宜。在吐鲁番文书中可以看到某些具体记载，特别是《唐垂拱元年（685）康尾义罗施等请过所案卷》（64TAM29：17a，95，108a，107，24，25），反映了商胡入境的情况。[1]

唐律规定，凡百姓、行旅，只要离开本县本州，无论是投亲访友或行医治病，还是经营生计者，都必须持过所才能出入关口。据程喜霖先生研究，吐鲁番出土的10件公验过所文书，总计在西州申请公验者27人，其中"兴胡"14人（石染典2人次），占52%；胡汉商贾（含运输雇工）占申请总人数的70%。[2]兴胡在西州请求审验过所的文书多集中于648—733年之间，多属古代新疆境内贸易。只有阿斯塔那29号墓所出《唐垂拱元年（685）康尾义罗施等请过所案卷》所记康尾义罗施等人"从西来"，"请将家口入京"，"欲向东兴易"。依照唐朝相关法令：非本州县之人回贯或别往他处，只要有"来文者"，当时所在州府改给过所。但上述康尾义罗施并无"来文"，所以某姓名亨的户曹参军将审查的情况呈报西州都督批示，故用"白"字，盖"察白"或"呈辞"的意

〔1〕国家文物局古文献研究室等编：《吐鲁番出土文书》第3册，第346－350页；《吐鲁番出土文书》第7册，第88－94页。

〔2〕程喜霖：《唐代过所研究》，中华书局2000年，第239－249页。

思。显然这与唐代法令不合,即无"来文"亦准办过所,或许是商胡贿赂勘验官员的结果;当然我们也不能完全否认这是唐朝对商胡优惠政策的体现。

日本学者荒川正晴对《唐垂拱元年(685)康尾义罗施等请过所案卷》做了深入的研究,得出了以下几点结论:

(1)外来粟特商人如果要进入汉地,就需要向西州都督府请求过所,西州都督府对他们询问的回答就是辩辞。唐代的州县百姓如果想离开本贯,也需要取得过所,对过所申请的受理和批准都是由州县的录事负责的。从这件文书第四部分的第一行中可以看出,在申请过所时,外来粟特商人也要向西州府提出申请,这说明在获得过所的程序上,他们同普通百姓一样。

(2)在文书所记录的垂拱元年(685),粟特商人来吐鲁番之前,需在途经的唐王朝的某个州县获得过所。可见,粟特商人要有过所才能来西州,这是一个前提。也许统治西域的安西、北庭都护府就是最初的过所发给地。这件文书说明,这些粟特商人就是在"汉官府"取得过所的。

安西、北庭两都护府是如何授予过所的,目前还不太清楚。但就西州都督府的情况来推测,他们所审查的主要是粟特商人及其所带人畜的身份,这由文书第四部分户曹司要求保人证明"其人等不是压良诱寒盗"可资证明。两都护府在这一方面同西州都督府应该是一致的。

(3)粟特商人在入境时应该同其他蕃国人一样,但实际情况却是,当他们取得边境地区官府的过所后,就可以上京师从事贸易。取得过所的程序和被问询的内容,也同内地州县的普通百姓、商人离开本贯时一样,并没有什么差别。作为唐朝羁縻州府州民的粟特商人入境的时候,并没有入境检查,只要有过所就可以进入唐王朝内地,而唐周边诸国人员则没有这种特殊的待遇。

在为获得过所而接受询问时,较为特别的是,需要保人保证申请者及其下人、牲畜的身份、来源必须清白。这说明外来粟特商人在申请过所的时候,必须有保人。前面所提到的文书中就有以下保人:庭州百姓康阿了、伊州百姓史保、庭州百姓康小儿、焉耆人曹不那遮、高昌县史康师。

这5个保人根据名字判断，有3个是以西、伊、庭3州为本贯的粟特人，[1]一个是安西都护府属下焉耆都督府的粟特人，还有一个是汉人。其中粟特人康师还是高昌县的胥吏。从身份判断，外来粟特商人同作为唐王朝州县百姓定居在边境绿洲上的粟特人已有密切的联系。外来粟特商人同已定居绿洲的粟特人的这种关系，是非常容易理解的，这也对他们进入内地提供了极大的方便。

(4)外来的粟特商人与内地中国商人一样，也要遵守唐王朝内地贸易的规定。粟特商人有些也留在边州，如《开元户部格残卷》所载。[2]

垂拱元年(685)的《开元户部格残卷》之敕令，可能是专门针对粟特商人的。依据此规定，商胡可在中原自由贸易，在伊、西、庭州居住的昭武九姓胡持有公验过所亦可在本州以东地区自由兴贩，但不能擅自入蕃，这与汉商贾享有同样的待遇。兴胡康尾义罗施在西州请往东贸易的过所，符合唐对商胡的管理条例。外来粟特商人进入唐王朝内地之后，不允许再回到自己的国家，这是一条原则。

8世纪唐王朝对西域控制的强化，还表现在《唐会要》卷86“关市”条中：

> 天宝二年十月敕，如闻关已西诸州，兴贩往来不绝，虽托以求利，终交通外蕃，因循颇久，殊非稳便。自今已后，一切禁断，仍委四镇节度使，及路次所由郡县，严加捉搦，不得更有往来。

上文再次提出了严禁来往于蕃域的商业贸易活动，并严禁进入唐内地的粟特商人归蕃。但在慧超《往五天竺国传》“犍陀罗国”条中有“汉地胡兴”之句，按照近年的解释，其意思为“来自中国的兴胡”。[3]

---

〔1〕成为内地州县百姓的康阿了，其姓名具有明显的胡族特点。日本学者吉田丰认为“阿了”是粟特语“ryw”的汉语音译。

〔2〕〔日〕荒川正晴：《唐帝国和粟特人的交易活动》，陈海涛译，载《敦煌研究》，2002年第3期，第81－91页。

〔3〕〔日〕桑山正进：《慧超往五天竺国传研究》，京都大学人文科学研究所1992年，第38页。

这里所说的"兴胡",就是指粟特商人。由此看来,他们是在中原和犍陀罗之间往来进行商业贸易的。根据阿拉伯文献《太伯里史》记载,在伊斯兰历104年(公元722年6月到723年6月),呼罗珊总督海拉希(Said b. Amr al - Harashi)与粟特人军团发生了战斗,粟特人将穆斯林俘虏全部杀掉,于是海拉希也命令将所有粟特人杀掉,但唯独赦免了近400名粟特商人,因为这些粟特男人拥有很多商品,而绝大部分是从中国运来的。[1] 根据这一记载,在开元十年(722)左右,往来索格底亚那和中国之间的商人的数量是非常可观的。此外,8世纪的穆格山文书中,一件汉文文书的背面,用粟特语写了每天收支铜钱的账目。值得注意的是,这件粟特文书日期的数字表示方法(从1到30)遵循汉地的习惯,不是按照粟特历法来书写的,此外还有一些现象说明,这件粟特文文书是在中国书写的。同时,这件文书也是8世纪粟特商人在粟特与中原之间频繁商业往来的直接证据。[2] 当然,在入华粟特商人中,也有一些是跟随朝贡使节而入华的。这些材料表明,粟特商人往来于索格底亚那和中原之间从事商业贸易活动已是很常见的事了。外来粟特商人只要取得边境州县的过所,就可以很容易地前往唐内地进行贸易。

8.2 入华留居九姓胡之统治方式

根据入华九姓胡的身份和分布地区,唐朝对入华留居的九姓胡采取了不同的统治方式,主要有自治制、萨保制、著籍管理制和羁縻体制等。

唐朝早期留居新疆东部的九姓胡,往往自立门户,建立自治组织,由九姓胡首领充任统治者。据《沙州伊州地志》(S.367)残卷记载,贞

---

〔1〕〔日〕荒川正晴:《唐帝国和粟特人的交易活动》,陈海涛译,载《敦煌研究》,2002年第3期。

〔2〕〔日〕荒川正晴:《唐帝国和粟特人的交易活动》,陈海涛译,载《敦煌研究》,2002年第3期。

观(627—649)中,在隋代的鄯善镇废址上,“康国大首领康艳典东来居此城,胡人随之,因成聚落,亦曰典合城。……上元二年(761)改为石城镇,隶沙州。”康艳典还在石城镇周边兴建了新城、蒲桃城、萨毗城等。[1] 敦煌写卷S.367《沙州伊州地志》记载,隋朝末年,伊吾“复没于胡”;贞观四年(630),伊吾胡人“首领石高(万?)年率七城来降,我唐始置伊州”。[2] 可见,伊吾地区长期由石姓九姓胡人占据、自治。高宗时期,在播仙镇(今新疆且末地区)居住着以何伏帝延为城主的昭武九姓聚落。[3] 这些九姓胡聚落似亦施行一种自治制。新城(汉名弩支城)“东去石城镇以西二百四十里”(《寿昌县地境》作“三百三十里”),蒲桃城“南去石城镇四里”,萨毗城“西北去石城镇四百八十里”。[4] 这么广大的区域,皆由康艳典统领,应该是一种自治性的管理体制,类似于羁縻体制。与汉地羁縻体制不同的是,自治体制的首领不是唐王朝任命的,而是自主形成的。据S.2005《沙州都督府图经》记述,武后大周天授二年(691)“石城镇将康拂耽延弟地舍拨状称……”云云,[5] 可见康拂耽延被武则天授以“镇将”之职。康拂耽延似是康艳典的家族成员,接受了唐朝的官职,石城镇等地也由自治纳入唐朝军镇统治体系。种种迹象表明,九姓胡在西域地区建立的这些城镇,其城主更替具有世袭性质,他们仅仅是向唐朝称臣而已。我们也没有见到居住在这些九姓胡城镇型聚落的居民纳税服役的记载。由于资料的缺乏,我

---

〔1〕郑炳林:《敦煌地理文书汇辑校注》,第65-66页。另见《沙州都督府图经》(P.2005)、《沙州地志》(P.5034)残卷和《寿昌县地境》,见郑炳林:《敦煌地理文书汇辑校注》,第19,47,61页。〔法〕伯希和:《沙州都督府图经及蒲昌海之康居聚落》(1916),引自冯承钧译:《西域南海史地考证译丛七编》,商务印书馆1995年,第25-29页。

〔2〕S.367《沙州伊州地志》,见郑炳林:《敦煌地理文书汇辑校注》,第66-67页。

〔3〕荣新江:《西域粟特移民考》,引自马大正等编:《西域考察与研究》,新疆人民出版社1994年,第157-172页;〔日〕池田温:《八世纪中叶敦煌的粟特人聚落》,辛德勇译,引自池田温:《唐研究论文选集》中国社会科学出版社1999年,第3-67页。关于“何伏帝延”,参见陈国灿:《唐乾陵石人像及其衔名的研究》,引自《文物集刊》第2集,文物出版社1980年,第197页考证。亨宁认为,伏帝延、拂耽延是粟特语'partam-yān一词的音译,意为“头件礼物”,特指头生儿子而言。亨宁把此考证转告给蒲立本。参见:E. G. Pulleyblank, *A Sogdian Colony in Inner Mongolia. T'ong Pao* XLI,1952. p.323注释1.

〔4〕《沙州伊州地志》(S.367),见郑炳林:《敦煌地理文书汇辑校注》,第66页。

〔5〕S.2005《沙州都督府图经》,见郑炳林:《敦煌地理文书汇辑校注》,第19页。

们尚不能勾勒出唐朝是如何管理这些自治聚落的。

公元943年,中亚佚名作者的波斯文著作《世界境域志》也记:"在今吐鲁番附近有5个属于粟特人的村落,其中住着基督徒、祆教徒和萨毗。"[1]这些粟特人与上述汉文文书记述的粟特人应该有某种联系。

定居中原各地的小规模九姓胡,也时常结成自治性质的行会团体。例如,定居洛阳的一些九姓胡商人,就结成了"香行社"。龙门石窟古阳洞北一小龛内留下的一则题记反映了这种商团的情况:

南市香行社
社官安僧达 录事孙香表 史玄荣
常行师 康惠登……
…… 何难迪
…… 康静智
右件社人等一心供奉
永昌元年(689)三月八日起手[2]

唐朝在洛阳设有西、南、北3市,社是市场中的商人组织。所谓"香行社",就是贩卖香料的商人之间的民间组织,香料是九姓胡人经营所常见的商品,因而其中成员多为九姓胡人。这些九姓胡商人已经组成较为稳固之社,并担任社官等职务,这说明他们不再是来往不定之游商,而是长期在洛阳居住者。这些九姓胡商应该是著籍的了。据《朝野佥载》卷3记载,洛阳的南市西坊有胡祆神庙,每年粟特商胡都要在此宰猪烹羊,并以舞乐、幻戏助兴,进行祈福活动。[3] 本题记所提及的香行社里的九姓胡人或许就住在洛阳南市西坊里,这样便于他们

[1] *Hudūd al-'Ālam* (《世界境域志》), trs. by V. Minorsky, London, 1970, p. 95.

[2]最初,温玉成、陈海涛等皆作"北市香行社"。见温玉成:《龙门所见中外交通史料初探》,载《西北史地》,1983年第1期,第65页;陈海涛:《唐代入华粟特人商业活动的历史意义》,载《敦煌学辑刊》,2002年第1期,第123页。毕波先生据国家图书馆所藏龙门石窟《造像记》的拓本,认定为"南市香行社"。见荣新江、张志清主编:《从撒马尔罕到长安——粟特人在中国的文化遗迹》,第129页。

[3](唐)张鷟:《朝野佥载》卷3,中华书局1979年。

从事经营活动。南市西坊应是洛阳的九姓胡商集中居住的区域之一。[1]

在上述龙门石刻中，反映在“香行社”这一民间商业组织中，也已突破了民族的范围，其中既有九姓胡人也有汉人。而在商业活动的具体买卖过程中，九姓胡商自然也常与汉人发生关系。可见，在共同的经济活动中，必然导致入华九姓胡商同汉人的接触，这无疑对他们的汉化有着极大的促进作用。正是在与汉族同行的合作中，这些九姓胡商也不自觉地经受了汉化的过程，因此他们不仅名字上已经汉味儿十足，而且在宗教信仰上也皈依了佛教。

唐朝对入华九姓胡的第二种管理方式就是萨保制。自北魏以来，为了管理入华的西域胡人，各朝政府任命西域胡人首领担任萨保（宝）一职。向达先生认为，萨宝（保）是回鹘文 Sartpau 之译音，意为商队首领。[2] 而罗丰先生考证，萨宝系印度巴利文 Satthavāha、梵文 Sārhavāho 一词的音译，意为商队导师。[3] 荣新江先生认为，“萨保”（又作“萨甫”、“萨宝”）是粟特文 s'rtp'ω 音译，意译就是“商队首领”；萨保的粟特文原语，是日本吉田丰教授从写于公元 4 世纪初叶的粟特文古信札中找到的；2003 年，这一比定又得到了新发现的史君墓粟特文和汉文双语对照书写的铭文的确认。[4] 笔者认为，当以荣新江之见为是。

萨保不仅是粟特商队行进中的领袖，而且也是粟特人建立的聚落统治者。由于大多数早期东来的粟特人信奉的是粟特传统的拜火教（中国称之为祆教），所以聚落中往往立有祆祠，萨保也就成为粟特聚落中的政教大首领。根据一些墓志和其他文献记载，北魏、北齐、北周、

---

〔1〕唐代洛阳有四所祆祠，分别在立德坊、修善坊、会节坊和南市西坊。参见毕波：《信仰空间的万花筒——粟特人的东渐与宗教信仰的转换》，引自荣新江、张志清主编：《从撒马尔罕到长安——粟特人在中国的文化遗迹》，第 49－56 页。

〔2〕向达：《唐代长安与西域文明》，第 90 页。

〔3〕罗丰：《萨宝：一个唐朝唯一外来官职的再考察》，引自荣新江主编：《唐研究》第 4 卷，北京大学出版社 1998 年，第 215－249 页。

〔4〕荣新江、张志清主编：《从撒马尔罕到长安——粟特人在中国的文化遗迹》，第 4，118 页。

隋历代均有安、康等氏担任萨宝(保)一职。[1] 咸亨三年(672)固原《史阿耽墓志》,追记其祖父史思在北周时期曾任京师萨保。[2]

北朝、隋、唐时期的中央和地方政府为了控制入华九姓胡人聚落,把萨保纳入中国传统的官僚体制当中,以萨保为一级职官,作为视流外官,专门授予胡人首领,来控制胡人聚落,管理胡人聚落的行政和宗教事务。从史籍和墓志辑录的材料来看,从北魏开始,中原王朝就在都城洛阳设京师萨保,而在各地设州一级的萨保。我们见到有雍州、凉州、甘州等地萨保的称号。以后,西魏北周、东魏北齐都继承了此制度。北齐有京邑萨甫,诸州萨甫。《康元敬墓志》里还有"九州摩诃大萨宝"的称号,可能是北齐管理全国萨保府事务的官职,也可能是京邑萨甫——北齐都城邺城的胡人聚落首领。北周有京师萨保,墓志材料还有凉州、酒泉、同州、并州、代州、介州等州一级的萨保,如2003年在西安发现的北周史君墓主人是凉州萨保,安伽是同州萨保,还有中央政府派出的检校萨保府的官员,如虞弘。隋代有雍州(京师)萨保和诸州萨保。[3] 有的地方的萨保一职由胡人望族世袭。如武威安姓家族,安婆罗等在"周、隋间,居凉州武威为萨保"。[4]

早期的萨宝一职,无品无级,还不是正式的政府官员。他们主要管理胡人的宗教事务。向达先生认为,北齐时当即有萨宝之官。[5] 6世纪中叶高昌文书说明,萨薄(宝)"在高昌政权下既兼管民事(如传令给胡户支付粮食),又兼领教务(如参与高昌祀部祭礼);既是商胡聚落的'商主'或侨领,又是来华后接受政府任命并享有职权的管理胡户的职

[1]罗丰:《萨宝:一个唐朝唯一外来官职的再考察》,引自荣新江主编:《唐研究》第4卷,北京大学出版社1998年,第215－249页。著名的墓志有:《隋翟突娑墓志》,《唐安万通墓志》,《唐康阿达墓志》,《唐史诃(阿)耽墓志》,《唐史铁棒墓志》,《唐康元敬墓志》。

[2]宿白:《武威行(中)》,载《文物天地》,1992年第7期,第90页。

[3]荣新江:《从撒马尔罕到长安——中古时期粟特人的迁徙与入居》,引自荣新江、张志清主编:《从撒马尔罕到长安——粟特人在中国的文化遗迹》,北京图书馆出版社2004年,第1－7页。关于《康元敬墓志》,见荣新江、张志清主编:《从撒马尔罕到长安——粟特人在中国的文化遗迹》,第118页。

[4]《新唐书》卷75下。

[5]向达:《唐代长安与西域文明》,第90页。

官”，还是“兼理民事与宗教的胡户聚居区的‘大首领’”。[1] 隋代，萨宝已有品级。《隋书》卷28《百官志下》记载：“雍州萨保，为视从七品。诸州胡二百户已上萨保，为视正九品。”[2] 唐朝建立后，随着入华胡人的日益增多，设立萨宝府，萨宝成为唐朝唯一的外来官职。其中设有萨保府祆正、萨保府祆祝、萨保府果毅、萨保府率、萨保府史等官吏。唐朝管理入华胡人的萨宝府，实际上是一个政教合一的胡户管理机构。[3] 从各种资料看，唐代萨宝府与过去“萨宝”官职最大的区别是，萨宝府已成为一个独立的政府行政管理机构，而过去的萨宝是从属于当地政府机构的，并非属官，而是附设性的官职。这说明，唐代许多地方的九姓胡等胡人是在萨宝府直接管理之下的；萨宝府管理的往往是胡汉族混居地区的商胡。在这些地区（如长安、凉州等地），这些商胡入华的方式往往是分散型的，商胡的人数经年累积虽然达到一定数量，但又远比汉族少，所以朝廷设立萨保府来管理。

唐朝建立后，把正式州县中的胡人聚落改作乡里，如西州的胡人聚落设为崇化乡安乐里，敦煌则以粟特聚落建立从化乡，两京地区城镇中的胡人同样不会以聚落形式存在，但边境地区如六胡州、营州柳城等地的胡人聚落，应当继续存在。因此，萨保府制度并未终结。所以，《通典》卷40《职官典》以及其他史料仍有萨保府职官的记录。事实上，北朝隋唐的中央政府对粟特聚落的控制是一个漫长的过程。

唐朝对入华九姓胡的第三种管理方式就是著籍管理制。唐代留居中国的九姓胡人分为著籍者和非著籍者两类。就商人来讲，非著籍者，一般称之为“兴生胡”、“兴胡”、“客胡”，著籍者则为“投化”、“归朝”者，称之为某州人，其区别在于是否为唐朝政府之编民；“归朝”者，可免10年课役。[4] 在商业活动中，不著籍的九姓胡，需交纳商税；而著籍者，则等同于汉族编民，因而有可能分得土地，自然也要承担赋役。

[1]姜伯勤：《敦煌艺术宗教与礼乐文明》，中国社会科学出版社1996年，第481－484页。

[2]《隋书》卷28《百官志下》。

[3]罗丰：《萨宝：一个唐朝唯一外来官职的再考察》，引自荣新江主编：《唐研究》第4卷，北京大学出版社1998年，第215－249页。

[4]姜伯勤：《敦煌吐鲁番文书与丝绸之路》，第154，172页。

在吐鲁番和敦煌地区，著籍的九姓胡被编入当地行政管理体制，成为唐朝百姓。他们与当地居民一样，拥有田亩，需担负调薪、租酒、酢酒、上马、供鞍和兵役等各种税收或封建义务。[1]

唐朝对入华九姓胡的第四种管理体制就是羁縻体制。

根据日本学者荒川正晴等人的研究，在高宗时期，唐政府在西北地区设置了一系列的羁縻州府，蕃国的人民作为“归化在蕃者”，唐律令对他们所承担的税额有较为明确的规定。外来粟特商人在内地诸州附籍而负担的税额就是羁縻州府百姓应该负担的税额。换言之，他们进入唐内地的行为，即认为是“投化的胡家”，也就是归化之人。此前他们拥有蕃国人和羁縻州府百姓的双重身份，但有了不能归蕃的规定后，他们就仅成为羁縻州府的百姓，而不再有蕃国人的身份。[2]

唐朝政府在其内地，以律令的形式把这些羁縻州府民纳入帝国的管理之中，把他们看做同离开本贯而成为“行客”的内地州县百姓一样，可见唐政府对羁縻州府民和寄寓地附籍的内地百姓是一视同仁的。因此，这些外来粟特商人常常把所寄寓的州县作为据点，把已经编入当地州县户籍的粟特人作为保人，取得过所后，开展各种层次和规模的商业贸易。

自南北朝以来，有许多中亚九姓胡大贵族出于各种原由率大批部众入华。为了方便管理，朝廷经常把他们整体安置，让原来的贵族出任首领，以羁縻体制管理。

20 世纪 80 年代初，洛阳出土的《大唐定远将军安君志》记云：“唐故陆胡州大首领安君墓志：君讳菩，字萨。其先安国大首领。破匈奴，衙帐百姓归中国。首领同京官五品，封定远将军，首领如故。曾祖讳钵达干，祖讳系利。君时逢北狄南下，奉救遗征，一以当千，独扫蜂飞之

[1]姜伯勤：《敦煌吐鲁番文书与丝绸之路》，第 155 - 161 页

[2][日]荒川正晴：《唐帝国和粟特人的交易活动》，陈海涛译，载《敦煌研究》，2002 年第 3 期，第 81 - 91 页。

众，领衙帐部落，献馘西京。"[1] 此志一出，即有多篇论文进行探讨。[2] 志文云："其先安国大首领。破匈奴，衙帐百姓归中国"诸事，指的是安菩之父。安菩当是随其父来归中国的。志文的匈奴系指东突厥。志文所记安菩一族出自昭武安国大首领，此族是以部帐的形式归唐。根据志文及文献对证，安菩一族归附的时间应在太宗贞观初年东突厥败亡之际。[3] 当时，唐廷为安置突厥降户，曾颇费周折，最后采纳温彦博建议，将其安置于幽（治今北京）、灵（治今宁夏灵武南）之间，以羁縻州府的方式控制。[4] 安菩族帐的归附，应与此有关。志文记载的"陆胡州大首领"即史籍之"六胡州"。六胡州的设置在唐高宗调露元年（679）。[5]

安菩父子之来归，或与《唐维州刺史安侯神道碑》（李至远撰）所载安附国父子"入朝"之事相似：

> [安]侯讳附国，其先出自安息，以国为姓。有隋失驭中原，无何，突厥乘时，籍雄沙漠。……父胐汗……贞观初，率所部五千余入朝。诏置维州。即以胐汗为刺史，拜左武卫将军，累授左卫右监门卫二大将军……贞观四年，与父俱诣阙下，时年一十有八，太宗见而异之，即擢为左领军府左郎将……[6]

向达先生认为安附国"盖为隶属突厥之安国人，谓为出自安息，则文人之附会耳"。[7] 根据《唐维州刺史安侯神道碑》所记，安附国之父

---

[1]洛阳市文物工作队：《洛阳龙门唐安菩夫妇墓》，载《中原文物》，1982年第3期，第21－26页，第14页。

[2]赵振华、朱亮：《安菩墓志初探》，载《中原文物》，1982年第3期，第37－40页；张广达：《唐代六胡州等地的昭武九姓》，载《北京大学学报》，1986年第2期，第71－82，128页；赵俪生、温玉成：《一通与唐史、中亚史有关的新出土墓志》，载《西北史地》，1986年第3期，第19－20页。

[3]赵振华、朱亮：《安菩墓志初探》，载《中原文物》，1982年第3期，第37－40页。

[4]《资治通鉴》卷193"太宗贞观四年（630）四月"条。

[5]关于六胡州体制变更，参见张广达：《唐代六胡州等地的昭武九姓》；周伟洲：《唐代六胡州与"康待宾之乱"》，载《民族研究》，1988年第3期，第54－63页；王义康《六胡州的变迁与六州胡的种族》，载《中国历史地理论丛》，1998年第4辑，第149－156页。

[6]《全唐文》卷435；又见（宋）李昉等编：《文苑英华》卷920《唐维州刺史安附国碑》，中华书局1966年。

[7]向达：《唐代长安与西域文明》，第18页。

安朏(咄)汗在贞观初率所部5000余人降唐,贞观四年(630)与父俱诣阙下,封官授爵。不久,他出征吐谷浑,立下军功,贞观十九年(645)授上柱国,封驺虞县开国男,食邑300户;咸亨初(670),加邑400户。这些食邑户很可能就是九姓胡人。安附国之子还曾任六胡州中鲁州刺史。这说明唐朝把这些整体归降的九姓胡整体安置,并用羁縻州府的方式控制。

从管理形式上来看,唐朝设立萨宝府制、著籍地方政府管理制来管理著籍的经商贸贩、寓居中国的西域商胡。而唐对六胡州昭武九姓的管理却是分置州县,设都督、刺史管理。另外,六胡州是唐朝马匹供给基地之一,六胡州居民主要从事畜牧业。这也说明六州胡是异于商胡一类的。

8.3 来华九姓胡的身份管理

自南北朝以来,九姓胡不断东来。至唐代,随着唐朝政治势力扩及中亚粟特地区,更多的九姓胡纷纷入华,并在唐朝境内留居下来。唐代留居中国的九姓胡人身份分为著籍者和非著籍者两大类。著籍者被视为"归朝"者,称之为某州人;非著籍者,被称为"兴生胡"(略称"兴胡")、"客胡",其区别在于其是否为唐朝政府之编民。[1]

唐代著籍的九姓胡,主要由唐以前留居中国的九姓胡、唐朝整体安置的九姓胡以及唐代入华并在唐朝著籍的胡商3种人构成。

从吐鲁番阿斯塔那151号墓所出《高昌逋人史延明等名籍》等文书看,[2]在6—7世纪时高昌已经有了著籍九姓胡人。[3] 西州高昌县崇化乡主要由"归朝"的昭武九姓胡人组成,他们应是著籍者。[4] 阿斯塔那35、125、376、501号墓出土文书说明,在唐高宗武后、武周时期,九

[1]姜伯勤:《敦煌吐鲁番文书与丝绸之路》,第154页。

[2]《吐鲁番出土文书》第4册,第188页。

[3]姜伯勤:《敦煌吐鲁番文书与丝绸之路》,第155页。

[4]姜伯勤:《敦煌吐鲁番文书与丝绸之路》,第162-174页。

姓胡人史玄政就生活在这里。在龙朔三年(663)前后,史玄政担任该乡里正;后来,史玄政还服兵役,在军中任队佐;永淳元年(682),他又在高昌县太平乡任里正,圣历元年(698)又杂任负责管理官方葡萄园。自垂拱三年(687)以降,史玄政既向别人(杨大智)出租田地,向曹保保(估计也是九姓胡人)放高利贷,又要交纳土地赋税和西州地方杂税长行马价,[1]已与汉人地方豪强无异。

大约在7世纪前半期,九姓胡人在沙州(敦煌城)东面0.5公里地方建立起粟特人聚落安城。在唐王朝统治下,安城被编入沙州乡里体制中,称“从化乡”。从化乡由3个里、4个或4个以上村子构成。该乡在乾元二年(759)以后不见记载。根据日本学者池田温先生的研究,从化乡的大多数九姓胡人应当是以商人身份集团性移居此地的。乡名取为“从化”,是按照汉人的华夏意识而确定的,即有外族归化、依附华夏、遵从王化之意。在8世纪中期,该乡约284户,人口达1400多人,其居民有九成是康、安、石、曹、史、罗、何、米、贺、史诸姓;用粟特语取名的人占成丁的四成多,他们与取用汉语名字的人共同生活在一起。聚落里建有祆神神殿,但很多居民也信奉佛教;居民的农业生产已有很大规模,但商业活动仍占相当比重;胡姓居民也要负担赋税和兵役。在该乡,杂居于胡姓当中的汉人占人口总数约一成,其经济、政治地位比九姓胡低。该乡的公职人员,里正3人、典狱2人都是汉式名字,村正有两人为胡式名字,说明在村一级管理中,胡式名字的胡姓人占重要地位;与其他汉族乡相比,从化乡的公务执事人员及兵役负担者都只有其他乡的一半左右,这说明该乡在唐朝管理体制下的特殊性质;在该乡,唐朝的统治基本上能够普遍施行,但是与汉人的聚落相比,还显得不够彻底。随着时代的推移,安城的九姓胡人通过与汉人的通婚和定居,逐渐汉化。[2]

---

〔1〕李方:《唐西州九姓胡人生活状况一瞥》,载《敦煌吐鲁番研究》第4卷,北京大学出版社1999年,第265-285页。

〔2〕〔日〕池田温:《八世纪中叶敦煌的粟特人聚落》,辛德勇译,引自池田温:《唐研究论文选集》,中国社会科学出版社1999年,第3-67页。

在唐代，有许多入华胡商著籍了。在吐鲁番文献中，就有许多著籍粟特商人的记载。其中在《唐贞观二十二年庭州人米巡职辞为请公验事》中，米巡职为著籍庭州之九姓胡商，前往西州市易，因此被称为"庭州根民"。[1]《唐垂拱元年康尾义罗施等请过所案卷》中，康尾义所请5位保人分别是："庭、伊百姓康阿了"、"伊州百姓史保年"、"庭州百姓韩小儿"、"乌耆人曹不那遮"、"高昌县史康师"。[2] 其中除韩小儿外，其余都是九姓胡人。值得注意的是，4位九姓胡保人中除康师为高昌人外，其余3人都并非高昌人，他们同米巡职一样，都是来高昌从事商业活动之商人。他们虽非高昌人，但也并非兴胡或兴生胡，而是著籍于庭州、伊州等处之著籍九姓胡人，这在文书中记载得非常明确。由此可见，在敦煌、高昌以外的其他地方，也有著籍之九姓胡商人。

吐鲁番出土的一些交易文书中，常有粟特人出面为兴生胡作保人。坐商是入籍的，他们要服从地方政府管理，要承担兵役。《高昌传判鞠光居等除丁输役课文书》有"次传商人役，康怀愿、交河赵应儿兵役，二人为校尉相明作供人壹年除……康相愿为刘保营家壹年（后缺）"。[3] 由此看来，类似康怀愿、康相愿的粟特坐商都可能服兵役。

在高宗时代，唐朝的羁縻州府制度扩展至帕米尔以西地区，唐朝在西域许多地区都设置了羁縻州府，包括中亚的粟特地区（索格底亚那）。九姓胡诸国，既是来朝贡的蕃国，又是唐朝的羁縻州府。被纳入唐帝国的势力范围之内的羁縻州府的属民，也同样等同于唐王朝百姓。这就使入华九姓胡的身份发生了很大变化。原本带有自治性质的粟特聚落也受到了唐朝律令的约束，将其纳入地方州县的管理。这样，以前作为自治聚落的粟特人就成了唐王朝州县下的百姓。在州县定期编制的籍帐中，他们自然也就是良人编户。这些九姓胡都成为唐朝的著籍编民。在唐朝的律令体系约束下，这些聚落中的粟特人同汉人没有什么差别，同样是唐王朝的子民。

---

[1] 国家文物局古文献研究室等编：《吐鲁番出土文书》第7册，第8－9页，88－94页。

[2] 国家文物局古文献研究室等编：《吐鲁番出土文书》第7册，第88－94页。

[3] 国家文物局古文献研究室等编：《吐鲁番出土文书》第3册，第900页。

在唐代法律上，著籍九姓胡人即为唐之编民，有权受田进丁，同时也有赋役、兵役等义务；而非著籍九姓胡人则视为“化外之人”。目前还不清楚二者在社会经济生活中的具体差别，但即使并无二致，在长期的共同社会生活及政治因素和心理因素的作用下，九姓胡商人从非著籍到著籍的趋势则是必然的。在吐鲁番文书《唐开元十九年兴胡米禄山卖婢市券抄件》中所列的5位保人中，有“寄住康萨登”。[1] 所谓“寄住”，即户籍并不在此处，但因生业或其他原因居于本地者。此外，吐鲁番文书《唐西州高昌县上安西都护府牒稿为录上迅问曹禄山诉李绍谨两造辩辞事》[2]（670—673）中所列曹炎延、曹果毅和曹毕娑，他们都是九姓胡商人，但曹炎延的身份是“京师人”，而曹果毅和曹毕娑的身份则是“客京师”，反映的可能正是这一现象。[3] 而著籍之九姓胡商人，也必然会存在在特殊的历史环境下向农业或手工业转化的现象。这一过程，在促进入华九姓胡人由异域民族向汉民族转化这一历史趋势中具有极其重要的地位。

在唐代，还有大量的九姓胡没有著籍，他们主要是商胡，被称为“兴生胡”（“兴胡”）、“客胡”。如前所述，商胡被唐政府认为是同波斯、大食商人有差别的，商胡这一称呼仅指伊朗系商人。那么，“兴生胡”、“客胡”应由入华未著籍的伊朗系商人组成，其主体是粟特商人。

姜伯勤先生研究了吐鲁番出土的《高昌昭武九姓胡人曹莫门阤等名籍》、《高昌内藏奏得称价钱帐》等文书后认为，早在高昌麴朝，就存在许多未入籍的“兴胡”、“客胡”。[4]

“兴生胡”在唐代已成为具有特定法律身份的商胡的专名，主要指

---

〔1〕国家文物局古文献研究室等编：《吐鲁番出土文书》第9册，第26页。

〔2〕国家文物局古文献研究室等编：《吐鲁番出土文书》第3册，第242－247页；国家文物局古文献研究室等编：《吐鲁番出土文书》第6册，第470－479页。

〔3〕〔日〕荒川正晴：《唐帝国和粟特人的交易活动》，陈海涛译，载《敦煌研究》，2002年第3期，第81－91页；另参荒川正晴：《唐代粟特商人与汉族商人》，引自荣新江等编：《粟特人在中国——历史、考古、语言的新探索》，中华书局2005年，第101－109页。

〔4〕姜伯勤：《敦煌吐鲁番文书与丝绸之路》，第174－183页。

"兴治生产、经商求利"的商胡,尤以昭武九姓胡最为著名。[1]"兴生胡"、"兴胡"之名称首见于吐鲁番文书。阿斯塔那29号墓出土的《唐垂拱元年(685)康义罗施等请过所案卷》即有"兴生胡纥槎年五十五"的记载。[2]

关于"兴胡"的身份,《唐开元十六年(728)北庭金满县牒》记述:

[1]金满县　　牒上孔目司

[2]　开十六税钱、支开十七年用

[3]合当县管百姓、行客、兴胡、总壹阡

柒百陆拾人。应见税钱,总计当

[4]贰百伍拾玖阡陆百伍拾文

[5]　　　　　　捌拾伍阡陆百伍拾文,百姓税

(后缺)[3]

根据这件文书,北庭都护府管理下的金满县,其百姓是与"行客"、"兴胡"并列在一起的。他们共同交纳了开元十六年(728)的官府税钱。"百姓"、"行客"、"兴胡"之间的区别在于"编籍"时的分类,也就是说,"兴胡"同表示外来粟特商人的"投化胡家"和"商胡"是不完全一致的。

从《高昌昭武九姓胡人曹莫门陁等名籍》、[4]《高昌内藏奏得称价钱帐》[5]等文书记述看,同高昌麴朝时期一样,唐代不著籍粟特人住在客馆或邸店中,他们不担负调薪、租酒、酢酒、上马、供鞍等封建义务,但在贸易中必需担负商税,其中见于文书的有两种:"称价钱"和"藏钱"。[6] 从已出土的文书和各种文献看,没有兴胡负担丁税的记载。

日本学者荒川正晴研究了《唐开元十六年(728)北庭金满县牒》、

---

[1]尚衍斌:《唐代入华"兴生胡"的社会权益评析》,载《西域研究》,2001年第1期,第17－24页。

[2]《吐鲁番出土文书》第7册,第90页。

[3]引自姜伯勤:《敦煌新疆文书所记的唐代"行客"》,引自国家文物局古文献研究室编:《出土文献研究续集》,文物出版社1989年,第278页。

[4]《吐鲁番出土文书》第3册,第119页。

[5]《吐鲁番出土文书》第3册,第318－325页。

[6]姜伯勤:《敦煌吐鲁番文书与丝绸之路》,第174－183页。

《唐垂拱元年(685)康尾义罗施等请过所案卷》,认为"兴生胡"(略称为"兴胡")是经常入境的外来粟特商人,它同"行客"并列在一起,当是在寄寓州县附籍时比较正式的身份名称;《唐垂拱元年(685)康尾义罗施等请过所案卷》第三段文书提到的"兴生胡(康)纥槎"就是这样的人。"百姓"、"行客"、"兴胡"之间的区别,在于"著籍"时的分类;"行客"是内地州县百姓离开本贯而外出的人。[1]

从吐鲁番文书73TAM509:8/10《唐开元二十一年(733)石染典买马契》看,[2]未入籍的粟特人"兴胡"也可以"保人"身份出现在法律文书中。可知"兴胡"在地方上亦当进行了一定的登记手续,并有相当的资产。

兴胡被归属于所附籍的某些州县,但并不被当成一般的州县百姓来看待。这一点,近似于本来为某州县的人,离开本贯州县后在所寄寓的州县就被当作附籍的"行客",这些"行客"被看做本州县的百姓。与此相类似的,"兴胡"、"行客"本来应是"百姓",当他们不在本贯而寄寓其他州县时,他们同当地的百姓就有了差别,要根据自己的富裕程度来负担不同数量的税额。以此为基础,这些外来粟特商人常常以所寄寓的州县为据点,请已经编入当地州县户籍的粟特人作保人,取得过所后,再开展各种商业贸易活动。[3]

在唐代,粟特商人的活动是在唐帝国对周边地区支配扩大的背景下出现的。根据唐朝律令的规定,粟特商人是作为羁縻州府百姓的身份离开本贯而成为附籍于唐内地州县的商人。依靠官府所授予的过所,唐朝政府允许他们迁移。在吐鲁番的官府文书中,不仅羁縻州府民,而且羁縻部落民也被称为"处密部落百姓"。[4] 根据这些记载来推测,索格底亚那绿洲国家的九姓胡居民在唐王朝律令支配下,也被看

〔1〕关于"行客",可参见姜伯勤:《敦煌新疆文书所记的唐代行客》,引自国家文物局古文献研究室编:《出土文献研究续集》,文物出版社1989年,第277-290页。

〔2〕国家文物局古文献研究室等编:《吐鲁番出土文书》第9册,第48页。

〔3〕〔日〕荒川正晴:《唐帝国和粟特人的交易活动》,陈海涛译,载《敦煌研究》,2002年第3期,第81-91页。

〔4〕国家文物局古文献研究室等编:《吐鲁番出土文书》第9册,第130页。

做是唐王朝羁縻州府的百姓。[1] 所以,兴胡被视做与行客有相类似身份的人。他们与大食、波斯等地商人的身份有本质区别。

"客胡"(兴胡)中一部分人可能是以朝贡形式进行贸易的商胡。如吐鲁番文书《高昌重光三年(622)条列虎牙汜某等传供食帐二》的记述:"康将,市肉叁节,自死肉十二节,面一斛五斗,供客胡十五人赏。"[2]这些得到回偿的客胡,当进行了某种贡纳。[3]

唐代还有一种"投化胡家"。高宗时期,在中亚地区设置了一系列的羁縻州府,蕃国的人民成为"归化在蕃者"。因此,中亚九姓胡进入唐内地的行为被认为是"投化",这些人也成为"投化的胡家",也就是归化之人。在进入中国以前,他们拥有蕃国人和羁縻州府百姓的双重身份,但有了不能归蕃的规定后,他们就仅成为羁縻州府的百姓,而不再有蕃国人的身份。[4]

那么,"投化胡家"与"兴胡"以及著籍商胡有什么区别呢?

《仪凤三年(678)度支奏抄·金部符》记述:

> 雍州诸县及诸州投化胡家,富者丁别每年请税银钱拾文,次者丁别伍文,全贫者免。共所税银钱,每年九月一日以后十月卅日以前,各请于大州输纳。[5]

上述规定并非针对一般的外蕃人,而是专指"投化胡家"。条文中明确规定"雍州诸县",非指羁縻州。特别提到"雍州诸县"是因为长安商胡人数较多。从《仪凤三年(678)度支奏抄·金部符》得以了解,在雍州等州县"投化胡家"入境后,唐朝政府对他们采取同其他州县一样

---

[1]当然这和内地州县的百姓有明显的差别。唐朝律令之下的百姓有两种情况:一种是内地州县百姓,另一种是唐朝控制下的羁縻州府百姓。

[2]国家文物局古文献研究室等编:《吐鲁番出土文书》第3册,第171页。

[3]姜伯勤:《敦煌吐鲁番文书与丝绸之路》,第182-183页。

[4][日]荒川正晴:《唐帝国和粟特人的交易活动》,陈海涛译,载《敦煌研究》,2002年第3期,第81-91页。

[5]引自[日]大津透:《唐律令国家的预算——仪凤三年度支奏抄·四年全金部旨符试释》,苏哲译,载《敦煌研究》,1997年第2期,第86-104页。

的管理办法，将他们按照“富者”、“次者”、“贫者”不同的等级来纳丁税。[1]

《唐赋役令》卷6“蕃胡内附条”对“投化胡家”交纳丁税做了更具体的规定：

诸蕃胡内附者，亦定为九等。四等以上为上户，七等以上为次户，八等以下为下户。上户丁税银钱十文，次户五文，下户免之。附经二年者，上户丁输羊二口，次户一口，下（户）三户共一口。（无羊之处，准白羊估，折纳轻货。）[2]

对待一般的外蕃人投化者，《唐赋役令》第16条规定：“外蕃人投化者复十年”，迁内地宽乡，可给田。[3] 为使外蕃人农民化（从王化），免除其10年课役，然后与普通公民（编民）一样负担课役。

以上材料说明，“投化胡家”应是在唐朝定居并在某地登记、著籍不满10年的中亚胡人，他们与“兴生胡”的身份是不一样的，需要按富裕程度来交纳丁税；入境投化满10年，投化胡家可以迁内地宽乡分得田亩。而兴生胡无论留居多久，著籍以前都不可能分得土地，也无需负担丁税。所以，投化胡家是介于著籍胡和兴生胡之间的一种人。“投化胡家”与著籍胡人也不一样，他们不能马上分得田地。因此，“投化胡家”也无需像著籍胡人那样负担兵役和许多赋税。

入华的胡人，除了著籍者、非著籍者（兴胡）和投化胡家3种以外，还有一种身份特殊的胡人，就是西域各国投唐的贵族以及入唐朝贡的使者及其随从，唐朝把他们称为“胡客”。一个“客”字道出了他们的特殊身份——客卿。胡客的身份与兴胡是不相同的，兴胡归属于所附籍的某些州县，归地方政府管辖，而胡客并不附籍，由鸿胪寺管理。胡客中有九姓胡人，也有波斯人等。

---

〔1〕〔日〕荒川正晴：《唐帝国和粟特人的交易活动》，陈海涛译，载《敦煌研究》，2002年第3期，第81－91页。

〔2〕引自〔日〕大津透：《唐律令国家的预算——仪凤三年度支奏抄·四年全金部旨符试释》，苏哲译，载《敦煌研究》，1997年第2期，第101页。

〔3〕引自〔日〕大津透：《唐律令国家的预算——仪凤三年度支奏抄·四年全金部旨符试释》，苏哲译，载《敦煌研究》，1997年第2期，第101页。

早在唐朝建立之前，就有许多九姓胡人以贡使或质子身份来华。随着阿拉伯人在东方的扩张，有许多西域国家的贵族和贡使有家不能回，客居唐朝；还有一些王族或贵族到长安寻求政治避难。如，波斯被大食所灭，波斯王卑路斯于高宗上元元年(674)十二月，打着“朝贡”的旗号来到长安。[1] 唐朝授卑路斯“右武卫将军”。不久，卑路斯死在长安，其子泥涅师“为质在长安”。高宗调露元年(679)，高宗命裴行俭册立泥涅师为波斯王，将泥涅师护送到碎叶，“遣波斯王自还其国”，泥涅师客居吐火罗20年。[2] 景龙二年(708)，泥涅师“复来朝，授左威卫将军”，后病死在唐朝。[3] 卑路斯、泥涅师在长安期间就是“胡客”身份。许多中亚九姓胡国的人也是这样流居长安的。显庆四年(659)，唐高宗在中亚河中地区设立羁縻府州，[4]使得中亚诸国纷纷派遣王族成员作为质子来中原入充侍卫，他们受到唐朝的优待，甚至封官加爵，很多人长留不返。到8世纪上半叶，随着阿拉伯人完成对中亚的征服，有越来越多的九姓胡贵族和贡使居留不归。这一部分人中应该还有人质，如来自昭武九姓米国的米继芬家族。大约在开元十六年(728)或十八年(730)，米继芬的父亲突骑施以王子作质身份来长安，唐统治者授予他武散阶正二品辅国天将军的官衔，他的正式职位是正三品左领军卫大将军。米继芬继续以质子身份留居长安，受唐封官加爵，历任大唐左神策军故散副将、游骑将军、守左武卫大将军同正兼试太常卿、上柱国，米继芬的儿子米国进也授右神威军散将。[5] 从米继芬家祖孙三代入仕唐朝蕃将看，质子的身份是可以继承的。

据阎文儒先生研究，像米继芬这样的人在唐朝担任的官职，属于闲散的副将而已，各种官阶、官衔、勋官衔等都表明他是挂名不做事的

---

[1]《资治通鉴》卷202“高宗上元元年(674)十二月”条；《旧唐书》卷221下说，卑路斯“咸亨中(670—673)犹入朝，授右武卫将军”。

[2]《资治通鉴》卷202“高宗调露元年(679)六月”条；《新唐书》卷221下《西域传下》。

[3]据《新唐书》卷221下。按：《旧唐书》卷198《西戎传》把泥涅师事均记为卑路斯，误也。

[4]《资治通鉴》卷200“高宗显庆四年(659)九月”条。

[5]阎文儒：《唐米继芬墓志考释》，载《西北民族研究》，1989年第2期，第154－160页；葛承雍：《唐代长安一个粟特家庭的景教信仰》，载《历史研究》，2001年第3期，第181－186页；韩香：《隋唐长安中亚人考索》，载《人文杂志》，2001年第3期，第115－120页。

官，仅按月发给俸禄罢了。[1] 他们虽然担任唐朝官职，但是他们的身份还是“客”，不是唐朝的主人。

随着时间的推移，这些“胡客”的数量有增无减，日益庞大。据《新唐书·王锷传》记述：“天宝末，西域朝贡酋长及安西、北庭校吏，岁集京师数千人。陇右既陷，不得归，皆仰禀鸿胪［寺］礼宾［院］，月四万缗，凡四十年，名田养子孙如编民。”[2]在德宗贞元三年（787），40 年来居留长安的“胡客”中有田宅者多达 4000 人。估计没有田宅的“胡客”还有许多。许多“胡客”已在唐朝娶妻生子、置买田宅、举质取利，安居不欲归。从这些胡人置买田宅、举质取利的作派看，他们当中应有许多九姓胡。这些人要由鸿胪寺供养，每年需支钱 50 万缗。

为了减轻朝廷负担，给这些人一个出路，宰相李泌奏请：“‘有不愿归，当于鸿胪自陈，授以职位，给俸禄为唐臣……’于是胡客无一人愿归者，泌皆分隶神策两军，王子、使者为散兵马使或押牙，余皆为卒，禁旅益壮。”[3]李泌采取的措施，为这类居留长安的胡人正式加入唐籍提供了法律依据。原本打算遣送胡客归国，结果无一人愿意归国。他们中的青壮年男性大概全都被编入神策两军充任侍卫，这些胡人正式成为宿卫京师宫廷内外的军士。他们最终也成为唐朝的著籍胡。

吐鲁番文书《唐西州高昌县上安西都护府牒稿为录上讯问曹禄山诉李绍谨两造辩辞事》记载，曹禄山及其兄曹炎延是客居长安的“兴胡”，随曹炎延同往弓月城兴贩的还有“客京师”的胡人曹果毅、曹二（即曹毕娑）。[4] 从文书的记述看，“客京师”的曹果毅、曹二的身份与兴胡曹禄山、曹炎延兄弟的身份似有所不同，所以文书特意加以区别。“客京师”的胡人曹果毅、曹二很可能就是“胡客”身份。

除了在吐鲁番地区，在中原地区也有许多九姓胡人因经商而长期居留的，他们被称之为“住唐”。在唐王朝的很多商业城市中，都有许

〔1〕阎文儒：《唐米继芬墓志考释》，载《西北民族研究》，1989 年第 2 期，第 154 – 160 页。
〔2〕《新唐书》卷 170《王锷传》。
〔3〕《资治通鉴》卷 232“德宗贞元三年（787）七月”条。另见《新唐书》卷 170《王锷传》。
〔4〕国家文物局古文献研究室等编：《吐鲁番文书》第 6 册，第 470 – 479 页。

多"住唐"之九姓胡商人。如《唐西州高昌县上安西都护府牒稿为录上讯问曹禄山诉李绍谨两造辩辞事》中的曹果毅和曹毕娑。随着时间的推移,这些"住唐"的九姓胡商人也逐渐就成为唐之编民。如敦煌文书P.3813《康莫鼻告言史婆陁违法式事判文》所载长安县人史婆陁,就是一个九姓胡商人,他已经定居长安,并获得骁骑尉(视正六品)之勋官。从判文所描述来看,此史婆陁除姓名外,已没有任何异域人的特征,自然也拥有了"国民待遇"。根据墓志资料和文献资料,还可以发现在唐代长安居住有许多九姓胡人,他们是否都为商人虽然不能断定,但从他们在长安的住所来看,多集中在西市和东市周围;而在洛阳的九姓胡人,其住所也多集中在南市周围。[1] 可见,如史婆陁这样的九姓胡商人在唐代商业城市中一定会有不少。

8.4 入华九姓胡的地位

入华九姓胡的来源、身份和职业有很大的差异,他们在唐朝的法律、政治、经济地位也有所不同。

8.4.1 来华九姓胡的法律地位

在吐鲁番所出的法律文书中,可以看见著籍与不著籍两类粟特人在法律上的不同地位。著籍粟特人称为"当州百姓"、"庭州根民"、"都护人"、"当县夷胡户"等,他们有权受田进丁,同时也有赋役、兵役等封建义务,在刑事诉讼中按唐律判决。而不著籍粟特人在法律上视为"化外之人",同类人之间犯罪问题按粟特法量处,与其他族类人相犯,则按唐律判处。[2] 关于著籍九姓胡的权利和义务,详见前述("来华九姓胡的籍贯管理")。

唐朝政府关于蕃客在华刑事案件的处理原则见于《唐律疏议》卷6"化外人相犯"条,其云:"诸化外人,同类自相犯者,各依本俗法;异类

---

〔1〕荣新江:《北朝隋唐粟特人之迁徙及其聚落》,载《国学研究》第6卷,北京大学出版社1999年,第27－86页。

〔2〕姜伯勤:《敦煌吐鲁番文书与丝绸之路》,第182－183页。

相犯者，以法律论。”该条疏议曰：“‘化外人’，谓蕃夷之间，别立君长者，各有风俗，制法不同。其有同类自相犯者，须问本国之制，依其俗法断之。异类相犯者，若高丽之与百济相犯之类，皆以国家法律，论定刑名。”[1]唐朝这种对刑事案件的处理原则同样适用于民事案件的处置。这也说明入华“兴生胡”享有完全的民事诉讼权益。

显然，唐代涉外法律灵活运用了现代国际法中属人原则和属地原则，不同国籍的人在唐朝发生争端时，按属地原则处理，适用唐律；相同国籍的人产生争执，按属人原则归其头目按本国法处置。但在具体执行的过程中，多有变通。

敦煌文书P.3813《康莫鼻告言史婆陁违法式事判文》背面涉及商胡家庭财产纠纷案件：“长安县人史婆陁，家兴贩资财巨富，身有勋官骁骑尉。其园池屋宇，衣服器玩，家僮侍妾，比王侯。有亲弟颉利，久已别居。家贫壁立，兄亦不分给。有邻人康莫鼻，借衣不得，告言违法式事。”这件文书不仅揭示了史家兄弟及其邻人之间的对立关系，同时反映了九姓胡作为商业民族“计利忘义”的特殊性格。邻人康莫鼻将胡商史婆陁的“无情寡义”视作违法，并提起诉讼。这种举动显然是在其独特的文化背景之下形成的一种伦理观念。判词最后作结道：“颉利纵已别居，犹是婆陁血属，法虽不合征给，深可哀矜。分兄犬马之资，济弟倒悬之命，人情共允，物议何伤！并不县知，任彼安恤。”很清楚，史婆陁一案，法庭最终并没有作出有利于颉利及康莫鼻的实质性判决，原因在于“法虽不合征给”，但出于哀矜之心，将此案移送县知，予以安恤。唐地方司法机关受理胡商家庭纠纷案，此乃一例。

胡商与汉人之间的民事纠纷案件依照唐朝法律规定由案发所在地各级审判机构负责。这一法令在吐鲁番文书《唐西州高昌县上安西都护府牒稿为录上讯问曹禄山诉李绍谨两造辩辞事》所记内容得到验证。[2] 该文书残卷反映的是私人之间借贷方面的民事诉讼案。

[1]（唐）长孙无忌等撰：《唐律疏议》，第133页。

[2]国家文物局古文献研究室等编：《吐鲁番出土文书》第6册，第470－479页。

据该文书记载，原告曹禄山及其兄曹炎延是客居长安的“兴胡”，随曹炎延沿丝路北道同往弓月城兴贩的还有“客京师”的胡人曹果毅、曹二（即曹毕娑）。被告李绍谨（又名李三）是京师（长安）的汉商，与曹炎延结伴往西兴贩绢练。李绍谨在弓月城借得胡商曹炎延二百七十五匹绢练，二人自弓月城同返龟兹。不知何故，仅李绍谨回到龟兹，曹禄山未见到其兄，于是状告至安西都护府；安西都护府将此案发回高昌县审理，高昌县审结后，复将双方陈辞呈报安西都护府。这一诉讼与审判程序，完全符合唐代实行的逐级上诉制。所谓逐级上诉，就是将官司自下而上分为4级：第一级是县司，第二级是州、府司和都督、都护府司，第三级是尚书省，第四级是三司。《唐律疏议》卷24“诸越诉及受者”条，疏议曰：“凡诸辞诉，皆从下始。从下至上，令有明文。谓应经县而越向州、府、省之类，其越诉及官司受者，各笞四十。”[1]对照逐级上诉的法律条文，曹禄山的行为应视为非法，故安西都护府将此案转移高昌县审理。此外，唐代实施发地审理，即犯罪者概由案发之地官司审理，以此推断原告曹禄山兄弟此时当定居于高昌县。[2] 这件案子，原告和证人都是九姓胡人，被告是汉人，最终原告胜诉，被告李绍谨承认贷练之事，并承诺归还本利。从案件的审判看，唐朝官府依法审判，并无种族歧视。这件案子还反映出，九姓胡商不仅移居高昌者甚多，还有客居长安者。

另一个胡汉民事诉讼的案例是褚遂良抑买中书译语人史诃耽宅院案。史诃耽（或史诃担）为“史国王之苗裔”，从武德九年（626）即担任“直中书省，翻译朝会”高级译语人，长达40余年，[3]后老死原州（今宁夏固原）。史诃耽在长安亦有宅院。《唐会要》卷61弹劾条记：永徽元年（650）十月二十四日，“中书令褚遂良抑买中书译语人史诃担宅，监察御史韦仁约劾之”。[4] 此史诃担即为史诃耽。中书令褚遂良无法

---

[1]（唐）长孙无忌：《唐律疏议》卷24“诸越诉及受者”条，第447页。

[2]尚衍斌：《唐代入华“兴生胡”的社会权益评析》，载《西域研究》，2001年第1期，第17－24页。

[3]罗丰：《固原南郊隋唐墓地》，文物出版社1996年，第69－71页。

[4]《唐会要》卷61。

强买译语人史诃耽的宅院，可见史诃耽具有完全的国民地位。

入华九姓胡的法律地位还可从唐朝对胡汉通婚的规定看出来。《唐会要》贞观二年（628）六月十六日的敕文似乎对此已作出明确规定。其云："诸蕃使人所娶得汉妇女为妾者，并不得将还蕃。"[1]高宗时修订的《唐律疏议》卷8又重申："又，准别格：'诸蕃人所娶得汉妇女为妻妾，并不得将还蕃内。'……如是蕃人入朝听住之者，得娶妻妾，若将还蕃内，以违敕科之。"[2]由以上引征史料看，唐朝法律允许胡商在华居留期间迎娶当地妇女为妻妾，只是不准携其出境，返回故里。然而，这一政策在开成、建中年间发生了变化。《册府元龟》卷999记载："开成元年（836）六月……京兆府奏准，建中元年（780）十月六日敕，诸锦、罽、绫、罗、縠（谷）、绡、织成细紬（绸）、丝布、牦牛尾、真珠、银、铜、铁、奴婢等并不得与诸蕃互市。又准令式中国人不合私与外国人交通、买卖、婚娶、来往。"[3]

实际上，自"安史之乱"后，唐朝国力骤衰，丧失了河西走廊及西域的控制权，九姓胡已很难经由以上地区进入内地。公元751年，怛逻斯战役后，阿拉伯人取代了唐对中亚地区的统治，开始了中亚伊斯兰化的进程，因而唐与粟特本土的直接交往已经隔绝。史籍所载九姓商胡的最后一次朝贡是在代宗大历七年（772）十二月。[4] 到建中、开成年间（780—840），寓居中国的商胡多数是开元、天宝以前入居者的后裔。所以，上述禁令对这些九姓胡后裔恐怕不再适用。建中、开成以后胡汉继续通婚的事例即为明证。如卒于长庆元年（821）的康志达，其妻为河南元氏，一女嫁陇西李承宗；卒于大中九年（855）的何少直，其妻为时氏，其母即太夫人为姜氏，其大女嫁杨氏；卒于天宝三年（744）的史思礼，其妻为武功苏氏。[5]

---

[1]王溥：《唐会要》卷100《杂录》。

[2]《唐律疏议》卷8《卫禁律》"诸越度缘边关塞者"条。

[3]《册府元龟》卷999。

[4]《册府元龟》卷972；《唐会要》卷99。

[5]《康志达墓志》，引自吴钢主编：《全唐文补遗》第5辑，三秦出版社1998年，第431页；《史思礼墓志》，引自《全唐文补遗》第3辑，三秦出版社1996年，第75页。

对于入唐九姓胡的财产关系，唐朝律令也予以规定。据史书记载，唐文宗太和八年（834），有关部门向唐朝中央政府提出制定处理“诸蕃人及波斯死商钱物”的规定。八月，颁布了由户部拟定“敕旨宜依”的条款，其内容为：“死波斯及诸蕃人资财货物等，伏请依诸商客例，如有父母、嫡妻、男女 、亲女、亲兄弟元相随，并请给还。如无上件至亲，所有钱物等并请官收，更不牒本贯追勘亲族。”[1]这一法令特别注明商胡身死，只有“元相随”的嫡亲，可“并请给还”资财货物。所谓“元相随”当指随行的原配妻子及子女等。唐政府允许胡人娶汉女为妻妾，却不准将其携回原籍，这与上敕“元相随”之规定完全吻合。

《太平广记》也为我们提供了一个案例：“李约为兵部员外汧公之子也……约堂江行，与一商胡舟楫相次，商胡病，固邀相见，以二女托之，皆绝色也。又遗一珠，约悉唯唯，及商胡死，财宝约数万，悉籍其数送官。……始殓商胡时，约自以夜光含之，人莫知也。后，死胡有亲属来理资财，约请官司发掘，检之，夜光果在。”[2]大概此商胡遗女不属于“父母、嫡妻、男及亲兄弟”的继承范围，所以商胡家产悉数充公。后来清理已故胡商资财的亲属可能合于“元相随”的条例，所以官府受理，准予给还。这不能不使我们联想起丝绸古道上的“兴生胡”父子相携“去傍国”经商的事例。吐鲁番出土的垂拱元年（685）一批“兴生胡”向西州都督府请“过所”之案卷，就有55岁的康绝搓带着“男射鼻”、“男浮你了”要求入京“兴贩”的记录。[3] 此处所云“男”当为“儿子”之谓，实指康绝搓携二子同行。从事长途兴贩的胡商之所以携子同行似乎有更深层次的考虑。首先，为了使其子熟悉兴易之法，多长见识，以便日后承继父业；再者，使其子依法继承货物与钱财。由于“兴生胡”经营的商品具有高额利润，因而承担的风险也很大。这种风险一方面来自险恶的自然环境，另一方面来自人为的阻隔与劫杀。贞观初

[1]（宋）窦仪等：《宋刑统》卷12《户婚律》“死商钱物（诸蕃人及波斯附）”条，中华书局1984年，第199－200页。

[2]《太平广记》卷168“李约”条。

[3]国家文物局古文献研究室等编：《吐鲁番出土文书》第7册，第94页。

年，玄奘西行求法，曾在阿耆尼（今焉耆）目睹过一场惨剧："时同侣商胡数十，贪先贸易，夜中私发，前去十余里，遇贼劫杀，无一脱者。"[1]入唐新罗僧慧超所著《往五天竺国传》亦记："［识匿国］彼王常遣三二百人于大播蜜川，劫彼兴胡及于使命。纵劫得绢。积在库中，听从坏烂。亦不解作衣著也。"[2]可见，"兴胡"常遭劫掠与杀戮。面临这种种威胁，商胡只有携子结伴而行。若商主遭遇贼寇袭杀或病亡途中，随行子女亦可依法继承财产。

8.4.2 入华九姓胡的政治地位

入华九姓胡因其社会阶层的差异，其政治地位也有所不同。一般说来，中亚诸国入华胡人初来时，其上层人物往往被授予武职或从事译语。仅两《唐书》列传中所出现的胡人将领就有李抱玉、李国臣、李元谅、康日知等人。据谢海平先生研究，唐朝蕃官进身之阶，以从军为主，具特殊身份而获授官者次之，因独特才艺而擢用者又次之，经考试铨录者最少。[3]

唐代九姓胡人在入华之初，主要通过入仕的方式来提高自己的政治地位。唐朝初期入仕的九姓胡，其入仕的途径主要有行伍出身、以特殊身份赐官出身（如质子授官、宿卫授官、使节授官、归附授官和俘虏授官）和以特异才能授官出身。[4]

例如，质子授官者有米国质子米突骑施，约7世纪后期来华，历任唐朝辅国大将军（正二品武散官），行左领军卫大将军（正三品），其子即米继芬。[5] 还有何文哲的父辈，在永徽初年入唐朝当质子，也被授勋。

宿卫授官和使节授官，由鸿胪寺拟授，品位高低，视受官者蕃望隆替。贞观四年（630），"天下大治，蛮夷君长袭衣冠，带刀宿卫。"[6]其

[1]《大慈恩寺三藏法师传》卷2。
[2]《往五天竺国传笺释》，第145页。
[3]谢海平：《唐代留华外国人生活考述》，第80页。
[4]谢海平《唐代留华外国人生活考述》，第79－113页。
[5]阎文儒：《唐米继芬墓志考释》，载《西北民族研究》，1989年第2期，第154－160页。
[6]《新唐书》卷97《魏徵传》。

例有：天宝十三年(754)，宁远(拔汗那)王忠节遣王子薛裕来朝“请留宿卫，习华礼”，唐朝授薛裕左武卫将军，听留宿卫。[1]

归附入仕者，如洛阳出土的《大唐定远将军安君志》记述：在太宗贞观初年、东突厥败亡之际，安国大首领安菩率部帐归唐，“首领同京官五品，封定远将军”。[2]

以上这些途径都是非常规的，具有鲜明的异域民族特征。[3] 后来，对于入华定居的普通九姓胡人，唐政府在政治上采取了两项优遇的举措：其一，对自愿留居大唐帝国的胡人量才擢用，选为官吏；其二，对一般蕃客开放科举，允许他们由正常渠道科考人仕。这样一来，粟特人之入仕途径逐渐开始向门荫、军功，甚至科举等较为常见的方式转化。

门荫制度作为唐代社会官吏选拔的重要途径之一，也同样适用于以归附、入质、使节、技艺等途径入仕之粟特人后代。进入唐宫廷的普通出生的九姓胡人，其家族多是入华较久，他们通过父祖之荫、甚至父祖在前代的官荫而入仕。在唐代中期及以后，这一现象愈为常见。例如《大唐故康敬本墓志铭》：“君讳敬本，字延宗，康居人也。元封内迁家张掖郡。……曾祖默，周甘州大中正。祖仁，隋上柱国、左晓卫三川府鹰扬郎将。……父凤，隋起家右亲卫□朝散大夫。……寻除左龙骧骠骑大将军、阳城县侯。[君]以贞观年中乡贡光国，射策□第。□文林郎，寻除□□□水县尉，……弘文大儒，询明六义之奥。”[4]

《大唐上仪同故康莫量息阿达墓志铭》：“公讳阿达，西域康国人也。……祖拔达，梁使持节骠骑大将军、开府仪同三司、凉甘瓜三州诸军事、凉州萨保。”[5]

---

[1]《新唐书》卷221下《西域传下》。

[2]洛阳市文物工作队：《洛阳龙门唐安菩夫妇墓》，载《中原文物》，1982年第3期，第21－26页，第14页。

[3]陈海涛：《初盛唐时期入华粟特人的入仕途径》，载《文献》，2001年第2期，第244－259页。

[4]周绍良：《唐代墓志汇编》，上海古籍出版社1992年，第530页。

[5]周绍良：《唐代墓志汇编》，第124页。

《大唐故游击将军康府君墓志铭并序》:“君讳磨伽,其先发源于西海,因官从邑,遂家于周之河南。……曾祖感,凉州刺史;祖延德,安西都护府果毅。……父洛,皇朝上柱国。[君]耻笔墨之能事,学剑以敌万人,……授游击将军上柱国。”[1]

《唐故蜀王府队正安君墓志铭》:“君讳师,字文则,河南洛阳人也。十六代祖西华国君,东汉永平中,遣子仰人侍,求为属国,乃以仰为并州刺史,因家洛阳焉。曾祖哲,齐任武贵郎将;祖仁,隋任右武卫鹰扬;父豹,隋任晓果校尉;[君]文武兼资,名行双美,……夫人康氏,隋三川府鹰扬邢州都督康府君之女。”[2]

《米继芬墓志》载:“公讳继芬,字继芬,其先西域米国人也,代为君长,家不乏贤,祖讳伊□,任本国长史,父讳突骑施,远慕王化,来于王廷,遐质京师,永通国好,特承恩宠,累践班荣,历任辅国大将军,行左领卫大将军。”[3]

又据《何文哲墓志》载:“公本何国王丕之五代孙。前祖以永徽初,款塞亲质,附于王廷。簪缨因盛于本朝,爵赏由光于中王。”[4]可见米继芬和何文哲最初都是因为祖先的功绩而门荫入仕的。此外,与此类似的还有康日知家族、武威安氏家族、安菩家族等。对此课题,刘琴丽有深入研究。[5]

除了门荫以外,以军功入仕也是入华粟特人入仕的重要途径之一。包括粟特人在内的唐代入华蕃(胡)人,其天性“生时气雄,少养马上,长习陈敌”,“故武臣莫若蕃将”[6]。高适诗云:“降胡满蓟门,一一能射雕”(《滩阳酬别畅大判官》)、[7]“虏酒千钟不醉人,胡儿十岁能骑马”(《营州歌》)。[8] 九姓胡人与突厥其他降户一样,具有尚武风气和

[1]周绍良:《唐代墓志汇编》,第694-695页。
[2]周绍良:《唐代墓志汇编》,第385页。
[3]引自阎文儒:《唐米继芬墓志考述》,载《西北民族研究》,1989年第2期,第154-160页。
[4]卢兆荫:《何文哲墓志考释》,载《考古》,1986年第9期,第841-848页。
[5]参见刘琴丽:《唐代武官选任制度初探》,社会科学文献出版社2006年,第83-102页。
[6](唐)姚汝能:《安禄山事迹》,第4页。
[7]《全唐诗》卷212。
[8]《全唐诗》卷214。

征战的基本素质。因此,他们中的许多人就以军功为阶梯来提升自身政治地位。我们也就不难理解九姓胡胡人仕唐多为武职的原由,这也是唐朝宫廷内外侍卫多胡人的一个客观条件。[1]

唐代的军功入仕主要有 3 种类型:以军功授勋(勋官入仕),以军功直接入仕和参与政变授官。

胡人以军功授勋者不乏其例。如卒于永淳二年(683)的安范,授上骑都尉;[2]卒于开元十一年(723)的康威,"勋封二品上柱国"。[3]不过,以勋官入仕不仅升迁速度缓慢,而且难至高位。

以军功直接入仕主要是依靠个人能力,因而是唐代武官入仕的主要途径,军功的大小直接决定个人所受官品的高低。如康留买,因平突厥有功,诏授游击将军、北门长上(从五品下)等职;其兄弟康磨伽,也以军功授游击将军、上柱国。[4]

从唐太宗到玄宗朝,发生过多次宫廷政变。一些出身低微的禁军士卒,因政变而以功拜官。如史思礼,因参与李隆基诛韦氏的"唐隆政变"而被授平阳郡仁寿府左果毅都尉,后官至右龙武军府中郎将。[5]

由军功入仕,其平民化色彩相对浓厚,是下层民众向上流动的主要途径之一。[6] 这对于进入唐朝社会并意欲更好地融入其间的九姓胡人来说,应该是最便捷的一条升迁途径。但是,从现有资料来看,唐代前期通过建立军功而入仕的九姓胡人并不算多。从比例上看,甚至少于以门荫入仕者。而到了唐代后期,通过军功而入仕,并且迁至高级武职的九姓胡人相对就多了。[7]

---

〔1〕关于唐代胡将或蕃将问题,章群先生《唐代蕃将研究》一书有详尽讨论(台北联经出版事业公司 1986 年);又见马驰:《唐代蕃将》,三秦出版社 1990 年。

〔2〕《安范墓志》,载吴钢主编:《全唐文补遗》第 7 辑,三秦出版社 2000 年,第 320 页。

〔3〕《康威墓志》,载吴钢主编:《全唐文补遗》第 6 辑,三秦出版社 1999 年,第 399 页。

〔4〕《康留买墓志》,载吴钢主编:《全唐文补遗》第 3 辑,三秦出版社 1996 年,第 454 页;《康磨伽墓志》,载吴钢主编:《全唐文补遗》第 3 辑,第 455 页。

〔5〕《史思礼墓志》,载吴钢主编:《全唐文补遗》第 3 辑,第 75 页。毕波:《中古中国的粟特胡人——以长安为中心》,中国人民大学出版社 2008 年,第 145 - 146 页。

〔6〕参见刘琴丽:《唐代武官选任制度研究初探》,68 - 77 页。

〔7〕参见陈志学:《唐代重用藩将略论》附表,载《甘肃民族研究》,1987 年第 1、2 合期,第 27 - 37,9 页。

随着九姓胡政治势力的扩展，九姓胡还通过在政治、军事上帮助唐王朝，与唐宫廷权贵勾结，来扩大自己的影响，提高自己的地位。早在唐初，以安修仁、安兴贵为首的武威粟特商人集团就帮助唐朝平定了凉州李轨割据政权。此后，播仙城之“城主何伏帝延”、石城镇之“康国大首领康艳典”、伊吾郡之“首领石万年”等粟特人聚落领袖，在唐初的贞观年间，也都归附了唐王朝。

李世民尚为秦王时，曾召集胡人至其麾下，为己所用，与太子建成集团相抗衡。安元寿是武德功臣安兴贵之子，武德五年(622)，他“奉秦王敕，追入幕府，即授右库真”。[1] 在秦府中，除安元寿之外，我们还可见到其他一些胡人，如罗甑生，起家为秦王左右、陪戎副尉；[2]康杴也曾“委名秦府”，后授陪戎副尉；[3]史曜的曾祖，曾经做过“行秦王府侍读”。[4] 由于志文过略，并不清楚他们在秦府时的具体作为，而且这些人后来的事迹也不显，很可能他们在秦府的地位远不能和安元寿相提并论。但正是他们的存在，和安元寿这个典型形象一起，使得我们注意到秦府上下曾经存在过这样一群九姓胡人。

《新唐书》卷221下《西域传》记“东曹国”：“武德中，与康同遣使入朝。其使曰：‘本国以臣为健儿，闻秦王神武，欲隶麾下。’高祖大悦。”[5]这条材料，不言太子或齐王，独独点出“秦王”，很可能是有意点出的。特别是东曹国使者这条材料说“闻秦王神武，欲隶麾下”，明明白白地道出了东曹胡人之所以要隶于秦王麾下，是因为听闻其神武。这句话表面上是在夸李世民的英勇神武，对外颇有吸引力，但实际上也透露着这样的讯息：李世民不拘一格延揽四方人才的消息，甚至通过某种途径传至遥远的西域与东北，因而外族人士才请求追随他，以求建功立业，并密切自己与唐朝之关系。

---

〔1〕《安元寿墓志》，载吴钢主编：《全唐文补遗》第1辑，三秦出版社1994年，第68－69页。

〔2〕《罗甑生墓志》，载吴钢主编：《全唐文补遗》第2辑，三秦出版社1995年，第274页。

〔3〕《康杴墓志》，载吴钢主编：《全唐文补遗》第3辑，第453页。

〔4〕《史曜墓志》，载吴钢主编：《全唐文补遗》第6辑，第70页。

〔5〕《新唐书》卷221下。东曹国使者入朝一事，《唐会要》也有记载，而且将其时间明确系于武德七年(624)七月。见《唐会要》卷98《曹国》。

贞观二十一年(648),阿使那社尔平定龟兹后,“西突厥、焉耆、安国皆争犒师。”[1]正是因为保障丝绸之路畅通与粟特商人的切身利益有着密切的关系,粟特人也自觉主动地参与了维护唐王朝的统一活动。《新唐书·突厥传》记载,唐太宗去世后,阿使那贺鲁发动叛乱,进攻庭州、西州,杀掠数千人,为了保证在西域的统治和丝绸之路安全,唐王朝出兵平叛,粟特诸国也参与了平叛战争。其中何国遣使向唐王朝上表:“闻唐出师西讨,愿输粮于军。”[2]657年,贺鲁兵败逃到石国,石国人将其诱捕后送交唐军。这些举动,既表明了粟特诸国要求保障丝绸之路安全畅通的强烈愿望,又表明九姓胡对唐朝的忠心向附。

正是由于九姓胡与李世民及唐朝廷之间的积极互动,积极参与唐朝的政治生活,他们的政治地位才得以迅速提升。

到了唐玄宗天宝年间,一些入仕的九姓胡政治势力已相当大了。《新唐书》卷225上记载:“有商胡康谦者,天宝中为安南都护,附杨国忠,官至将军。”[3]刘肃《大唐新语》卷2记述:“安禄山,天宝末请以蕃将三十人代汉将。”[4]由于大臣韦见素等人反对,安禄山未能得逞。从安禄山叛军看,这些蕃将中不乏九姓胡。

8世纪中叶,入华九姓胡还参与了唐朝内部两次争夺权力的斗争。一次是开元九年(721)四月,康待宾等人领导“六胡州之乱”,叛乱人数达7万余人,坚持了3年。后来唐廷动员了朔方、陇右、北方三受降城及河东九姓的兵力,四面合围才将其彻底平息。另一次是755年爆发的“安史之乱”。安禄山本人就是一名九姓胡与突厥的混血儿,他领导的叛军获得胡商的经济支持,而构成安史武装叛乱力量主体的柘羯、杂种胡,也多来自迁居幽州等地的九姓胡。[5] 因而可以说,两次叛乱都源于九姓胡人主要的聚居区。因此,这些地区极易形成对唐朝构成

---

[1]《新唐书》卷110《阿使那社尔传》。

[2]《新唐书·西域传》。

[3]《新唐书》卷225上。

[4](唐)刘肃:《大唐新语》卷2,中华书局1984年。

[5]陈寅格:《唐代政治史述论稿》,上海古籍出版社1997年,第28-49页。

威胁的政治力量。[1]

“安史之乱”后的唐朝宫廷中依然有胡人存在，这在史书和墓志中有非常明晰的记载。如上元二年（761），胡商出身的康谦任鸿胪卿；[2]肃宗上元三年（762），身为太上皇的玄宗驾崩于神龙殿后，有“蕃官剺面割耳者四百余人”。[3] 由此看来，当时朝中至少有蕃官400余人，他们以如此隆重的异族葬仪来哀悼玄宗，表明他们还保持着自身的民族文化传统。这其中应该包括一些九姓胡人。德宗贞元二年（786），九姓胡人康成任左监门将军，并奉命出使吐蕃。[4] 甚至到了后来，连宫廷的宦官队伍中也出现了九姓胡人，如康道隐、[5]安珍。[6] “安史之乱”后的唐廷依然一如前期那样，任用胡人来担任非常重要的仪卫之责。如曹惠琳，“乾元初（758），起家拜延州延长府别将，次迁果毅都尉。广德岁，累迁折冲。二年秋，敕以宿卫。功劳勤于扞御，特授游击将军、守左领军卫翊府郎将，赐紫金鱼袋、上柱国。前后历五政，崇班圣朝爪牙也”。[7] 德宗时九姓胡名将李元谅，“少从军，备宿卫，积劳试太子詹事”，[8]可见他从前也是一直在宫中侍卫。在唐朝后期，外朝中书亦由胡人控制。《太平广记》卷256“崔慎由”条报道：“唐自大中（847—860）洎咸通（860—874），白敏中入相，次諴、曹确、罗劭权，使相

---

[1]尚衍斌：《唐代入华“兴生胡”的社会权益评析》，载《西域研究》，2001年第1期。

[2]《资治通鉴》卷222“肃宗上元二年建子月”条记，“或告鸿胪卿康谦与史朝义通，事连司马卿严庄，俱下狱”。

[3]《资治通鉴》卷222“肃宗宝应元年建巳月”条。关于此悼念习俗，参看雷闻：《割耳剺面与刺心剖腹——粟特对唐代社会风俗的影响》，引自荣新江、张志清主编：《从撒马尔干到长安——粟特人在中国文化的遗迹》，北京图书馆出版社2004年，第41－48页。

[4]《旧唐书》卷146下《吐番传》下。

[5]《新唐书》卷148《康日知传附康承训传》：“帝遣中人康道隐宣慰徐州。”（宫廷）中人，指宦官。

[6]《安珍墓志》，见吴钢主编：《全唐文补遗》第4辑，三秦出版社1997年，第186－187页。作者按，墓志记安珍为“内五坊使押衙”，五坊即雕坊、鹘坊、鹞坊、鹰坊、狗坊，为专门饲养鹰雕名犬等供皇帝乐乐的宦官机构。但史睿认为五坊使虽是宦官机构，但任职其中者未必皆为宦官，往往是具有某项饲养、训练鹰犬专长的人。安珍虽为内五坊使押衙，却与内侍有别（《从撒马尔干到长安——粟特人在中国的文化遗迹》，第161页）。

[7]《曹惠林墓版文》，见吴钢主编：《全唐文补遗》，第1辑，第209页。

[8]《旧唐书》卷144《李元谅传》。

继升岩廊。宰相崔慎由曰:'可以归矣,近日中书尽是蕃人。'盖以毕、白、罗、曹为蕃姓也。"[1]

唐代后期禁军中最重要的左、右神策军系统内也有不少九姓胡人将士。[2] 神策军是德宗身罹"奉天之难"后建立的,是由边疆行营兵升格而来的中央禁军,是中晚唐时期最主要的禁军,有不少九姓胡人曾隶属其下。如康日知之子康志睦,"隶右神策军,迁累大将军"。[3] 米继芬,"承袭质子,身处禁军",[4]所在即为神策军。何文哲,终其生,大部分时间都在神策军内效力,曾兼左神策军将军知军事,后为神策军大将军。[5] 与何文哲同时的神策军胡人还有左神策大将军康艺全等人。[6]

此外,九姓胡人在中原王朝与突厥、回纥的外交中也起了重要的作用。中亚九姓胡人,特别是粟特人,本来就是一个商业民族,其足迹遍布古代欧亚大陆的商道上。从魏晋到隋唐,大量的粟特人东来兴贩,他们穿梭往来于粟特本土、西域城邦绿洲诸国、草原游牧汗国和中原王朝之间。正是因为他们代代相传的本领,所以粟特人大都通晓多种语言。《安禄山事迹》记,安禄山"长而奸贼残忍,多智计,善揣人情,解九蕃语,为诸蕃互市牙郎"。[7] 其部将史思明亦"通六蕃译,亦为互市郎"。[8] 他们"解九蕃语"、"六蕃译",大概就是表示他们精通多种语言。在公元6—8世纪,粟特语成为丝绸之路上不同民族间交往时通用的国际语言。正因为其语言优势,九姓胡在唐朝的外交活动中发挥了重要作用。

---

〔1〕《太平广记》卷256"崔慎由"条。

〔2〕李鸿宾:《论唐代宫廷内外的胡人侍卫——从何文哲墓志铭谈起》,载《中央民族大学学报》,1996年第6期,第40页。

〔3〕《新唐书·康日知传附康志睦》。

〔4〕《米继芬墓志》,吴钢主编:《全唐文补遗》,第3辑,第143页。

〔5〕《何文哲墓志》,吴钢主编:《全唐文补遗》,第1辑,283-284页。

〔6〕《新唐书》卷207《马存亮传》。关于"安史之乱"后九姓胡人在唐朝的政治活动,可参考荣新江:《"安史之乱"后粟特胡人的动向》,引自纪宗安、汤开建主编:《暨南史学》第2辑,暨南大学出版社2003年,第102-123页。

〔7〕《安禄山事迹》卷上。

〔8〕《新唐书》卷225上《史思明传》。

例如，早在西魏时期，酒泉胡人安诺槃陀于545年奉西魏太祖之命到突厥，成为第一位出使突厥的九姓胡。[1] 隋末康鞘利在太原与李渊会谈，代表唐朝出使西域的中书省译语人揖怛然纥也是西域人。[2] 突厥还曾利用粟特人施行反间，“突厥恶弘农公刘世让为己患，遣其臣曹槃陀来，言世让与可汗同谋，欲为乱。[623]冬，10月，丙午，杀世让，籍其家。”[3]唐朝也曾派粟特人后裔出使突厥，如630年唐俭被派往颉利可汗处时，安修仁为副使。[4] 此外，646年右领军中郎将安永寿（安修仁长子）出使铁勒诸部。[5] 史载，“始回纥至中国，常参以九姓胡，往往留京师，至千人，居赀殖产甚厚”。[6] 因为有这种微妙的关系，所以九姓胡与回鹘之间有着千丝万缕的联系。唐朝人甚至经常分不清九姓胡与回纥，干脆把他们径称为“回纥（鹘）种类”。《全唐文》卷701收李德裕撰《论译语人状》（842）载：“右缘石福庆等，皆是回鹘种类，必与本国有情。”[7]

具有语言优势的粟特人除了担任突厥、回鹘使者外，还充当译语人的角色，[8]在唐朝政治生活中发挥了较大的影响。

吐鲁番出土的唐代过所文书中就提到不少译语人。如阿斯塔那188号墓所出《唐译语人何德力代书突骑施首领多亥达干收领马价抄》。[9] 此文书中的译语人何德力应出自昭武九姓胡何氏，而多亥达干是突骑施的首领，因其不通汉语需借助何德力代书马价收条。又，阿斯塔那210号墓出土有《唐西州高昌县译语人康某辩辞为领军资练

[1]《周书》卷50《异域传》下。

[2]《全唐文》卷701。

[3]（唐）温大雅：《大唐创业起居注》，上海古籍出版社1983年，第13页。

[4]《大唐创业起居注》，第9页。

[5]《资治通鉴》卷198。

[6]《新唐书》卷217上。

[7]《全唐文》卷701。

[8]关于唐代的译语人，可参见韩香：《唐代长安的译语人》，载《史学月刊》，2003年第1期，第28－31页；赵贞：《唐代对外交往中的译官》，载《南都学坛》，2005年第6期，第29－33页。

[9]国家文物局古文献研究室等编：《吐鲁番出土文书》第8册，第87页。参见李方：《唐西州的译语人》，载《文物》，1994年第2期，第45－51页。

事》载:"高昌县译语人康□□□军资练拾疋□□□。"[1]此件文书中的译语人康某也应是在西州都督府充任翻译的九姓胡胡人。他们在唐王朝与周边诸国的交往以及中外贸易、文化交流活动中扮演着中介人的重要作用。

在两京也有许多九姓胡人担任译语人。唐太宗626年与颉利可汗使臣密谈时,只留安元寿(安兴贵之子,安修仁之侄)一人宿卫,亦有让他担任翻译的目的。[2] 唐代重臣李德裕作于武宗会昌二年(842)正月十日的《论译语人状》就叙及了昭武九姓石胡担任译语人的情况,其状云:"右缘石福庆等,皆是回鹘种类,必与本国有情。纥扢斯专使到京后,恐语有不便于回鹘者,不为翻译,兼潜将言语辄报在京回鹘。望赐刘沔忠顺,诏各择解译蕃语人不是与回鹘亲族者,令乘递赴京冀,得互相参验,免有欺蔽,未审可否。"[3]本状所云"石福庆"当是臣服回鹘之昭武九姓人,流寓长安作译语人。

当时唐长安城,由于涉外活动的频繁,在专门接待外国人的鸿胪寺中设有专职翻译。而中书省因为有大量的文书及语译,则设"翻书译语"。《唐六典》卷2《尚书吏部》云,"凡诸司置直,皆有定制",其中中书省"翻书译语十人","鸿胪寺译语并计二十人";[4]《新唐书·百官志二》"中书省"条亦记有:"翻书译语十人。"

关于这些译语人的地位,唐朝廷做了明确规定。《新唐书·选举志》记:"鸿胪译语,不过典客署令",[5]就是针对译语的升迁而言。按典客署,隶属鸿胪寺,署设令一人,从七品下,凡"四夷归化在藩者,朝贡、宴享、送迎皆预焉"。[6]可见鸿胪寺的译语人其最高品级也就是从七品下了。《资治通鉴》卷199胡三省注云:"中书掌受四方朝贡及通

---

[1]国家文物局古文献研究室等编:《吐鲁番出土文书》第6册,第72页。

[2]安元寿墓志称:"突厥颉利可汗拥徒卅万众,来寇便桥,太宗亲率精兵出讨,颉利遣使乞降,请屏左右,太宗独将公一人于帐中自卫。"安元寿应是秦府八百勇士之一。见《唐安元寿夫妇墓发掘简报》,载《文物》,1988年12期,第37-49页。

[3]《李德裕集》卷11,《全唐文》卷701。

[4](唐)李林甫等:《唐六典》卷2《尚书吏部》,陈仲夫点校,中华书局1992年。

[5]《新唐书》卷45。

[6]《新唐书》卷48。

表疏,故有译语人……俸禄一同京官。"中书省译语人虽然官级不高,但"俸禄一同京官",地位不会太低。

长安之译语人有姓名可考者还有史国人史诃耽(或史诃担)、中亚石国人(另说为回鹘人)石福庆。石福庆为武宗时鸿胪寺译语人。

随着落籍大唐的商胡人数的增加,商胡如何通过正常渠道获取相应政治地位的问题也凸现出来。在古代中国,寒门世家子弟入仕的途径是参加科举,谋取功名。入华"兴生胡"子弟经过长期汉文化的熏陶,亦具备了参加科举的条件。

天宝十三年(754)米吉炎撰《唐故云摩将军右龙武将军正员庐江县开国伯上柱国何公(德)墓志铭》,署名为京兆进士。[1] 波斯人李素为景教徒,入居长安后,备受汉文化浸染,其五子李景文即是乡贡明经。[2] 这表明这些入华的胡人已具有较高的汉文化素养,融入了唐代主流社会中。

8.4.3 入华九姓胡的经济地位

粟特人是九姓胡的主体,他们以经商著称。《旧唐书·西戎传》记其习俗,"男子年二十,即远之旁国……利之所在,无所不到。"根据亨宁等人的研究,在公元前4—3世纪,粟特人就已开始探索来中国的路线。[3] 在敦煌西北发现的粟特文文书,经释读是粟特商人从中国发往撒马尔干(罕)的信件,虽然对此信函的写作时间众说纷纭,但诸家公认,此信说明3—4世纪有一批粟特人以姑臧(今武威)为基地,在洛阳与中亚之间贩运丝绸、香料等商品。

早在魏晋南北朝时期,昭武九姓胡就散居天山南北,有的还迁居河西、秦陇一带,甚至流寓长安、洛阳等地。九姓胡人经过长时间的经营,在撒马尔罕和长安之间,甚至远到中国东北边境地带,逐渐形成了

---

[1]吴钢主编:《全唐文补遗》第3辑,第97页。

[2]《李素墓志》及《(李素妻)卑失氏夫人墓志》,见吴钢主编:《全唐文补遗》,第3辑,第179,186页;荣新江:《一个入仕唐朝的波斯景教家族》,引自荣新江:《中古中国与外来文明》,三联书店2001年,第238-257页。

[3]W. B. Henning, *The Date of the Sogdian Ancient Letters*, incoluded in W . B . Henning Selected Papers II(Acta Iranica 15) Leiden, 1977, p. 322.

自己的贸易网络，在这个贸易网络的交汇点上，建立起殖民聚落，作为他们东西贸易的中转站。吐鲁番出土的高昌国时期的《高昌内藏奏得称价钱帐》，就反映了在高昌地区进行贵金属、香料贸易的双方，基本都是九姓胡人。[1] 从西方来的粟特商人把大宗货物运载到高昌，由高昌的九姓胡商人买下来，再分散或整批运至河西或中原地区兴贩。

在唐以前，粟特人的贸易以行商为主，组成商队长途贩运，赚取巨额差价。到了唐代，一方面出现了粟特人与汉人联合组成商队的情形，其事例有前引康尾义罗施过所案卷中，兴胡籍笃播、那尾达与汉人高运达共请过所结伴东行，吐鲁番文书《唐西州高昌县上安西都护府牒稿为录上讯问曹禄山诉李绍谨两造辩辞事》，记载了汉族商人李绍谨与粟特商人曹炎延一起从弓月城返回龟兹；[2] 另一方面保留了大量的独立经商的商胡，他们一部分被称为“兴生胡”，即往来长安、高昌、中亚之间的行商，一部分是“西州百姓”，包括纳入西州户籍的坐商。

《唐西州高昌县上安西都护府牒稿为录上讯问曹禄山诉李绍谨两造辩辞事》，反映了8世纪后半叶在长安定居的粟特胡商的生存、经商状况。[3] 该牒稿主要涉及5个人：汉商李绍谨和4个粟特胡商，包括曹炎延、曹禄山兄弟和曹果毅、曹毕娑。这几位胡商虽然同出自粟特曹国，又皆在长安生活，但身份有所不同。其中曹炎延、曹禄山兄弟，都是“京师人”，是已经著籍长安的粟特胡人，而曹果毅和曹毕娑二人则“是胡，客京师，有家口在”，是为逐利东来的兴胡，虽已客居长安，但尚未

---

〔1〕朱雷：《麴氏高昌王国的“称价钱”》，引自《魏晋南北朝隋唐史资料》第4期，武汉大学1982年，第17－24页。

〔2〕国家文物局古文献研究室等编：《吐鲁番出土文书》第3册，第242－247页；第6册，第470－479页。

〔3〕王小甫先生认为，李绍谨借绢事发生在咸亨元年二月以前，该文书应断代在咸亨二年(671)。参看其：《唐吐鲁大食政治关系史》，第72－73页。关于这件文书的解释，可参看〔日〕荒川正晴：《唐帝国とソグドの交易活动》，载《东洋史研究》，第56卷第3号，1997年，185－188页，有陈海涛译文：《唐帝国和粟特人的交易活动》，载《敦煌研究》，2002年第3期，第81－91页；另参〔日〕荒川正晴：《唐代粟特商人与汉族商人》，引自荣新江等编：《粟特人在中国——历史、考古、语言的新探索》，中华书局2005年，第101－109页。

着籍。[1] 由于文意不明,我们并不知曹果毅、曹毕娑在长安的家口,是否随同他们从粟特本土迁来。但从胡人多在本民族内部通婚及“炎延”、“禄山”、“毕娑”这些地道胡名来看,[2]他们有可能是与其他生活于长安的粟特胡人家族通婚。

虽然曹炎延兄弟皆为已经定居长安的胡人,但很可能他们不时往来于长安、龟兹、高昌、弓月城之间。曹果毅、曹毕娑为生活在长安的胡客,牒稿中提到他们从弓月城又继续“向已西去”,很可能其西行的目的地是碎叶[3]或是其故土粟特地区,从事更远距离的长途转贩贸易。由此看来,未著籍的曹果毅、曹毕娑二人虽然在京师都有家口,但其经商的流动性要远远高于已著籍的曹炎延兄弟。曹果毅、曹毕娑从长安—安西—“更西”的行迹,说明这些粟特胡商的活动范围之广,很可能他们随时保持着与故国之间的联系。[4]

粟特商人经营的商品,当以奢侈品为主,具有体积小,便于携带而价格昂贵,利润率高的特点。这主要是由于在欧亚内陆进行长途贩运的难度太大,粟特人所经营商品的特点与丝绸之路贸易的一般特征是一致的。吐鲁番文书《高昌内藏奏得称价钱帐》[5]集中反映了粟特商人的地位和他们所经营商品的特征。该文书出土于阿斯塔

---

〔1〕有学者认为,同为在长安的粟特商人,曹禄山和曹果毅、曹毕娑的身份却略有差别,极可能是因为前者入居长安的时间较之后二人更长(陈海涛、刘惠琴:《来自文明十字路口的民族——唐代入华粟特人研究》,商务印书馆 2006 年,第 178 页)。笔者对此不能苟同。时间长短固然是影响身份的一个因素,但身处长安的粟特人是否著籍,可能更多的还是自身的一种选择,主要取决于个人的现实情况。有些胡商不愿不愿著籍,可能是为了自身经营活动的方便,因为相对而言,唐朝政府对胡商的政策要宽松一些。

〔2〕禄山的粟特语形式为:rwxsn -,参看 W. B. Henning apud E. G. Pulleyblank, *The background of the Rebellion of An Lu - shan*, Oxford University Press, 1955, p. 333;“毕娑”一名的粟特语可还原为 pys' kk, pysk,关于此名参看 Y. Yoshida, “*Sogdian Miscellany III*”. In: R. E. Emmerick and D. weber(eds.) Corolla Iranica. Papers in Honour of Prof. Dr. D. N. MacKenzie on the Occasion of His 65th Birthday, Frankfurt am Main 1991, p. 241; P. B., Lurje, *Personal Names in Sogdian Texts*. Iranisches Personennamenbuch, II/8. Vienna: Verlag der Osterreichischen Akademie der Wissenschaften. 2011, pp. 320 - 321。

〔3〕《大唐西域记》卷一“素叶水城”记:碎叶“诸国商胡杂居也”。

〔4〕毕波:《中古中国的粟特胡人——以长安为中心》,第 275 - 276 页。

〔5〕国家文物局古文献研究室等编:《吐鲁番出土文书》第 3 册,第 317 - 325 页。

那514号墓,据墓葬形制和同出文物推知本墓为鞠氏高昌时代。文书中姓名比较完整的商人共47人,有43人是白、车、翟等胡姓商人,其中又有39人是康、安、曹、何、石等昭武九姓。在35笔具名交易中,32笔有粟特商人参与,可见粟特商人在西州贸易中扮演了主要角色。粟特商人买卖的商品包括金、银、丝、香、药、石蜜等10种,都不是日常生活中的必需品。著籍九姓胡和未入籍粟特商胡(兴胡)在实际经商活动中又区分为3种情形:

第一种,未入籍粟特商胡,经互市官及鸿胪寺特许,可将“互市”所得及受赐货物出口;

第二种,未入籍粟特商胡,可以在内地进行贸易,但所得货物未经许可不得随意出口;

第三种,已入籍粟特人,其籍贯属西州、庭州、伊州等州者,持有“公验”者可在著籍本贯以东地区进行贸易。[1]

粟特人还经营牲畜,包括马、驴、牛、骆驼等,这些牲畜“部分即来源于粟特本土和西域其他国家,一部分则来自突厥、回鹘等游牧民族。隋末史蜀胡悉率部落六畜来马邑市易,[2]康鞘利以马千匹来太原市易,[3]都是从突厥地区南来,无疑是出卖突厥牲畜。唐高祖时,“康国献马四千匹”;[4]武德七年和九年,康国王屈术支献名马。[5]考虑到当时康国与中原之间其他政权对东西交通的阻隔,这些马匹很可能并非出自粟特本土,而是突厥所产。[6]

粟特商人不仅从事国际贸易,也积极参与了中国的国内贸易。敦煌文书《唐天宝六载(747)十二月河西豆卢军军仓收纳籴粟牒》载有粟特商人康仁希纳和籴粟50石,[7]即收购民间余粮卖给政府充当

[1]姜伯勤:《敦煌吐鲁番文书与丝绸之路》,第186-188页。

[2]《隋书》卷67《裴矩传》。

[3](唐)《大唐创业起居注》,温大雅注释,上海古籍出版社1983年,第13-14页。

[4]《唐会要》卷72《诸蕃马印》称:武德中,康国献马(大宛马种)四千匹,“今时官马,尤是其种”。此记未见其他文献著录,“四千匹”疑是“四十匹”之讹。

[5]《唐会要》卷99;《册府元龟》卷970。

[6]《唐会要》卷72。

[7][日]池田温:《中国古代籍帐研究》,第472页。

军粮，说明商胡卷入了河西地区的粮食贸易之中。内地也有粟特商贩，有的在长安街头卖胡饼，有的在洪州买卖象牙。[1]

到天宝年间，唐朝加强了对西域的控制。《唐会要》卷86“关市”条记：[2]

> 天宝二年十月敕，如闻关已西诸国，兴贩往来不绝，虽讬以求利，终交通外蕃，因循颇久，殊非稳便。自今已后，一切禁断，仍委四镇节度使，及路次所由郡县，严加捉搦，不得更有往来。

上文提出了严禁来往于蕃域的商业贸易活动，并严禁进入唐内地的粟特商人归蕃。

“安史之乱”后，唐朝政府不允许把一些物品，特别是丝绸一类的东西运出境外，在边州也不允许这些物品的交易。《册府元龟》卷999记载：[3]

> 开成元年（836）六月……京兆府奏准，建中元年（780）十月六日敕，诸锦、罽、绫、罗、縠（谷）、绡、织成细紬（绸）、丝布、牦牛尾、真珠、银、铜、铁、奴婢等并不得与诸蕃互市，又准令式中国人不合私与外国人交通、买卖、婚娶、来往。

但是这种规定在实际中并没有什么意义，粟特商人在实际贸易中往往突破这种限制。

商胡的商业贸易，无疑增加了唐王朝的收入。《新唐书》卷221《西域传》记：“诏焉耆、龟兹、疏勒、于阗征西域贾，各食其征，由北道者轮台征之。”又云：“开元盛时，税西域商胡以供四镇，出北道者纳赋轮台。”上引史料说明开元年间（713—741）唐对往来于丝绸之路南、北、中3道上的商胡征税以供四镇军资。从《唐开元二十年（732）瓜州都督府给西州百姓游击将军石染典过所》[4]所见，石染典入沙州市易，由市令勘验人、畜名数的批文推测，似对石染典贸易的

[1]《太平广记》卷402，卷441。

[2]《唐会要》卷86“关市”条。

[3]《册府元龟》卷999。

[4]国家文物局古文献研究室等编：《吐鲁番出土文书》第9册，第40－42页。

货物征收了市税。这种“税商胡制”无疑增加了唐朝的财政税收。

粟特商人的商业活动本身,为维护唐朝在西域的统治作出了贡献。为了保证丝绸之路贸易的畅通无阻,唐王朝在中亚及丝绸之路沿线地区设置了完善的行政机构和完备的国防制度,驻扎有大量的军队以维护主权和保障商旅的安全,这就需要大量的费用,这笔开支主要是靠收取商税来解决的。武则天在财政紧张状况下,命令征税于西域商人,以供给安西四镇的军费开支。[1]《新唐书·西域传》记载:“开元盛时,税西域商胡以供四镇,出北道者纳赋轮台。”这在吐鲁番出土文献中也有反映。如《唐开元二十年(732)瓜州都督府给西州百姓游击将军石染典过所》记载,[2]石染典入沙州市易时,需由市令勘验人畜名数,据此批文推测,对石染典贸易的货物就征收了市税。[3] 又据日本有邻馆藏《唐开元十六年庭州金满县牒》载,金满县在这一年共管百姓、行客、兴胡 1670 人,总收税 259650 文,其中百姓税只有 85650 文,则行客、兴胡所纳税钱则为 174000 文,是百姓税款的两倍多。[4] 这一现象,在丝路沿线各州县中应该具有普遍性。丝绸之路商业贸易导致丝路沿线市镇的繁荣,这是唐王朝西北边防得以巩固的一个重要因素。

九姓商胡以自己的经商才能,为各地经济的发展作出了很大贡献。开元五年(717),御史中丞兼检校营州都督宋庆礼在柳城筑营州城、屯田的同时,招集商胡为立店肆,数年间,营州仓廪颇实,居民渐殷。[5] 安禄山正是营州柳城胡。

九姓胡还参与唐朝廷的经济管理。757 年,唐朝军队收复长安后,财政极端困难。《广异记》载:“乾元中(758—759),国家以克复二京,粮饷不给。监察御史康云间为江淮度支,率江淮商旅百姓五分

〔1〕《新唐书》卷 221 上《西域传上》。

〔2〕国家文物局古文献研究室等编:《吐鲁番文书》第 9 册,第 40 - 42 页。

〔3〕程喜霖:《唐代过所与胡汉商人贸易》,载《西域研究》,1995 年第 1 期,第 102 页。

〔4〕〔日〕池田温:《中国古代籍帐研究》,第 354 页。

〔5〕《旧唐书》卷 185《良吏》下。

之一以补时用。”[1]

九姓胡还通过自己的特色经营，为唐代社会的经济繁荣作出了很大的贡献。从文献记载来看，很多在长安的粟特胡人从事的都是非常富有粟特民族特色的商业活动，如珠宝买卖、手工业（金银器制作）、餐饮业等，特别是在餐饮服务行业，如经营酒家，贩鬻特色胡食（胡饼、饆饠等），吸纳了不少胡人加入其中。这些与长安市民日常生活密切相关的经营项目，不仅存在于两市之内，在普通坊里也有，如升平坊坊门附近，“有胡人鬻饼之舍”，[2]长兴坊有饆饠店，[3]可能也是由胡人经营的。这些胡人商户招徕顾客的一个最佳的广告手段就是自身的特色经营：胡食加胡姬。无论是已经进入寻常百姓家的胡饼，还是可以荣登大雅之堂的饆饠，胡人经营的这些特色食品，让长安人不出京城即可品尝到西域美食。同时，胡人在经营方式上也别具特色，如饭馆酒家多采用貌美如花、能歌善舞、风情万种的胡姬当垆叫卖，以吸引顾客。[4]

长安西市胡店多用胡姬把酒，歌舞助兴。李白《前有樽酒行》说，“胡姬貌如花，当垆笑春风。笑春风，舞罗衣，君今不醉当安归！”[5]李白在《醉后赠王历阳》中又说，“笔纵起龙虎，舞曲指云霄。双歌二胡姬，更奏远清朝。”[6]胡姬曼妙风情，留人驻足，引人前往。王绩是

---

[1]《太平广记》卷403引《广异记》。

[2]《太平广记》卷452“任氏”条。

[3]《太平广记》卷278“国子监明经”条。

[4]在酒店中用姿色曼妙的胡姬来作为招徕客人的一种手段，早在东汉时期即已存在。辛延年《羽林郎》描写的就是这样的胡姬：“昔有霍家奴，姓冯名子都。依倚将军势，调笑酒家胡。胡姬年十五，春日独当垆。长裙连理带，广袖合欢襦。头上蓝天玉，耳后大秦珠。两鬟何窈窕，一世良所无。”关于唐代的酒家胡、胡姬，有不少学者做过研究，如芮传明：《唐代“酒家胡”述考》，载《上海社会科学院学术季刊》，1993年第2期，第159－166页；齐东方：《胡姬貌如花，当垆笑春风——唐代胡姬俑与胡姬》，载《艺术史研究》第5辑，中山大学出版社2003年，第265－275页；曾玲玲：《唐代“酒家胡”的身份和技艺》，引自林中泽主编：《华夏文明和西方世界》，（香港）博士苑出版社2003年，第39－48页；葛承雍：《唐宋时代的胡姬与吴姬》，载《中国历史文物》，2005年第3期，第45－52页；孟曼：《延客与惑君——兼谈唐诗中胡姬的形象塑造》，载《新疆师范大学学报》，2006年第1期，第111－115页。

[5]《全唐诗》卷163。

[6]《全唐诗》卷171。

有钱没钱都爱往这儿挤:“有钱须教饮,无钱可别沽。来时常道贳,惭愧酒家胡。”[1]李太白则更有风度,“银安白鼻騧,绿地障泥锦。细雨春风花落时,挥鞭直就胡姬饮。”[2]

当垆的胡姬,笑面把酒,歌舞助兴,风流少年竞相奔去,成为长安一大景观。在丝路沿线,美女当垆,伴唱佐酒,已渐成风俗。例如,在凉州,“葡萄酒熟恣行乐,红颜青旗朱粉楼。楼下当垆称卓女,楼头伴客名莫愁。”[3]在敦煌,至少有十几家胡人开办的酒店,如康家店(P.4696)、何家店(P.3005)、万家店、曹家店、安家店(P.2049)等。这些酒店应也采取胡姬伴唱佐酒之经营手段。[4]

这些胡人开办的酒肆饭馆的服务对象,不仅是汉族或其他民族的客人,同时也有胡人顾客。对于汉人顾客来说,这些地方在某种意义上也是展现胡人民族文化的一个窗口,而对于胡人来说,这里则是一个可以互相交流感情、排遣乡愁旅思的异域家乡。假若失去了这些特色,那么他们在竞争上也就没有多少优势可言了。因此,这些胡人即使在其他方面已经汉化,但在外在形式上,他们还是要竭力表现出其民族性的那一面。[5]

九姓胡商人受到唐朝统治者的压榨也是很大的。武则天造明堂、天枢,美仑美奂,“并番客、胡商聚钱百万亿所成”。[6]地方上也有许多人借助权势剥削商胡,甚至有人专以劫掠商胡致富。[7] 于是,有的商人寻求达官贵人的庇护,在安禄山的羽翼之下,就聚集了一大批商胡,[8]成为他以后叛乱的经济后盾之一。

---

[1]王绩:《过酒家》,《全唐诗》卷37。

[2]李白:《白鼻騧》,《全唐诗》卷18。

[3]元稹:《西凉伎》,《全唐诗》卷419。

[4]参见高启安:《唐五代敦煌的“饮食胡风”》,载《敦煌研究》,2002年第3期,第66-73页。

[5]毕波:《中古中国的粟特胡人——以长安为中心》,第280-281页。

[6]《太平广记》卷236。

[7]《朝野佥载》卷5。

[8]《安禄山事迹》卷上。

9　入华九姓胡的汉化

陈垣先生所著《元西域人华化考》是研究西域人汉化的奠基之作，为后人的相关研究确立了研究的典范。他对西域人的华化（汉化）定义为："至于华化之意义，则以后天所获，华人所独者为断。"[1]此论甚是。九姓胡的汉化实际是他们对以汉族文化为主体的中华文化的学习、融合。

对于入华九姓胡的汉化问题，早期的研究有日本学者桑原隲藏的《论隋唐时代来往于长安之西域人》（1926年），[2]向达的《唐代长安与西域文明》（1933），冯承钧的《唐代华化蕃胡考》（1957）。[3] 近年来，中国学者或从宗教信仰，[4]或从婚姻和生活习俗，[5]或从文化

[1]陈垣：《元西域人华化考》，上海古籍出版社2000年，第3页。

[2]［日］桑原隲藏：《论隋唐时代来往于长安之西域人》，载《内藤博士还历纪念支那学论丛》，1926年。后收入《桑原隲藏全集（2）》，东京岩波书店，1968年。有王桐龄中译本《隋唐时代西域归化人考》，分载（北京）《师大月刊》1935年第22期，1936年26、27期；又有何健民译本《隋唐时代西域人华化考》，载《武汉大学文史季刊》第5卷（1935年），第2、3、4号。

[3]冯承钧：《唐代华化蕃胡考》，引自《西域南海史地考证论著汇辑》，中华书局1957年，第129－157页。

[4]郑炳林：《唐五代敦煌的粟特人与佛教》，载《敦煌研究》，1997年第2期，第151－166页。葛承雍：《唐代长安一个粟特家庭的景教信仰》，载《历史研究》，2001年第3期，第181－186页。

[5]程越：《从石刻史料看入华粟特人的汉化》，载《史学月刊》，1994年第1期，第22－27页。陆庆夫：《唐宋间敦煌粟特人之汉化》，载《历史研究》，1996年第6期，第25－34页。陈海涛：《从葬俗的变化看唐代粟特人的汉化》，载《文博》，2001年第3期，第47－52，58页。刘惠琴、陈海涛：《从通婚的变化看唐代入华粟特人的汉化——以墓志材料为中心》，载《华夏考古》，2003年第4期，第55－61页。

归顺等方面,[1]探讨了入华九姓胡的汉化问题。大体上,入唐九姓胡的汉化可表现在姓氏姓名、婚姻情况、丧葬习俗、宗教信仰及文儒科举等几个方面,我们从中可大致了解他们汉化的进程、特点和原因。入华九姓胡的汉化,反映了九姓胡与唐人的文化交流和融合。

9.1 姓名、婚姻状况反映出来的汉化

最初入华之中亚诸国人多以国名为姓,如康国以康为姓、安国以安为姓等,其中康、安、米3姓在隋唐几乎为他们所独有。这既是一种辨认国籍的标志,也是一种对汉姓的模仿。日本学者池田温先生指出,这种"以出身地为氏"的做法,是汉族的方式。[2] 它是外来民族受到汉人传统习俗的熏染,在汉化过程中自己有意识地采用了汉族的命名方式。使用这些胡姓的人实际上已经在一定程度上汉化了。[3] 向达先生指出,这些九姓胡人初来中国之时,其姓名还多保留中亚痕迹。不过,至下一代,已基本上开始采用汉式姓名了。[4]

池田温先生通过研究天宝十载(751)敦煌县差科簿文书(P. 2657,P. 2803,P. 3018,P. 3559),发现敦煌从化乡居民年龄清楚的121人中,取胡式人名者54人(其中41岁以上者32人),汉式人名者55人(其中41岁以上者仅3人),归属难以判断的人名12人。可见该乡41岁以上的人取胡式名字较多,40岁以下的人则汉式名字较

[1]李鸿宾:《论唐代宫廷内外的胡人侍卫——从何文哲墓志铭谈起》,载《中央民族大学学报》,1996年第6期,第39-44页。吴玉贵:《凉州粟特胡人安氏家族研究》,引自《唐研究》第3卷,北京大学出版社1997年,第295-338页。钟焓:《安禄山等杂胡的内亚文化背景——兼论粟特人的"内亚化"问题》,载《中国史研究》,2005年第1期,第67-84页。刘惠琴、陈海涛:《唐代入仕粟特人的汉化进程》,载《烟台大学学报》,2005年第2期,第214-217,240页。韩香:《唐代长安中亚人的聚居及汉化》,载《民族研究》,2000年第3期,第63-72页。

[2]《风俗通·姓氏篇》等载"氏于国",《通志·氏族篇》中把"以国为氏"与以邑、乡、亭、地为氏相并列。参见[日]诸桥辙次:《中国的家族制》,东京,大修馆1940年,第462-466页。引自池田温:《八世纪中叶敦煌的粟特人聚落》注释58,见池田温:《唐研究论文选集》,中国社会科学出版社1999年,第60页。

[3][日]池田温:《八世纪中叶敦煌的粟特人聚落》,引自池田温:《唐研究论文选集》,中国社会科学出版社1999年,第15-16页。

[4]向达:《唐代长安与西域文明》,第96页。

多,年龄与人名的胡、汉形式之间具有一定的相关关系。差科簿文书记载的从化乡具有父子关系的人有 29 人,其中父子均取胡式名字的有 3 例,父亲胡名、儿子汉名的有 11 例,父子均取汉名的有 11 例。可见,父亲的名字为胡式时,其儿子却大部分取汉式名字;而当父亲为汉式名字时,他儿子的名字则都是汉式的。这反映了从化乡主体居民九姓胡男子的配偶一定以汉族女子居多。这样,随着移居者世次的推移,通过母系混入的汉人血统,子辈的汉式名字也越来越多。[1]

一般来说,迁居长安城中的中亚胡人的姓名保留有中亚习惯的情形以唐初为多,如武德年间有长安舞胡叱奴、调露初年雍州万年县的康阿禄山,以及唐初善画异禽奇兽之名画家康萨陀等。[2] 至唐中叶以后,这种情形已不多见,大部分中亚胡人已采用汉式姓名,少数保留胡姓的是新来留居者,如开元年间来朝并留宿卫的何国人何羯达、波斯人穆沙诺等。[3] 其后,甚至有的中亚胡人改其国名姓氏或被赐姓,如安兴贵之孙安抱玉因功在肃宗时改姓李,至代宗乾元三年(759)时,已"徙籍京兆,举族以李为姓";[4]李元谅"本姓安,其先安息王之胄也……乃归中土,犹宅西垂,家于凉州,代为著姓",其少时为宦官骆奉仙养息,冒姓骆,名元光,贞元间因解吐蕃劫盟之围有功而赐姓李,改名元谅。[5] 李元谅应是来自家居凉州的安氏家族后裔,也即安国人之后裔。宁夏固原出土的史射勿墓志(610)说,史射勿是"史国王之苗裔",其祖先大约在北魏末年东迁,曾在张掖居停,落籍平凉(固原)。他的曾父史妙尼、祖父史波波匿,其名均是胡式;他的 7 个儿子,除长子诃耽之名尚有胡味外,其余六子皆取汉名。[6]

---

〔1〕〔日〕池田温:《八世纪中叶敦煌的粟特人聚落》,见池田温:《唐研究论文选集》,第 26－28 页。

〔2〕向达:《唐代长安与西域文明》,第 13、16、17 页。

〔3〕《册府元龟》卷 975《外臣部·褒异二》。

〔4〕《旧唐书》卷 132《李抱玉传》。

〔5〕《李元谅墓志》,见吴钢主编:《全唐文补遗》第 3 辑,第 128－129 页;《旧唐书》卷 156《李元谅传》。

〔6〕荣新江、张志清:《从撒马尔罕到长安——粟特人在中国的文化遗迹》,第 90－91 页。

史射勿家族成员取名的变化，反映了许多九姓胡家族所经历的汉化进程。这些人如果不是从史籍或墓志知其为中亚人后裔，单从姓名上看，已与汉名无异了。他们从模仿汉姓到赐姓，或改姓到完全采用汉式姓名，反映出九姓胡人汉化的一个过程。这既是他们自身发展的需要，亦与中国内地文化的强大影响不无关系。

唐代宗广德元年(763)“安史之乱”平定后，由于祸首安禄山、史思明等皆为粟特人，汉人产生了普遍的排外情绪。[1] 中原地区形成的排斥胡化、憎恨胡人的社会风潮，影响到了粟特人的生存。他们用改变姓氏、郡望等方法极力抹掉自己的胡人特征。[2] 此后，唐武宗于会昌五年(845)颁《毁佛寺制》，“显明外国之教”的佛教、摩尼教、祆教信徒皆被勒令还俗。[3] 从此史籍中几乎不见关于中原地区(除河北三镇外)粟特祆教活动的记载。这一历史过程加快了入华粟特人的“汉化”进程。[4]

与改汉姓相比，九姓胡人在婚姻上维系其传统的时间要长一些。如何处理好婚姻关系，对于入华的九姓胡来说是一个急需解决的重要问题。[5] 九姓胡人的婚姻可分为胡姓联姻与非胡姓联姻两种。入华初期，胡人婚姻主要限于胡姓之间的相互结合。东来的九姓胡人除聚居一处者外，更有许多是与汉人和突厥人杂居的，并多与当地的突厥人通婚。胡人与突厥人的通婚情况，远超乎今人的想象。《新唐书·哥舒翰传》中曾录有一段安禄山与哥舒翰的对话：[6]

禄山谓翰曰：“我父胡，母突厥；公父突厥，母胡。族类本同，

---

〔1〕林悟殊：《唐代景教再研究》，中国社会科学出版社2003年，第115－119页。

〔2〕荣新江：《从撒马尔罕到长安——中古时期粟特人的迁徙与入居》，引自荣新江、张志清：《从撒马尔罕到长安——粟特人在中国的文化遗迹》，北京图书馆出版社2004年，第3－7页。

〔3〕《旧唐书》卷18《武宗纪》。

〔4〕邵明杰：《论入华粟特人流向的完整线索及最终归宿——基于粟特人“回鹘化”所作的考察》，载《青海民族研究》，2010年第1期，第116－124页。

〔5〕尚衍斌：《唐代入华“兴生胡”的社会权益评析》，载《西域研究》，2001年第1期，第17－24页。

〔6〕《新唐书》卷135《哥舒翰传》。

安得不亲爱?”翰曰:“谚言‘狐向窟嗥,不祥’,以忘本也。兄既见爱,敢不尽心。”禄山以翰讥其胡,怒骂曰:“突厥敢尔!”

安禄山与哥舒翰的身世表明,胡男既娶突厥女为妻,胡女亦嫁突厥男子。正因为长期实行这种广泛的通婚关系,致使突厥人与九姓胡人之间形成了一种密不可分的关系。操用突厥语的人称九姓胡人为“塔特”(Tat)。由于回鹘人中混有许多九姓胡人,以至于连回鹘人也被称为"塔特"。成书于11世纪的《突厥语大词典》(第1卷)就记述了这个情况。[1]

蔡鸿生先生搜集了不少康曹、康石等姓互为嫁娶的实例。[2] 至于非胡姓之间,尤其是胡姓与汉姓之间的通婚,存世的古代墓志多有记述。对此,程越的《从石刻史料看入华粟特人的汉化》和刘惠琴、陈海涛的《从通婚的变化看唐代入华粟特人的汉化——以墓志材料为中心》都有详述。[3]

入华之九姓胡人在入唐二、三代时多还保持胡姓内部相互通婚之传统习俗。西安等地出土大量墓志亦可证明这一点:《安菩墓志》即云安菩“[其]先安国大首领……首领同京官五品,[安菩]封定远将军……麟德元年(664),卒于长安金城坊之私第……夫人何氏,其先何大将军之女……”;《米继芬墓志》记“其父米国人也。祖伊讳□任本国长史,父讳突骑施,远慕皇化,来于王廷,邀质京师……历任辅国大将军……公(米继芬)承质子,身处禁军……永贞元年(805)九月廿一日,终于醴泉里之私第……夫人米氏……”[4]

---

[1]引自李树辉:《唐代粟特人移民聚落形成原因考》,载《西北民族大学学报》,2004年第2期,第14-19页。

[2]蔡鸿生:《唐代九姓胡礼俗丛考》,载《文史》第35辑,中华书局1992年第111-112页。

[3]程越:《从石刻史料看入华粟特人的汉化》,载《史学月刊》,1994年第1期,第22-27页;刘惠琴、陈海涛:《从通婚的变化看唐代入华粟特人的汉化——以墓志材料为中心》,载《华夏考古》,2003年第4期,第55-61页。

[4]《安菩墓志》,见周绍良主编:《唐代墓志汇编(上)》,上海古籍出版社1992年,第1104-1105页;赵振华、朱亮:《安菩墓志初探》,载《中原文物》,1982年第3期,第37-40页;《米继芬墓志》,吴钢主编:《全唐文补遗》第3辑,第143页;阎文儒:《唐米继芬墓志考释》,载《西北民族研究》,1989年,第154-160页。

此外，前苏联学者里夫什茨通过对穆格山出土 No. 3 和 No. 4 两件粟特文婚姻文书的研究，认为在阿拉伯征服之前，粟特存在过多妻制，而且起码有 3 种结合形式：即正室（嫡配）、偏房和姘居。[1] 这种习俗似也带入中原，如立于唐永徽五年（654）的《安万通砖志》，即云安万通"有妻二"。

关于胡姓联姻，蔡鸿生先生搜集了康曹、康石等姓联姻事共 9 例；[2]实际上还可以发掘出一些材料。例如，安重遏次女嫁康氏（954）；[3]康富多夫人康氏（707）；[4]安神俨妻史氏（680）。[5]

不过，随着九姓胡人在中原定居时间的延续及受汉俗的影响，其婚姻结构已有所改变，胡汉之间开始联姻，这种情况至唐中期以后逐渐增多。就长安地区而言，有卒于长庆元年（821）的康志达，其妻为河南元氏，一女嫁陇西李承宗；卒于永淳二年（683）的安元寿（安兴贵之子），其妻为下那翟氏；卒于大中九年（855）的何少直，其妻为时氏，其母即太夫人为姜氏，其大女嫁杨氏；卒于天宝三年（744）的史思礼，其妻为武功苏氏；卒于元和十二年（817）的波斯人李素，其大夫人为王氏，王氏死后又续娶突厥卑失氏等。这些人来华都已在数代以上，汉化已较深了。另有的中亚人在长安原是胡姓之间联姻，在其原夫人死后，又娶汉族妇女为妻，如卒于总章二年（669）的史诃耽，其原妻为张掖的康氏，死于贞观四年（630），此时史诃耽还在长安任职，负责中书省翻书译语，后史诃耽继娶南阳西鄂张氏，并随其

[1]〔前苏联〕里夫什茨：《穆格山出土粟特法律文书》，莫斯科 1962 年，第 30 页。引自蔡鸿生：《唐代九姓胡与突厥文化》，中华书局 1998 年，第 23 – 24 页。

[2]蔡鸿生：《唐代九姓胡礼俗丛考》，载《文史》，第 35 辑，第 111 – 112 页。

[3]河南省文物研究所、河南省洛阳地区文管处编：《千唐志斋藏志》，图版 1232，文物出版社 1984 年。

[4]《高昌砖集》，第 41 页。

[5]《芒洛冢墓遗文》三编，引自程越《从石刻史料看入华粟特人的汉化》，载《史学月刊》，1994 年第 1 期。

返原州，死后夫妇合葬于原州平高县（今宁夏固原）。[1] 这是比较典型的胡汉通婚的实例。

这种情形的出现，固然是与汉化有关，不过与唐之政策亦不无关系。早在贞观二年，唐即敕令“诸蕃使人所娶得妇女为妾者，并不得将还蕃”。[2] 高宗时修订的《唐律疏议》又重申：“如是蕃人入朝听住之者，得娶妻妾，若将还蕃内，以违敕科之。”[3]这表明，当时唐对入华定居蕃人（包括中亚诸国人），允许与汉族妇女通婚，只是不准携汉族妻妾回国而已。从另一方面来说，这也促使入华之中亚胡人长期定居和加速其汉化进程。

以上是来华中亚上层人物的婚姻情形，至于广大中下层胡商们，其情形大概与之相似，只是更普遍些。因为来华经商者多为男子，很多人来长安经商，并定居下来，有的则娶汉族妇女为妻，特别是“安史之乱”后，河陇地区为吐蕃所占，归路既绝，这种情形就更多了。如德宗贞元三年（787），宰相李泌进言“胡客留长安者久矣，或四十余年，皆有妻子，买田宅，举质取利，安居不欲归”，宰相李泌建议加以检括，共计4000余人。[4]九姓胡一旦与本土联系中断，非胡姓联姻将促使他们与异民族特别是汉族的融合。

从墓志中可以搜集大量非胡姓通婚的例证。如安延夫人刘氏（653）；[5]康公夫人汝南上蔡郡翟氏；[6]康威夫人韩氏（722）；[7]康

---

〔1〕《康志达墓志》，吴钢主编：《全唐文补遗》第5辑，第431页；《安元寿夫妇墓发掘简报》，载《文物》，1988年第12期；《何少直墓志》，吴钢主编：《全唐文补遗》第2辑，第581页；《史思礼墓志》，吴钢主编：《全唐文补遗》第3辑；《李素墓志》，吴钢主编：《全唐文补遗》第3辑，第179页；《史诃耽墓志》，罗丰：《固原南郊隋唐墓地》，文物出版社1996年，第71页。

〔2〕《唐会要》卷100《杂录》。

〔3〕《唐律疏议》卷8“越度缘边关塞”条。

〔4〕《资治通鉴》卷232“德宗贞元三年”条。

〔5〕《芒洛冢墓遗文》四编卷2，引自程越《从石刻史料看入华粟特人的汉化》，载《史学月刊》，1994年第1期。

〔6〕向达：《唐代长安与西域文明》，第97页。

〔7〕《芒洛冢墓遗文》四编卷5，引自程越《从石刻史料看入华粟特人的汉化》，载《史学月刊》，1994年第1期。

公夫人许氏(746);[1]康郡夫人傅氏(826)等。[2] 刘、韩、许、傅等显然是汉姓。

从上举例证中可见粟特人的非胡姓联姻主要是九姓胡与汉族的通婚,随着居住时间的延长,这种婚姻变得更加普遍。开元寺三门楼题刻中有:"何叱拔,妻曹,息忽硉,妻康,硉息名远,妻赵"的题名。[3] 何叱拔父子两代属于胡姓通婚,到了叱拔孙何名远这一代就与汉族通婚了。又如上举安重遏墓志载,安重遏娶刘氏,所育五女除一个嫁给康氏外,其余都嫁给了汉族。安崇礼(安重遏长子)墓志(971)记崇礼娶高氏为妻,生长子安隐娶清河张氏。[4] 唐朝著名诗人元稹之妻也姓安。[5]

入唐以来,东来粟特人的婚姻情况,我们从吐鲁番文书中偶尔还能发现。如《唐西州高沙弥等户家口籍》中,[6]就记载有粟特人自相为婚者:

户主何兔仁年五十五　妻安年四十二

也有粟特人与汉人通婚者:

户主高沙弥年卅七　[妻]米年[廿]二

那么,对于九姓胡人与汉族的通婚,唐朝政府持什么态度呢?向达先生曾指出:"《唐会要》所记贞观二年六月十六日敕,有诸蕃使人所娶得汉妇为妾之语,代宗时回纥诸胡在长安,亦往往衣华服,诱娶妻妾。天宝以后,河陇陷于吐蕃,胡客留长安不归,亦皆娶妻生子买田宅举质取利,安居不欲归。是时中外通婚数见不鲜,并为律所不禁也。"[7]向达先生所言,大致为确论,唯"律所不禁"一点,尚有疑问。《册府元龟》

[1]《宝刻丛编》卷13,引自程越《从石刻史料看入华粟特人的汉化》,载《史学月刊》,1994年第1期。

[2]罗振玉:《山左冢墓遗文》,引自程越《从石刻史料看入华粟特人的汉化》,载《史学月刊》,1994年第1期。

[3](清)陆增祥:《八琼室金石补正》卷42,文物出版社1985年,第283,291页。

[4]《千唐志斋藏志》,图版1246。

[5]《全唐文》卷654《葬安氏志》。

[6]国家文物局古文献研究室等编:《吐鲁番出土文书》第4册,第12页。

[7]向达:《唐代长安与西域文明》,第97页。

卷 999 记：

> 开成元年(836)六月……京兆府奏准，建中元年(780)10 月 6 日敕，诸锦、罽、绫、罗、縠(谷)、绡、织成细紬(绸)、丝布、牦牛尾、真珠、银、锡、铁、奴婢等并不得与诸蕃互市，又准令式中国人不合私与外国人交通、买卖、婚娶、来往。

仅从文义看，九姓胡人也应该属于“外国人”，然而“安史之乱”以后唐朝国力骤衰，丧失了西域控制权，九姓胡人很难再经河西走廊这一捷径进入内地；同时阿拉伯人已基本控制了中亚地区，开始了中亚伊斯兰化的过程。因此唐与粟特本土的直接交往已经隔绝，史籍所载粟特人的最后一次朝贡是在代宗天历七年十二月(773)康国、米国、石国入贡。[1]

8 世纪中叶，入华九姓胡有两次争夺权力的失败尝试，都发生在玄宗朝。一次是开元九年(721)四月康待宾等人领导的“六胡州之乱”，叛乱人数达 7 万余人，坚持了 3 年。[2] 另一次是 755 年爆发的“安史之乱”。安禄山本人就是一名九姓胡与突厥的混血儿，[3] 他领导的叛军获得胡商的经济支持，而构成安史武装叛乱力量主体的拓羯、杂种胡，也多来自迁居幽州等地的九姓胡。[4] 可以说，两次叛乱都源于唐朝的边疆地区，而这些地区恰恰是九姓胡人主要的聚居区，同时又是他们从事国际贸易和传播文化的重要场所。因此，这些地区极易形成对唐朝重新构成威胁的政治力量。“安史之乱”后，唐朝各地节度使拥兵自重，形成朝廷与落镇之间的长期冲突；中央也陷于宦官与朋党的争斗，纷纭至半世纪之久。正是在这样一种政治背景之下，唐欲断绝与九姓胡的联系，结束长达两个世纪之久的胡汉通婚的历史。

但是，到建中、开成年间(780—840)，留居中国的九姓胡人主要是

[1]《册府元龟》卷 972；《唐会要》卷 99。

[2]周伟洲：《唐代六胡州与“康待宾之乱”》，载《民族研究》，1988 年第 3 期，第 54 - 63 页。

[3]荣新江：《安禄山的种族与宗教信仰》，引自《中古中国与外来文明》，第 222 - 237 页。钟焓：《安禄山等杂胡的内亚文化背景——兼论粟特人的“内亚化”问题》，载《中国史研究》，2005 年第 1 期，第 67 - 84 页。

[4]陈寅格：《唐代政治史述论稿》，第 28 - 49 页。

开元、天宝年以前入居者的后代,上述禁令对这些九姓胡人后裔恐怕并不适用。建中、开成以后胡汉继续通婚的事例即为明证。如卒于长庆元年(821)的康志达,其妻为河南元氏,一女嫁陇西李承宗;卒于大中九年(855)的何少直,其妻为时氏,其母即太夫人为姜氏,其大女嫁杨氏;卒于天宝三年(744)的史思礼,其妻为武功苏氏。[1]

非胡姓通婚的增加,产生了越来越多的混血儿,即使这些混血儿沿用昭武九姓,他们也不是纯粹的粟特人了。唐代中期就发生了胡人后代不以深目高鼻儿为己出的趣事,张鷟《朝野佥载》卷5记述:[2]

> 广平宋察娶同郡游昌女。察先代胡人也,归汉三世矣。忽生一子,深目而高鼻,疑非其嗣,将不举。须臾赤草马生一白驹,察悟曰:"我家先有白马,种绝已二十五年,今又复生。吾曾祖貌胡,今此子复其先也。"遂养之。故曰:"白马活胡儿",此其谓也。

张鷟所记多出于耳闻目见,宋察之事应该亦有所本。宋氏虽为汉姓,但是张鷟称其先祖为胡人,生子又有深目高鼻的面貌特征,所居广平东距粟特人的一个聚居点幽州甚近。[3] 宋察可能是改姓宋氏的粟特人后裔。

粟特人是商业民族,而经商多是男人的事业,迁移并定居之人中也应以男性为多。他们一旦在他乡定居,只能与异族婚配。如果东西交通通畅,这些粟特人能够和粟特本土保持经常的联系,则所受异民族影响较小;一旦与本土联系中断,非胡姓联姻无疑将促进他们与异民族特别是汉族的同化。

9.2 丧葬风俗反映出来的汉化

墓志铭是中国古代独有的传统葬俗,其主要目的在于表识,而兼

---

〔1〕《康志达墓志》,吴钢主编:《全唐文补遗》第5辑,第431页;《史思礼墓志》,吴钢主编:《全唐文补遗》第3辑,第75页。

〔2〕《朝野佥载》卷5。

〔3〕唐代有两个广平,一属剑南道,一在幽州西,本书作者以为此处宜属后者,因为没有材料证明宋蔡一家三代会由河北迁到西南。

有对亡者的颂扬功能。这一葬俗虽自古有之,但在唐代则大为流行。唐代许多入华九姓胡也染此习俗。据周绍良的《唐代墓志汇编》之不完全收录,九姓胡墓志有100多方。[1]

粟特本土的丧葬习俗比较复杂,曾受到波斯、嚈哒和突厥的影响,而许多入居中国的粟特人则明显与汉族的风俗一致。[2]

粟特本土多采用火葬,或者以尸饲狗以后,收余骨而葬,不用棺椁。而定居中国的粟特人接受了中国习俗,采用土葬,有棺椁。这可以从近年来的考古发掘中得到证明。除史道德墓以外,还有1966年在西安西郊发现的何国人后裔何文哲墓,[3]1973年在河北大名县发现的何弘敬墓,[4]1981年在洛阳清理的安菩夫妇墓,[5]1988年在西安发现的安元寿夫妇墓等等。[6]

有唐一代,夫妇合祔之风极盛,现存大部分志文记载了夫妇合祔的事实。粟特人也不例外,如康智墓志记康智与妻支氏"异室同穴,迁棺共殡"。即使夫妻卒年相隔很久,如安珍墓志(840)记其夫人先卒17年,还是合葬了。[7] 也有与几位妻子一起殡葬的,如何文哲墓志(830)载其子"启(文哲)二夫人而祔葬于长安县布政乡大郭村龙首原,从权也"。[8]称"从权"而不说"从礼",大概是因为依照礼制只应与正妻合祔。

还有夫妇一起葬于先茔的,如康遂诚墓志记其"与夫人柳氏同归窆于篱诸山之旧茔"。似乎很多粟特人都有家族坟地,他们死后往往归于斯,如康磨伽"薨于京之私第……" 返葬于洛州河南县平乐之原,

---

[1]周绍良:《唐代墓志汇编》。陈海涛:《从葬俗的变化看唐代粟特人的汉化》,载《文博》,2001年第3期,第47-52,58页。

[2]程越:《从石刻史料看入华粟特人的汉化》,载《史学月刊》,1994年第1期,第22-27页。

[3]魏光:《何文哲墓志考略》,载《西北史地》,1984年第3期,第47-54页。

[4]邯郸市文管所:《河北大名县发现何弘敬墓志》,载《考古》,1984年第8期,第721-725,729页。

[5]洛阳文物工作队:《洛阳龙门安菩夫妇墓》,载《中原文物》,1982年第3期,第21-26,14页。

[6]昭陵博物馆:《唐安元寿夫妇墓发掘简报》,载《文物》,1988年第12期,第37-49页。

[7]罗振玉:《中州冢墓遗文》,上虞罗氏刊本,第43-44页。

[8]卢兆荫:《何文哲墓志考辨》,载《考古》,1986年第9期,第841-848页。

同弟弟康留买葬在一起;[1]宁夏固原发掘的史道德墓,也是与其族人共葬的。由于粟特本土尚未见有夫妇合葬与归葬先茔的做法,使我们敢于推断其有汉族的影响。

安元寿的祖父从妫水(阿姆河)流域迁到凉州姑臧(今武威)一带。安元寿墓志载,安元寿卒于永淳二年(683),妻翟氏卒于圣历元年(698),但是直到开元十五年(727)才合葬,拖延长达30年,原因是"纡輴綍而岁卜,候商徵之时宜,从违三十余年,鬼筮今兹协吉"。历时30年,岁岁卜时,竟然一直没有好时机迁葬。这种卜筮决定葬期的做法,与唐代卜筮之风的盛行是分不开的。[2]唐初,朝廷曾明文规定卜筮之术为正术。唐武德九年九月,唐太宗即位之初即制诏曰:"民间不得妄立祆祠,自非卜筮正术,其余杂占,悉从禁绝。"[3]向达先生曾云:"中国志墓立碑之风在来华之西域人中亦甚通行,出土各西域人墓志即其明证。"[4]而且从现存九姓胡墓志看,都是入居中国两代以后所立,正可以说明他们的汉化是一个渐进的过程。

9.3 宗教信仰反映出来的汉化

中亚粟特地区的九姓胡人曾奉行祆教、摩尼教等。

《隋书·西域传》谓康国"有胡律置于祆祠,决罚取则而断之"。杜环《经行记》云:"康国在米国西南三百余里,一名萨末建。土沃人富,国小,有神祠名祆,诸国事者,本出与此。"惠超《往五天竺国传》云:"又从大食国已东,并是胡国,即是安国、曹国、史国、石骡国、米国、康国。中虽各有王、并属大食所管。为国狭小,兵马不多,而能自护。……又此六国总事火祆,不识佛法。"不仅中亚的定居人,即使中亚的游牧人也曾信仰祆教。段成式记载:"突厥事祆神,无祠庙。刻毡为形,盛于

[1]《芒洛续编(中)》,引自程越:《从石刻史料看入华粟特人的汉化》,载《史学月刊》,1994年第1期,第22-27页。

[2]陈志谦:《安元寿及夫人翟氏墓志考述》,载《文博》,1989年第2期,第51-56页。

[3]《资治通鉴》卷192。

[4]向达:《唐代长安与西域文明》,第97页。

皮袋,行动之处,以脂酥涂之。或系之竿上,四时祠之。”[1]

既然祆教在中亚曾很普及,那么隋唐时期入华的许多九姓胡人自然也信奉祆教。见于中国的不少祆教徒,均冠以昭武诸姓。《唐故米国大首领米公墓志铭》云:“公讳萨宝,米国人也。”“萨宝”乃是祆教特有的官衔,故以“萨宝”为名者应是祆教徒,这位祆主显然为中亚米国人。姚宽《西溪丛语》卷上云:“至唐贞观五年,有传法穆护何禄,将祆教指阙闻奏,敕令长安崇化坊立祆寺,号大秦寺,又名波斯寺。”[2]可见,在唐初来华的祆教传道士名为何禄。从姓名看,他很可能来自中亚何国。种种迹象表明,在起源于波斯的祆教传入中国的过程中,中亚九姓胡人曾经发挥了关键作用。

来华九姓胡除了信仰祆教,也有信仰摩尼教者。永贞元年(805)米继芬墓志说明他是一个信奉景教者。[3] 不过,与九姓胡信仰摩尼教相关的碑石墓志非常罕见。

但是,许多在唐代定居中国的九姓胡后来却改变了原来的宗教信仰,而改信汉地兴盛的佛教。

石刻史料中保留了大量九姓胡信奉佛教的材料。如安孝臣墓志(735)记其子为之“敬造尊胜石幢,高二丈五尺,就墓所写花严经一部”,[4]康威墓志记其兄惠观为沙门等。许多经幢、造像记上留下了粟特人的题名。平阳县令康僧贤等造像记(602)上有大量以康为姓者。[5] 洛阳龙门保存的资料更多,如安思恭造墓塔铭文(703)等。[6] 石崇俊墓志(797)记述,其祖石宁芬为石国大首领、散将军,入华后最终落籍张掖。据该志文记述,石崇俊“而后廻向释氏”,由此一句及其父典型的粟特风格的名字来看,可能他的祖辈应该信奉本民族的祆

---

[1]《酉阳杂俎·境异》。

[2]《西溪丛语》卷上。

[3]阎文儒:《唐米继芬墓志考释》,载《西北民族研究》,1989年第2期,第154-160页。

[4]《千唐志斋藏志》,图版734。

[5]夏宝晋:《山右金石录》卷3,清归安石氏刊本,第18-20页。

[6]温玉成:《龙门所见中外交通史料初探》,载《西北史地》,1983年第1期,第61-68页。

教，石崇俊自己起初也是信仰袄教的，后来才皈依佛教。[1] 洛阳出土的《唐故陆胡州大首领安君墓志》（709）也记述，原安国大首领安菩萨的两个儿子，分别取名为金藏、金刚，[2]极具佛教色彩，说明这个进入长安的九姓胡家族已经信仰了佛教。在武则天时期，安金藏用粟特人刺心剖腹手法，使皇嗣（后来的睿宗）躲过酷吏来俊臣的迫害，得以青史留名。[3] 信仰佛教的也有女性，如修方山证明功德记（854）中施钱二百文之安二娘。[4]

学术界一般认为，佛教是在东汉经中亚传入的。然而到隋唐时期，粟特地区信奉的主要是袄教，开元中往天竺取经的慧超记云："此六国[安、曹、史、石骡、米、康国]总事火袄，不识佛法。唯康国有一寺一僧，又不解敬也。"[5]因此，入居中国的九姓胡及其后裔在隋唐五代时期信奉了佛教，可以认为主要是受了汉文化的影响。许多九姓胡改宗佛教信仰，应该受到与汉族通婚的影响，如阳阿故县造像记（563）有"安善妻宋"。[6] 有趣的是带有九姓胡题名的佛教石刻资料，以8—10世纪的为多。如润州上元县福兴寺题名（770年，《八琼室金石补正》卷62）之康、石、曹、何、史氏；佛顶尊胜陀罗尼石幢赞（778年，《金石萃编》卷66）中"押衙兼右二将左武卫府中郎将康□"；杭州龙兴寺经幢（837年，《金石萃编》卷67）之安及等。[7] 这可能反映出中西交通隔绝后，入居中国的九姓胡加速汉化的趋势。

在粟特人聚落中，尽管保留了袄教信仰，但已出现与佛教等相互融合的现象。敦煌文书P.2569《儿郎伟》在描述除夕夜晚敦煌民间举

[1]荣新江、张志清主编：《从撒马尔罕到长安——粟特人在中国的文化遗迹》，第154－155页。

[2]周绍良：《唐代墓志汇编》，第1104－1105页。荣新江、张志清主编：《从撒马尔罕到长安——粟特人在中国的文化遗迹》，第138－139页。

[3]《旧唐书》卷187上《忠义·安金藏传》。

[4]《八琼室金石补正》卷75，引自程越：《从石刻史料看入华粟特人的汉化》，载《史学月刊》，1994年第1期，第27页。

[5]慧超：《往五天竺国传》，第118页。

[6]《山右石刻丛编》卷2。

[7]以上资料引自程越：《从石刻史料看入华粟特人的汉化》，载《史学月刊》，1994年第1期，第22－27页。

行的驱傩活动时,其中有这样几句:“今夜驱傩队仗,部领安城大祆,以次三危圣者,搜罗内外戈铤。趁却旧年精魅,迎取蓬莱七贤,屏及南山四皓,今秋五色红莲。从此敦煌无事,城陛千年万年。”[1]驱傩本属《大唐开元礼》所规定的礼制,是相当纯粹的中华文化。而在这种一年一度的大型活动中,把安城大祆作为仪仗部领,与道教神仙蓬莱七贤以及敦煌土生土长的三危圣者、南山四皓等混杂在一起,进行除夕表演,蔚为敦煌风俗的一大景观。可见,在9世纪的敦煌安城粟特聚落中,祭祀祆神已经进入当地年终驱傩这类纯汉族的岁时活动当中,完全被容纳到中国的礼仪体系框架之中;敦煌的祆神尽管还保留着祆神的名称,但其实际机能已经完全同中国的礼仪以及民间信仰相融合,与汉人的信仰合为一体。这说明随着粟特裔民日趋汉化,其所奉行的宗教也在日趋汉化。[2]

9.4 文儒科举反映出来的汉化

从各种资料来看,散居者比起那些聚族而居的胡人更倾心于唐朝。究其原因,聚族而居的胡人更易保存自己的传统习俗和固有文化,民族特性不易丧失;而散居者却不具备这种条件,因为他们很可能会在很短时间内即被他周围的文化尤其是汉文化所吸入。接受一种新文化的时间愈短,原有的传统丧失也就愈快。一些散居的九姓胡通过入仕,接受了中国传统文化,并以此服务于唐王朝。九姓胡人的汉化表现最深的是在其习文学儒、科举入仕方面,因为一个民族如果能从文化上参与到另一个民族中去,那么他们之间融合的步伐就加快了。

唐代中亚诸国人初来长安者,其上层人物往往被授予武职,也有少数人从事译语等职业,如史诃耽等,但很少有人触及文物典章等方面。

---

〔1〕引自姜伯勤:《敦煌吐鲁番文书与丝绸之路》,第259-260页。

〔2〕〔日〕池田温:《八世纪中叶敦煌的粟特人聚落》,引自池田温:《唐研究论文选集》,中国社会科学出版社会1999年,第4-6页。

在唐德宗贞元三年(787),对久居长安、娶妻生子、已买田宅、安居不欲归的“胡客”,宰相李泌奏请:“‘有不愿归,当于鸿胪自陈,授以职位,给俸禄为唐臣……’于是胡客无一人愿归者,泌皆分隶神策两军,王子、使者为散兵马使或押牙,余皆为卒,禁旅益壮。”[1]李泌采取的措施,为这类居留长安的胡人正式加入唐籍提供了法律依据。原本打算遣送胡客归国,结果无一人情愿。青壮年男性大概全都被编入神策两军充任侍卫,这些胡人正式成为宿卫京师宫廷内外的军士。这些“胡客”多为“外国朝贡使者”及其随从,久居长安者达40年,人数多达4000人。

不过随着定居时间的延长及受汉民族的影响,入华九姓胡往往渐染华风,有的人开始接受汉族传统文化并参与其中。如从唐初安兴贵一支徙居长安之始,其“从兄弟,或徙居京华,习文儒,与士人通婚者,稍染士风”。[2] 至中晚唐时,中亚诸国人习文学儒情况已很多见,有的甚至科举及第。如《全唐文》卷757记有康僚,文宗朝(827－870)官考功郎中;《新唐书》卷59《艺文志》记有米遂,著有《明堂论》1卷;另有米吉炎,在天宝十三年(754)曾撰《唐故云麾将军右龙武将军正员江县开国伯上柱国何公(德)墓志铭》,署名为京兆进士。[3] 另外,周绍良编《唐代墓志汇编》所收墓志铭也有许多例证:康敬本的祖、父均在隋朝充任军将,到他本人这一代就以“乡贡光国,射策□第”,担任了文林郎和县尉,并有“弘文大儒”之称了;[4]何摩诃也摆脱了父祖的尚武习俗,“不以冠缨在念”;[5]曲信则“少便静默,敦阅诗书”,“时荣屏绝,事研精释典”。[6] 仅隔一、二代,这些胡人的子孙就开始以诗书为业,倾心科第,甚至以礼教自居了,其文化取向和心理认同已完全等同于中原汉人,其间的变化不可谓不大。安令节久居长安醴泉坊,渐染汉风,

---

[1]《资治通鉴》卷232“德宗贞元三年(787)七月”条。
[2]《旧唐书》卷132《李抱玉传》。
[3]吴钢主编:《全唐文补遗》第3辑,第97页。
[4]周绍良编:《唐代墓志汇编》,第531页。
[5]周绍良编:《唐代墓志汇编》,第670页。
[6]周绍良编:《唐代墓志汇编》,第968页。

“出京兆礼教之门，雅好儒业”，而他的前辈都是纯粹的武人。[1] 安令节的儿子请进士将仕郎、荥阳郑休文撰写其父墓志，也说明他与汉族士人有交往。安令节一边经商致富，一边雅好儒业，可以说是留居长安的九姓胡商的一个典型过渡形态。[2]

这种情况亦多见于一个九姓胡家族。一旦某个中亚王族入质于唐，其后代往往世袭封爵，一般以武职为多，而有的则渐染汉风，逐步跻身于士大夫行列。如何文哲一代为将，但其第五子却是个例外，曾任太常封闭协律郎，参与唐礼乐大事。另有波斯人李素家族，李素曾任职司天监，比较多地接受汉文化的熏陶，其六子中有三子都已改为文职。如第三子李景弘“袭先君之业，能博学而攻文，身没之后，此乃继体”；第五子李景文先为“太庙斋郎”，后为乡贡明经；六子李景度先为“丰陵挽郎”后为“太庙斋郎”。[3] 表明这个波斯家庭的后裔已汉化。[4]

反映入仕九姓胡人任职类型变化最鲜明的事例是武威安氏家族。安兴贵、安修仁为武德功臣。此后家族中又出了安元寿、李抱真、李抱玉等出将任相的高官，功名显赫，权倾一时，其家族成员入仕伴随唐代始终。自安兴贵、安修仁至李抱真、李抱玉五代中，每代都有入仕者，但基本都担任武职，但至李抱真、李抱玉子辈起，所任官职发生了变化，多以文职为主。如李抱玉子李自正任少府少监、袭凉国昭武公；李抱玉孙李绪任京兆府参军，李纵任宝鼎主簿，李综任河中参军；李抱真子李缄任殿中侍御史、少府监。虽然所任官职都很轻微，反映出家族式微的趋势，但都为文职。[5]

又如李元谅（安元光）家族，据《李元谅墓志》载，其曾祖羡，左骁卫将军；祖延，左武卫翊府中郎将，赠代州都督；父塞多，易州遂城府折

---

〔1〕周绍良编：《唐代墓志汇编》，第 1045 – 1046 页。

〔2〕荣新江、张志清主编：《从撒马尔罕到长安——粟特人在中国的文化遗迹》，第 137 页。

〔3〕《李素墓志》及《(李素妻)卑失氏夫人墓志》，吴钢编：《全唐文补遗》第 3 辑，第 179，186 页。

〔4〕荣新江：《一个入仕唐朝的波斯景教家族》，引自叶奕良编：《伊朗学在中国论文集》第 2 集，北京大学出版社 1998 年，第 88 页。

〔5〕吴玉贵：《凉州粟特胡人安氏家族研究》，引自《唐研究》第 3 卷，北京大学出版社 1997 年，第 322 页。

卫,赠幽州大都督;李元谅先后任华州、潼关、陇右、镇国、临洮等节度使,他们都是行武出身,所担任也都是武职。但至李元谅之子,情况就发生了变化。其长子李平,朝散大夫、太子左赞善大夫;次子李莘,朝清郎、将作监主簿,也都是文职。[1]

入华九姓胡人担任文职,在唐代最为著名者当属康国安、康希铣、康显家族。《新唐书·艺文志》中收录有《康国安集》10卷、注《驳文选异义》20卷,注云:"以明经高第直国子监、教授三馆进士,授右典戎卫录事参军,太学崇文助教,迁博士,白兽门内供奉,崇文馆学士。"《康希铣集》20卷,注云:"字南金,开元台州刺史。"还有康显著《辞苑丽则》30卷、《海藏连珠》29卷,注云:"希铣之兄,修书学士。"根据《全唐文》卷343和《宝刻丛编》卷13中收录颜真卿所撰《汲郡开国公康使君(希铣)神道碑铭》所载,康国安为康希铣、康显之父,所载3人事迹除与《新唐书·艺文志》基本相符外,还称康希铣"年十四明经登第,辅右内章府胄曹应词藻宏丽,举甲科拜秘书省校书郎"。康希铣卒于天宝三年(744),家族中"四代进士登甲,科者七人,举明经者一十三人"。子侄中也多有著述,可谓书香、世宦人家。《神道碑》称其为康叔之后,但极有可能就是入华粟特人之后裔。从3人所担任官职及其个人精于文辞之特点来看,当属于文职类型,应是汉化很深之九姓胡人。[2]

《新唐书·艺文志》中还收录有《康玄辩集》10卷,注云:"字通理,开元庐州刺史。"《宝刻丛编》卷8也收录有《康玄辨墓志》,称其为"庐州刺史",志文作于开元十二年(724)。任刺史者虽不一定为文官,但其有文集见录,可见他有较高文化修养,不似为通常武夫。

此外,史籍记述的担任文职之九姓胡人还有:

武周前后,有史善法者,为恒州中山县令;[3]

景龙年间(707—710),有"安国相王府东阁祭酒康子元",其撰有

---

〔1〕吴钢主编:《全唐文补遗》第1辑,第128页。

〔2〕刘惠琴、陈海涛:《唐代入仕粟特人的汉化进程》,载《烟台大学学报》2005年第2期,第214－217,240页。

〔3〕周绍良:《唐代墓志汇编》,第1016页。

《大唐虞部郎中左监门卫中郎将上柱国赠曹州诸军事曹州刺史杜府君(照烈)墓志铭》;[1]

开元前后,有康威,曾任下管令;[2]

未知名之"康太守",与王维同时代,王维有诗《赠康太守》,收录于《全唐诗》卷125,此康太守与王维等文士相交甚深,似也为文职类型之人;

康庭芝,为河阳令,《全唐诗》言其与杜审言同时,当为乾封(666—668)、神龙年间(705—707)人士,收诗一首《咏月》;

康僚,文宗朝(827—840)为考功郎中,《全唐文》收录其《汉武帝重见李夫人赋》和《日中乌赋》两篇,颇有文采。考功郎中,属吏部,其职掌据《新唐书·百官志》载:"掌文武百官功过、善恶之考法及其行状。"可见其官职类型应为文职。

大中年间(847—859),有"朝清郎、试太子舍人"康齐思,其撰有《唐故天平军左厢营田兵马使银青光禄大夫检校太子宾客上柱国郑公(恭楚)墓志》;[3]

唐初入华的"六胡州大首领"粟特人安菩,其孙安承恩,据《新唐书·安金藏传》载,大历中(766—779)为庐州刺史;中和中(881—885),其远孙安敬则为太子右谕德。太子右谕德之职掌,据《唐六典》载,"……右谕德,掌如其左,皇太子朝宫臣,则列侍于右阶之下,出入则骑于正道之右。"其职也为文职。[4]

从上引材料来看,唐代入仕粟特人在担任官职类型上从武职到文职的变化,主要发生在盛唐及其以后时期,其中安兴贵、安修仁家族和李元谅家族成员所任职官类型上的变化,进一步反映了唐代粟特人在入仕过程中所表现出的时代特点,这无疑体现了入华粟特人由异域民族向汉化转变的这一历史趋势,是唐代粟特人汉化进程的具体体现。

---

〔1〕吴钢主编:《全唐文补遗》第1辑,第48页。

〔2〕周绍良:《唐代墓志汇编》,第1270页。

〔3〕吴钢主编:《全唐文补遗》第1卷,第192页。

〔4〕刘惠琴、陈海涛:《唐代入仕粟特人的汉化进程》,载《烟台大学学报》,2005年第2期,第214-217,240页。

入唐中亚胡人汉化之情形因来华时间有早有晚，其汉化程度深浅不一，有的至唐初就已习文学儒，如安兴贵的后裔；有的则至唐晚期还保持着一定的中亚传统，如苏谅及其妻马氏等。不过，总的来看，长安的中亚人之汉化与迁居于其他地区（如今新疆、河西走廊等地）的中亚诸国人相比较，汉化速度较快，而且汉化程度较深。一般来说，来华第二代就开始沾染华风，改汉姓，立碑竖铭，二、三代以上则开始与异族通婚，甚至习文学儒，数代以后，就基本上趋向汉化了。中亚九姓胡人虽然在中国内地的长安等地也一定程度地保持着聚族而居的习俗，但这种聚居方式较为松散，与凉州、敦煌、西域地区以聚落形式存在的粟特移民区是有区别的。在中国内地，尤其是在长安这个中国传统文化的中心，他们只是以散落的形式汇聚于广大的汉人区坊之内，因环境条件使然，他们的汉化速度相对来说较为迅速。

作为一个异域民族，在其入华初期，由于对中国传统文化的生疏，入仕者所担任官职的类型，除了某些具有特殊技艺者以外多为武职，这是甚为自然之事。入华粟特人在初盛唐时期所担任的官职，也具有同样的特点。但随着其汉化程度的不断深入，所任官职中也开始出现文职。值得注意的是，古代社会一般文武通途，文职与武职之间并没有一个明确的标志，因此对文职、武职的认定，除了官职本身的特点外，还与个人的素质有密切关系。

9.5　入仕九姓胡人任职地域反映出来的汉化

在唐代，入仕九姓胡人的任职地域也逐渐扩大，呈现出自北方地区向江淮、江南延伸的特点。活动地域的扩大，自然也是九姓胡人融入中国社会的另一个标志。总体来说，在初唐、盛唐时期，入仕九姓胡人的活动地域大多在河西、两京、河北、朔方等北方地区，而“安史之乱”以后，他们在江淮及江南的活动明显增多。表 9 - 1 就史籍所见，对唐代部分九姓胡人在淮河以南地区的任职状况作一统计。[1]

表 9－1　唐代部分九姓胡人在淮河以南地区的任职状况

时间	姓名	地域	材料来源
开元时（713—741）	康玄辩	庐州	《新唐书》卷 60
开元时（713—741）	康希铣	台州	《新唐书》卷 60
天宝中（742—755）	康　谦	安南	《新唐书》卷 225
大历中（766—779）	安承恩	庐州	《新唐书》卷 191
大历三年（768）	康自劝	淮阴	《资治通鉴》卷 224
宣宗时（847—858）	康承训	邕州	《新唐书》卷 148
大中十二年（858）	康全泰	宣州	《资治通鉴》卷 249
乾宁二年（895）	康楚元	襄州	《资治通鉴》卷 221
天复二年（902）	安仁义	润州	《资治通鉴》卷 264
天复三年（903）	康　儒	庐州	《资治通鉴》卷 264

从表 9－1 所列材料可以看出，自开元年以来，就有九姓胡人在江淮以南地区任职、活动，这一现象，在"安史之乱"后更加明显。入仕地域上的延伸，是入华九姓胡人深入中国社会的重要标志之一，无疑也反映了唐代入华九姓胡的汉化进程。

9.6　入仕九姓胡人对中原封建文化的认同

盛唐以降，中原汉文化（特别是儒家之忠君思想）越来越被大部分入仕九姓胡人所接受。综观有唐一代，在九姓胡将领中，除安史集团发动叛乱，何进滔、何弘敬、何全皞三世蕃将形成割据势力，以及唐末依附于朱全忠、李克用之粟特人外，基本上对唐王朝都是恭顺的态度。

"安史之乱"虽然得到了六胡州九姓胡人在人力、财力方面的支持，但是"安史之乱"并不是唐王朝民族矛盾的反映。据崔明德先生研

[1] 夏鼐：《唐苏谅妻马氏墓志跋》，载《考古》，1964 年第 9 期，第 458－461 页；刘迎胜：《唐苏谅妻马氏汉、巴列维文墓志再研究》，载《考古学报》，1990 年第 3 期，第 295－306 页。

究，在安史集团内部，少数民族将领所占比例是很小的。[1] 同时，在大量粟特人参与的唐王朝所组织的平叛运动中，也有包括九姓胡人在内的蕃将。如九姓胡后裔李抱玉（河西安兴贵曾孙），在"安史之乱"爆发后，"自陈耻与安禄山同姓，故赐姓李氏"。[2] 他上言："世占凉州，耻与逆臣共宗。"[3] 他坚定地站在了唐王朝一边。乾元二年（759），面对史思明的进犯，李抱玉在河阳"纵奇兵出，表里俘杀甚众"。[4] 安思顺与安禄山虽为兄弟，但"［安］禄山未反之日，思顺屡已陈闻朝廷，百僚无不委悉"。[5]

据《全唐文》卷 342 收录颜真卿《特进行左金吾卫大将军上柱国清河郡开国公赠开府仪同三司兼夏州都督康公神道碑铭》记载，安禄山副使康阿义屈达干也在"安史之乱"爆发后，"率四子及孙侄等十余人，冒死南奔，至汲郡，为从者所告，家人歼焉"。[6] 此外，《资治通鉴》卷 221 记载在李光弼平叛队伍中有右武锋使康元宝，康元宝也是九姓胡人。

甚至入居中原的九姓胡百姓也主动抗击叛军，《资治通鉴 》卷 218 载："［至德元载］扶风民康景龙等自相帅击贼所署宣慰使薛总，斩首二百余级。"[7]

由此可见，在平定"安史之乱"的斗争中，入华九姓胡，特别是入仕九姓胡人支持唐王朝中央政权，反对地方分裂割据的态度，是其完成心理认同、摆脱狭隘种族观念、进而实现与汉民族融合的具体表现。

在反对强藩叛乱、维护国家统一方面，入仕粟特人中也涌现出许多忠君义士。如康日知家族就具有代表性，据《新唐书·康日知传》

[1]崔明德：《安史乱军的民族构成》，引自《隋唐民族关系探索》，青岛海洋大学出版社 1994 年，第 331 页。

[2]《资治通鉴》卷 221。

[3]《新唐书》卷 138《李抱玉传》。

[4]《新唐书》卷 138《李抱玉传》。

[5]邵说：《代郭令公请雪安思顺表》，引自《全唐文》卷 452。另见《新唐书》卷 135《哥舒翰传》。

[6]《全唐文》卷 343。

[7]《资治通鉴 》卷 218。

载："日知少事李惟岳，擢累赵州刺史。惟岳叛，日知与别驾李濯及部将百人啐牲血共盟，固州自归。惟岳怒，遣先锋兵马使王武俊攻之……[日知]给为台检示曰：使者赍诏喻中丞，中丞奈何负天子，从小儿跳梁哉？武俊悟，引兵还，斩惟岳以献。会(王)武俊拒命，遣将张锺葵攻赵州，日知破之，上俘京师……[子志睦]讨张韶，以多兼御使大夫，进平卢军节度使。李同捷反，放兵略千乘，志睦挫其锐，不得逞，遂下蒲台，尽夺其械。"[1]咸通九年(868)，庞勋起义，康志睦之子康承训拜义成节度使，徐泗行营都招讨使讨伐之，屡破其众，最终镇压了庞勋起义。由此可见，康日知、康志睦、康承训祖孙三代，都曾经参与了反对强藩叛乱或镇压起义的斗争。

除了康日知家族外，其他任节度使之九姓胡人参于平定藩镇叛乱者还有：

表9-2　任节度使之九姓胡人参于平定藩镇叛乱统计

姓名	时间	所任职务	参与平叛	材料来源
李抱真	兴元元年（784）	泽潞节度使	河北三镇叛乱	《资治通鉴》卷229
骆元光	建中四年（783）	镇国军节度使	朱泚叛乱	《资治通鉴》卷229
史宪诚	文宗时（826—840）	魏博节度使	李同捷叛乱	《新唐书》卷148
何弘敬	武宗时（841—846）	魏博节度使	刘稹叛乱	《新唐书》卷210
何　全	咸通年（860—873）	魏博节度使	庞勋起义	《新唐书》卷210

除节度使以外，入仕之中下级九姓胡官员中也多有反对藩镇割据，坚定支持中央政权者，如石演芬。《资治通鉴》卷230载：德宗兴元元年(784)，李怀光反叛，"右武锋兵马使石演芬，本西域胡人，怀光养以为子。怀光潜与朱泚通谋，演芬遣其客部成义诣行在告之，请罢其都统之权。成义至奉天，告怀光子璀；璀密白其父。怀光召演芬责之曰：'我以尔为子，奈何欲破我家！今日负我，死甘心乎？'演芬曰：'天子以太尉为股肱，太尉以演芬为心腹，太尉既负天子，演芬安得不负太尉乎！

[1]《新唐书》卷148《康日知传》。

演芬胡人,不能异心,惟知事一人。苟免贼名而死,死甘心矣。'……以刀断其(石演芬)喉而去。"[1]石演芬反对李怀光叛乱之心理,已非胡人"不能异心"所能解释,而是他对中原统一王朝的认同。

在反对"安史之乱"和"藩镇割据"的斗争中,入仕九姓胡人同中央政权保持一致,维护唐王朝的统一,虽然也存在其他原因,但不可否认的是,这在一定程度上也是受到中原汉文化之大一统和忠君思想的影响,反映了入华九姓胡人在思想观念和文化心理上的汉化。

9.7 聚族而居的九姓胡之汉化

西北地区聚族而居的九姓胡之汉化,又与中原地区的有所不同。在新疆塔里木盆地周缘各地,甘肃河西之敦煌、凉州及河朔之六胡州等地形成的中亚人(主要是粟特人)的聚落存在时间较长。如新疆的粟特移民区有的甚至元代还可以追溯其踪迹。河西地区如著名的凉州安氏家庭始见于北魏,衰于五代初,历经数百年而不坠。[2]

魏晋以来,敦煌地区聚集了大量的粟特移民,他们聚族而居,内部通婚,保持原有宗教信仰,形成了粟特聚落。[3]但在敦煌文书中,有关唐前期粟特人的婚姻状况记载极为少见。7世纪末敦煌从化乡建立,将粟特移民编入敦煌的乡里,使其名义上成为唐朝编民而得到庇护。事实上却造成了其与敦煌汉人及其他族人的隔离,束缚着其汉化的进程。这些聚族而居的九姓胡的汉化过程,虽然在吐蕃控制河西走廊和新疆地区之前一直在进行,但非常缓慢。他们以家族为单位,长期保持自己的姓氏和宗教信仰。由于从化乡粟特聚落的存在,估计其婚姻关系,可能以自相婚姻为主。

---

〔1〕《资治通鉴》卷230。

〔2〕吴玉贵:《凉州粟特胡人安氏家族研究》,引自《唐研究》第3卷,北京大学出版社1997年,第295-338页。

〔3〕荣新江:《西域粟特移民考》,引自马大正等编:《西域考察与研究》,新疆人民出版社1994年,第157-172页;荣新江:《北朝隋唐粟特人之迁徙及其聚落》,引自《国学研究》第6卷(北京大学中国传统文化研究中心主编),北京大学出版社1999年,第27-86页;刘波:《敦煌所出粟特语古信札与两晋之际敦煌姑臧的粟特人》,载《敦煌研究》,1995年第3期,第147-154页。

从文书 P.3559《天宝十载差科簿》看，敦煌从化乡粟特聚落的乡民较其后人的活动范围要小得多；其职业分布远不像其后人那样广泛，也没有能像其后人那样在地方政权中充当官吏。敦煌有关唐代的社司及行人组织的材料多出现在 9 世纪以后，唐前期的材料尚未发现。在敦煌的行人及社司资料中，我们看到的粟特人却已经突破了本族人的圈子而与汉族及其他族人混合一处了。另外，我们还注意到，P.3559 号文书中所列昭武九姓人名，其中相当多的人名仍保留胡风，如康阿览延、何伏帝忿、曹咄利支、安忽婆等；也有一部分人名出现了汉化，如康大俊、安思明、米忠信、曹忠儿、何山海等。

8 世纪末，随着吐蕃占领河西地区，情况发生了变化。敦煌陷于吐蕃后，随着从化乡的消失，粟特人或亡走他处，或分散与汉人及其他族人杂居，这就使其婚姻关系发生了较大变化，由族内婚向族际婚发展。上海藏敦煌本《唐定兴等户残卷》两处印有“河西支度营田使印”，据姜伯勤先生研究，该文书系吐蕃统治敦煌时期的文书。上载唐定兴等 29 户，涉及康、石、曹、贺、安史等昭武九姓者 12 户，有的还蓄有西域奴婢，如“奴胡子”、“奴鹊子”、“奴昆仑”、“婢细柳”、“婢具足”等，是一份记述中亚胡人较为集中的文书。在这 12 户中属于胡汉或胡胡通婚关系者 13 对，其中属粟特裔民自相婚姻者 5 对，汉男娶胡女者 4 对，胡男娶汉女者 4 对。在 13 对配偶中，胡汉通婚者占近 2/3 的比例。[1] 这说明在吐蕃占领时期，胡汉通婚现象已经比较普遍。

陷于吐蕃至归义军时期的昭武九姓，其人名除少数保留胡风外，绝大多数已经汉化。这恰恰反映了粟特族人在自身聚落格局被打破后，通过与汉族等其他民族通婚、交往，不断融合的结果。由此可见，8 世纪敦煌粟特聚落的消失，并不意味着粟特族人的消失，而是使他们转入更深层的汉化过程。易言之，如果原先的粟特聚落没有被打破，也就不会有粟特族人的迅速汉化。从这个意义上说，正是由于粟特聚落

〔1〕姜伯勤：《上海藏本敦煌出河西支度营田使文书研究》，引自北京大学中国中古史研究中心编：《敦煌吐鲁番文献研究论集》(二)》，北京大学出版社 1983 年，第 329－355 页。

的消失，才促成了粟特族人与汉族及其他族人界限的最终消失。

社司、行人本是中国古代社会出现的一种民间组织，敦煌的粟特裔民不仅承认了它，而且参加其中；祆教本是中亚民族信奉的宗教，敦煌各族百姓不仅接纳了它，而且还使安城大祆成为敦煌每年一度驱傩风俗中的一大景观。在这里，两种不同的文化之间出现了相互认同与渗透，它恰恰反映了民族融合的需要。当然，这种文化的交融，也像民族融合一样，不是突然间完成的，而是逐渐进行的。这正如恩格斯所指出的那样："大部分是每个有血统关系的民族集团所共有的这些最初的宗教观念，在这些集团分裂以后，便在每个民族那里依各自遇到的生活条件而独特地发展起来。"[1]祆教在敦煌的遭遇正是这样。它当初从中亚被带到丝绸之路的咽喉要地敦煌，是因为这里驻扎着其"民族集团"——安城粟特聚落。安城祆祠作为粟特百姓的精神支柱、信仰所在，它在一定历史时期曾经发挥积极作用，将粟特聚落的胡人紧密联结在一起。但到后来，由于外部条件的变化，当这一聚落被打散、分裂之后，其宗教也就随着这些粟特族人遭遇的生活条件而特殊地发展起来。祆教开始向着佛教靠拢并向敦煌民间风俗渗透，即为适应民族融合的大势而寻求文化的认同与兼容，于是出现了祆教赛祆、燃灯等佛教活动的仪式，以及驱傩会上安城大祆与蓬莱七贤、三危圣者及南山四皓相伴共舞的奇特景观，从而完成了两种不同文化的融合。[2]

敦煌从化乡粟特人的汉化过程，实际上是入华九姓胡下层人员汉化的缩影。他们处于社会最底层，无法通过门荫制度、科举入仕、建立军功、担当译语人等途径跻身于唐朝主流社会。由于外部环境的变化，粟特人分散到社会的各个角落，从事各种社会行业，参加到敦煌社会诸如社司、行人等组织中，有些还在各级政权里做官参政，广泛地同汉人及其他族人交往、通婚，学习汉文化。多种途径综合作用的结果，最终促成了这些粟特人的汉化，并逐渐融入中华民族大家庭中。

---

〔1〕〔德〕恩格斯：《路德维希·费尔巴哈和德国古典哲学的终结》，引自《马克思恩格斯选集》第4卷，人民出版社1972年，第250页。

〔2〕陆庆夫：《唐宋间敦煌粟特人之汉化》，载《历史研究》，1996年第6期，第25-34页。

“安史之乱”以后，西域交通阻断，入华九姓胡与本土的联系越来越少，加上离土经商以及迁徙定居多是男人的事业，九姓胡的后裔散居中国各地，九姓胡同化的步伐越来越快。到了宋代，绝大部分入华九姓胡已与汉族完全融合。

10 唐与九姓胡文化的互动

在唐代，一方面是中亚诸胡国通过贡献的方式，把大量的中亚物产输入中国，对唐代中国社会产生了很大影响；另一方面，九姓胡人奔波于丝绸之路，把东西方物质文化中的精粹，转运到相互需要的一方。中古中国许多舶来品，大到皇家狩猎队伍中的猎豹、长安当炉的胡姬，小到胡杯、胡碗、胡瓶以及绘制壁画用的胡粉香料，都是九姓胡中的粟特人从西方各国转运而来的。[1] 美国学者谢弗（E. Schafer）教授用"撒马尔罕来的金桃"来涵盖唐朝所有的外来物品，[2]是极有见地的看法。而粟特人用他们擅长的语言能力，在丝绸之路沿线传播着各种精神文化，这包括他们的民族信仰祆教和后来皈依的佛教，安伽、史君、虞弘墓的祆教祭司形象和敦煌出土的一批粟特文佛典是最好的证明；而且，还有一批粟特人到中国传播摩尼教、景教，吐鲁番发现的粟特文摩尼教和景教文献，应当出自他们之手。辛姆斯—威廉姆斯（N. Sims - Williams）教授曾据中巴友好公路巴基斯坦一侧发现的粟特文崖刻题记，指出粟特人不仅仅是粟特与中国之间贸易的担当者，也是中国与印度之间的贸易担当者。[3] 结合吐鲁番阿斯塔那古墓发现的粟特文买卖突厥地区女婢的契约，我们也可以说，粟特人还是中国与北方游

---

〔1〕张广达：《唐代的豹猎——文化传播的一个实例》，引自《唐研究》第7卷，北京大学出版社2001年，第177－204页；林梅村：《粟特文买婢契与丝绸之路上的女奴贸易》，载《文物》，1992年第9期，第49－54页；芮传明：《唐代"酒家胡"述考》，载《上海社会科学院学术季刊》，1993年第2期，第159－166页；郑炳林：《〈康秀华写经施入疏〉与〈炫和尚货卖胡粉历〉研究》，载《敦煌吐鲁番研究》第3辑，1998年，第191－208页。

〔2〕〔美〕谢弗：《唐代的外来文明》，吴玉贵译，中国社会科学出版社1995年。

〔3〕N. Sims - Williams, "*The Sogdian Merchants in China and India*", *Cina e Iran da Alessandro Magno alla Dinastia Tang*, ed. A. Cadonna e L. Lanciotti, Firenze 1996, pp. 45 - 67.

牧民族之间贸易的担当者。[1] 中亚九姓胡在传播中亚文化的同时，还把大唐文明传播到中亚及西亚地区，成为中国文化西传的主要担当者之一。

10.1 中亚诸胡的贡品

中亚诸胡的贡品主要由两部分构成，一是所谓“方物”，二是“殊玩”、“名宝”、“异品”、“奇技”之类。马作为一种特殊贡品，往往单列，不属于以上两种贡品，《册府元龟 · 外臣部 · 朝贡》记为“献马及方物”、“献马及宝”等。至于属于“奇技”的侏儒和胡旋女子，是贡品化的艺人，不应与物相提并论。

中亚诸国的贡品，属于“方物”类的有：绣舞筵、㲮㲪、氍毹、越诺、毛锦、金桃、银桃、郁金香、青黛、红盐、黑盐、白戎盐、余耳子、质汗、千金藤、石蜜、葡萄酒等，这类贡品一般都有其较强的实用性，为唐代社会所需要；第二类属于珍宝、“殊玩”类的有：狮子、两头犬、（拂菻）狗、豹、波斯骆驼、波斯䮫、羚羊、驼鸟卵、紫獐皮、蛇黄、鍮、玛瑙、琉璃、金、银、宝床子、宝香炉、玉盘、白玉、白玉环、杯、水精杯、锁子甲、水精眼药瓶子等，这类贡品基本上属于观赏玩物和珍异，为上流社会奢靡之品。

据笔者统计，唐代九姓胡朝贡记有贡物的计 64 次，占朝贡总数的 47.8 %；其中 29 次贡献方物类，19 次贡献第二类贡品，另有 10 次同时贡献两类贡品，有 6 次仅献马。[2] 在第一、二类贡献中，同时献马的有 11 次。在第一类贡献（29 次）中，国王（包括有王号者、未记王号者）遣使 15 次，占 51. 7%；第二类贡献 19 次，其中国王（包括“米”城主）遣使 6 次，占 33%。在朝贡的第一时期（618—655）和第二时期（656—

[1] 荣新江：《从撒马尔罕到长安——中古时期粟特人的迁徙与入居》，引自荣新江、张志清主编：《从撒马尔罕到长安——粟特人在中国的文化遗迹》，第 5 – 7 页。

[2] 744 年康、史、西曹、米、石并遣使献马、宝，按第二类朝贡 1 次计；746 年石、史、米各遣使献绣舞筵、金、银等物，按 3 次两种贡品并献计。本文所列九姓胡贡使、朝献次数统计表，未计东安国开元十四年（734）的朝献；《新唐书 · 东安传》所记开元十四年、二十二年朝献之事，实为安国所为。

712),[1]九姓胡朝贡共计 53 次,其中第一类贡献共有 17 次(其中 4 次由国王遣使贡献);第二类贡献仅有 3 次;另有 30 次仅记“朝贡”,未记贡物,两次贡名马,1 次入谢、无贡物。在第三时期(713 年以后),九姓胡朝贡 83 次,[2]其中有:第一类贡献 12 次,其中 8 次由国王遣使贡献,后者占该期第一类贡献的 2/3;第二类贡献 15 次,其中 5 次由国王遣使,后者约占 1/3;在该时期,尚有 10 次同时贡献两类贡品,其中 8 次由国王遣使。显然,方物类朝贡有一半以上集中在 713 年以前,第二类贡献则有 6/7 ,集中在 713 年以后;国王遣使献物 2/3 以上是在 713 年以后,并占第三时期朝献总数的 2/3 左右。[3]

拔汗那(包括富那、可汗那、宁远)在第二时期贡献方物两次,贡献第二类物品 1 次。在第三时期,拔汗那贡献方物两次,献马 3 次,献马及方物 1 次,献马及二类物品 1 次。拔汗那有贡物的朝贡,仅占朝贡总数(27 次)的 37.8 %。拔汗那贡献以马为主,带有鲜明的地域特色。早在西汉时期,大宛马已为中国人所称道。令人惊讶的是,拔汗那极少贡献二类物品。看来,拔汗那朝贡并不注重贡品的价值。

从贡品价值看,第二类贡品的价值大大超过第一类。如果说唐代九姓胡的朝贡是继承了古代西域商贾“以献为名”[4]的传统,带有明显的商业性质,[5]那么九姓胡在交通相对通畅的第一时期入唐朝贡以价廉的方物为主,就显得不合情理了。从商业盈利角度说,奢靡品的利润应当大大超过方物类。因为就唐朝而言,对九姓胡等朝贡的回赐,大体上以“计价酬答,务从优厚”为原则。[6]而且,奢靡品中的许多物品(如玛瑙、琉璃、白玉、鍮、金、银)又易于运输。看来,《册府元龟》等所记九姓胡贡献方物之朝贡,其政治意义超过经济意义。唐高祖武德元年

[1]关于朝贡的分期问题,详见本书第 5 章第 1 节。

[2]诸国并遣使朝贡、上表者,各计 1 次。

[3]参见拙著《唐代丝绸之路与中亚历史地理研究》,第 170 – 190 页之统计。

[4]《汉书》卷 96 上《西域传 · 罽宾》。

[5]蔡鸿生先生持此观点。参见蔡鸿生:《唐代九姓胡贡品分析》,载《文史》第 31 辑,中华书局 1988 年,第 99 – 114 页。

[6]《册府元龟》卷 168《帝王部 · 却贡献》。

(618)十一月曾下诏告示西域使者等:“……朕受命君临,志在俭约,日旰忘食、昧爽求衣、纂组珠玑,皆云屏绝。雕琢绮丽,久从抑止。其侏儒、短节小马、痹牛、异兽奇禽皆非实用,诸有此献,悉宜停断。宣布远迩,咸使闻之。”[1]对此诏告,九姓胡不会一无所闻。他们在第一时期入唐贡献以方物为主,应当与此有关。

那么,九姓胡入唐贡献奢靡品是否注重其经济利益的回报呢?

开元五年(717),玄宗以康、安国、突骑施等贡献多是珍异,对诸使说:“朕所重惟穀所宝,惟贤,不作无益之费,不贵远方之物。故锦绣、珠玉焚于殿庭,车渠玛瑙总赐蕃国。今之进献,未识朕怀。宜收其情,百中留一,计价酬答,务从优厚,余并却还。”[2]我们不清楚这条诏令是否严格执行了。康、安等国贡献,在数量上仅有百分之一计价,无论酬答如何优厚,其经济利益不可能很高。但是,九姓胡仍坚持贡献奢靡品。看来,他们注重的不是经济利益。

值得注意的是,九姓胡第三时期贡献正是从开元五年(717)开始的。据《册府元龟》卷971记载,是年三月安国遣使入献方物、康王遣使入唐献毛锦、青黛。这与唐玄宗针对康、安等所献多是珍异而下诏之情形不尽相符。也许唐玄宗下令焚于殿庭的锦绣中,有康国朝献的毛锦,但毛锦、青黛及方物不能算是“珍异”吧?这次贡献珍异的康人、安人大概不为《册府元龟》所著录。

第三时期九姓胡贡品的价值远远超过第一、二时期。这与九姓胡对唐朝的政治、军事请求密切相关。当九姓胡对唐朝提出政治、军事上的请求时,其贡品价值往往较大。例如,719年康、安上表请击大食,贡物甚丰;744年康、曹、米等国并遣使献马、宝,三国国王即被唐朝赐封王号。

在第三时期,还有唐朝回赐甚多的事例。天宝十一载(752)闰十一月,东曹国王设阿、安国副王野解及诸胡九国王并遣使上表,请同心

[1]《册府元龟》卷168。

[2]《册府元龟》卷168。

击黑衣大食。对此,玄宗"务以怀柔,皆劳赐慰喻遣之,以安西域"。[1]这次上表,未见有贡物记载。显然,上表诸国也不是为经济目的而来。

由此可见,《册府元龟》及两《唐书》所记九姓胡的朝贡,其政治意义远远超过经济意义;对这些朝贡的性质,我们不能以"以献为名"一言蔽之。

面对玄宗朝九姓胡朝贡的显著政治意义,蔡鸿生先生也对自己的观点进行了修正:"玄宗朝(712—755)作为九姓胡入贡的高潮期,显然与历来'以献为名'的商业动机不同,它是由当时中亚的政治形势决定的。"[2]遗憾的是,他没有给玄宗朝九姓胡的朝贡性质明确定性。

勿庸置疑,九姓胡的贡品具有很大的经济、商业意义。在九姓胡入贡次数中居于首位的康国,其都城飒秣建(撒马尔罕)就是中亚的贩运中心,"异方宝货,多聚此国"。[3]来自东罗马、波斯、呼罗珊、吐火罗、天竺等地的物产、珍异,汇聚飒秣建,并向周边地区传播。九姓胡贡品的国际化,从一个侧面反映了这种经济格局。

从九姓胡贡品结构看,可确指为中亚两河(阿姆河、锡尔河)流域土特产的,实际上只有马、[4]狮子、[5]金桃、银桃、拓壁(必)舞筵和葡萄酒。氍毹是一种粗毛毡,河中是它的原产地之一。[6]其余各种贡品,则基本上是异邦之物。例如,拂菻绣氍毹和(拂菻)狗,产于大秦(拜占

[1]《册府元龟》卷973。

[2]蔡鸿生:《唐代九姓胡与突厥文化》,第57页。

[3]《大唐西域记》卷1。

[4]《新唐书·康国传》;《唐会要》卷72。

[5]《魏书·西域传》(中华书局点校本,1973年)记载:悉万斤国,"其国南有山,出狮子,每使朝贡。"

[6][美]劳费尔:《中国伊朗编》,林筠因译,商务印书馆1964年,第323-343页。据纳尔沙喜:《布哈拉史》,第16、20页,布哈拉地区盛产各种地毯、毛织垫子。穆卡迪西(卒于1000或985年)在中亚各地货物输出清单中提及,布哈拉输出跪毯、Ushmūnī布等,花剌子模输出葡萄、地毯、毛毡料等,撒马尔罕输出毛织品、铜器等。参见*BGA*,iii,323-326. 引自Turkestan,pp. 235-236。

庭);波斯、大鸟卵、鍮石[1]、琉璃、玛瑙和越诺布,贩自波斯;[2]毾㲪、[3]郁金香和生石蜜则极可能来自天竺;水精眼药瓶子大概来自大秦。漕国(隋之罽宾)产青黛,[4]黑盐、红盐[5]产于漕国和南天竺。[6]

10.2 胡乐东渐

唐人以广阔的胸襟,兼容各种文化。西域各国的曲调和乐器传入中国,深受唐人的喜爱,成为唐代十分流行的音乐。它与传统的"雅乐"、"古乐"相融合,渗透到社会各个层面。上到宫廷音乐,王公士大夫宴乐,下到坊市平民的娱乐,无不深受胡乐浸染。胡乐对唐代宫廷音乐、王公士大夫和社会风尚产生了深刻的影响。[7] 胡乐与汉乐水乳交融,形成独具特色的唐代音乐文化。唐乐正是中国传统音乐与异域音乐,特别是胡乐融合的结果。

10.2.1 胡乐对唐朝宫廷音乐的影响

所谓"胡乐",指的是西域地区的音乐,[8]包括音乐、乐曲、舞蹈、歌舞、乐器等。

胡乐很早就传入中国,南北朝时已十分流行。到隋代,"胡乐"更盛。《通典·乐六》说"胡乐当开皇中,大盛于闾阎",便概括了这一现象。《隋书·音乐志下》云:"始开皇初定令,置《七步乐》:一曰《国

[1]饶宗颐:《说鍮石》,引自《敦煌吐鲁番文献研究论集》第2辑,北京大学出版社1983年,第627-630页;[美]劳费尔:《中国伊朗编》,第340-343页。

[2]《隋书·波斯传》记述:波斯产大驴、大鸟卵、琉璃、玛瑙、水精、越诺布、郁金香等。

[3][日]藤田丰八:《榻及毾㲪、氍毹考》,引自《中国南海古代交通丛考》,何建民译,商务印书馆1936年,第521页;马雍:《新疆佉卢文书中之 kośava 即氍毹考》,引自马雍:《西域史地文物丛考》,文物出版社1990年,第112-115页。

[4]据《隋书·漕国传》,漕国产青黛、朱砂、石蜜、半蜜、黑盐等。

[5]《隋书·漕国传》;《新唐书·天竺传》。

[6]参见蔡鸿生:《唐代九姓胡贡品分析》考证;[美]谢弗:《唐代的外来文明》。

[7]参见拙文《胡乐胡音竟纷泊——胡乐对唐代社会影响述论》,载《西域研究》,2004年第1期,第69-77页。

[8]《旧唐书·西戎传》记西域诸国为:泥婆罗、党项羌、高昌、吐谷浑、焉耆、龟兹、疏勒、于阗、天竺、罽宾、康国、波斯、拂菻、大食。

伎》，二曰《清商伎》，三曰《高丽伎》，四曰《天竺伎》，五曰《安国伎》，六曰《龟兹伎》，七曰《文康伎》。又杂有疏勒、扶南、康国、百济、突厥、新罗、倭国等伎。……乃大业中，炀帝乃定《清乐》、《西凉》、《龟兹》、《天竺》、《康国》、《疏勒》、《安国》、《礼毕》，以为九部。乐器工衣创造既成，大备于兹矣。”

炀帝的《九部乐》较诸文帝的《七步乐》范围更大，东至朝鲜、日本，南至越南，西至印度、索格底亚那，几乎整个亚洲的音乐艺术均荟萃在一起了。《九部乐》中，大半来自中亚（如《西凉》、《龟兹》、《康国》、《疏勒》、《安国》均是），足见当时中亚的音乐艺术对于中国的影响是多么巨大。

唐代在音乐方面，也确实继承了前朝的不少“胡乐”成分；而且，唐初的乐工舞人亦多为自隋入唐的旧人。《唐会要》卷33谈及唐代的燕乐时说道：“武德初，未暇改作，每燕亭，因隋旧制，奏九部乐：一《燕乐》、二《清商》、三《西凉》、四《扶南》、五《高丽》、六《龟兹》、七《安国》、八《疏勒》、九《康国》。至贞观十六年十二月，宴百寮，奏十部乐。先是，伐高昌，收其乐付太常，乃增九部为十部伎。今《通典》所载十部之乐，无《扶南乐》，只有《天竺乐》，不见《南蛮乐》。”高昌地处“西域”，太宗征服高昌而收其乐，以充实本朝的“九部乐”为“十部乐”，足知太宗所定之燕乐，杂入多少“胡乐”成分了。

随着胡乐的流行，胡乐在河西走廊发展成为一个独立的乐种“胡部新声”，与龟兹乐并列。天宝年间，“胡部新声”又由河西传入长安。《旧唐书》卷29《音乐志二》记：“又有新声河西至者，号胡音声，与龟兹乐、散乐俱为时重，诸乐咸为之少寝。”《新唐书》卷22《礼乐志十二》亦说：“有新声自河西至者，号胡音，龟兹散乐皆为之少息。”“胡部新声”何时传入中原，史无明载。但元稹《立部伎》有“胡部新声锦筵坐，中庭汉振高音播”句，并诗注云：“……明皇虽雅好度曲，然未尝使蕃汉杂奏。天宝十三载始诏道调、法曲与胡部新声合作，识者异之……”[1]钱

〔1〕《全唐诗》卷419。

易的《南部新书》也说："至天宝十三载，始诏遣调法曲与胡部杂声，识者深异之。"[1]胡部新声传入长安，当在天宝十三年(754)前不久。正因为"胡部新声"的兴盛，晚唐段安节在《乐府杂论》中已区分《龟兹部》与《胡部》，"胡部乐"已成独立乐种。胡乐已深入到社会，广为接受，终于有了"洛阳家家学胡乐"[2]的局面。

玄宗的开元之世，即8世纪上半叶，属于"盛唐"时期，而此时的"胡乐"之盛，也著称于后代。对于这一现象，只要以玄宗在天宝十三载(754)所改的曲名为例，便足以窥见全豹了。原有的乐名中，有许多十分清楚地展示了其"胡"源，经过改名之后，方始颇似汉地的"国粹"。《唐会要》卷33《诸乐》云："天宝十三载七月十日，太常署供奉曲名，及改诸乐名。"原乐名显然为胡乐者，如：

《龟兹佛曲》改为《金华洞真》，《舍佛儿胡歌》改为《钦明引》，《俱伦仆》改为《宝伦光》，《摩醯者罗》改为《归真》，《罗刹末罗》改为《合浦明珠》，《苏莫剌耶》改为《玉京春》，《阿箇盘陀》改为《元昭庆》，《苏莫遮》改为《万宇清》，《婆野娑》改为《九野欢》，《优婆师》改为《泛金波》，《耶婆色鸡》改为《司晨宝鸡》，《捺利梵》改为《布阳春》，《苏禅师胡歌》改为《怀思引》，《郎剌耶》改为《芳桂林》，《吒钵罗》改为《芳林苑》，《达摩支》改为《泛兰丛》，《悉尔都》改为《琼台花》，《讫陵伽胡歌》改为《来宾引》，《拨洛背陵》改为《北戎还淳》，《因地利支胡歌》改为《玉关引》，《婆罗门》改为《霓裳羽衣》，《思归达牟鸡胡歌》改为《金方引》。如此等等，不胜枚举。

唐代宫廷音乐分为雅乐、清乐、燕(宴)乐3种。三乐之分诚如沈括在《梦溪笔谈》中所说："自唐天宝十三载，始诏法曲与胡部合奏，自此奏乐全失古法，以先王之乐为雅乐，前世新声为清乐，合胡部者为宴乐。"[3]

唐代雅乐并非纯雅，其中也糅合了胡乐的成分。唐朝定雅乐时，祖

---

[1]钱易：《南部新书》，中华书局2002年，第90页。

[2]王建：《凉州行》，引自《全唐诗》卷298。

[3](宋)沈括：《梦溪笔谈》卷5，第94条，胡道静校证，上海古籍出版社1987年。

孝孙上奏说:“陈梁旧乐,杂用吴楚之音,周齐旧乐,多用胡戎之伎,于是斟酌南北考以古音,作为大唐雅乐。”[1]可见唐代雅乐一开始就是胡汉兼采,这奠定了唐雅乐的基调。

唐自制三大舞,也收入雅乐。此三舞,《旧唐书》卷28《音乐志二》记载,一是《七德舞》,二是《九功舞》,三是《上元舞》。《七德舞》本名《秦王破阵乐》;《九功舞》本名《功成庆善乐》。《破阵》、《庆善》两乐本收在立部伎中,是胡汉音乐融合的产物。《旧唐书·音乐志二》说:“自《破阵乐》以下,皆雷大鼓,杂以龟兹之乐。”“惟《庆善舞》独用西凉乐,最为闲雅。”后来,二舞改头换面,俨然成了宗庙祭祀的雅乐。《旧唐书》记:“《破阵》、《庆善》、《上元》三舞,皆易其衣冠,合之钟磬,以享郊庙。以《破阵》为武舞,谓之《七德》,以《庆善》为武舞,谓之《九功》,以享郊庙。”[2]二舞虽然经过改易,但其中胡乐成分是可想而知的。

唐代清乐继承隋制。隋平陈,将古乐整理成“清乐”,列为隋“九部伎”之一。初唐时制定的雅乐,后来没有多大更进。所以《新唐书》说“唐作乐之制尤简”。[3] 武后长安年至中宗时期,雅乐衰弱,“工伎渐缺”,[4]胡乐盛行。在中宗时期,胡乐开始在宫廷和王公间流行,市井平民也渐受影响。武平一在《谏大飨用倡优媟狎书》中说:“伏见胡乐施于音律,本备四夷之数,比来日益流宕,异曲新声,哀思淫溺。始自王公,稍及闾巷,妖伎胡人、街童市子或言妃主情貌,或列王公名质,咏歌蹈舞,号曰‘合生’。”[5]所谓“合生”,是以歌咏为主,用胡乐伴奏,穿插舞蹈的一种“俳优歌舞杂奏”。[6] 它已有了故事情节,实际上是一种歌舞戏。《新唐书》卷119《武平一传》记载了唐中宗在两仪殿筵席上欣赏“合生”,该胡戏由胡人袜子、何懿合演,其故事情节与妃主、王公有

---

〔1〕《旧唐书》卷28《音乐志二》。

〔2〕《旧唐书》卷28《音乐志二》。

〔3〕《新唐书》卷21。

〔4〕《唐会要》卷33。

〔5〕《全唐文》卷268。

〔6〕《旧唐书·音乐志》。据黄宝生考证,“合生”可能是梵语 Prahasana(笑剧)一词的音译略称。它是由名词 hasana(“合生”,义为“笑”)加上前缀 par(婆罗)组成的。见黄宝生:《印度古典诗学》,北京大学出版社1993年,第17-20页。

关。该戏上自王公,下至街童市子,都有人议论之,可见反响之大。

玄宗即位之初,在群臣的进谏下,一度复兴雅乐。开元二十四年(736),玄宗摒弃雅乐,力倡胡乐、法曲。《新唐书》记载:"开元二十四年,升胡部于堂上。而天宝乐曲,皆以边地名,若凉州、甘州、伊州之类,后又诏道调法曲与胡部新声合作。"[1]《旧唐书》也载:"又自开元已来,歌者杂用胡夷里巷之曲,其孙玄成所集者,工人多不能通,相传谓为法曲。今以前史旧例,录雅乐歌词前后常行者,附于此志。其五调法曲,词多不经,不复载之。"[2]可见,自开元年后期以降,胡乐、法曲普及开来,浸润宫野。

唐宫廷中最兴旺的是燕乐。初唐时,燕乐有"十部伎"。"十部伎"源于隋代的"九部乐"。《旧唐书·音乐志》载:"高祖登极之后,享宴因隋旧制,用九部之乐。"[3]太宗贞观十一年(639),废"礼毕"。十四年,又将"燕乐"列为诸乐之首。同年平高昌,获高昌乐,于是有了唐"十部伎"。[4] 其中,《天竺伎》、《龟兹伎》、《安国伎》、《疏勒伎》、《高昌伎》、《康国伎》诸部伎都是胡乐,《西凉伎》则是胡汉音乐融合的产物。《隋书·音乐志》称:"《西凉者》,起符氏之末,吕光、沮渠、蒙逊等据有凉州,变龟兹声为之。"[5]而在高宗显庆四年(659),西域诸国渐渐纳入大唐版图。[6] 胡地既然成了唐土,胡乐自然大量流入宫廷。所以,初唐"十部伎"中,胡乐比重最大。这一方面是安抚四夷的需要,另一方面,也体现了唐人对胡乐的偏爱。

玄宗时,燕乐分为《坐部伎》、《立部伎》。"堂下立奏谓之立部伎,堂上坐奏,谓之坐部伎。"[7]立部伎有《安乐》、《太平乐》、《破阵乐》、《庆善乐》、《大定乐》、《上元乐》、《圣寿乐》、《光圣乐》凡八部。[8] 坐

---

〔1〕《新唐书》卷22《礼乐十二》。

〔2〕《旧唐书·音乐志》。

〔3〕《旧唐书》卷28。

〔4〕《旧唐书》卷28。

〔5〕《隋书·音乐志》。

〔6〕《资治通鉴》卷200。

〔7〕《新唐书》卷22。

〔8〕《旧唐书》卷19。

部伎有《燕乐》、《长寿乐》、《天授乐》、《鸟歌万岁乐》、《龙池乐》、《破阵乐》凡六部。以上诸部乐,除了《龙池乐》为汉族雅乐,《庆善乐》为西凉乐之外,其余节目均杂以龟兹乐声,龟兹乐与变龟兹声为之的西凉乐占了十分重要的地位。《旧唐书·音乐志一》说,立部伎,"自《破阵乐》下,皆雷大鼓,杂以龟兹之乐"。"惟《庆善乐》独用西凉乐,最为娴雅。"坐部伎,"自长寿乐以下,皆用龟兹乐,舞人皆著靴,惟《龙池乐》备用雅乐,而无钟磬,舞人蹑履。"因此,沈括说"合胡部为宴乐"了。[1] 从唐代宫廷燕乐的内外结构看,它基本上是由胡乐、胡舞组成的。[2]

唐宫廷音乐中雅乐、清乐、燕乐的地位并不平等。雅乐、清乐虽号尊荣,却十分可怜。《新唐书》言:"太常阅坐部,不可教者隶立部,又不可教者,乃习雅乐。"[3] 难怪白居易的《立部伎》诗也道:"坐部退为立部伎,击鼓吹笙和杂戏。立部又退何所在,始就乐县操雅音。"[4] 这种厚此薄彼的现象,也反应了唐人的偏好。寡淡的雅乐、清乐并不受欢迎,融合胡汉音乐的燕乐才是最受重视的。

唐代太常,教坊自制、改制了大曲和法曲,作为享宴娱乐之用。大曲为大型歌舞音乐,法曲是以器乐演奏为主的纯音乐。[5] 大曲许多本出自西域,如《柘枝》、《苏莫遮》、《醉混脱》。而自造的新曲,多被流行的胡乐浸染。故《通典》说:"自周隋以来,管弦杂曲将数百曲,多用西凉乐,鼓舞曲多用龟兹乐,其曲度皆时俗所知也。"[6] 法曲起自隋代,在隋代"其音清而近雅"。[7] 至唐代,法曲掺杂了许多胡乐的成分。白居易《法曲诗》言:"法曲法曲合夷歌,夷声邪乱华声和。"[8] 华夷相和,胡汉交融,正是唐代法曲的特征。邱琼荪先生考定,唐代法曲中有汉魏六朝的旧乐,有隋唐两代的新声,有胡部化、道曲佛曲化的中国乐曲,有华

〔1〕《梦溪笔谈》卷5,第94条。
〔2〕金秋:《古丝绸之路乐舞文化交流史》,上海音乐出版社2002年,第188页。
〔3〕《新唐书》卷22。
〔4〕《全唐诗》卷426。
〔5〕刘再生:《中国古代音乐简述》,人民音乐出版社1989年,第243页。
〔6〕《通典》卷146《乐(六)》"清乐"条。
〔7〕《新唐书·礼乐十二》
〔8〕《全唐诗》卷426。

化的外来乐曲。天宝末年是其发展高峰,“安史之乱”后渐次衰落。[1]唐最有名的法曲为《霓裳羽衣曲》,此曲本是胡乐曲《婆罗门曲》。此曲传自西凉,唐玄宗加以润色,易了个漂亮的曲名,成了《霓裳羽衣曲》。《新唐书》记:“河西节度使杨敬述献《霓裳羽衣曲》十二遍。”[2]《唐会要》又记:“天宝十三载(754)七月,《婆罗门(曲)》改为《霓裳羽衣(曲)》。”[3]钱易的《南部新书》也说:“《霓裳羽衣》之曲,起于开元,盛于天宝之间。”[4]《霓裳》出自胡中,又经唐明皇润色、改造,实在是胡汉音乐的绝妙结晶。可以说,由于玄宗的身体力行,唐宫廷音乐呈现了一种胡汉融合的趋势。开元二十四年,随着“升胡部于堂上”,胡乐在宫廷的“合法”地位正式确立起来。

至宣宗时(847—859),“每宴群臣,备百戏。帝制新曲,教女伶数十人,衣珠翠缇绣,连袂而歌,其乐有《播皇猷》之曲。……又有《葱岭西曲》,士女踏歌为队,其词言葱岭之民乐河湟故地归唐也。”[5]中原之曲与胡舞同台演出,既显现唐朝廷对各种音乐文化的兼容并蓄,又反映了唐宫廷音乐胡汉融合的趋势。

10.2.2 泼寒胡戏与“苏摩遮”

虽然“乐”主要以声音表达,“舞”主要以形象表达,但是“舞”与“乐”之密不可分是显而易见的。所以,在中亚艺术输入中国内地的过程中,“舞”与“乐”几乎是同步东渐的。来源于中亚或其他域外地区的“胡舞”固然在唐代臻于鼎盛,但其始入中原的时间,却远在唐代之前。唐人段安节在《乐府杂录·舞工》中提到了不少“软舞”与“健舞”的名目,更有字舞、花舞、马舞等。单就舞名而言,就不难看出,有许多舞来源于西域,而肯定来自中亚者,则有《胡腾》、《胡旋》、《柘枝》等。据任半塘先生考证,在唐代胡部歌舞戏的剧目中,还有《神白马》、《羊头浑

[1]邱琼荪:《燕乐探微》,引自《燕乐三书》,黑龙江人民出版社1986年,第349-359页。
[2]《新唐书》卷22。
[3]《唐会要》卷33。
[4]《南部新书》第90页。
[5]《新唐书》卷22《礼乐志》。

脱》、《五方狮子》、《九头狮子》、《益钱》、《钵头》等。[1] 这些剧目均流行一时。此外,还有著名的乞寒胡戏和"苏摩遮"。

早在北朝时期,乞寒胡戏就已进入中国内地,见于中原王朝的宫廷之中。《周书·宣帝纪》记载,大象元年(579)十二月甲子,北周宣帝"御正武殿,集百官及宫人内外命妇,大列妓乐,又纵胡人乞寒,用水浇沃为戏乐。"

关于乞寒胡戏的源出地,《旧唐书·西戎传》谓康国"至十一月,鼓舞气寒,以水相泼,盛为戏乐"。《新唐书》、《册府元龟》所说略同。可见,所谓的"泼胡乞寒戏"或"乞寒胡戏"当出自康国,即今中亚的泽拉夫善河流域。

"乞寒胡戏"或"泼胡乞寒戏"的参加者都裸露形体,按着一定的鼓乐有节奏地舞蹈,同时相互泼水。此戏进入中国内地之后,或许已有某种演变,即带有了游戏的色彩,但在其发源地(中亚或西亚),却应当具有更浓厚的宗教含义,即旨在祈求天之风调雨顺或人之吉祥平安。

在举行"乞寒胡戏"时,除了舞乐,还有歌曲。而所谓的《苏莫遮》,即是配合此戏所唱歌词的曲调名。苏莫遮或作"苏摩遮",在敦煌文书中又记为"悉磨遮"。[2]

唐代张说有《苏摩遮五首》,比较具体地描写了"乞寒胡戏"与《苏摩遮》的歌舞场面:

> 摩遮本出海西胡,琉璃宝眼紫髯胡。闻道皇恩遍宇宙,来将歌舞助欢娱。
>
> 绣装帕额宝花冠,夷歌骑舞借人看。自能激水成阴气,不虑今年寒不寒。
>
> 腊月凝阴积帝台,豪歌急鼓送寒来。油囊取得天河水,将添上寿万年杯。

---

[1]任半塘:《唐戏弄》(上册),上海古籍出版社 1984 年,第 218 - 220 页;郎樱:《西域歌舞戏对中原戏剧发展的贡献》,载《西域研究》,2003 年第 1 期,第 55 - 61 页。

[2]关于苏摩遮、悉磨遮与波斯乐舞泼胡乞寒舞之关系的考证,详见向达:《唐代长安与西域文明》,第 71 - 74 页;姜伯勤:《敦煌悉磨遮为苏摩遮乐舞考》,载《敦煌研究》,1996 年第 3 期,第 1 - 13 页。

寒气宜人最可怜，故将寒水散庭前。惟愿圣君无限寿，长取新年续旧年。

昭成皇后帝家亲，荣乐诸人不比伦。往日霜前花委地，今年雪后树逢春。

诗中谓《苏摩遮》出自"海西胡"，虽不必明指中亚的"胡人"，但大约指西域人则是没有疑问的；这类胡人的状貌为"琉璃宝眼紫髯胡"，则显属印欧人种。结合上文所引《旧唐书·西戎传》谓康国有乞寒胡戏之俗，则张说描绘的"海西胡"亦当是"昭武诸姓"中的中亚康国人，他们属东部伊兰人。从"绣装帕额宝花冠"之句看，这一歌舞的参与者均著胡装；"夷歌骑舞"则似表明此戏中尚有骑士参加；"豪歌急鼓"更突出了敲击乐在"乞寒戏"和《苏摩遮》歌舞中属于重要角色。

慧琳在《一切经音义》卷 41 解释"苏莫遮冒(帽)"云："苏莫遮，西戎胡语也，正云飒磨遮。此戏头之类也，或作兽面，或像鬼神，假作种种面具形状。或以泥水沾洒行人，或持羂索、搭钩捉人为戏。每年七月初公行此戏，七日乃停。土俗相传云，常以此法攘厌驱趁罗刹恶鬼食啗人民之灾也。"可见，在"乞寒戏"、《苏摩遮》歌舞时，似乎还戴面具。但慧琳谓此戏在每年七月初举行，却又与"乞寒"之意相违。是慧琳所知者为另一域外习俗，抑或与"乞寒胡戏"同源异流的一种风俗，则不得而知。不过，"胡人"之"泼水"、"苏摩遮"等歌舞习俗，在唐代却颇为中国人所了解和模仿。

此乐舞在开元年以前，曾在长安、洛阳盛行。《旧唐书·中宗纪》记载：神龙元年(705)十一月"已丑，御洛城南门楼观泼寒胡戏"。又记：景龙三年(709)，十二月"乙酉，令诸司长官向醴泉坊看泼胡王乞寒戏"。[1] 中宗皇帝令诸司长官都去看乞寒胡戏，颇有些"君臣同乐"乃至"君民同乐"之意，亦见当时中亚胡戏在中原地区受人欢迎的程度。在皇帝的提倡下，许多大臣也为该乐舞的推广推波助澜。张说曾为此

〔1〕《旧唐书·中宗本纪》。

乐舞撰写有和声的歌词5首。[1]

但是,由于乞寒胡戏与中原礼教相悖,引起了士大夫的反感。对于神龙元年洛阳观胡戏一事,并州清源县尉吕元泰于神龙二年三月曾上《陈时政疏》曰:“臣比见都邑坊市,相率为浑脱队,骏马胡服,名为苏莫遮。旗鼓相当,军阵之势;腾逐喧噪,战争之象也;锦绣夸競,害女工也……”[2]对景龙年间诸司看胡戏一事,右检遗韩朝宗,中书令张说相继上疏陈说其弊。先天二年(713)十月,张说上《谏泼寒胡戏疏》,[3]以“踝(裸)体跳足盛德何观,挥水投泥失容斯甚”为由,主张禁断。开元元年(713)十月,玄宗敕禁泼胡乞寒戏:“腊月乞寒,外蕃所出,渐浸成俗,因循以久。自今以后,无问蕃汉,即宜禁断。”[4]

不过,此乐舞大概被禁时间不长。天宝十三年(725)七月,唐朝太乐署将沙陀调《苏莫(摩)遮》曲名改名为《万宇清》,金风调之《苏莫遮》改名为《感皇恩》,水调《苏莫遮》仍维持原曲名,[5]此舞又流行起来。又据敦煌文书P.4640《已未—辛酉年(899—901)归义军衙内破用纸布历》、S.1035《已巳年(909)某寺诸色入破历算会残卷》记,在10世纪初的敦煌,仍流行此乐舞。[6]

10.2.3 胡人乐手声震唐土

唐代入华胡人很多,有些乐不思蜀,娶妻生子,在唐定居。唐代有许多来自中亚的乐人,活跃在唐代社会各界,名噪一时,影响一代风气。

《唐会要》卷34记载,胡舞人安叱奴,武德元年十月“被拜为散骑侍郎,既在朝列”,礼部尚书李纲力谏不止。[7] 龟兹音乐家白明达精通乐律、作曲,自隋代开始就活跃在中原朝廷,担任“乐正”官职,负责排练西域乐舞和作曲。《隋书·音乐志》记载了他创作的14首乐曲名

---

〔1〕张说:《苏摩遮》,引自《全唐诗》卷89。

〔2〕《全唐文》卷270;另参《唐会要》卷34。

〔3〕张说:《諫泼寒胡戏疏》,引自《全唐文》卷223;又见《唐会要》卷34。

〔4〕《唐会要》卷34;《通典》卷146《乐(六)》记,开元元年十二月,敕禁乞寒乐。

〔5〕《唐会要》卷33。

〔6〕详见姜伯勤:《敦煌悉磨遮为苏摩遮乐舞考》之考证。

〔7〕《唐会要》卷34。

称,唐太宗对他评价也很高。白明达"术踰等夷,积劳计考,并至大官。"贞观六年,监察御史马周还上书,谏白明达等乐工杂士流。[1]

北齐时期的曹婆罗门一家三代,均以善弹琵琶闻名中原。而降及唐代,源自中亚的曹氏乐人仍然享有盛誉。唐段安节在《乐府杂录·琵琶》中载云:"贞元中有王芬、曹保保、其子善才、其孙曹纲,皆习所艺。次有裴兴奴,与纲同时。曹纲善运拨,若风雨而不事扣弦;兴奴长于拢捻,不拨稍软。时人谓曹纲有右手,兴奴有左手。朱崖李太尉有乐吏廉郊者,师于曹纲,尽纲之能。纲尝谓侪流曰:'教授人亦多矣,未曾有此性灵弟子也。'郊尝宿平泉别墅,值风清月朗,携琵琶于池上,弹蕤宾调。忽闻芰荷间有物跳跃之声,必谓是鱼。及弹别调,即无所闻。复弹旧调,依旧有声,遂加意朗弹。忽有一物,铿然跃出岸池之上,视之,乃一片方响,盖蕤宾铁也。以指拨精妙,律吕相应也。"廉郊弹蕤宾调而能令池中的蕤宾铁和应,竟跃至岸上,虽然事属荒诞,但其要旨则在体现乐人琵琶艺术的无比高明。则其师曹纲之术,也就可想而知。

曹纲一家祖孙三代,全都擅长琵琶,或以为即是前朝曹婆罗门一族的后裔。唐代的许多诗人曾作诗歌咏这些曹氏乐人者,如,白居易有《听曹刚琵琶兼示重莲》、《代琵琶弟子谢女师曹供奉寄新调弄谱》,李绅有《悲善才》,薛逢有《听曹刚弹琵琶》,元稹有《琵琶歌》。诗中的"曹刚"当即"曹纲",而"曹供奉"也可能与曹纲有亲属关系。他们的技艺为诗人所大加赞叹,白居易的《听曹刚琵琶兼示重莲》一诗,则更将曹刚的歌喉与技艺都栩栩如生地描绘出来了:"拨拨弦弦意不同,胡啼番语两玲珑。谁能截得曹刚手,插向重莲衣袖中?"诗人甚至要截下曹刚的手,插入美人重莲衣袖中,使双美合并了。[2] 曹刚的"胡啼番语",当是边奏边唱,而歌词也为中亚语言的原文。可知这类胡曲、胡歌当时传入中国之后,仍然保持了其原有的风貌。

擅长胡琵琶的,还有同样出自昭武诸姓的康氏。其中最著名者,乃

〔1〕《唐会要》卷34。
〔2〕《全唐诗》卷449。

是唐德宗时期的康昆仑。《乐府杂录·胡部》云:“凉府所进,本在正宫大遍、小遍。至贞元初,康昆仑翻入琵琶《玉宸宫调》,初进曲在玉宸殿,故有此名,合诸乐即黄钟宫调也。”同书《琵琶》节内则述及有关康昆仑琵琶艺术的一段逸事:“贞元中,有康昆仑,琵琶第一手。始遇长安大旱,诏移两市祈雨。及至天门街,市人广较胜负,及斗乐声。及街东有康昆仑琵琶最上,必谓街西无以敌也。遂请昆仑登彩楼,弹一曲新翻羽调《绿要》。其街西亦建一楼,东市大诮之。及昆仑度曲,西市楼上出一女郎抱乐器,先云:‘我亦弹此曲,兼移在风香调中。’及下拨,声如雷,其妙入神,昆仑即惊骇,乃拜请为师。女郎遂更衣出见,乃僧也。盖西市豪族,厚赂庄严寺僧善本,以定东鄽之胜。”康昆仑最后获德宗的首肯而从这位段姓僧人学琵琶,并尽得其艺。

康昆仑从“段和上”学琵琶之说,在当时似乎颇为流行,因为除了《乐府杂录》外,《幽间鼓吹》亦记载了类似的一段逸事:“元载子伯和,势倾中外。福州观察使寄乐妓数十人,使者半岁不得通,窥伺门下有琵琶康昆仑出入,乃厚赂求通,伯和一试,尽付昆仑。段和上者,自制道调凉州,昆仑求谱不许,以乐之半为赠乃传。”

康昆仑在长安曾被誉为最佳琵琶手,自当有其不凡之处。但他与“段和上”相较,仍然略逊一筹。这两则故事的真实性究竟如何,姑且不论,但大体上反映了中亚康姓的粟特乐人在中国传授其高妙的琵琶艺术,以及与中原汉人(暂时假定“段和上”为汉人)频繁进行交流,则并非虚妄。

又有安姓的九姓胡乐人也多见于中国内地。《大唐新语》卷2《极谏》载云:“高祖即位,以舞胡安叱奴为散骑侍郎。吏部尚书李纲谏曰:‘……惟齐高讳封曹妙达为王,授安马驹为开府。有国家者,俱为殷鉴。今天下新定,开太平之运。起义功臣,行赏未遍;高才硕学,犹滞草莱。而先令舞胡致位五品,鸣玉曳组,趋驰廊庙。固非创业规模,贻厥子孙之道。’高祖竟不能从。”又有安国安万善筚篥。李欣有《听安万善吹筚篥歌》。

在唐朝末期昭宗的宫廷中,亦可见到安姓的歌舞者。《北梦琐言》

卷 15 载云，昭宗时，李茂贞曾经入阙，焚烧京城。后来，在一次国宴上，“俳优安辔新号茂贞为‘火笼子’，茂贞惭惕俯首。宴罢，有言‘他日斩此优’。辔新闻之，请假往凤翔求救。茂贞遂见，诟之曰：‘此优穷也，胡为敢来？’辔新对曰：‘只要起居，不为求救。近日京中且卖麸炭，可以取济。’茂贞大笑而厚赐赦之也。”在这段逸事中，依稀可以看到，中亚粟特人在中原的宫廷中，不仅仅止于以音、乐取悦于君主们，时或也有意于染指政治。虽然如安辔新者，干得不太成功，但是其意图还是能隐约反映出来。

昭武诸姓中的何姓、米姓等乐人，亦时有所见。例如，《新唐书·武平一传》载云，中宗在两仪殿设宴，酒酣，命胡人袜子、何懿等唱《合生歌》，言语浅秽。武平一遂上书谏劝，认为凡属胡乐，除招待域外来宾外，对内一律不得使用。但中宗并未采纳此议。这里的“何懿”，当系昭武何国之人；“袜子”，则很可能为穆国之人，盖因“袜”、“穆”音近。至于所谓的《合生歌》，按武平一之说，乃是“妖妓胡人、街童市子，或言妃主情貌，或列王公名质，咏歌蹈舞，号曰《合生》”。似乎确实很低级庸俗。但是根据一般的规律，越是此等“下里巴人”式的音乐，却越是易于被大众接受，以至迅速流行开来。故《合生》胡乐在唐代的下层社会中必然相当普及。

还有来自何国的何满子。[1] 何满子是人名，也是曲名。白居易在《何满子》诗序称，“开元中，沧（浍）州有歌者何满子，临就刑时进此曲以赎死，上竟不免。”诗中也称：“世传满子是人名，临就刑时曲始成。一曲四调歌八叠，从头便是断肠声。”[2] 何满子死前成绝唱，后代以“何满子”称歌名。元稹亦有《何满子歌》，[3] 夸赞湖南歌伎唐有熊唱“何满子”歌，令人心旷神怡。“何满子”被后代反复吟唱，可见其魅力。

《太平广记》卷 204 引《卢氏杂说》云：“歌曲之妙，其来久矣。元和中，国乐有米嘉荣、何戡，近有陈不嫌、不嫌子意奴。一二十年来，绝不

---

[1] 常任侠：《丝绸之路与西域文化艺术》，上海文艺出版社 1981 年，第 75 页。

[2]《全唐诗》卷 458。

[3]《全唐诗》卷 422。何满子临刑之年，白居易系于开元中，元稹系于天宝年，莫衷一是。

闻善唱。……刘尚书禹锡与米嘉荣诗云:‘三朝供奉米嘉荣,能变新声作旧声。于今后辈轻前辈,好染髭须事后生。’又自贬所归京,闻何戡,歌曰:‘二十年来别帝京,重闻天乐不胜情。旧人唯有何戡在,更请殷勤唱渭城。’”何戡为昭武何国人,米嘉荣为昭武米国人,殆无疑义;能得到刘禹锡这样的评论,也足见他们的歌喉之出色了。

米嘉荣如曹纲等一样,也世传其业。刘禹锡有《与歌者米嘉荣》,诗中说到:“唱得凉州意外声,旧人唯数米嘉荣。近来时世轻先辈,好染鬓须事后生。”[1]《乐府杂录·琵琶》云:“咸通中,即有米和,其父善歌。即嘉荣子也,申旋尤妙。”《古今姓氏辨证》卷 24 云:“西域米国胡人,入中国者,因以为姓。唐……有供奉歌者米嘉荣,其子米和郎。”此“米和郎”即“米和”。据《乐书》载,唐文宗时期尚有擅长婆罗门舞乐(即印度舞乐)的米禾稼、米万槌,则传入中国的虽然是印度舞乐,却是得力于中亚人的中介。看来,中亚居民在古代中西音乐艺术的交流方面,以及在佛教文化的流传方面,往往充当中介角色。

胡乐流行中国,风气所致,民间也形成风尚。汉人也学胡乐,其技艺并不亚于胡人。

唐胡乐器流行,最流行的当数琵琶。唐代琵琶名家辈出,高手如云。《乐府杂录》“琵琶”条记琵琶名手有贺怀智、康昆仑、段善本、曹氏一家、廉郊、杨志、郑中丞等。[2] 其中,曹氏一家及康昆仑为胡乐人。曹氏一家前已述及。康昆仑贞元中称第一手。《乐府杂录》记康昆仑与段善本弹琵琶决胜负的故事。善本琵琶绝技,胜过胡乐人康昆仑,使他当场拜师。而东西两市祈雨,以琵琶相斗,可见当时的人们对琵琶的喜爱。此外,琵琶高手又有李士良,白居易称他善弹西域音调:“声似胡儿弹舌语,愁如塞月恨边云。”[3] 白居易的《琵琶行》所记浔阳江头商人妇人,也是此道高手。唐时琵琶盛行,一般歌伎也大多习练。

---

〔1〕《全唐诗》卷 365。

〔2〕段安节:《乐府杂录》“琵琶”条,《影印文渊阁四库全书》839 册,台湾商务印书馆 1983 年,第 994－995 页。

〔3〕白居易:《听李士良琵琶》,《全唐诗》卷 440。

筚篥是唐代盛行的乐器，它是来自伊兰族的一种乐器，大致上是以芦茎为簧，短竹为管的竖笛，或谓在汉代东传中国。荜篥盛行于隋唐时期，广泛使用于《九部乐》、《十部乐》的胡乐之中，而以《龟兹乐》更甚。吹奏起来，其声甚为悲怆，中亚的胡人似乎亦擅长于此。筚篥名手有李衮、李龟年、安万善、薛阳陶、尉迟青、王麻奴等人。[1]开元时代的李欣有《听安万善吹筚篥歌》，描绘了安万善吹奏荜篥时的动人景象："南山截竹为筚篥，此乐本自龟兹出。流传汉地曲转奇，凉州胡人为我吹。"[2]诗中虽称安万善为"凉州胡人"，但凉州地处中原王朝的西境边陲，历来是中亚粟特人、西亚波斯人等在中国西北边区的主要聚居地之一。因此，安姓的"凉州胡人"应当即是中亚安国（相当于今布哈拉周围地区）的粟特人。尽管"此曲本自龟兹出"，但向中原地区传布这种乐器、乐曲的，却可能更多的是来自中亚地区的九姓胡。尉迟青也是胡人，曾折服青州圣手王麻奴，《乐府杂录》曾记其事。[3]王麻奴虽败在尉迟青手下，但他能在河北推为第一，也应该是高手。

天宝事变，宫廷离乱，许多宫中乐伎流离民间。他们将身怀的胡乐绝技也带到了大江南北。天宝"安史之乱"后，胡乐进一步流行。元稹《法曲》曰："自从胡骑起烟尘，毛毳腥膻满咸洛。女为胡妇学胡妆，伎进胡音务胡乐。……胡音胡骑与胡妆，五十年来竟纷泊。"[4]白居易对民间胡乐盛况也愤愤道："自从天宝兵戈起，犬戎日夜吞西鄙。……耐何仍看西凉伎，取笑资欢无所愧。"[5]但诗人对如此时风，也无可奈何。

10.2.4 胡乐对唐代王公士大夫的影响

《隋书·音乐志》中提及，北齐时期的中亚乐人中，安姓者有安马驹，还有安未若（亦作安未弱），他们均在开府封王。而唐朝的首任帝君高祖，也很宠幸舞胡。在其他开国功臣尚未全部封赏的情况下，竟将

[1]刘再生：《中国古代音乐简述》，第262页。
[2]《全唐诗》卷113。
[3]段安节：《乐府杂录》"觱篥"条。
[4]《全唐诗》卷419。
[5]白居易：《西凉伎》，《全唐诗》卷427。

中亚乐人安叱奴任为散骑侍郎，并且，在朝臣谏劝之后仍不收敛。可见这些异族乐人对于中原帝君的诱惑之大。

隋唐时代，在华胡乐之人颇多，且名家辈出。他们与士大夫多有交往，常往来于士大夫之家，宴乐之时，一展绝技。这些乐人很受朝廷赏识，有的甚至做了大官。被隋文帝任命为修乐主持者的何妥，即是中亚九姓胡人。《北史·儒林传下》记云："何妥，字栖凤，西域人也。父细脚胡，通商入蜀，遂家郫县。事梁武陵王纪，主知金帛，因致巨富，号为西周大贾。"何妥在为隋朝廷修乐时，很可能将中亚的音乐掺入中国的官方音乐中。

李唐本出自关陇。关陇地近胡地，深受胡乐渲染。唐立国之初，对胡乐就不排斥，而是显示出了一种兼容包蓄的气度。唐王公贵族，对胡乐也十分喜爱，一时成为时尚。

玄宗是唐代有名的爱乐皇帝，《旧唐书》称"玄宗在位多年，善音乐"，他于"德政之暇，教太常乐工子弟三百人为丝竹之戏，音响齐发，有一声误，玄宗必觉而证之，号为皇帝弟子，亦云梨园弟子。"[1]玄宗也能制曲，《旧唐书》称他"又制新曲四十余"。[2] 归于他名下最有名的乐曲是由胡乐改编而成的《霓裳羽衣曲》。对《霓裳羽衣曲》，文人也多加以歌咏。王建有《霓裳词》10首，李肱有《试霓裳羽衣曲》，白居易作《霓裳羽衣（舞）歌》："千歌百（万）舞不可数，就中最爱霓裳舞。"[3]一曲胡乐改编的曲子，能受到如此的关爱，可见社会上层对胡乐的喜好。

玄宗也善长乐器，诸乐器中他最喜欢羯鼓。羯鼓，是戎羯的乐器，"龟兹、高昌、疏勒、天竺部皆用之。"[4]玄宗尝称："羯鼓，八音之领袖，诸乐不可方也。"[5]他习练羯鼓极勤。《隋唐嘉话》记李龟年善长羯鼓，玄宗问："'卿打多少杖？'对曰：'打五十杖讫。'上曰：'汝殊未，我

[1]《旧唐书》卷28。

[2]《旧唐书》卷28。

[3]《全唐诗》卷444。

[4]《新唐书》卷22。

[5]《新唐书》卷22。

打却三竖柜也。'"[1]打鼓而用坏三竖柜羯鼓，乐人李龟年也望尘莫及。可见玄宗对羯鼓情有独钟。

在玄宗倡导下，唐皇室贵族多善长羯鼓，达官大臣"皆喜言音律"。据南卓的《羯鼓录》记载，玄宗时汝阳王李琎善羯鼓。玄宗曾摘一朵红槿花置其帽上，帽与花皆极滑，李琎奏完一曲而花不坠落，喜得玄宗夸他："真花奴也。"[2]（花奴，琎小字）宰相宋璟也善长羯鼓，谓："头如青山峰，手如白雨点，此即羯鼓之能事也。"[3]宋璟家传此技，他的孙子宋沆也善长羯鼓。又有荆南节度使曹玉皋，有人献羯鼓杖，视若珍宝。[4]若非常喜爱羯鼓，又何能如此。

唐代士大夫大多寄情歌舞，流连风景。唐人养伎之风盛行，宫中称"宫伎"，官府称"官伎"，军中称"营伎"，私家称"家伎"。[5] 贵族养伎，政府明令许可。《唐会要》记，神龙二年(706)九月敕："三品已上，听有女乐一部；五品已上，女乐不过三人。"[6]这只是按官阶限制人数，也说明了养伎是允许的。玄宗时，更是大倡行乐。天宝十载二月敕："五品以上正员清官，诸节度使及太常等，并听当家畜丝竹，以展欢娱，行乐盛时，覃及中外。"[7]由此可知，一般士大夫，家伎兼作婢妾，乐工兼作家僮，宴乐之时，用于歌舞娱乐。

为迎合玄宗的喜好，许多官员也对音乐趋之若鹜，其中不乏喜好胡乐风尚者。唐玄宗在洛阳时，"命三百里县令、刺史率其声乐来赴阙者，或谓令较其胜负者而赏罚焉。时河内郡守令乐工数百人于车上，皆衣以锦绣，伏厢之牛，蒙以虎皮，及为犀象形状，观者骇目。"[8]这种乐舞表演，带有强烈的西域风格。

唐西域胡舞流行，士大夫宴乐，往往以之助兴，并常见于歌咏。胡

---

[1]刘餗：《隋唐嘉话》，中华书局 1979 年，第 61 页。

[2]（唐）南卓：《羯鼓录》，《影印文渊阁四库全书》第 839 册，台湾商务印书馆 1983 年。

[3]《羯鼓录》。

[4]《羯鼓录》。

[5]刘再生：《中国古代音乐简述》，第 263 页。

[6]《唐会要》卷 34。

[7]《唐会要》卷 34。

[8]（唐）郑处诲：《明皇杂录》卷下，第 17 条，中华书局 1994 年，第 26 页。

舞多见于文人宴饮诗中，且被反复吟咏，可见当时胡舞流行筵宴之间，亦可见文人大夫对胡舞的倾倒流连。胡舞最有名的为胡腾舞、柘枝舞与胡旋舞。

胡腾本是石国舞。唐人刘言史在《王中丞宅夜观舞胡腾》诗中描绘了来自石国的“胡儿”所表现的精彩的《胡腾舞》：“石国胡儿人见少，蹲舞樽前急如鸟。织成蕃帽虚顶尖，细毡胡衫双袖小。”舞者所穿衣衫紧身窄袖，头戴尖顶胡帽，足蹬锦靴，是为典型的中亚“胡服”。《胡腾舞》的节奏极为明快，故被诗人形容为“急如鸟”；其蹬足动作亦十分频繁和有力，故有“乱腾新毯雪朱毛”之句。此舞应当是中亚石国胡人表演的。刘言史又言“四座无言皆瞠目，横笛琵琶遍头促”。[1] 一舞使四座瞠目，显见舞蹈精彩。

李端亦有《胡腾儿》诗：

> 胡腾身是凉州儿，肌肤如玉鼻如锥。桐布轻衫前后卷，葡萄长带一边垂。帐前跪作本音语，拾襟搅袖为君舞。安西旧牧收泪看，洛下词人抄典与。扬眉动目踏花毡，红汗交流珠帽偏。醉却东倾又西倒，双靴柔弱满灯前。环行急蹴皆应节，反手叉腰如却月。丝桐忽奏一曲终，呜呜画角城头发。胡腾儿，故乡路断知不知？[2]

诗中谓舞者“肌肤如玉鼻如锥”分明是指肤色较白而又鼻梁高挺，这正是属于印欧种族的中亚伊兰人的形貌特征。至于“帐前跪作本音语”，则提示了舞蹈者来自异域；在舞前“作本音语”，当是一种致辞或者是与《胡腾舞》相关的基本内容之一。

现代学者通常认为，《柘枝舞》亦源出石国，因为石国又名“柘枝”。《新唐书·西域传》：“石，或曰柘支，曰柘折，曰赭时，汉大宛北鄙也。”[3]关于柘枝舞，唐代佚名诗人《柘枝词》记述：“健舞曲有羽调柘枝，软舞曲有商调屈柘枝，此舞因曲而名。用二女童，帽施金铃，抃转有

---

〔1〕刘言史：《王中丞宅夜观舞胡腾》，《全唐诗》卷468。

〔2〕《全唐诗》卷284。

〔3〕《新唐书》卷221下。

声。其来也，与二莲花中藏，花拆而后见，对舞相占，实舞中雅妙者也。”[1]白居易的《柘枝妓》诗云：“平铺一合锦筵开，连击三声画鼓催。红蜡烛移桃叶起，紫罗衫动柘枝来。带垂钿胯花腰重，帽转金铃雪面回。看即曲终留不住，云飘雨送向阳台。”又有薛能的《柘枝词》云：“意气成功日，春风起絮天。楼台新邸第，歌舞小婵娟。急破催摇曳，罗衫半脱肩。”[2]则知柘枝舞的特色大概以二女对舞，鼓声为节，而舞至曲终，则例应半袒其衣。当时柘枝舞大行于宴乐场中，备受青睐，柘枝舞咏者颇多，有温庭筠的《屈柘词》，薛能的《柘枝词》，刘禹锡的《观柘枝舞》两首，白居易的《柘枝妓》、《柘枝词》、《和同州杨侍郎夸柘枝见寄》、《看常州柘枝赠贾使君》，章孝标的《柘枝》，张祜的《周员外席上观柘枝诗》、《观杨瑗柘枝词》、《观杭州柘枝诗》等。

胡旋舞，在开元、天宝之际，由西域诸国贡献胡旋女而大量涌入。《新唐书・西域传》记：康国，“开元初，贡锁子甲、水精杯、玛瑙瓶、鸵鸟卵及越诺侏儒、胡旋舞女。”[3]《册府元龟》也记开元间，俱密国、康国、史国有献胡旋女子。[4] 钱易的《南部新书》中云：“天宝末，康居国献胡旋舞女，盖左旋右转之舞也。”[5]《通典》卷146《乐六》谓“[康国]舞二人，绯袄锦袖，绿绫浑裆袴，赤皮靴，白袴。双舞急转如风，俗谓之胡旋。乐用笛鼓二、正鼓、小鼓一、和鼓一、铜钹二。”可见“胡旋舞”名实相符，以高频率旋转为特征；而其伴奏似亦若《柘枝》，以鼓与其他敲击乐为主。白居易、元稹均有《胡旋女》诗。天宝年间，人人欲学胡旋转，此舞风靡一时。[6] 武延秀也善此舞。《旧唐书・武延秀传》曰：“延秀唱突厥歌，作胡旋舞，有姿媚。”[7]

岑参的《田使君美人舞如莲花北鋋歌》云：“美人舞如莲花旋，世人

[1]《全唐诗》卷22。
[2]《全唐诗》卷22。
[3]《新唐书》卷221。
[4]《册府元龟》卷971。
[5]《南部新书》，第90页。
[6]向达：《唐代长安与西域文明》，第68页。
[7]《旧唐书》卷183。

有眼应未见。…… 此曲胡人传入汉,诸客见之惊且叹。"即言此曲胡人传入,又作旋转状,此舞大约也是胡舞。诸客见了惊且叹,诗人更是赞赏万分,"始知诸曲不可比,采莲落梅徒聒耳。"[1]诗人的赞美到了无以复加的地步,"采莲落梅"都成了聒耳之音。

白居易的《胡旋女》描绘道:

> 胡旋女,胡旋女,心应弦,手应鼓。弦鼓一声双袖举,回雪飘飘转蓬舞。左旋右旋不知疲,千匝万周无已时。人间物类无可比,奔车轮缓旋风迟。曲终再拜谢天子,天子为之微启齿。胡旋女,出康居,徒劳东来万里余。中原自有胡旋者,斗妙争能尔不如。天宝季年时欲变,臣妾人人学圆转。中有太真外禄山,二人最道能胡旋。梨花园中册作妃,金鸡障下养为儿。禄山胡旋迷君眼,兵过黄河疑未反。贵妃胡旋惑君心,死弃马嵬念更深。从兹地轴天维转,五十年来制不禁。胡旋女,莫空舞,数唱此歌悟明主。[2]

白居易此诗的主旨标明为"戒近习",反对君主沉溺于胡旋舞中。但是,我们从中看到,从中亚输入的胡旋舞在当时显然是一门十分流行的舞蹈艺术,非但最高阶层,即使在普通平民中,亦可能不乏此舞的能者,以至竟能与来自中亚的舞蹈者相媲美,并且"五十年来"始终盛行。元稹也有《胡旋女》诗,其用意与白居易相同,而对胡旋舞态的描绘,则较白居易更为详尽。[3] 由此可见,当时的中亚舞蹈对于唐代中国的影响之大,它甚至还间接地影响到了当时中国的政治与社会,"胡旋迷君眼"、"胡旋惑君心"。

胡戏初行中国,大约是在华胡人不忘旧俗,而汉人竞相仿效。玄宗禁断敕令中说"不论蕃汉,即宜禁断",可知有汉人在内。吕元泰疏中称,坊邑相率为浑脱队,可见此戏各坊都有参与,有一定的群众基础。又说,"旗鼓相当"、"腾逐喧噪"、"锦绣夸競",可见此戏规模宏大。玄宗敕令中又说此戏"渐浸成俗,因循已久",可见此戏在当时已流行了

〔1〕《全唐诗》卷199。
〔2〕《全唐诗》卷426。
〔3〕《全唐诗》卷419。

好一段时间了。汉人的参与,扩大了胡戏的影响,坊邑组成浑脱队,竞相戏舞,引得诸司长官、帝王也来观看了。

总之,胡乐成为一时风尚,唐社会上层胡风蔓延。羯鼓盛行于王公贵族间,胡人胡舞频现宴乐场,以致白居易讥讽时世,大呼"愿求牙旷正华音,不令华夷相交侵"。[1]

10.3 唐朝器皿上的胡风

唐代器物所受粟特等外来文化影响,突出表现在金银器、高足杯和胡瓶上。

到目前为止,全国共出土唐代金银器皿 1000 余件,其中有 2/3 以上均出自陕西的西安及其周边地区。在全国各地已出土的几十批唐代金银器中,以 1970 年陕西西安南郊何家村窖藏出土的 270 余件、1982 年江苏镇江丹徒丁卯桥窖藏出土的 950 余件、1987 年扶风法门寺地宫出土的 121 件金银器最为有名。

唐代金银器所受外来影响,集中体现在带把杯和银碗上。

带把杯不见于中国传统器形中,唐代金银器中为数不少的各种带把杯造型源自金银器最发达的中亚粟特地区。唐代器物中新出现的这些粟特式带把杯,当不是偶然现象。齐东方先生将唐代粟特式带把杯分成 3 组,第一组定为粟特输入品,第二组定为粟特工匠在中国的制品,第三组为唐代在粟特影响下的创新制品。[2]

第一组粟特式带把杯的代表器物分别出土于内蒙古敖汉旗李家营子、西安何家村及西安沙坡村,约为 7 世纪后半叶或 8 世纪初的作品,其特点是器体均素面无纹。它们应是粟特人从中亚输入的。[3]

第二组粟特式带把杯不是输入的器物。首先,这组器物均采用铸

[1]白居易:《法曲歌》,《全唐诗》卷 426。

[2]齐东方:《唐代粟特式金银器研究——以金银带把杯为中心》,载《考古学报》,1998 年第 2 期,第 153 – 172 页。

[3]齐东方:《李家营子出土的粟特银器与草原丝绸之路》,载《北京大学学报》,1992 年第 2 期,第 35 – 41 页。

造方法制作，杯体显得十分厚重，这种胎体不见于粟特器物。粟特银器的重要特征之一，是器体轻薄，采用捶揲技术。而在中国，铸造工艺有悠久的传统，不仅青铜器如此，中国最初的金器皿也采用铸造方法制作，如战国时期随州出土的金盏、金杯等。其次，这组器物至少有两件是金器。从6世纪到8世纪，粟特虽然大量制作银器，但金器极少，其制作情况并不清楚。金和银因熔点不一样，制造时有差别。粟特金器的制作至今尚无资料。第三，这组带把杯的人物纹样，按8个棱面单体出现，并采用浮雕式的做法。这种分隔单体式的人物，在萨珊和粟特器物中都尚未见到。萨珊银器特别是银盘常见人物，但多是帝王狩猎场面，粟特银器虽也受其影响，但出现人物的并不多。粟特带把银杯，目前资料中还不知有人物纹样出现。[1]

在这组带把杯中，西安何家村窖藏、沙坡村窖藏、韩森寨出土的金银带把杯，把手呈圆环形，上部有宽宽的指垫，顶面刻胡人头像，把手的下部多带有指鋬，有些器物还呈八棱形，是典型的仿粟特器物。最初是把粟特器物的八棱、足部底边和折棱处饰联珠纹、带指垫和指鋬环的把手，甚至指垫上精致的人头像都惟妙惟肖地模仿。然而这些器物小巧玲珑，有的环把竟然伸不进手指，与其说是实用品，不如说是用于观赏的艺术品，如西安何家村出土的鎏金银带把杯。[2]

在最初的仿造之后，为了实用，唐代工匠进行了大胆的创新。例如，带把杯取消了指垫和指鋬，或把指垫分界处的联珠变作柳叶状，指垫多取三角形，杯体也由外凸的八棱改为内凹的八瓣，或变为碗型、花瓣形。尤其是有不少器物造型虽取自粟特，杯腹的主题纹饰却具有中国传统特点，骤视之恰如外国器皿，细审之却又纯粹是中国风味，即所谓的中西合璧。如何家村出土的鎏金仕女狩猎八瓣银杯，其造型体现出典型的粟特金银器特征，但杯腹的纹饰仕女游春与狩猎装饰图案却

〔1〕齐东方：《唐代粟特式金银器研究——以金银带把杯为中心》，载《考古学报》，1998年第2期，第153－172页。

〔2〕齐东方：《何家村遗宝与丝绸之路》，引自齐东方、申秦雁主编：《花舞大唐春——何家村遗宝精粹》，文物出社2003年，第32－38页。

是典型的唐代本土题材。这些创新的设计,融入了东方式的审美情趣,体现了中国人对粟特文化的取舍和改造。为了实用,中国人还用陶瓷材料制作带把杯,如河南偃师杏园袁氏墓出土的开元十七年(729)白瓷带把杯,西安潘家乡新村出土的白瓷带把杯。[1]

对唐代金银器影响较大的另一个地区是波斯萨珊。波斯萨珊王朝的金银工艺举世闻名。公元651年,萨珊王朝被阿拉伯灭亡后,其王子卑路斯和大量波斯人流亡到中国,再加上此前唐王朝曾与萨珊王朝频繁通使,其发达的金银器制造技术很自然地传到了中国并影响了唐代金银器的制造。唐代金银器中的金银长杯就是对萨珊式银器的模仿和改造。多曲长杯原本是典型的波斯萨珊式的器物,口沿和器身呈变化的曲线,宛如一朵开放的花朵。唐朝人对这种造型奇特的器物十分喜爱。但是,萨珊式多曲长杯内部有突出的棱线,与中国器物光滑的内部不同,使用功能不符合中国人的习惯。优美的形态和使用上的缺陷成为实用与观赏之间的矛盾。为此,唐代工匠加高器足和器身,淡化内壁突起的棱线,经过不断的改进和调整,中晚唐时期的多曲长杯,表现出了全然不同于萨珊式长杯的面貌,并最终成为唐代的创新器物。[2]

唐代金银器所受外来影响,还体现在银碗上。1963年春在西安东南郊沙坡村出土了15件唐代银器。这批银器的发现地点在唐长安城范围内,位于唐兴庆宫遗址正南1.5公里左右。在这批银器中有一件鹿纹12瓣银碗,现藏北京中国历史博物馆(编号Y1930)。这件银碗碗底正中有阴雕长角鹿的图案,[3]银碗口沿下内束一周联珠纹,并带有一行铭文。这件银碗,特别是碗心的鹿纹图案,与前苏联学者马尔沙克

---

〔1〕齐东方:《唐代粟特式金银器研究——以金银带把杯为中心》,载《考古学报》,1998年第2期,第153－172页;齐东方:《输入·模仿·改造·创新——粟特器物与中国文化》,引自荣新江、张志清主编:《从撒马尔罕到长安——粟特人在中国的文化遗迹》,第27－33页。

〔2〕谭前学:《唐代金银器的社会意义及其艺术特点》,载《文博》,2004年第1期,第2－11页。

〔3〕韩香说,此碗的鹿纹图案是捶揲而成的。见韩香:《隋唐长安与中亚文明》,中国社会科学出版社2006年,第220页。今据齐东方:《西安沙坡村出土的粟特鹿纹银碗考》,载《文物》,1996年第2期,第45页。

(Б. И. Маршак)1971 年在其《粟特银器》一书中刊布的 OS136 号粟特银碗基本相同,后者打制了一个粟特王族族徽符号,类似的符号亦见于粟特王发行的钱币。马尔沙克将这种银盘的流行年代定在公元 7—8 世纪。这件沙坡村银碗口沿下的铭文,经英国语言学家西姆斯・威廉姆斯(N. Sims Wiiams)博士释读,确认是粟特文,读作 Zrwmβntk(祖尔万神之奴仆)。[1] 祖尔万神,波斯语作 Zuavān,本是古代波斯万神庙中崇祀的主神之一,后来成为琐罗亚斯德教崇祀的重要神。波斯萨珊王朝时期,特别是波斯王沙普尔一世在位时(242—272),祖尔万神受到一批西亚火祆教徒的特别推崇,形成所谓祖尔万教派(Zurvanism),以至被视为琐罗亚斯德教正统教派的异端。英国语言学家亨宁研究粟特宗教文献时发现,祖尔万教曾在中亚粟特传播。[2] 这件银器上的粟特铭文为"祖尔万神之奴仆",作器者一定是一位火祆教祖尔万教派的粟特教徒。此碗壁上捶揲出 12 个瓣,使碗壁变得凹凸起伏。这种形制不但流行于 5—6 世纪粟特银器上,更早在地中海东部沿岸及波斯帝国内流行,其渊源可能是希腊建筑柱式上带凹槽的做法在银器上的运用。

1990 年,新疆焉耆七个星乡老城村出土了 6 件银器,其中一件银碗的口沿下带有粟特铭文。据西姆斯・威廉姆斯博士的释读,其意为"这件器物属于得悉神(txs'ycyh)……达尔斯玛特神(δrsm'tyh,这是 δrsm't 阴性词尾),银重 30 斯塔特(staters)"。这件提到得悉神的粟特银器可能是粟特火祆教徒的祭器,它首次提供了火祆教流行于焉耆的考古学证据。在焉耆同时出土的另一件银碗有中古波斯文铭文,被认定为波斯银碗。[3]

上述这些带粟特铭文的银碗当属粟特器物,应该是粟特人从中亚输入的。

---

[1]林梅村:《中国境内出土带铭文的波斯和中亚银器》,载《文物》,1997 年第 9 期,第 55 - 65 页。另参齐东方:《西安沙坡村出土的粟特鹿纹银碗考》,载《文物》,1996 年第 2 期,第 45 页。

[2]W. B Henning,"A Sogdian God", BSOAS. XXVIII. 2, 1965, pp. 252 - 253.

[3]林梅村:《中国境内出土带铭文的波斯和中亚银器》,载《文物》,1997 年第 9 期,第 55 - 65 页。

高足杯不见于中国传统器物的造型中。高足杯最早出现于罗马时代的地中海东部、叙利亚一带，流行于4—5世纪的拜占庭时代。1912年，在黑海沿岸的彼尔塔瓦市郊出土了4件金、银高足杯。可见，当时高足杯也传入中亚。中亚5—7世纪的壁画中有带节高圈足的高足杯。[1] 罗马、拜占庭式的高足杯在唐代以前就已传入中国。

1970年山西大同北魏平城遗址中出土了3件鎏金铜高足杯；西安城郊隋大业四年(608)李静训墓中出土金、银高足杯各1件，内蒙古呼和浩特市土默特左旗毕克镇东北出土两件隋、唐初时期的银高足杯，还有陕西临潼唐代庆山寺出土4件银高足杯、西安沙坡村出土4件高足杯、何家村两件高足杯，西安郊区隋M586墓出土高足玻璃杯1件，等等。[2]

夏鼐先生认为，大同出土的鎏金铜高足杯，是输入的西亚或中亚的产品，带有强烈的希腊风格；李静训墓出土的金、银高足杯，是萨珊帝国的输入品；何家村出土的银高足杯，器形是萨珊式的，纹样为唐代中国式的，可能是中国匠人的仿制品。[3] 孙良培先生认为大同的高足杯很可能来自伊朗东北部。[4] 齐东方、张静先生认为，毕克镇和西安李静训墓中发现的金银高足杯与黑海沿岸的彼尔塔瓦杯的外形极为相似。[5] 安家瑶认为，西安郊区隋M586墓出土的高足玻璃杯可能源于伊朗高原，属萨珊玻璃器。[6]

日本学者桑山正进曾将唐代的金银杯分为4类，其中第二、四类即高足杯。他认为，第二类(杯形高足杯)在粟特和萨珊朝的伊朗都不存

---

〔1〕〔日〕桑山正进：《一九五六年来出土の唐代金银器とその编年》，载《史林》60卷6号，1977年11月，第79页。引自韩香：《隋唐长安与中亚文明》，第232页。

〔2〕齐东方、张静：《唐代金银器皿与西方文化的关系》，载《考古学报》，1994年第2期，第173－190页；韩香：《隋唐长安与中亚文明》，第232－235，242页；中国科学院考古研究所：《西安郊区隋唐墓》，文物出版社1966年，第83页。

〔3〕夏鼐：《近年中国出土的萨珊朝文物》，载《文物》，1978年第2期，第111－116页。

〔4〕孙良培：《略谈大同市南郊出土的几件银器和铜器》，载《文物》，1977年第9期。

〔5〕齐东方、张静：《唐代金银器皿与西方文化的关系》，载《考古学报》，1994年第2期，第187页。

〔6〕安家瑶：《中国的早期玻璃器皿》，载《考古学报》，1984年第4期，第413－448页。

在,而在中国的陶瓷器中可上溯到东晋。中国的这种高足器的祖型可能源于吐火罗地区。[1] 桑山先生所说的粟特及萨珊伊朗不存在高足杯,可能是指这些地区的早期。然而,他提出与罗马有关的论点却很有见地。

唐代金银器中大量的高足杯很可能是受拜占庭器物形制的影响而制作的。由于萨珊王朝控制着中国通往拜占庭的交通要道,拜占庭器物对唐代金银器的影响也有可能是间接的。高足杯这种西方特征的器物传入中国以后,唐代工匠并未直接地全部仿造,最为明显的是器物的装饰纹样,都是常见于其他种类器物上并为当时人们所习惯和喜爱的纹样。

公元9世纪以前的唐代金银器明显受到罗马、拜占庭、波斯萨珊以及中亚粟特等地的文化因素的影响,具有强烈的异域色彩。由于器物的形制和使用方式与生活习俗及艺术宗教密切相关,在一个地区流行的器物到另一个地区往往就是去了它的使用价值。因此,唐代的外来金银器皿在当时的实用价值并不大,多是作为奇珍异物收藏赏玩。也正因如此,唐朝在接受西方金银器及其影响的同时,也开始了创新,使器物的造型、纹样变得更适合于中国人的使用和欣赏习惯。可以说,8世纪中叶以后,唐代金银器便逐渐摆脱了外来文化的直接影响,完成了金银器制作的中国化进程。在这一进程中,通过模仿吸收和融合,工匠掌握了西方金银器制作的主要工艺,使得唐代金银器的总体风格为之一变,一些不见于中国传统的创新器物也纷纷出现,中国古代金银器制造也随之进入了鼎盛和成熟阶段。

除了带把杯、银碗和高足杯以外,唐代还盛行所谓“胡瓶”。胡瓶不是中国人创制的,它是由九姓胡人等带入中原的。据文献记载,吐蕃人、安禄山等都向朝廷进献过“胡瓶”。对当时的人来说,胡瓶的样式很新颖。唐初,李大亮任凉州都督,因为政清廉,获得唐太宗赐予的胡

---

〔1〕〔日〕桑山正进:《一九五六年来出土の唐代金银器とその编年》,载《史林》60卷6号,1977年11月。引自齐东方、张静:《唐代金银器皿与西方文化的关系》,载《考古学报》,1994年第2期,第185页。

瓶。这个胡瓶是唐太宗的自用之物。[1]

宁夏固原北周李贤墓出土一件银胡瓶，环绕瓶腹有男女相对的3组人物图像，表现的是希腊故事中帕里斯的审判、掠夺海伦及回归的场面。[2] 古希腊故事题材的出现，表明这件银胡瓶的制作地点很可能是在中亚。内蒙古敖汉旗李家营子发现的粟特胡瓶，应该是粟特商人带到中国来的。同样的银胡瓶也在河北宽城出土过。[3]

胡瓶有把、有流，使用起来很方便。胡瓶传入后不久，新颖的造型令人耳目一新，在中国境内迅速加以仿造。中国工匠对胡瓶的样式、饰纹进行了改造，创造出新的瓶子。由于符合唐人的使用和欣赏习惯，因而最终发展成用陶瓷材料来仿制胡瓶。中国本土大量生产的陶瓷胡瓶满足了更为广泛的社会需求，走进了大唐寻常百姓家庭。

与造型和纹饰一样，唐代金银器的制造工艺也同样受到外来工艺的巨大影响。早在战国、西汉时期，西方的金银器及制造工艺就开始传入中国，至南北朝时期，人们在对外来金银器制作技术和装饰工艺进行更多模仿和学习的同时，也试图将它们与中国传统的器形加以融合。唐代由于对外交流更为广泛，西方金银器物的捶揲工艺、造型艺术和装饰纹样在大量传入的同时也逐渐与唐代的创新技法融为一体，使中国古代金银器风格突变，并出现了兴旺发达的景象。

在外来工艺中，对中国金银器影响最大的是捶揲工艺。捶揲工艺最早出现在公元前2000多年的西亚、中东地区并大量用于金银器的成型制作。由于中国古代金银工艺长期受制于青铜制造工艺，中国传统金银工艺也以铸造成型为主。虽然考古资料显示，我国在东周时期的金银加工技术中就已出现了捶揲技术，但此种技术一直未见广泛用于器皿成型制作。随着唐代中外文化交流的大规模展开，西亚、中亚等地

[1]《旧唐书》卷62《李大亮传》。

[2]宁夏固原博物馆：《宁夏固原唐史道德墓清理简报》，载《文物》，1985第11期，第20－30页；齐东方：《输入·模仿·改造·创新——粟特器物与中国文化》，引自荣新江、张志清主编：《从撒马尔罕到长安——粟特人在中国的文化遗迹》，北京图书馆出版社2004年，第27－33页。

[3]齐东方：《李家营子出土的银器与草原丝绸之路上的粟特人》，引自齐东方：《唐代金银器研究》，中国社会科学出版社1999年，321－332页。

的商人、工匠纷纷来华，他们在带来大量国外产品的同时，也带来了包括金银器制造在内的不少工艺技术。由于金银均具有较好的延展性，捶揲成型更能体现金银制品的特质和美感，因此，这种技术一旦传入，便得到了广泛的应用。考古出土的唐代金银器绝大部分都是捶揲成型，足见其影响之大。可以说，正是捶揲技术的输入与弘扬，使中国古代的金银器制作工艺进入了新的发展阶段并极大促进了唐代金银器制造业的繁荣。

另外，萨珊波斯金银器常用的凸纹装饰工艺也对唐代早期的金银器装饰工艺产生了较大的影响。凸纹装饰技术，属于捶揲工艺，又称为模冲，即在金银器物的表面，以事先预制好的模具冲压出凸起的花纹图案。其特点是，主体纹饰突出，立体感强，具有极强的装饰效果。西安南郊何家村窖藏出土的舞马衔杯纹皮囊式银壶、鎏金龟纹桃形银盘和鎏金双狐双桃形银盘就是用这种装饰技法制作出的精品。

西安何家村出土的金银器中，有些碗底或铛底还焊有浮雕式的装饰圆片，使器物形成双层底。这种技法早在公元 3 世纪时便流行于西亚地区，西格鲁吉亚的伊伯利亚国王显贵墓葬的银碗上也曾出现。唐代部分金银器中的双层底技法，很可能来自上述地区。[1]

最初在唐朝境内制作的粟特金银器，很可能是“著籍”的粟特人制作的。“著籍”的粟特人与主要从事农业生产的汉人不同，他们以从事手工业和经营商业著称，这一特质，自然是祖传的技能，把自己擅长的技术带来中国。他们既然是“著籍”的唐朝编户，就能享受均田制下的授田，同样也要担负差科徭役。按唐代的服徭役制度，各州工匠常被调征到中央服务。《唐六典》卷 7《尚书工部》载：“少府监匠一万九千八百五十人，将作监匠一万五千人，散出诸州，皆取材力强壮、伎能工巧者，不得隐巧补拙，避重就轻。其驱役不尽及别有和雇者，征资市轻货，纳于少府、将作监。其巧手内供者，不得纳资，有阙则先补工巧业作之

〔1〕谭前学：《唐代金银器的社会意义及其艺术特点》，载《文博》，2004 年第 1 期，第 2－11 页。

子弟。一入工匠后，不得别入诸色。”[1]唐代役使百姓是国家权力，可以以税代役、以庸代役，但要由官方裁定，在规定的范围内实行，不能以百姓个人意愿来折纳徭役的税庸。所以凡能工巧匠，无论居住何处，必须到中央服役，而且特别规定了其中技艺高超者，不许纳资代役。唐代中尚署直接管辖有“金银作坊院”，[2]集中了各地的巧匠，从事各种手工业器物制造。粟特人即入唐成为编户臣民，有金银细工擅长者，就要到中央服役，似乎别无选择。

粟特人手中拥有银器和从事金属手工业的记载，在出土文书中也可见到。P.2912《某年四月八日康秀华写经施人疏》记载，粟特人康秀华请寺院写经一部，用“施银盘子三枚”和其他物品以充写经值。从事手工业的粟特人，也有铜器制造者。武周圣历元年(698)的文书《唐高昌县为追送铜匠造供客器事下团头帖》记述了安明、安大寿和石思等九姓胡人即为铜匠；《高昌内藏奏得称价钱帐》还记载了粟特商胡大量购买黄金、白银的情况。[3] 这些金银中的一部分很可能成为制作金银器的原料。

10.4 唐风西渐

在唐朝社会接受九姓胡文化深刻影响的同时，大唐文化也沿丝绸之路传播到中亚粟特地区。大唐文化对中亚地区的影响，突出表现在壁画上。

中亚塔吉克共和国粟特古城品治肯特遗址(Pyanjikent，又译喷赤干，距今品治肯特城 15 公里，位于撒马尔罕以东约 60 公里)即为唐代米国都城钵息德城。[4] 在 8 世纪 30 年代，品治肯特曾纳入康国的直接统治范围。1958 年，在品治肯特的 VI 号遗址 42 号居室墙檐上发现

[1]《唐六典》卷 7《尚书工部》。

[2]《新唐书》卷 48《百官志》。

[3]齐东方：《唐代粟特式金银器研究——以金银带把杯为中心》，载《考古学报》，1998 年第 2 期，第 165－166 页。

[4]马小鹤：《米国钵息德城考》，载《中亚学刊》第 2 辑，中华书局 1987 年，第 65－75 页。

了壁画，壁画有两层，上层壁画有成排的四女乐舞（见图 10－1 唐装女乐图），持曲项琵琶，下层壁画绘有属吏和女近侍。从对比的资料推测，这两层壁画绘制的间隔时间距离似应不会太长，大约绘于 8 世纪上半叶。A. M 别连尼茨基、B. I. 马尔夏克认为这些女乐系中国女乐。[1]

图 10－1　唐装女乐图

1982 年，宿白先生在《西安地区唐墓壁画的布局和内容》一文中，把此处壁画伎乐图与西安地区唐墓壁画相比较，发现品治肯特壁画的女乐形象及一对男女形象是唐人，这些女乐的穿着与执失奉节墓（658）、李爽墓（668）墓室壁画中的女乐有同样的衣裙和高头履，这对男女形象与阿史那忠夫妇墓过洞天井壁画、苏定方（？）墓天井壁画中相似的腰垂鞶囊、手持笏板的属吏相似，还与执失奉节墓基室所绘舞女衣饰的女近侍相似。[2]

姜伯勤先生研究上述四女乐图后认为，四女乐伎着初唐窄袖长裙高头履，与莫高窟初唐 329 窟壁画中的女供养人、212 窟女供养人服饰相同，属于初唐女乐形制。品治肯特壁画上手持琵琶的四女乐，相当于

〔1〕G. Frumkin, *Archaeology in Soviet Central Asia*, Leiden/Köln, 1970，第四章塔吉克；A. M. Belenitskii, B. I. Marshak & M. J. Dresden, *Sogdian Painting. The Pictorial Epic in Oriental Art.* University of California Press, 1981. p. 60.

〔2〕宿白：《西安地区唐墓壁画的布局和内容》，载《考古学报》，1982 年第 2 期，第 137－153 页。

初唐时期的形象，所持琵琶为曲项琵琶。这反映了唐乐及唐人画样向粟特地区的流传。[1]

图 10－2　弹竖琴的女子

比较粟特壁画与敦煌壁画中的伎乐图，我们可以看到粟特与隋唐的音乐交流，看到唐朝文化对粟特地区的影响。品治肯特的 VI 号遗址 1 号室南墙也有一名伎乐供养，一般称之为“弹竖琴的女子”。1 号室四面壁画的构图中心在入口对面南墙中央，因被火烧坏仅余一狮子宝座，“弹竖琴女人”在宝座西侧，持一种饰有鸟头的竖琴。与敦煌莫高窟 4、9、85、107、161 和 138 窟壁画比较，一般认为是凤首箜篌。从该凤首箜篌的琴枢看，颇似榆林窟 15 窟中唐吐蕃时代所绘伎乐天所持之“凤首一弦琴”。[2] 此一伎乐供养人的服饰与莫高窟 220 窟伎乐菩萨的服饰略似，从而为 220 窟的舞蹈是来自粟特的胡旋舞一说增添了证据（见图 10－2）。

品治肯特的 VI 号遗址 13 号居室北墙“粟特伎乐图”，画有 3 名乐手，分别持竖琴（右）、排箫（中）、琵琶（左）（见图 10－3）。排箫本是起源于中土的一种乐器。排箫也见于莫高窟 249 窟西魏天宫伎乐，390 窟隋或初唐供养伎乐人图，220 窟初唐经变中的伎乐图。排箫出现在粟特壁画中，说明这种中国乐器由东向西传播到了粟特地区。排箫与 42 号室

〔1〕姜伯勤：《敦煌壁画与粟特壁画的比较研究》，引自姜伯勤：《敦煌艺术宗教与礼乐文明》，中国社会科学出版社 1996 年，第 157－178 页。

〔2〕刘忠贵：《试论敦煌壁画中的箜篌》，《1983 年全国敦煌学术讨论会文集》（石窟艺术编下），甘肃人民出版社 1987 年。另见姜伯勤：《敦煌艺术宗教与礼乐文明》，第 167 页。

唐装四歌女图的一起发现,说明在康国音乐、安国音乐影响中土音乐的同时,中土音乐也对粟特地区发生了影响。

图 10－3　粟特伎乐图

品治肯特的 VI 号遗址 13 号居室"粟特伎乐图"上的 3 名乐手穿着一种盘领、对襟的窄袖大衣,与莫高窟西魏 285 窟北壁若干男供养人的服饰酷似。[1] 285 窟北壁有大统五年(539)"滑黑奴"发愿文,供养人名中有"滑一"、"滑□安"等。"滑"为嚈哒人胡姓,而大统五年正是嚈哒尚存时期。上述男供养人服装实是一种流行于北朝的胡服,也是流行于中亚的服装。由此推测,排箫西传粟特的时间可能上溯至西魏时期。

1965—1971 年,在品治肯特西约 70 公里的撒马尔罕郊外阿弗拉西阿勃(Afrakúnda)古城,即昭武九姓的宗主国康国都城遗址,也发现了描绘唐人形像的壁画。阿弗拉西阿勃 1 号室,占地 11×11 平方米,被认为是一个宫廷大厅。该室西墙绘有"诸使献礼图"(图 10－4),并用粟特文榜题,提及"九姓之王拂呼缦(Brrwm′n)"、"支汗那

[1] 段文杰:《敦煌壁画中的衣冠服饰》,载《敦煌研究论集》,甘肃人民出版社 1982 年。

(carāniyān)王”;北壁有完全依据中国画样绘制的中国风俗画,有唐装仕女泛舟图(见图10-5)、唐装骑士猎兽图(见图10-6);[1]南壁是一幅华丽的支汗那人出行图;东壁严重毁损。[2]

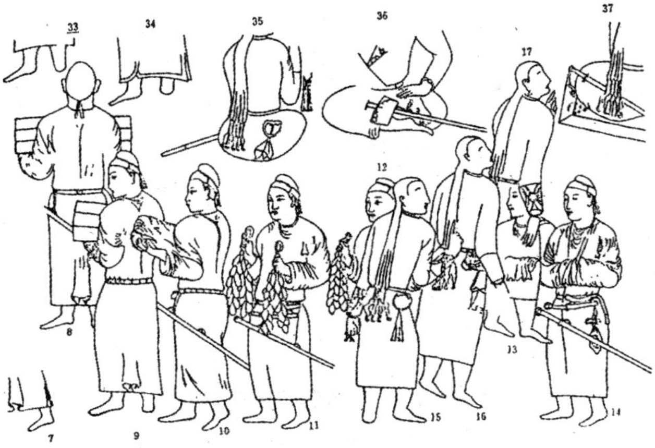

图10-4 诸使献礼图

图10-5 唐装仕女泛舟图

---

[1]以上插图,引自姜伯勤:《敦煌壁画与粟特壁画的比较研究》,引自姜伯勤:《敦煌艺术宗教与礼乐文明》,中国社会科学出版社1996年,第160-168页。

[2]A. И. 阿尔巴乌姆:《阿弗拉西阿勃绘画》,1975年,引自姜伯勤:《敦煌艺术宗教与礼乐文明》,中国社会科学出版社1996年,第158-162页。

图 10－6 唐装骑士猎兽图

前苏联学者对该处壁画内容有不同解释。一种意见如普加琴科娃、阿尔巴乌姆等，根据粟特文榜题康国国王拂呼缦的题名，认为西壁壁画主题是康国国王拂呼缦接见中国或“东突厥斯坦”、支(石国)、支汗那(石汗那，今迭脑)和高丽使节的场景，[1]其中着突厥装者是突厥人；另一种意见如别连尼茨基和马尔夏克等认为，壁画上的唐朝代表团代表着中国皇帝，是康国国王拂呼缦名义上的宗王。他们把这些汉装使者看做唐朝代表团，把突厥装人物看做突骑施人。[2]

关于上述壁画中汉装使人性质的争论，通过与敦煌壁画比较可以得到解答。

段文杰先生对敦煌莫高窟隋代 281、唐代 341、329、323、217 窟供养人服饰的研究，证明粟特壁画中的汉装使者服装属初唐形制。所谓 7—8 世纪“东突厥斯坦使臣”只能是指隋及唐初的麴氏高昌使臣，以吐鲁番所出高昌画稿比较，使节服饰与高昌文吏服饰不同。故此种人形象应是 7 世纪中叶唐朝文吏形象，是唐使而不是所谓东突厥斯坦

[1]〔前苏联〕Г. А. 普加琴科娃、Л. И. 列穆佩：《中亚古代艺术》，陈继周、李琪译，第 59 页。

[2]引自姜伯勤：《敦煌壁画与粟特壁画的比较研究(摘要)》，载《敦煌研究》，1988 年第 2 期，第 82－84 页。

使节。[1]

阿弗拉西阿勃唐装仕女泛舟图中,一唐装女子所持乐器为一筝或瑟,可与莫高窟220窟及127窟所绘筝比较。此种乐器为中土乐器,康国壁画中绘此乐器,显然是依据了从中国传去的画样。而泛舟图又可与莫高窟55窟相比较,两者有较大的相似。[2]

阿弗拉西阿勃的"凤舟图",其中凤舟不见于中国艺术,主体内容具属唐风,说明这是粟特画工据中国画样所画。该凤舟属异国情调,故此图似并非中原画工所绘。在中国画史上,出自粟特画派的曹仲达享有盛名,说明两地绘画艺术有久远的因缘。另外,在阿富汗丰都基斯坦(fondukistan)寺院中,曾发现7世纪持莲花及水瓶的菩萨像,其线描法亦是敦煌式中国画法。这一切都说明,在7世纪前后,具有盛唐风采的敦煌式中国画样曾与丝绸一起向中亚广泛输出,并对这一地区的绘画艺术产生了不可磨灭的影响。

宿白先生还分析了阿弗拉西阿勃壁画所见的唐人形象,认为阿弗拉西阿勃壁画的内容虽然不是成排的女乐和属吏,但人物形象和服饰却与品治肯特的壁画极为近似。这说明5—7世纪昭武九姓地区与中原地区有较大的文化交流。[3]

法国出版的《亚洲文明百科全书》(1977年)"阿弗拉西阿勃"条认为,阿弗拉西阿勃宫廷壁画为一种希腊—中国风格。[4] 它一方面传承了希腊—伊朗的巴克特里亚地区的贵霜艺术传统,另一方面又受到初唐及盛唐的中国画风影响,故形成此种希腊—中国风格。这种画风的出现,正是大唐声教远播的一个例证。

---

[1]段文杰:《莫高窟唐代艺术中的服饰》,引自《向达先生纪念论文集》,新疆人民出版社1986年,第225页;段文杰:《敦煌壁画中的衣冠服饰》,引自《敦煌研究论集》,甘肃人民出版社1982年。

[2]姜伯勤:《敦煌壁画与粟特壁画的比较研究(摘要)》,载《敦煌研究》,1988年第2期,第82-84页。全文见姜伯勤:《敦煌艺术宗教与礼乐文明》,第158-162页。

[3]宿白:《西安地区唐墓壁画的布局和内容》,载《考古学报》,1982年第2期,第137-153页。

[4]Louis Frederic, *Encyclopaedia of Asian Civilizations*. Villecresnes France, 1977.引自姜伯勤:《敦煌艺术宗教与礼乐文明》,第174页。

附录

中亚诸胡国朝贡与唐朝册封、赏赐年表

蔡鸿生统计中亚诸胡朝贡次数，康32次、石19次、安16次、米10次、曹8次、史5次、火寻3次、何1次，以上诸国朝贡94次，戊地未见朝贡著录。[1] 吴玉贵统计中亚诸胡朝贡次数，康(31)、石(21)、安(18)、何(12)、曹(7)、米(7)、史(5)，诸国朝贡101次，拔汗那朝贡22次。[2] 日本学者伊濑仙太郎统计，康(31)、石(21)、安(18)、火寻(10)、[3] 曹(7)、米(7)、史(5)、何(2)，诸国朝贡101次，拔汗那朝贡22次。[4] 而据笔者统计，中亚诸胡始朝于唐高祖武德七年(624)，终贡于代宗大历七年(772)，在149年间朝贡凡133次。按国别论，贡次多寡如下：康(40)、石(27)、安(25次，其中东安1次)、米(12)、曹(10次，包括曹7次，西曹3次)、史(7)、火寻(5)、何(4)、东曹(3)。"昭武九姓"中，仅戊地一姓未见朝贡著录。在中亚九姓胡中，康国入贡次数居于首位，约占总数的30.4%。中亚九姓胡受唐朝册封次数凡16次，分别为：康(5)、石(4)、曹(3次，包括曹2

---

[1]蔡鸿生：《唐代九姓胡贡品分析》，引自《文史》第31辑，中华书局1988年，第99-114页。

[2]余太山主编：《西域通史》，第199页。(本书第四、五编为吴玉贵执笔。)吴玉贵先生说，何国朝贡12次。未知所据。

[3][日]伊濑仙太郎据《新唐书·西域传》，说火寻国健达王在贞观二十一、火寻国在龙朔元年、总章元年、开元五年、火寻诃毗施王在开元七年遣使朝贡。(参见伊濑仙太郎：《中国西域经营史研究》，东京：巌南堂书店1955年，第503页。)查《新唐书·西域传下》载："贞观后，远小国君遣使者来朝献，有司未尝参考本末者，今附之左方。曰火辞弥，与波斯接。贞观十八年，与摩罗游使者偕朝。二十一年，有健达王献佛土菜，茎五叶(伊濑仙太郎断句为佛土、菜茎、五叶——本书作者注)，赤华紫须。龙朔元年，多福王难婆修彊宜说遣使者来朝。总章元年，有末陀提王，开元五年，有习阿萨般王安杀，并遣使者朝贡。七年，诃毗施王捺塞因吐火罗大酋罗摩献狮子、五色鹦鹉。"这是按年代先后具列诸国朝献之事，并不是火辞弥一国之事。

[4][日]伊濑仙太郎：《中国西域经营史研究》，第498-505页。

次,西曹1次)、史(2)、安(1)、米(1)。[1]康国受册封次数仍居首位,约占上列总数的1/3。何、火寻、东安以及戊地,并无受唐朝册封的著录。拔汗那朝贡始于唐高宗显庆初年(656),终贡于宝应元年(762),共入贡27次(拔汗那9次,宁远15次,富那1次,可汗那2次),受唐朝册封4次(拔汗那2次,宁远2次)。详细情况见下列诸表。

(1)康国

时间		贡国封国	贡使	目的	贡品	册封赏赐	出典
公元	纪年						
624	武德七年六月[2]	康国	遣使	朝贡			c
624	武德七年七月	康	遣使	朝贡	(缺载)		c
624	武德七年*	康			康王屈术支献名马[3]		②
626	武德九年十二月[4]	康	康王屈术支[5]遣使		献名马		c
627	贞观元年五月*	康	遣使	朝贡			c
631	贞观五年十二月*	康		请臣			①④
635	贞观九年四月	康	遣使	朝贡	献狮子		⑤c

---

[1]开元十九年(731)四月,康王子默啜被封为米国王。这次册封不计入米国册封。康王子咄曷同时册封为曹国王。这也不计入曹国册封,而且按一次康国册封计。

[2]《新唐书·西域传下》记:康国,"武德十年,始遣使来献。"按:唐高祖武德年号仅有九年,次年(627)正月即改元为贞观。《新唐书》此记有误。今从《册府元龟》卷970。

[3]《唐会要》卷99"康国"条记载:武德七年,康国王屈术支遣使献名马。《册府元龟》卷970记载:武德七年六月、七月,康国遣使朝贡(两次)。

[4][日]伊濑仙太郎:《中国西域经营史研究》第498页辑录为贞观元年。

[5]旧唐书》卷198《西戎传·康国》称:武德十年,康王屈术支遣使献名马。按:"屈术支",《新唐书·康国传》作屈木支,《册府元龟》卷970《外臣部·朝贡三》作"屈木友"。《唐会要》卷72《诸蕃马印》称:武德中,康国献马(大宛马种)四千匹,"今时官马,尤是其种"。此记未见其他文献著录,"四千匹"疑是"四十匹"之讹。

时间		贡国 封国	贡使	目的	贡　品	册封 赏赐	出典
公元	纪　年						
637	贞观十一年[1]	康			献金桃、银桃		⑤c
639	贞观十三年二月*	康	遣使	朝贡			c
639	贞观十三年	康	遣使	入贡			⑤
642	贞观十六年正月	康	遣使		献方物		c
643	贞观十七年正月	康	遣使		献方物		c
644	贞观十八年正月	康	遣使		献方物		c
645	贞观十九年正月	康	遣使	来贺	贡方物		c
647	贞观二十一年正月	康			贡方物		c
647	贞观二十一年*	康	遣使	朝贡			⑤
648	贞观二十二年正月	康	遣使	朝贡			c
654	永徽五年四月	康	遣使	朝贡			c
671	咸亨二年五月	康	遣使	朝贡	贡方物		c
679	调露元年十月	康	遣使	朝贡			c
691	天授二年	康*				授康拂耽延为镇将，统领昭武九姓胡[2]	⑦
696	万岁通天元年九月	康*				封大首领笃婆钵提为康国王，仍拜左骁卫大将军[3]	⑤b

〔1〕《册府元龟》卷970、《旧唐书·西戎·康国》记载：贞观十一年，康国献金桃、银桃，诏令植之于苑园。《唐会要》卷99则记载：贞观九年十一月，康国献金桃、银桃，诏令植于苑园。两书显记同一事。今从《册府元龟》。又，《通典》卷193《康国》记载：贞观二十一年，康国献黄桃，大如鹅卵，其色如金，亦呼为金桃。按：据《册府元龟》卷970、《唐会要》卷100《杂录》，贞观二十一年三月，唐太宗诏令所司著录远夷贡物，成《贞观方物录》，康国金桃也入录。《通典》误把金桃著录时间记为朝献时间。

〔2〕黄时鉴：《解说插图中西关系史年表》，浙江人民出版社1994年，第137页。

〔3〕《旧唐书·康国传》记："万岁通天中，则天封其大首领笃婆钵提为康国王，仍拜左骁卫大将军。"《册府元龟》卷964《外臣部·封册二》称，封康国大首领左玉钤卫将军笃婆钵提为康国王。今从《旧唐书》。

时间		贡国封国	贡使	目的	贡品	册封赏赐	出典
公元	纪年						
698	圣历元年七月	康*				册立泥涅师师为康国王	⑤b
707	神龙三年六月	康	康王突昏遣使[1]		献方物		c
715	开元三年十一月*	康居[2]	遣使	请降			④
717	开元五年三月	康	康王遣使		献毛锦、青黛		c
718	开元六年(缺月)[3]	康	遣使		贡献锁子甲、水精杯、玛瑙瓶、驼鸟卵、越诺、侏儒、胡旋女子		①c
719	开元七年二月*	康	康王乌勒伽遣使	请击大食	献好马一,波斯骆驼一,骡二		h
719	开元七年六月	康	遣使	朝贡			c
724	开元十二年四月	康	康王乌勒[4]遣使		献侏儒一人,马、狗各二		c

〔1〕《册府元龟》卷970作"康国王突氏";《旧唐书·康国传》记作"突昏"。今从《旧唐书》。

〔2〕黄时鉴:《解说插图中西关系史年表》,第141页说:拔汗那之战后,"大食、石、康居、大宛、罽宾等八国皆遣使请降。"沙畹:《西突厥史料》,第267页(中华书局1958年)也说:拔汗那之战后,"大食、石、康、罽宾等八国请降。《新唐书》谓封其(石)君莫贺咄吐屯有功,为石国王,殆因此役而酬其功也。"上引两书所据,皆出自《资治通鉴》卷221:拔汗那之战后,"[张]孝嵩传檄诸国,威振西域,大食、康居、大宛、罽宾等八国皆遣使请降。"在这条记载中,并未明言石国请降。石王莫贺咄吐屯因功被唐朝册封,并不是由于参加拔汗那战役的功劳,而是开元二十六年助擒突骑施吐火仙之功。

〔3〕《新唐书·康国传》、《唐会要》卷99《康国》记为"开元初"。今从《册府元龟》。

〔4〕《新唐书》卷221下《西域传·康国》记为康王"乌勒伽"。

时　　间		贡国封国	贡使	目的	贡　品	册封赏赐	出典
公元	纪　年						
726	开元十二年十一月	康	康王遣使		献豹及方物		c
727	开元十五年五月	康			献胡旋女子、豹		c
731	开元十九年四月*	康	康王乌勒伽遣使	上表请封		封康王子咄曷为曹国王，默啜为米国王[1]	⑤b
738	开元二十六年十月	康*				诏封康王乌勒（伽）子咄喝［曷］为［王］嗣[2]	b
740	开元二十八年十月	康	遣使		献宝香炉、白玉环、玛瑙、水精眼药瓶子		c
744	天宝三年七月[3]	康	并遣使			赐封康国王为钦化王，母可敦为郡夫人	⑤bce

〔1〕《册府元龟》卷964《外臣部·封册二》将康王子记为“咄褐”、“咄喝”，将另一王子记为“默”；卷999《外臣部·请求》则记咄曷、默啜。《旧唐书·康国传》、《新唐书·康国传》所记与《册府元龟》卷999相同。

〔2〕《旧唐书·康国传》记载：开元“二十七年，乌勒卒，遣使册咄曷袭父位。”《太平寰宇记》卷183《西戎四·康居国》也记：“至［开元］二十七年乌勒卒，遣使册咄曷袭其父位。”《册府元龟》卷964《外臣部·封册二》则称，康国王乌勒死在开元二十六年以前；二十六年十月，“诏康国王乌勒卒，封其子咄喝为嗣。”康、曹、史国嗣君同时被册封。今从《册府元龟》。按：《旧唐书》、《太平寰宇记》所记也可能是唐朝册命使者到达康国、宣册的时间。《册府元龟》卷999记载：开元七年二月，康国王乌勒伽遣使上表。《新唐书·康国传》也记为“乌勒伽”。“乌勒”应是“乌勒伽”。

〔3〕《册府元龟》卷965《外臣部·封册二》记载：天宝三载七月，“赐曹国王号为怀德王，米国王为恭顺王，康国王为钦化王。”卷971《外臣部·朝贡四》称：天宝三载七月，“大食国、康国、史国、西曹国、米国、谢飏国、吐火罗国、突骑施、石国并遣使献马及宝。”卷975《外臣部·褒异二》记载：天宝“三载七月癸酉封曹国王、米国王、康国王，母可敦并为郡夫人。”看来，曹、米、康王被赐封，是在其使者来朝之时。但不知为什么，史国王、石国王没有同时被册封。

时间		贡国 封国	贡使	目的	贡品	册封 赏赐	出典
公元	纪年						
750	天宝九年正月	康	康王咄褐［曷］遣大首领末野门〔1〕		献马十四及方物		c
751	天宝十年九月	康	遣使	朝贡			c
752	天宝十二月	康	遣使	朝贡			c
752	天宝十一年（缺月）〔2〕 天宝十一年*	东曹安及九国*	东曹王、安（副）王等遣使	请击黑衣大食			① ② ③
754	天宝十三年（缺月）	康	遣使	朝贡			c
754	天宝十三年 闰十一月*	东曹国王设阿、安国副王野解及〔3〕诸胡九国王*	并遣使	上表请击大食			d
755	天宝十四年三月	康	康国副王遣使〔4〕	朝贡			c

〔1〕《新唐书》卷221下《西域传·米国》记载，开元十八年(730)，米大首领末野门来朝。天宝九载(750)康国所遣大首领末野门，很可能与"米大首领末野门"是同一人。

〔2〕《唐会要》卷98称：天宝十一载，曹国王"设阿忽与(安)国副王野解及九国王并上表，请同心击黑衣大食，玄宗宴赐慰谕遣之。"《太平寰宇记》卷183《四夷十二·西戎四》所记几乎相同。《新唐书·西曹传》仅记："十一载，东曹王设阿忽与安王请击黑衣大食，玄宗尉之，不听。"按：曹国王设阿忽与东曹王设阿忽应是同一人。可见，在唐人眼里，曹国、东曹本是一国。

〔3〕东曹、安国各计朝贡次数1次，其余国家由于国别不确而不计。

〔4〕《册府元龟》卷975《外臣部·褒异二》记载：天宝十四载三月，"康国王、石国副王并遣使朝贡，各授折卫都尉，赐紫袍、金带、鱼袋七事，放还蕃。"卷971《外臣部·朝贡四》记载："十四载三月，康国副王、火寻国王稍芬、曹国王设阿忽并遣使朝贡。"从贡国不一看，这大概是康国同月先后两次朝贡，且使者分别为康王、康副王所遣。

时间		贡国 封国	贡使	目的	贡品	册封 赏赐	出典
公元	纪年						
755	天宝十四年三月*	康	康王遣使[1]	朝贡		授折卫都尉，赐紫袍、金带、鱼袋七事，放还蕃	e
758	乾元元年六月	康	长史康忠义	朝贡			c
772	大历七年十二月[2]	康	遣使	朝贡			c⑤

表“(1)康国”说明(下同)：

a.《册府元龟》卷170《帝王部·来远》;

b.《册府元龟》卷964、965《外臣部·封册》;

c.《册府元龟》卷970～972《外臣部·朝贡》;

d.《册府元龟》卷973《外臣部·助国讨伐》;

e.《册府元龟》卷974、975《外臣部·褒异》;

f.《册府元龟》卷977《外臣部·降附》。

g.《册府元龟》卷978、979《外臣部·和亲》。

h.《册府元龟》卷999《外臣部·请求》。

①《新唐书》卷221下《西域传下》。

②《唐会要》卷98、99、100。

③《太平寰宇记》卷183《四夷十二·西戎四》。

④参引《资治通鉴》相关纪年条。

⑤《旧唐书》卷198《西戎传·康国》;《旧唐书·本纪》。

⑥《通典》卷193《边防九·西戎五》。

---

〔1〕〔日〕伊濑仙太郎辑记为“康副王”。

〔2〕《册府元龟》卷972《外臣部·朝贡》记：大历七年十二月，“回纥、吐蕃、大食、渤海、靺鞨、室韦、契丹、奚、牂牁、康、米九姓等各遣使朝贡。”另据《旧唐书·代宗纪》记述，大历七年十二月，“回纥、吐蕃、大食、渤海、室韦、靺鞨、契丹、奚、牂牁、康、石并遣使朝贡。”从两书所记看，似是同一件事。《唐会要》卷99把此事系于大历七年秋。

⑦S. 2005《沙州都督府图经》[1]

国名后有"＊"者,不计入朝贡次数;纪年后有"＊"的朝贡,不为日本学者伊濑仙太郎所辑录。

(2)石国

时间		贡国封国	贡使	目的	贡品	册封赏赐	出典
公元	纪年						
	武德年间*	石			献方物		①
634	贞观八年十二月	石	遣使	朝贡			②c ⑤
646	贞观二十年正月	石[2]	遣使	贡献			c
647	贞观二十一年正月	石			贡方物		c
647	贞观二十一年[3]*	石	遣使	朝贡			⑤
648	贞观二十二年正月	石	遣使	朝贡			c
682	永淳元年九月	石	遣使		献方物		c
718	开元六年二月	石	遣使	来朝		授守中郎将,还蕃	c e
719	开元七年正月	石	与拂林国王并遣吐火罗国大首领		献狮子二、零羊二		c
720	开元八年十二月	石	遣使	朝贡			c

〔1〕见郑炳林:《敦煌地理文书汇辑校注》,第19页。

〔2〕黄时鉴:《解说插图中西关系史年表》,第128页称:贞观二十年(646)正月,康国遣使贡方物于唐。今查《册府元龟》卷970,是月朝贡者为石国,没有康国。

〔3〕《旧唐书·本纪三》记:贞观二十一年,"堕婆登、乙利、鼻林送、都播、羊同、石、波斯、康国、吐火罗、阿悉吉等远夷十九国,并遣使朝贡。"《册府元龟》卷970称:"贞观二十一年正月,龟兹、羊同、石国、吐蕃、波斯、康国、吐谷浑并贡方物;二月,陁洹国献鹦鹉……十二月,都播者部遣使朝贡;是年,葱岭堕婆登国、龟兹国、吐谷浑献突没皮。"两书所记石国、康国朝贡之事,今按两次计,但两书也有可能是记同一次朝贡。伊濑仙太郎即把两书所记合二为一,按石、康国各朝贡一次计。参见伊濑仙太郎:《中国西域经营史研究》第498,501页。

时间		贡国封国	贡使	目的	贡品	册封赏赐	出典
公元	纪年						
721	开元九年二月	石	石王遣使	朝贡			c
730	开元十八年四月	石	遣使	朝贡		赐帛有差	c,e
740	开元二十八年三月	石*				封石国蕃王莫贺咄吐屯为石国王,加特进,旋又册为顺义王	b
741	开元二十九年(缺月)*	石	王伊捺吐屯屈勒遣使〔1〕	上言请击大食			①
742	天宝元年正月〔2〕*	石	石王遣使	上表乞授长男官职		诏拜石王长男那居车鼻施大将军,赐一年俸料	e h
742	天宝元年三月	石	石王特勒[勤]遣使		献马及方物		c
743	天宝二年十二月	石	石王特勒遣女婿康国大首领康染颠		献物		c
744	天宝三年七月	石	并遣使		献马、宝		c
745	天宝四年七月	石	石王特勒遣使	朝贡			c
746	天宝五年三月	石	石王遣使	来朝	献马十五匹		c

〔1〕见拙著《唐代丝绸之路与中亚历史地理研究》,第181页,没有把这次石国遣使计入石国朝贡总数。

〔2〕《册府元龟》卷975《外臣部·褒异二》记为天宝元年正月丁巳;卷999《外臣部·请求》记为该年五月。

时间		贡国封国	贡使	目的	贡品	册封赏赐	出典
公元	纪年						
746	天宝五年三月	石	石国副王伊捺吐屯屈遣使		献方物		c
	天宝五年闰十月	石	遣使		献绣舞筵、毾㲪、红盐、黑盐、白戎盐、余耳子、质汗、千金藤、琉璃、金、银等		c
	天宝五年	石*				封石国王子那俱车鼻施为怀化王,并赐铁券	①②
747	天宝六年五月	石	石王遣使		献马		c
749	天宝八年八月	石	王子远恩	来朝			c
752	天宝十一年(缺月)[1]*	东曹安及九国*	东曹王、安(副)王等遣使	请击黑衣大食			①②③
753	天宝十二年十月	石*				封石国王男那俱车鼻施为怀化王	b
753	天宝十二年十二月	石	遣使		献方物		c

[1]《唐会要》卷98称:天宝十一载,曹国王"设阿忽与(安)国副王野解及九国王并上表,请同心击黑衣大食,玄宗宴赐慰谕遣之。"《太平寰宇记》卷183《四夷十二 · 西戎四》所记几乎相同。《新唐书 · 西曹传》仅记:"十一载,东曹王设阿忽与安王请击黑衣大食,玄宗尉之,不听。"

时间		贡国封国	贡使	目的	贡品	册封赏赐	出典
公元	纪年						
754	天宝十三年闰十一月*	东曹安〔1〕诸胡九国*	并遣使	上表请击大食			d
755	天宝十四年三月	石	石国副王遣使	朝贡		授折卫都尉，赐紫袍、金带、鱼袋七事，放还蕃	e
762	宝应元年十二月*	石	遣使	朝贡			①c
772	大历七年*	石〔2〕	遣使	朝贡			②

(3)安国

时间		贡国封国	贡使	目的	贡品	册封赏赐	出典
公元	纪年						
	武德年间	安	遣使	入朝			①
633	贞观七年〔3〕*	安	安王诃陵迦遣使		献方物，又献名马		①
	贞观七年	东安	遣使	入献			①
638	贞观十二年十一月	安	遣使		贡方物		c

---

〔1〕东曹、安国各计朝贡次数1次，其余国家由于国别不确而不计。

〔2〕《唐会要》卷99“石国”条记：石国“至宝历二年及大历七年，并遣使朝贡”。宝历二年(826)应在大历七年(772)之后，此记不合情理，且不为两《唐书》和《册府元龟》所记，故不予采信。

〔3〕《新唐书·西域传》“安国”记载：“贞观初，献方物，太宗厚尉其使曰：‘西突厥已降，商旅可行矣。’诸胡大悦。其王诃陵迦又献名马，自言一姓相承二十二世云。是岁，东安国亦入献，……”查《旧唐书·突厥下》，西突厥咄陆可汗泥孰既立，“遣使诣阙请降，太宗遣使赐以名号及鼓纛。贞观七年，遣鸿胪少卿刘善因至其国，册授为吞阿娄拔奚利邲咄陆可汗。”因此，把安国、东安国入献时间系于贞观七年。

时间		贡国封国	贡使	目的	贡品	册封赏赐	出典
公元	纪年						
639	贞观十三年	安	遣使	入贡			⑤
648	贞观二十二年	安*			犒劳平龟兹唐军[1]		
649	贞观二十三年二月*	安	安王遣使		献方物		c
654	永徽五年四月	安	遣使	朝贡			c
697	万岁通天二年四月	安			献两头犬[2]		c
717	开元五年三月	安	遣使		献方物		c
719	开元七年二月*	安	安王笃萨波提遣使	上表请击大食	献波斯骙二，拂菻绣氍毹一，郁金香三十斤，生石蜜一百斤，柘比大氍毹二，绣氍毹一，乞赐一员三品官		h
	开元三月	安	安王遣使		献方物		c
726	开元十四年二月	安	遣使		献雄豹、雌豹各一		c

〔1〕参见《新唐书》卷110《阿史那社尔传》。据《资治通鉴》卷198载，贞观二十一年十二月，唐太宗诏命阿史那社尔率兵击龟兹。因此，安国犒师应在次年。

〔2〕另参《新唐书》卷35《五行志》。

时间		贡国 封国	贡使	目的	贡品	册封 赏赐	出典
公元	纪年						
726	开元十四年五月〔1〕	安	安王笃萨婆提遣其弟可悉烂达干拂耽发黎		献马、豹		c ①
727	开元十五年五月	安			献马		c
734	开元二十二年	安			其王献波斯㺜二,拂菻绣氍毬一,郁金香、石蜜等;王妻献拓辟大氍毬二,绣氍毬一		①
740	开元二十八年十月	安	遣使		献宝床子、驼鸟卵、杯		c
744	天宝三年三月	安	安王屈底波遣大首领	来朝	献方物		c
745	天宝七月〔2〕	安	安王屈底波遣使	朝贡		封屈底波为归义王	b c

〔1〕《新唐书》卷221下《西域传·东安》称:开元十四年,"其王笃萨波提遣弟阿悉烂达拂耽发黎来朝,纳马、豹。后八年,献……"又,《全唐文》卷999,"东安国王笃萨波提"条记:"笃萨波提氏昭武,与康国同族,其国名东安,亦曰喝汗。开元十四年遣弟阿悉烂达拂耽发黎来朝。后八年,又遣使入贡。"此记大概录自《新唐书》。

《册府元龟》卷971记载:开元十四年"二月,安国遣使献豹,雌雄各一。""五月,安国王波婆提遣其弟可悉烂达干拂耽发黎来朝,献马及豹。"两记实为同一事。后八年(开元二十二年)朝献之事,不见《册府元龟》记述。又据《册府元龟》卷999记,早在开元七年二月,"安王笃萨波提遣使上表",请击大食,并贡献诸多物品。可见,《新唐书》所记东安"王笃萨波提",实为安王;开元二十二年朝贡之事,也应系于安国。

〔2〕《册府元龟》卷971《外臣部·朝贡四》记载:天宝四载"七月,石国王特勒、安国王屈底波并遣使来朝贡。七月,安国王屈底波遣使朝贡。"同书卷965《外臣部·封册三》记:天宝"四载七月,安国王屈底波遣使朝贡,遂封屈底波为归义王。"

时间		贡国 封国	贡使	目的	贡品	册封 赏赐	出典
公元	纪年						
750	天宝九年正月	安	安王屈底波遣使	来朝	献马一百匹		c
751	天宝十年九月	安	遣使	朝贡			c
752	天宝十一年(缺月)*[1]	东曹安及九国	东曹王、安(副)王等遣使	请击黑衣大食			①②③
753	天宝十二年八月*	安	遣使	朝贡			c
754	天宝十三年闰十一月*	东曹 安[2] 诸胡九国	并遣使	上表请击大食			d
759	乾元二年三月	安	安莫纯瑟	来朝			c

[1]《唐会要》卷98称:天宝十一载,曹国王"设阿忽与(安)国副王野解及九国王并上表,请同心击黑衣大食,玄宗宴赐慰谕遣之。"《太平寰宇记》卷183《四夷十二·西戎四》所记几乎相同。《新唐书·西曹传》仅记:"十一载,东曹王设阿忽与安王请击黑衣大食,玄宗尉之,不听。"

[2]东曹、安国各计朝贡次数1次,其余国家由于国别不确而不计。

(4)米国

时间		贡国 封国	贡使	目的	贡品	册封 赏赐	出典
公元	纪年						
626	武德九年*	米[1]	米城长康数姿遣使	朝献	献玉盘		③
658	显庆三年[2]*	米	遣使	朝贡			①
718	开元六年二月	米	遣使	来朝		授守中郎将，还蕃[3]	c e
	开元六年四月	米	米王 遣使		献拓壁、舞筵、鍮		c
728	开元十六年四月	米	米国大首领米忽汗[4]	朝献	献方物		c,e ①
	开元十六年十一月[5]	米	米王 遣使		献狮子		c
729	开元十七年正月	米	遣使		献胡旋女子三人，豹、狮子各一	赐帛百匹以遣之	c e

---

〔1〕此时“米”无王，仅有城主(长)。参引《太平寰宇记》卷183《四夷十二·西戎四·米国》，卷943。

〔2〕黄时鉴:《解说插图中西关系史年表》，第132页说:显庆三年，石、米、何、拔汗那等国遣使朝贡于唐。但是，石国朝贡不见记载。请教年表编制者(卢向前)，石国朝贡是作者据《新唐书·西域传》推断而出。查《新唐书·西域传》，显庆三年(658)，唐朝在石、米、何、拔汗那等国置羁縻府州，米、何、拔汗那等国“自是岁朝贡”;但“石国”条下未记“自是岁朝贡”。

〔3〕唐朝授官于来使，这不计入封册总数中。

〔4〕蔡鸿生:《唐代九姓胡贡品分析》称，开元十六年四月，米国遣大首领米忽汗来朝。蔡先生特别注明此记出自《新唐书》。按:查《新唐书·西域传》“护蜜”条:开元十六年，护蜜“与米首领米忽汗同献方物”。另查《册府元龟》卷971、卷975，开元十六年四月，“护密国王遣米国大首领米忽汗来朝且献方物。”看来，护密(蜜)国献方物是委托米国大首领米忽汗来献的。笔者曾以为，米忽汗并非米国使者，而是护密(蜜)国的使者。参见拙著:《唐代丝绸之路与中亚历史地理研究》，第178页。

〔5〕伊濑仙太郎把米国朝献狮子一事系于开元十五年，误也。参见伊濑仙太郎:《中国西域经营史研究》，第502页。

贡期		贡国封国	贡使	目的	贡品	册封赏赐	出典
公元	纪年						
730	开元十八年[1]	米	大首领末野门	来朝			①
	开元十八年四月*	米	并遣使[2]	来朝		赐帛有差，放还蕃	c,e
744	天宝三年七月	米	并遣使		献马、宝	封米国王为恭顺王，母可敦为郡夫人	b c e ①
746	天宝五年闰十月	米	遣使				c
752	天宝十一年（缺月）[3]	东曹安及九国*	东曹王、安（副）王等遣使	请击黑衣大食			①②③
	天宝十一年*						
754	天宝十三年四月*	米	遣使	来朝		赐锦袍、金带	ce
	天宝十三年闰十一月*	东曹安[4]诸胡九国*	并遣使	上表请击大食			d
772	大历七年十二月[5]*	米	遣使	朝贡			c

[1]《册府元龟·外臣部·朝贡》、《册府元龟·外臣部·褒异》均未记开元十八年四月米国朝贡使者是谁。《新唐书·西域传》则记，开元十八年，米国大首领末野门来朝。看来，开元十八年，米国两次来朝。蔡鸿生先生记，开元十八年四月米国大首领来朝。伊濑仙太郎把米国两次来朝计为一次。

[2]《册府元龟·外臣部·朝贡四》、《册府元龟·外臣部·褒异二》均未记开元十八年四月米国朝贡使者是谁。《新唐书·西域传》则记，开元十八年，米国大首领末野门来朝。看来，开元十八年，米国两次来朝。伊濑仙太郎把该年米国两次来朝计为一次。

[3]《唐会要》卷98称：天宝十一载，曹国王"设阿忽与（安）国副王野解及九国王并上表，请同心击黑衣大食，玄宗宴赐慰谕遣之。"《太平寰宇记》卷183《四夷十二·西戎四》所记几乎相同。《新唐书·西曹传》仅记："十一载，东曹王设阿忽与安王请击黑衣大食，玄宗尉之，不听。"

[4]东曹、安国各计朝贡次数1次，其余国家由于国别不确而不计。

[5]可能是在大历七年秋。

(5)曹国、西曹、东曹

时间		贡国封国	贡使	目的	贡品	册封赏赐	出典
公元	纪年						
624	武德七年七月[1]	东曹	遣使	朝贡			c①
	武德中*	西曹	(缺)	入朝			①
637	贞观十一年*	曹	遣使	朝贡			②
642	贞观十六年正月	曹	遣使		献方物		c
652	永徽三年十月	曹	遣使	朝贡			c
653	永徽四年十一月	曹	新立嗣主遣使	朝贡			c
654	永徽五年四月	曹	遣使	朝贡			c
738	开元二十六年十月	曹*				封曹王没羡弟苏都仆罗为嗣	b
742	天宝元年三月	西曹	曹王哥逻仆罗遣使		献马及方物	诏封怀德王[2]	c ①
744	天宝三年七月	西曹	并遣使		献马、宝	赐曹国王号为怀德王,母可敦为郡夫人	
745	天宝四年(缺月)*	曹	曹王歌逻仆遣使[3]	上表请求内附			f

[1]《新唐书·东曹传》记载:东曹,"武德中,与康同遣使入朝,其使曰:'本国以臣为健儿,闻秦王神武,欲隶麾下。'高祖大悦。"《册府元龟》卷170《帝王部·来远》记载:武德"七年七月,康国、曹国并遣使来朝。高祖以二国远至,劳之甚厚。康国使者罗什支顿首曰:'陛下圣德远被,臣故不远万里。'曹国使者曰:'臣本国以臣为健儿。闻秦王神武,愿在麾下。'高祖大悦,因后遇之。"可见,《册府元龟》所记武德七年七月与康同遣使入朝的"曹国",实际上是东曹。《太平寰宇记》卷183《曹国》所记与《册府元龟》卷170基本相同。

[2]另参《全唐文》卷999"西曹国王哥逻仆罗"条。

[3]《全唐文》卷999,收录西曹国王哥逻仆罗"请内附表"。

时间		贡国封国	贡使	目的	贡品	册封赏赐	出典
公元	纪年						
752	天宝十一年（缺月）*[1]	东曹安及九国	东曹王、安（副）王等遣使	请击黑衣大食			①②③
754	天宝十三年闰十一月*	东曹安[2]诸胡九国	并遣使	上表请击大食			d
755	天宝十四年三月	曹	国王设阿忽遣使	朝贡			c

(6)史国

时间		贡国封国	贡使	目的	贡品	册封赏赐	出典
公元	纪年						
642	贞观十六年正月	史	史国君沙瑟毕遣使		献方物		c①②
727	开元十五年五月	史	史君忽必多遣使		献胡旋女子、蒲（葡）萄酒、文豹		c①
	开元十五年七月	史	史王阿忽必多遣使		献胡旋女子、豹		c
738	开元二十六年十月[3]	史*				诏封史王阿忽必多延屯子忽钵为嗣	b

〔1〕《唐会要》卷98称：天宝十一载，曹国王“设阿忽与（安）国副王野解及九国王并上表，请同心击黑衣大食，玄宗宴赐慰谕遣之。”《太平寰宇记》卷183《四夷十二·西戎四》所记几乎相同。《新唐书·西曹传》仅记：“十一载，东曹王设阿忽与安王请击黑衣大食，玄宗尉之，不听。”

〔2〕东曹、安国各计朝贡次数1次，其余国家由于国别不确而不计。

〔3〕《唐会要》卷99作“开元二十七年”。

时间		贡国封国	贡使	目的	贡品	册封赏赐	出典
公元	纪年						
739	开元二十七年四月*	史	王斯谨提[1]遣使	献表起居			c
740	开元二十八年三月	史*				加史王斯谨提特进[2]	b
741	开元二十八年三月	史	史王斯谨提遣首领勃帝米施	来朝贺正	献方物		c
744	天宝三年七月*	史	并遣使				
	天宝三年十月	史*				诏改史国为来威国[3]	⑤ ①
746	天宝五年闰十月	史	遣使		献绣舞筵、毾㲪红盐、黑盐、白戎盐、余耳子、质汗、千金藤、琉璃、金、银等		c

[1]《册府元龟》卷971记为"使国王斯谨提"。按:"使"为"史"之误也。同书记载,开元二十九年三月,史国王斯谨提向唐朝遣使。

[2]《册府元龟》卷964记载,开元二十八年三月二十六日,"加拓羯王斯谨鞮特进,赏平苏禄之功。"《新唐书·突厥传下》记称:突骑施大首领莫贺达干与唐碛西节度使盖嘉运率石王莫贺咄吐屯、史王斯谨提共击突骑施苏禄之子吐火仙,破之碎叶城;吐火仙弃旗走,擒之。次年,因是功,莫贺咄吐屯册为顺义王,史王斯谨提加拜为特进。显然,《册府元龟》所记之"拓羯王斯谨鞮",为史王斯谨提。

[3]另参王应麟:《玉海》卷18《地理·郡国》,台湾商务印书馆影印文渊阁《四库全书》本,第943卷。

时间		贡国封国	贡使	目的	贡品	册封赏赐	出典
公元	纪年						
752	天宝十一年（缺月）*〔1〕	东曹安及九国*	东曹王、安（副）王等遣使	请击黑衣大食			①②③
754	天宝十三年闰十一月*	东曹安〔2〕诸胡九国*	并遣使	上表请击大食			d

(7)火寻(火辞弥)

时间		贡国封国	贡使	目的	贡品	册封赏赐	出典
公元	纪年						
644	贞观十八年三月〔3〕	火辞弥	遣使	来朝	献方物		c ②
751	天宝十年九月	火寻	国君稍施芬遣使	朝贡	献黑盐		c ①
753	天宝十二年五月	火寻	遣使		献紫獐〔4〕皮、白生〔5〕、石蜜、黑盐		c
755	天宝十四年三月	火寻	国王稍芬遣使〔6〕	朝贡			c

---

〔1〕《唐会要》卷98称：天宝十一载，曹国王"设阿忽与（安）国副王野解及九国王并上表，请同心击黑衣大食，玄宗宴赐慰谕遣之。"《太平寰宇记》卷183《四夷十二·西戎四》所记几乎相同。《新唐书·西曹传》仅记："十一载，东曹王设阿忽与安王请击黑衣大食，玄宗尉之，不听。"

〔2〕东曹、安国各计朝贡次数1次，其余国家由于国别不确而不计。

〔3〕《新唐书·波斯传》；《唐会要》卷100"火辞弥国"。另据《册府元龟》卷970《外臣部·朝贡三》，贞观十八年三月火辞弥国、十二月摩罗游国遣使献方物。火辞弥即火寻。

〔4〕《册府元龟》卷971。按："麞"疑为"麐"之误刻。

〔5〕原文如此。"生"可能是"玉"之误刻。伊濑仙太郎把"白生、石蜜"断为"白生石蜜"。参见伊濑仙太郎：《中国西域经营史研究》，第503页。

〔6〕《新唐书·西域传》"火寻"把火寻国君名号记为"稍芬施"。

时间		贡国封国	贡使	目的	贡品	册封赏赐	出典
公元	纪年						
755	宝应年间	火寻	遣使	朝贡			①

(8)何国

时间		贡国封国	贡使	目的	贡品	册封赏赐	出典
公元	纪年						
	武德中*	何	遣使	朝贡			⑥
627	贞观元年五月	何	遣使	朝贡			c
641	贞观十五年	何	遣使	入朝			①
655	永徽六年	何*	遣使	言愿助军粮给西征唐军			①
658	显庆三年*	何	遣使者钵底失	入谢			①
752	天宝十一年（缺月）*[1]	东曹安及九国*	东曹王、安（副）王等遣使	请击黑衣大食			①②③
754	天宝十三年闰十一月*	东曹、安[2]、诸胡九国*	并遣使	上表请击大食			d

〔1〕《唐会要》卷98称：天宝十一载，曹国王“设阿忽与（安）国副王野解及九国王并上表，请同心击黑衣大食，玄宗宴赐慰谕遣之。”《太平寰宇记》卷183《四夷十二·西戎四》所记几乎相同。《新唐书·西曹传》仅记：“十一载，东曹王设阿忽与安王请击黑衣大食，玄宗尉之，不听。”

〔2〕东曹、安国各计朝贡次数1次，其余国家由于国别不确而不计。

(9)拔汗那(宁远)

时间		贡国封国	贡使	目的	贡品	册封赏赐	出典
公元	纪年						
约656	显庆初	拔汗那	遏波之遣使	朝贡			①
658	显庆三年*	拔汗那	遣使	朝贡			①
671	咸亨二年三月	拔汗那	遣使	来朝	贡方物		c
	咸亨二年八月*	富那[1]	国王遣使	来朝	贡方物		c
675	上元二年正月	拔汗那	国王遣使		献碧颇黎、蛇黄		c
679	调露二年十月	拔汗那	遣使	朝贡			c
733	开元二十一年三月*	可汗那	王易米施遣使	朝献	献马		c
	开元二十一年十二月*	可汗那	王易米施遣首领婆延达干	来朝			c
739	开元二十七年四月	拔汗那	王阿悉烂达干遣使	献表起居			c
740	开元二十八年三月[2]	拔汗那*				册拜拔汗那王阿悉烂达干为奉化王	①

〔1〕张星烺认为,富那国为 Ferghana 之更近译音,为拔汗那。参张星烺:《中西交通史料汇编》第四册,中华书局 1978 年,第 121 页。按:张星烺误把咸亨二年记为公元 670 年。

〔2〕此事不见《册府元龟》卷 964《外臣部·封册二》、卷 975《外臣部·褒异二》、《新唐书·突厥传下》记载。据《新唐书·西域传·宁远》载,拔汗那王阿悉烂达干册拜为奉化王的缘由,是助平吐火仙之功。但是,石国王莫贺咄吐屯、史国王斯谨提因助平吐火仙之功而册封,时间是在开元二十八年三月。据《新唐书·突厥传下》载,参加击擒吐火仙之战役的有石王、史王,而无拔汗那王;在战前,唐玄宗命碛西节度使盖嘉运"和抚"拔汗那、突骑施西方诸国。另据《资治通鉴》卷 214 记载,开元二十七年八月,碛西节度使盖嘉运在攻击突骑施吐火仙战役中,"分遣疏勒镇守使夫蒙灵与拔汗那王阿悉烂达干潜引兵突入怛逻斯城,擒黑姓可汗尔微,遂入曳建城,取交河公主,悉收散发之民数万以与拔汗那王,威震西陲。"如此看来,拔汗那王参加了这次战役,并在次年(开元二十八年)三月与石国王、史国王一道册封。

时间		贡国封国	贡使	目的	贡品	册封赏赐	出典
公元	纪年						
741	开元二十九年正月	拔汗那	王遣使		献马		c
	开元二十九年三月	拔汗那	王遣首领阿解支达千思伽	来朝贺正	具献方物		c
744	天宝三年闰二月	拔汗那	王阿悉烂达干遣大首领	贺正	献方物		c
	天宝三年	拔汗那*				改其国号为宁远国；玄宗以外家姓赐其王曰窦	①
	天宝三年十二月	宁远*				封宗女为和义公主，降宁远国奉化王	g
745	天宝四年九月	宁远	奉化王阿悉烂达干遣使	贺正			c
749	天宝八年八月	宁远	王子屋磨	来朝			c
	天宝八年十一月	宁远	王阿悉烂达干遣使	贺正			c
751	天宝十年二月	宁远	奉化王遣使	朝献	献马二十二匹，豹、天狗各一		c
	天宝十年九月	宁远	奉化王阿悉烂达干遣使	朝献	献马二十匹；是月，又献马四十匹[1]		c

〔1〕宁远国在同月两次献马，按一次"朝贡"计。

时间		贡国 封国	贡使	目的	贡品	册封 赏赐	出典
公元	纪年						
752	天宝十一年十二月	宁远	遣使	来朝		赐锦袍、金带、鱼袋七事，放还蕃	c e
	天宝十一年（缺月）[1] 天宝十一年*	东曹 安及九国*	东曹王、安（副）王等遣使	请击黑衣大食			① ② ③
753	天宝十二年八月	宁远	遣使	朝贡			c
754	天宝十三年四月	宁远[2]	遣使	来朝		赐锦袍、金带	ce
	天宝十三年九月	宁远	奉化王遣使	朝献	献胡马及方物		c
	天宝十三年（缺月）*	宁远	王忠节遣子薛裕	来朝		授王子薛裕左武卫将军，听留宿卫	①
	天宝十三年闰十一月*	东曹 安[3] 诸胡 九国*	并遣使	上表请击大食			d d d
755	天宝十四年六月	宁远*				以王子窦薛裕为左武卫员外将军，赐金袍、钿带、鱼带七事，放还蕃[4]	e

〔1〕《唐会要》卷98称：天宝十一载，曹国王“设阿忽与（安）国副王野解及九国王并上表，请同心击黑衣大食，玄宗宴赐慰谕遣之。”《太平寰宇记》卷183《四夷十二·西戎四》所记几乎相同。《新唐书·西曹传》仅记：“十一载，东曹王设阿忽与安王请击黑衣大食，玄宗尉之，不听。”

〔2〕《册府元龟》卷975刻为宁国，漏刻“远”字。

〔3〕东曹、安国各计朝贡次数1次，其余国家由于国别不确而不计。

〔4〕《新唐书·宁远传》记载：天宝“十三载，[宁远]王忠节遣其子薛裕（来）朝，请留宿卫，习华礼，听之，授左武卫将军。”《册府元龟》卷975《外臣部·褒异二》则记：天宝十四载“六月壬子，以宁远国王子窦薛裕为左武卫员外将军，赐金袍、钿带、鱼带七事，放还蕃。”从听留宿卫与“放还蕃”之区别看，以上两记应是前后两个事件。

时间		贡国封国	贡使	目的	贡品	册封赏赐	出典
公元	纪年						
759	乾元二年三月	宁远	乌物	来朝			c
	乾元二年八月	宁远	国使葛	来朝			c
762	宝应元年六月	宁远	遣使	朝贡			c
	宝应元年八月	宁远	遣使	朝贡			c
	宝应元年十二月	宁远	遣使	朝贡			c

参考文献

说明：

古文献大体按成书年代先后排列；现代中文、外文论著按作者姓氏拼音排列。外文著作用斜体字标识，外文论文用（“ ”）标识。

一、中文著作

（一）古文献

[唐]房玄龄，等．晋书．北京：中华书局标点本，1974.

[唐]李延寿．北史．北京：中华书局标点本，1974.

[唐]魏徵，等．隋书．北京：中华书局标点本，1973.

[唐]玄奘，辩机．大唐西域记校注．季羡林，张广达，等，校注．北京：中华书局，1985.

[唐]玄奘，撰．大唐西域记古本三种．向达，辑．北京：中华书局，1981.

[唐]道宣．释迦方志．范祥雍，点校．北京：中华书局，1983.

[唐]长孙无忌．唐律疏议．刘俊文，点校．北京：中华书局，1983.

[唐]慧立，彦悰．大慈恩寺三藏法师传．北京：中华书局，1983.

[唐]李林甫．唐六典．陈仲夫，点校．北京：中华书局，1992.

[唐]杜环．经行记．张一纯，笺注．北京：中华书局，2000.

[唐]封演．封氏闻见记．赵贞，校注．北京：中华书局，2005.

[唐]杜佑．通典．王文锦，谢方，等，点校．北京：中华书局，1988.

[唐]刘肃．大唐新语．北京：中华书局，1984.

[唐]刘餗．隋唐嘉话．北京：中华书局，1979.

[唐]慧超．往五天竺国传笺释．张毅，笺释．北京：中华书局，1994.

[唐]段成式.酉阳杂俎.浙江古籍出版社,1987.

[唐]李吉甫.元和郡县图志.北京:中华书局点校本,1983.

[唐]温大雅.大唐创业起居注.上海:上海古籍出版社,1983.

[唐]姚汝能.安禄山事迹.北京:中华书局,2006.

[唐]张鷟.朝野佥载.北京:中华书局,1979.

[唐]郑处诲.明皇杂录.北京:中华书局,1994.

[后晋]刘昫,等.旧唐书.北京:中华书局,1975.

[五代]孙光宪.北梦琐言.北京:中华书局,2002.

[宋]王溥.唐会要.上海:上海古籍出版社点校本,1991.

[宋]窦仪,等.宋刑统.北京:中华书局,1984.

[宋]李昉,等.太平广记.上海:上海古籍出版社,1990.

[宋]李昉,等.太平御览.中华书局据涵芬楼宋本影印,1960.

[宋]乐史.太平寰宇记.台湾商务印书馆影印文渊阁《四库全书》本,第470卷.

[宋]钱易.南部新书.北京:中华书局,2002.

[宋]王谠.唐语林.周勋初,校证.北京:中华书局,1987.

[宋]王钦若,等.册府元龟.中华书局据明末王国琦重刻本影印,1960.

[宋]欧阳修,宋祁,等.新唐书.北京:中华书局标点本,1975.

[宋]司马光.资治通鉴.北京:中华书局点校本,1982.

[南宋]王应麟.玉海.台湾商务印书馆影印文阁《四库全书》本,第943卷.

[宋]叶隆礼.契丹国志.贾敬颜,林荣贵,点校.上海:上海古籍出版社,1985.

[宋]陈思《宝刻丛编》,清道光末海丰吴式芬刻本.又见《四库全书》,第682册.

[宋]姚宽.西溪丛语.北京:中华书局,1993.

[元]马端临.文献通考.杭州:浙江古籍出版社(影印本),1988.

[元]脱脱,等.宋史.北京:中华书局点校本,1985.

[元]脱脱. 辽史. 北京:中华书局点校本,1974.

麻赫穆德·喀什噶尔. 突厥语大词典. 中译本第1-3卷,北京:民族出版社,2002.

[元]耶律楚材. 湛然居士文集. 谢方,点校. 北京:中华书局,1986.

[清]张澍,撰辑. 凉州异物志//丛书集成初编本. 北京:中华书局,1985.

[清]陆增祥. 八琼室金石补正. 希古楼本,1925.

[清]《全唐诗》. 上海:上海古籍出版社(据清康熙扬州诗局刻本影印),1986.

[清]《全唐文》. 上海:上海古籍出版社据扬州官刻本影印,1990.

国家文物局古文献研究室、新疆维吾尔自治区博物馆、武汉大学历史系. 吐鲁番出土文书(1~10). 北京:文物出版社,1981—1991.

河南省文物研究所、河南省洛阳地区文管处. 千唐志斋藏志. 北京:文物出版社,1984.

周绍良. 唐代墓志汇编. 上海:上海古籍出版社,1992.

吴纲. 全唐文补遗. 第1—5辑,西安:三秦出版社,1994—1998.

(二)现代著述(论文和著作)

艾冲. 唐代河曲粟特人"六胡州"治城的探索. 民族研究,2005(6).

艾冲. 唐前期"六胡州"古城位置有待继续探索——与《六胡州古城址的发现及其环境意义》作者商榷. 中国历史地理论丛,2009(1).

敖汉旗文化馆. 敖汉旗李家营子出土的金银器. 考古,1978(2)

白寿彝. 中国伊斯兰史存稿. 银川:宁夏人民出版社,1982.

毕波. 信仰空间的万花筒——粟特人的东渐与宗教信仰的转换//荣新江,张志清. 从撒马尔罕到长安——粟特人在中国的文化遗迹. 北京:北京图书馆出版社,2004.

毕波. 怛逻斯之战和天威健儿赴碎叶. 历史研究,2007(2).

毕波. 中古中国的粟特胡人——以长安为中心. 北京:中国人民大学出版社,2011.

蔡鸿生. 隋书·康国传探微//文史:第26辑,北京:中华书局,1986.

蔡鸿生.唐代九姓胡贡品分析．文史:第31辑,北京:中华书局,1988.

蔡鸿生.唐代九姓胡与突厥文化.北京:中华书局,1998.

岑仲勉.西突厥史料补阙及考证.北京:中华书局,1958.

岑仲勉.突厥集史.北京:中华书局,1958.

岑仲勉.唐史馀瀋.北京:中华书局,1960.

岑仲勉.中外史地考证.北京:中华书局,1962.

常任侠.丝绸之路与西域文化艺术.上海:上海文艺出版社,1981.

昌庆志.论胡商形象出现于唐人小说的商业原因//湛江师范学院学报,2001(5).

陈国灿.唐乾陵石人像及其衔名研究//文物集刊.第2辑.北京:文物出版社,1980.

陈国灿.魏晋至隋唐河西人的聚居与火祆教.西北民族研究,1988(1).

陈国灿.敦煌学史事新.兰州:甘肃教育出版社,2002.

陈海涛.汉唐之际粟特诸国与中原王朝的关系.敦煌学缉刊,1999(1).

陈海涛.敦煌粟特问题研究综述.敦煌研究,2000(2).

陈海涛.昭武九姓族源考.西北民族研究,2000(2).

陈海涛.初盛唐时期入华粟特人的入仕途径.文献,2001(2).

陈海涛.阿姆河宝藏及其反映的早期粟特文化.西域研究,2001(2).

陈海涛.从葬俗的变化看唐代粟特人的汉化.文博,2001(3).

陈海涛.唐代入华粟特人商业活动的历史意义.敦煌学辑刊,2002(1).

陈海涛.唐代之前民间中亚粟特人的入华.史学月刊,2002(4).

陈海涛.唐代粟特人聚落六胡州的性质及始末.内蒙古社会科学,2002(5).

陈海涛. 胡旋舞、胡腾舞与柘枝舞——对安伽墓与虞弘墓中舞蹈归属的浅析//考古与文物,2003(3).

陈海涛. 康居与康国关系考——兼谈昭武诸国的起源. 敦煌研究,2003(3).

陈海涛,刘惠琴. 来自文明十字路口的民族——唐代入华粟特人研究. 北京:商务印书馆,2006.

陈连庆. 汉唐之际的西域贾胡//敦煌文物研究所,编. 1983 年全国敦煌学术讨论会文集·文史·遗书编(上). 兰州:甘肃人民出版社,.

陈寅恪. 以杜诗证唐史所谓杂种胡之义//金明馆丛稿二编. 上海:上海古籍出版社,1982.

陈寅恪. 唐代政治史述论稿. 上海:上海古籍出版社,1997.

陈垣. 火祆教入中国考//陈垣学术论文集:第 1 集. 北京:中华书局,1980.

陈垣. 摩尼教入中国考//陈垣学术论文集:第 1 集. 北京:中华书局,1980.

陈垣. 元西域人华化考. 上海:上海古籍出版社,2000.

陈志谦. 安元寿及夫人翟氏墓志考述. 文博,1989(2).

程喜霖. 唐代过所与胡汉商人贸易. 西域研究,1995(1).

程喜霖. 唐代过所研究. 北京:中华书局,2000.

程越. 入华粟特人在唐代的商业与政治活动. 西北民族研究,1994(1).

程越. 从石刻史料看入华粟特人的汉化. 史学月刊,1994(1).

程越. 粟特人在突厥与中原交往中的作用. 新疆大学学报,1994(1).

程越. 国内粟特研究综述. 中国史研究动态,1995(9).

丁谦. 新旧唐书西域传地理考证//浙江图书馆丛书,第一集第六册,1915.

丁谦. 新唐书突厥传地理考证//浙江图书馆丛书:第 1 集第 6 册,1915.

丁谦.大唐西域记地理考证//浙江图书馆丛书:第2集第2册,1915.

丁声树.古今字音对照手册.李荣,参订.北京:中华书局,1981.

杜斗城,郑炳林.高昌王国的民族和人口结构.西北民族研究,1988(1).

《法国汉学》丛书编辑委员会,编.粟特人在中国——历史、考古、语言的新探索(法国汉学:第10辑).北京:中华书局,2005.

樊文礼.唐代的安姓胡人.内蒙古大学学报,1999(2).

冯承钧.唐代华化蕃胡考//西域南海史地考证论著汇辑.北京:中华书局,1957.

冯承钧.西域南海史地考证论著汇辑.北京:中华书局,1957.

冯承钧.附新唐书西域羁縻府州考//西域南海史地考证译丛七编.北京:商务印书馆,1962.

冯承钧.西域地名.北京:中华书局,1982.

冯承钧.西域南海史地考证译丛.北京:中华书局,1962;北京:商务印书馆,1995年重印.

冯志文.西域地名词典.乌鲁木齐:新疆人民出版社,2002.

高启安.唐五代敦煌的"饮食胡风".敦煌研究,2002(3).

高永久.西域古代民族宗教综论.北京:高等教育出版社,1997.

高永久.西域古代伊斯兰教综论.北京:民族出版社,2001.

葛承雍.唐代长安一个粟特家庭的景教信仰.历史研究,2001(3).

固原博物馆.宁夏固原唐史道德墓清理简报.文物,1985(11).

郭平梁.唐朝在西域的几项军政建置//新疆历史论文集,乌鲁木齐:新疆人民出版社,1977.

郭平梁.突骑施苏禄传补阙.新疆社会科学,1988(4).

韩伟.海内外唐代金银器萃编.西安:三秦出版社,1989.

韩儒林.穹庐集.石家庄:河北教育出版社,2000.

韩香.唐代长安中亚人的聚居及汉化.民族研究,2000(3).

韩香.隋唐长安中亚人考索.人文杂志,2001(3).

韩香.唐代长安的译语人.史学月刊,2003(1).

韩香.隋唐长安与中亚文明.北京:中国社会科学出版社,2006.

邯郸市文管所.河北大名县发现何弘敬墓志.考古,1984(8).

胡戟.唐代度量衡与亩里制度.西北大学学报,1980(4).

华涛.穆斯林文献中的托古兹古思//新疆社会科学院,编.西域研究,1991(2).

华涛.西域历史研究——八至十世纪.上海:上海古籍出版社,2000.

黄靖.大月氏的西迁及其影响//新疆社会科学,1985(2).

黄盛璋.敦煌写本〈西天路竟〉历史地理研究//历史地理(创刊号).上海:上海人民出版社,1981.

黄盛璋.西天路竟笺证//敦煌学辑刊:第六辑.1984.

黄时鉴.辽与"大食"//新史学(第3卷第1期),台北,1992.

黄时鉴.解说插图中西关系史年表.杭州:浙江人民出版社,1994.

霍巍.粟特人与青海道.四川大学学报,2005(2).

季羡林.关于〈大唐西域记〉.西北大学学报,1980(4).

纪宗安.活跃在丝绸之路上的粟特人.暨南学报,1989(3).

姜伯勤.上海藏本敦煌出河西支度营田使文书研究//北京大学中国中古史研究中心,编.敦煌吐鲁番文献研究论集(二).北京:北京大学出版社,1983.

姜伯勤.吐鲁番文书所见的"波斯军".中国史研究,1986(1).

姜伯勤.敦煌新疆文书所记的唐代"行客"//国家文物局古文献研究室,编.出土文献研究续集.北京:文物出版社,1989.

姜伯勤.敦煌与波斯.敦煌研究,1990(3).

姜伯勤.论高昌胡天与敦煌祆寺.世界宗教研究,1993(1).

姜伯勤.敦煌吐鲁番文书与丝绸之路.北京:文物出版社,1994.

姜伯勤.敦煌艺术宗教与礼乐文明.北京:中国社会科学出版社,1996.

姜伯勤.敦煌悉磨遮为苏摩遮乐舞考.敦煌研究,1996(3).

姜伯勤.俄国粟特研究对汉学的意义//“汉学研究国际会议”论文.北京大学,1998.

姜伯勤.唐安菩墓所出三彩骆驼所见“盛于皮袋”的祆神——兼论六胡州突厥人与粟特人之祆神崇拜//唐研究:第7卷.北京:北京大学出版社,2001.

姜伯勤.中国祆教画像石的“语境”//荣新江,李孝聪,主编.中外关系史新史料与新问题.北京:科学出版社,2004.

姜伯勤.中国祆教艺术史研究.北京:三联书店,2004.

金秋.古丝绸之路乐舞文化研究.上海:上海音乐出版社,2002.

尼扎吉·喀迪尔.粟特人对鄂尔浑回鹘(回纥)的影响研究.新疆大学,2009年硕士学位论文.

郎樱.西域歌舞戏对中原戏剧发展的贡献.西域研究,2003(1).

李大龙.唐朝和边疆民族使者往来研究.哈尔滨:黑龙江教育出版社,2001.

李大龙.都护制度研究.哈尔滨:黑龙江教育出版社,2003.

李丹婕.唐代六胡州研究述评.新疆师范大学学报,2004(4).

李方.唐西州的译语人.文物,1994(2).

李方.唐西州九姓胡人生活状况一瞥//敦煌吐鲁番研究:第4卷.北京:北京大学出版社,1999.

李方.怛罗斯之战与唐朝西域政策.中国边疆史地研究,2006(3).

李鸿宾.史道德族属及中国境内的昭武九姓.中央民族学院学报,1992(3).

李鸿宾.论唐代宫廷内外的胡人侍卫——从何文哲墓志铭谈起.中央民族大学学报,1996(6).

李鸿宾.唐代墓志中的昭武九姓粟特人.文献,1997(1).

黎虎.狮舞流沙万里来.西域研究,2001(3).

李健超.汉唐时期长安、洛阳的西域人.西北历史研究,1998.

李进新.丝绸之路宗教研究.乌鲁木齐:新疆人民出版社,2008.

李明伟.丝绸之路贸易史研究.兰州:甘肃人民出版社,1991.

李明伟.隋唐丝绸之路——中世纪的中国西北社会与文明.兰州:甘肃人民出版社,1994.

李琪.唐代高丽边将高仙芝及其在西域的活动.西北民族研究,2000(2).

李树辉.唐代粟特人移民聚落形成原因考.西北民族大学学报,2004(2).

林幹,编.突厥与回纥历史论文选集.北京:中华书局,1987.

林梅村.敦煌出土粟特文古文献书信的断代问题.中国史研究,1986(1).

林梅村.西突厥汗庭考.中国边疆史地研究,1992(3).

林梅村.粟特文买婢契与丝绸之路上的女奴贸易.文物,1992(9).

林梅村.布古特所出粟特文突厥可汗纪功碑考.民族研究,1994(2).

林梅村.西域文明.北京:东方出版社,1995.

林梅村.中国境内出土带铭文的波斯和中亚银器.文物,1997(9).

林梅村.汉唐西域与中国文明.北京:文物出版社,1998.

林梅村.古道西风——考古新发现所见中西文化交流.北京:三联书店,2000.

林梅村.稽胡史迹考——太原新出隋代虞弘墓志的几个问题.中国史研究,2002(1).

林悟殊.摩尼教及其东渐.北京:中华书局,1987.

林悟殊.唐代景教再研究.北京:中国社会科学出版社,2003.

林悟殊.中古三夷教辨证.北京:中华书局,2005.

刘波.敦煌所出粟特语古信札与两晋之际敦煌姑臧的粟特人.敦煌研究,1995(3).

刘戈.回鹘摩尼教研究综述.西域研究,1991(3).

刘惠琴、陈海涛.从通婚的变化看唐代入华粟特人的汉化——以墓志材料为中心.华夏考古,2003(4).

刘惠琴、陈海涛.唐代入仕粟特人的汉化进程.烟台大学学报,2005

(2).

刘惠琴、陈海涛.商业移民与部落迁徙——敦煌、吐鲁番著籍粟特人的主要来源//敦煌学辑刊,2005(2).

刘伉.中亚地名考略三则.西北史地,1984(4).

刘铭恕.洛阳出土的西域人墓志//洛阳——丝绸之路的起点.郑州:中州古籍出版社,1992.

刘统.唐代羁縻府州研究.西安:西北大学出版社,1998.

刘迎胜.唐苏谅妻马氏汉、巴列维文墓志再研究.考古学报,1990(3).

刘迎胜."草原丝绸之路"考察简记.中国边疆史地研究,1992(3).

刘迎胜.丝路文化·草原卷.杭州:浙江人民出版社,1995.刘玉霞.唐代艺术与西域乐舞.西域研究,2002(4).

刘再生.中国古代音乐简述.北京:人民音乐出版社,1989.

楼劲.汉唐对丝路上一般中外交往的管理//郑炳林,主编.敦煌吐鲁番文献研究.兰州:兰州大学出版社,1995.

陆九皋,韩伟.唐代金银器.北京:文物出版社,1985.

陆庆夫.唐代丝绸路上的昭武九姓// 郑炳林,主编.敦煌吐鲁番文献研究.兰州:兰州大学出版社,1995.

陆庆夫.从敦煌写本判文看唐代长安的粟特聚落.敦煌学辑刊,1996(1).

陆庆夫.唐宋间敦煌粟特人之汉化.历史研究,1996(6).

卢苇.唐代中国和大食在中亚地区斗争的发展和变化//西域史论丛,第二辑.乌鲁木齐:新疆人民出版社,1985.

卢向前.敦煌吐鲁番文书论稿.南昌:江西人民出版社,1992.

卢兆荫.何文哲墓志考释——兼谈隋唐时期在中国的中亚何国人.考古,1986(9).

罗丰.也谈史道德族属及相关问题.文物,1988(8).

罗丰.固原南郊隋唐墓地.北京:文物出版社,1996.

罗丰.萨宝:一个唐朝唯一外来官职的再考察//荣新江.唐研究:第

4卷.北京:北京大学出版社,1998.

洛阳市文物工作队.洛阳龙门唐安菩夫妇墓.中原文物,1982(3).

洛阳市地方史志编纂委员会办公室.洛阳——丝绸之路的起点.郑州:中州古籍出版社,1992.

马驰.唐代蕃将.西安:三秦出版社,1990.

马驰.史道德的族属、籍贯及后人.文物,1991(5).

马大正.西域考察与研究.乌鲁木齐:新疆人民出版社,1994.

马大正,杨镰. 西域考察与研究续编.乌鲁木齐:新疆人民出版社,1998.

马建春.大食·西域与古代中国.上海:上海古籍出版社,2008.

马小鹤.七一二年的粟特.新疆大学学报,1986(1).

马小鹤.米国钵息德城考 . 中亚学刊:第2辑.北京:中华书局,1987.

马小鹤.公元八世纪初年的粟特——若干穆格山文书的研究//中亚学刊:第3辑.北京:中华书局,1990.

马小鹤.摩尼教与古代西域史研究.北京:中国人民大学出版社,2008.

马雍.萨曼王朝与中国的交往.学习与思考,1983(5).

马雍.西域史地文物丛考.北京:文物出版社,1990.

穆德全.西域"粟特"考.河南大学学报,1991(1).

宁夏固原博物馆.宁夏固原唐史道德墓清理简报.文物,1985(11).

牛汝辰,牛汝极.《突厥语大词典》第一卷中亚地名研究.西北史地,1987(2).

热夏提·努拉赫迈德.中亚古城——塔什干.新疆社科院中亚所.中亚研究,1987(2).

齐东方.李家营子出土的粟特银器与草原丝绸之路.北京大学学报,1992(2).

齐东方.唐代金银器研究.北京:中国社会科学出版社,1999.

齐东方.何家村遗宝与丝绸之路//齐东方,申秦雁.花舞大唐春——何家村遗宝精粹.北京:文物出社,2003.

齐东方.输入·模仿·改造·创新——粟特器物与中国文化//荣新江,张志清.从撒马尔罕到长安——粟特人在中国的文化遗迹.北京:北京图书馆出版社,2004.

钱伯泉.唐朝在西域的军事建置研究.新疆历史研究,1985(1).

钱伯泉.从《张无价告身》论高仙芝征讨石国和突骑施.民族研究,1991(3).

秦惠彬.大食同唐朝的军事接触以及伊斯兰教的东渐.世界宗教研究,1987(1).

邱琼荪.燕乐探微//燕乐三书.哈尔滨:黑龙江人民出版社,1986.

饶宗颐.说鍮石//敦煌吐鲁番文献研究论集:第2辑.北京:北京大学出版社,1983.

任半塘.唐戏弄(上册).上海:上海古籍出版社,1984.

荣新江.吐鲁番文书〈唐某人自书历官状〉所记西域史事钩沉.西北史地,1987(4).

荣新江.古代塔里木盆地周边的粟特移民.西域研究,1993(2).

荣新江.西域粟特移民考//马大正.西域考察与研究.乌鲁木齐:新疆人民出版社,1994.

荣新江.归义军史研究——唐宋时代敦煌历史考索.上海:上海古籍出版社,1996.

荣新江,廉湘民.隋唐五代史研究概述.天津:天津教育出版社,1996.

荣新江.北朝隋唐粟特人之迁徙及其聚落//北京大学中国传统文化研究中心.国学研究:第6卷.北京:北京大学出版社,1999.

荣新江.敦煌归义军曹氏统治者为粟特后裔说.历史研究,2001(1).

荣新江.中古中国与外来文明.北京:三联书店,2001.

荣新江.唐代宗教信仰与社会.上海:上海辞书出版社,2003.

荣新江.从撒马尔罕到长安——中古时期粟特人的迁徙与入居//荣新江,张志清.从撒马尔罕到长安——粟特人在中国的文化遗迹.北京:北京图书馆出版社,2004.

荣新江.萨保与萨薄:佛教石窟壁画中的粟特队商首领//“粟特人在中国”国际学术讨论会论文.中国国家图书馆,2004.

荣新江.北周史君墓石椁所见之粟特商队.文物,2005(3).

荣新江.西域粟特移民聚落补考.西域研究,2005(2).

荣新江.粟特与突厥——粟特石棺图像的新印证//周伟洲.西北民族论丛:第4辑.北京:中国社会科学出版社,2006.

芮传明.突厥第一汗国时期粟特人对东西交通的贡献.中亚研究资料,1984(2).

芮传明.粟特人在中西交通中的作用(自公元六世纪中叶至七世纪中叶)//中华文史论丛,1985(33).

芮传明.“曳落河”与“柘羯”考//新疆社会科学院,编.西域研究,1991(3).

芮传明.五代时期中原地区粟特人活动探讨.史林,1992(3).

芮传明.唐代“酒家胡”述考.上海社会科学院学术季刊,1993(2).

芮传明.大唐西域记全译.贵阳:贵州人民出版社,1995.

芮传明.中国与中亚文化交流志.上海:上海人民出版社,1998.

芮传明.东方摩尼教研究.上海:上海人民出版社,2009.

山西省考古研究所,太原市文物考古研究所.太原隋代虞弘墓清理简报.文物,2001(1).

山西省考古研究所,太原市文物考古研究所.太原北齐徐显秀墓发掘简报.文物,2003(10).

陕西省考古研究所.西安北郊北周安伽墓发掘简报.考古与文物,2000(6).

陕西省考古研究所.西安发现的北周安伽墓.文物,2001(1).

尚衍斌.从茶、棉、葡萄酒、胡食的传播看古代西域与祖国内地的关系.西北史地,1993(3).

尚衍斌.唐代入华“兴生胡”的社会权益评析.西域研究,2001(1).

邵明杰.论入华粟特人流向的完整线索及最终归宿——基于粟特人“回鹘化”所作的考察.青海民族研究,2010(1).

史念海.隋唐时期域外地理的探索及世界认识的再扩大//陕西师范大学.中国历史地理论丛:第2辑,1988.

宿白.西安地区唐墓壁画的布局和内容.考古学报,1982(2).

宿白.武威行(中).文物天地,1992(2).

苏北海.中亚塔拉斯——江布尔地区的历史演变.西域历史地理.乌鲁木齐:新疆大学出版社,1988.

苏北海.西域历史地理.乌鲁木齐:新疆大学出版社,1988.

苏银梅.隋唐时居住在固原的“昭武九姓”后裔.固原师专学报,1995(1).

孙修身.敦煌与中西交通研究.兰州:甘肃教育出版社,2002.

唐长孺.记阻卜之异译.天津:大公报.1947—05—16,《文史周刊》第29期.

天水市博物馆.天水市发现隋唐屏风石棺床墓.考古,1992(1).

王国维.长春真人西游记校注//王国维遗书:第13册.上海:上海古籍书店,1983.

王焕春.公农回傣彝藏佛历和儒略日对照表.北京:科学出版社,1991.

王冀青.斯坦因所获粟特文《二号信札》译注.西北史地,1986(1).

王静如.论阻卜与鞑靼//历史语言研究所集刊:第2本第3分册.北京:中华书局,1987.

王乃昂,何彤慧,黄银洲,冯文勇,程弘毅.六胡州古城址的发现及其环境意义//中国历史地理论丛,2006(3).

王尧,陈践.敦煌本吐蕃历史文书.北京:民族出版社,1980.

王尚达.唐代粟特人与中原商业贸易产生的社会作用和影响.西北民族研究,1995(1).

王山.中国境内发现的粟特人墓葬相关问题研究.西北大学硕士

学位论文,2009.

王颋.西域南海史地研究.上海:上海古籍出版社,2005.

王颋.西域南海史地考论.上海:上海人民出版社,2008.

王小甫.论安西四镇焉耆与碎叶的交替.北京大学学报,1991(6).

王小甫.唐初安西四镇的弃置.历史研究,1991(4).

王小甫.唐吐蕃大食政治关系史.北京:北京大学出版社,1992.

王欣.吐火罗史研究.北京:中国社会科学出版社,2002.

王义康.六胡州的变迁与六胡州的种族.中国历史地理论丛,1998(4).

王治来.中亚史.北京:中国社会科学出版社,1980.

王治来.中亚史纲.长沙:湖南教育出版社,1986.

王仲荦.敦煌石室地志残卷考释.上海:上海古籍出版社,1993.

魏光.何文哲墓志考略.西北史地,1984(3).

魏良弢.喀喇汗王朝史稿.乌鲁木齐:新疆人民出版社,1986.

温翠芳.唐代长安西市中的胡姬与丝绸之路上的女奴贸易.西域研究,2006(2).

闻人军.中国古代里亩制度概述.杭州大学学报,1989(3).

温玉成.龙门所见中外交通史料初探.西北史地,1983(1).

巫鸿,主编.汉唐之间文化艺术的互动与交融.北京:文物出版社,2001.

吴玉贵.唐代西域羁縻府州建置年代及其与唐朝的关系.新疆大学学报,1986(1).

吴玉贵.资治通鉴疑年录.北京:中国社会科学出版社,1994.

吴玉贵.贞观年间西突厥历史述考//中国中亚文化协会.中亚学刊:第 4 辑.北京:北京大学出版社,1995.

吴玉贵.凉州粟特胡人安氏家族研究//唐研究:第 3 卷.北京:北京大学出版社,1997.

吴玉贵.突厥汗国与隋唐关系史研究.北京:中国社会科学出版社,1998.

吴震.阿斯塔那—哈拉和卓古墓群考古资料中所见的胡人//敦煌吐鲁番研究:第4卷.北京:北京大学出版社,1999.

吴震.唐碎叶镇城析疑//新疆历史论文集.乌鲁木齐:新疆人民出版社,1977.

吴焯.北周李贤墓出土鎏金银器考.文物,1987(5).

夏鼐.近年中国出土的萨珊朝文物.考古,1978(2).

向达.唐代长安与西域文明.北京:三联书店,1957.

谢海平.唐代留华外国人生活考述.台北:台湾商务印书馆,1978.

新疆历史论文集.乌鲁木齐:新疆人民出版社,1977.

新疆历史论文续集.乌鲁木齐:新疆人民出版社,1982.

熊义民.昭武粟特王室考.暨南学报,1993(1).

许新国.都兰吐蕃墓中镀金银器属粟特系统的推定.中国藏学,1994(4).

许序雅.《新唐书·石国传》疏证.西域研究,1999(4).

许序雅.唐代丝绸之路与中亚历史地理研究.西安:西北大学出版社,2000.

许序雅.唐朝在中亚建立的防御体系述论.浙江师范大学学报,2003(6).

许序雅.胡乐胡音竟纷泊——胡乐对唐代社会影响述论.西域研究,2004(1).

许序雅.粟特、粟特人与九姓胡考辨.西域研究,2007(2).

许序雅.古典阿拉伯——伊斯兰舆地文献所记欧亚陆路交通.中国历史地理论丛,2007(3).

许序雅.千泉、白水城和恭御城考辨.中国历史地理论丛,2010(2).

薛宗正.波斯萨珊王裔联合吐火罗抗击大食始末.新疆社会科学,1988(6).

薛宗正.康王乌勒伽向唐求援表文疏正.新疆社科院中亚所.中亚研究,1988(3).

薛宗正. 石国考述. 中亚研究,1989(4).

薛宗正. 突厥史. 北京:中国社会科学出版社,1992.

薛宗正. 唐代粟特人的东迁及其社会生活. 新疆大学学报,1994(4).

薛宗正. 安西与北庭. 哈尔滨:黑龙江教育出版社,1995.

薛宗正. 论高仙芝伐石国与怛逻斯之战. 新疆大学学报,1999(3).

薛宗正. 怛逻斯之战历史溯源——唐与大食百年政治关系述略(651—751)//中国边疆史地研究,2000(4).

薛宗正. 中亚内陆大唐帝国. 乌鲁木齐:新疆人民出版社,2005.

阎万钧. 唐代昭武九姓之宗教的东传. 世界宗教研究,1988(1).

阎文儒. 唐米继芬墓志考释. 西北民族研究,1989(2).

杨富学,牛汝极. 牟羽可汗与摩尼教. 敦煌学辑刊,1987(2).

杨富学. 西域敦煌宗教论稿. 兰州:甘肃文化出版社,1998.

杨富学. 回鹘文献与回鹘文化. 北京:民族出版社,2003.

杨瑾. 唐墓壁画中的胡人形象. 文博,2011(3).

杨铭. 古藏文文书 Sog po 一词再探. 西藏研究,1988(1).

杨清凡. 由服饰图例试析吐蕃与粟特关系(上,下). 西藏研究,2001(3);2001(4).

杨廷福. 玄奘年谱. 北京:中华书局,1988.

姚薇元. 北朝胡姓考. 北京:科学出版社,1958.

余太山. 嚈哒史研究. 济南:齐鲁书社,1986.

余太山. 塞种史研究. 北京:中国社会科学出版社,1992.

余太山. 西域通史. 郑州:中州古籍出版社,1996.

余太山. 两汉魏晋南北朝正史西域传研究. 中华书局,2003.

张广达. 碎叶城今地考. 北京大学学报,1979(5).

张广达. 西域史地丛稿初编. 上海:上海古籍出版社,1995.

张广达. 唐代六胡州等地的昭武九姓. 北京大学学报,1986(2).

张广达. 祆教对唐代中国之影响三例//龙巴尔,李学勤. 法国汉学:第1辑. 北京:清华大学出版社,1996.

张广达. 唐代的豹猎——文化传播的一个实例//唐研究:第7卷. 北京:北京大学出版社,2001.

张广达. 再读晚唐苏谅妻马氏双语墓志//国学研究:第10卷,北京:北京大学出版社,2002.

张广达. 唐代长安的波斯人和粟特人——他们各方面的活动//〔日〕唐代史研究:第6卷,2003.(又收于张广达. 文本、图像与文化流传. 桂林:广西师范大学出版社,2008.)

张广达. 文本、图像与文化流传. 桂林:广西师范大学出版社,2008.

张乃翥. 武周政权与中古胡化现象关系之研究. 西北史地,1992(4).

张庆捷.〈虞弘墓志〉中的几个问题. 文物,2001(1).

章群. 唐代蕃将研究. 台北:台北联经出版事业公司,1986.

张日铭. 开元年间(713—741)唐大食关系之研究. 台湾《食货》第5卷9期.

张松柏. 敖汉旗李家营子金银器与唐代营州西域移民. 北方文物,1993(1).

张小贵. 中古华化祆教考述. 北京:文物出版社,2010.

张星烺. 中西交通史料汇编. 北京:中华书局,1977.

章巽,芮传明. 大唐西域记导读. 成都:巴蜀书社,1989.

张元林. 粟特人与莫高窟第285窟的营建——粟特人及其艺术对敦煌艺术贡献//2005年云冈国际学术研讨会论文集(研究卷),2005.

张志尧. 草原丝绸之路与中亚文明. 乌鲁木齐:新疆美术摄影出版社,1994.

赵超. 对史道德墓志及其族属的一点看法. 文物,1986(12).

赵丰. 唐代丝绸与丝绸之路. 西安:三秦出版社,1992.

赵俪生,温玉成. 一通与唐史、中亚史有关的新出土墓志. 西北史地,1986(3).

昭陵博物馆. 唐安元寿夫妇墓发掘简报. 文物,1988(12).

赵万里.魏晋南北朝墓志集释.北京:文物出版社,1956.

赵文润.隋唐时期西域乐舞在中原的传播.陕西师范大学学报,1997(1).

赵振华,朱亮.安菩墓志初探.中原文物,1982(3).

赵贞.唐代对外交往中的译官.南都学坛,2005(6).

郑炳林.敦煌地理文书汇辑校注.兰州:甘肃教育出版社,1989.

郑炳林,王尚达.吐蕃统治下的敦煌粟特人.中国藏学,1996(4).

郑炳林.唐五代敦煌粟特人与归义军政权.敦煌研究,1996(4).

郑炳林.唐五代敦煌的粟特人与佛教.敦煌研究,1997(2).

郑炳林.《康秀华写经施入疏》与《炫和尚货卖胡粉历》研究.敦煌吐鲁番研究:第3辑,1998.

郑炳林,屈直敏.粟特人在中国——历史、考古、语言的新探索国际研讨会综述.敦煌学辑刊,2004(1).

钟焓.安禄山等杂胡的内亚文化背景——兼论粟特人的"内亚化"问题.中国史研究,2005(1).

周保明.大石国盐莫念"(永徽)六年六月遣使朝贡"考.中国边疆史地研究,2003(3).

周保明.20世纪怛逻斯战役研究概述.中国边疆史地研究,2004(4).

周保明.高仙芝的活动轨迹与开元之际战略局势的转变.洛阳师范学院学报,2006(3).

周法高.汉字古今音汇.香港:香港中文大学出版社,1979.

周菁葆,邱陵.丝绸之路宗教文化研究.乌鲁木齐:新疆人民出版社,1998.

周连宽.唐代西域裴罗将军城考.中山大学学报,1961(4).

周连宽.大唐西域记史地研究丛稿.北京:中华书局,1984.

周伟州.略论碎叶城的地理位置及其作为唐安西四镇之一的历史事实//新疆历史论文集.乌鲁木齐:新疆人民出版社,1977.

周伟洲.唐代六胡州与"康待宾之乱".民族研究,1988(3).

周伟洲. 儒家思想与中国传统民族观. 民族研究,1995(6).

周伟洲. 吉尔吉斯坦阿克别希姆遗址出土唐杜怀德造像题铭考//唐研究:第6卷,北京:北京大学出版社,2000.

周耀明. 从信仰摩尼教看漠北回纥与粟特人的关系. 西北民族研究,2002(4).

(三)外文论著

Al – Balādhurī, *The Origing of the Islamic State* (*Kitāb Futūh al – Buldān*), trs. by P. K. Hitti, Columbia University Press, New York, 1916.

V. V. Barthold, *Four Studies on the History of Central Asia*, Leiden, 1962.

E. Bretschneider, *Medieval Researches from Eastern Asiatic Sources*, Vol. II, London, 1967.

V. Barthold, *Turkestan down to the Mongol Invasion*, London, 1977.

C. E. Bosworth, *The Medieval History of Iran Afghanistan and Central Asia*, London, 1977.

W. Barthold, *An Historical Geography of Iran*, New Jersey, US, 1984.

Ch. I. Beckwith, *The Tibetan Empire in Central Asia*. Princeton University Press, New Jersey, 1987.

G. Clauson, "*Ak Beshim——Suyab*", *Journal of the Royal Asiatic Society* (*JRAS*), No. 1, 1961.

G. Frumkin, *Archaeology in Soviet Central Asia*, Leiden/Köln, 1970.

R. N. Frye ed, *The Cambridge History of Iran*, Vol. 4, London, 1975.

H. A. R. Gibb, "*The Arab Invasion of Kashgar in A. D. 715*", *Bulletin of the School of Oriental Studies* (*BSOS*), Vol. II ~ 3, London, 1922.

H. A. R. Gibb, *Arab Conquests in Central Asia*, London, 1923. (简作Gibb, 1923)

J. Harmatta ed, *Prolegomena to the Sources on the History of Pre – Islamic Central Asia*, Budapest, 1979.

W. B. Henning, "*The Sogdiana Texts in Paris*," Bulletin of the School of Oriental and African Studies,11,1946.

W .B .Henning,"*The Date of the Sogdian Ancient Letters*",incoluded in W .B .Henning Selected Papers II(Acta Iranica 15)Leiden, 1977.

Hudūd al – 'Ālam (《世界境域志》), trs. by V. Minorsky, London,1970.

Juzjani, *Tābakāt – i – Nāsirī* (《诸王朝通史》,又称《居兹加尼书》),trs. by H. G. Roverty, London, 1881.

G. Le. Strange,*The Lands of the Eastern Caliphate*,Cambridge,1905.

V. Minorsky, "*Tamim ibn Bahr's Journey to the Uyghurs*",*Bulletin of the School of Oriental and African Studies*(*BSOAS*),XII ~2,pp.275 –305, London,1948. Narshakhī, *The History of Bukhara*, Cambridge, Mass., U. S.,1954.

E. G. Pulleyblank,*A Sogdian Colony in Inner Mongolia. T'ong Pao* XLI,1952.

G. Le. Strange,*The Lands of the Eastern Caliphate*,*Cambridge*,1905.

M. A. Shaban,*The 'Abbasid Revolution*,*Cambridge*,1979.

Denis Sinor, *A Cambridge History of Early Inner Asia*. Cambridge,1990.

V. Vámbery,*History of Bokhara*,New York,1973.

Thomas Wattors,*On Yuan Chwang's Travels in India* (《大唐西域记》英译本), London,1904.

N. Sims – Williams,"*The Sogdian Merchants in China and India*",Cina e Iran da Alessandro Magno alla Dinastia Tang,ed. A. Cadonna e L. Lanciotti,Firenze 1996.

Y. Yoshida(吉田丰),"On the Origin of the Sogdian Surname *Zhaowu* 昭武 and the Related Problems". *Journal Asiatique*,291.1 –2,2003.

H. Yule,*Cathay and the Way Thither*,London,1913—1915.

Согдийские документы с горы Муг(《穆格山所出粟特文书》,第一、二册,莫斯科,1962; 第三册,莫斯科,1963).

О. И. Смирнова: Каталог монет с городища Пенджикент. 莫斯科. 1963.(斯米尔诺娃. 喷赤干古城遗址的钱币目录.)

А. М. Беленицкий, *Средневековый Город Средней Азии*, Ленинград, 1973.（别连尼茨基等:《中亚中世纪城市》,列宁格勒 1973 年）

The Encyclopaedia of Islam, 第一版,莱顿,1987 年重印本 。

The Encyclopaedia of Islam, 第二版,莱顿,1983 年。

伊濑仙太郎《中国西域经营史研究》,(东京)巌南堂书店 1955 年。

森安孝夫编. 中央アジア出土文物论丛//京都朋友书店,2004.

(四)外文译著(文)

〔俄〕A. 阿格扎莫娃. 论地名“马维兰纳赫尔”和“突厥斯坦”//新疆社科院中亚所. 中亚研究,1989(1 ~2 期合刊).

〔日〕岸边成雄. 古代丝绸之路的音乐. 王耀华,译. 北京:人民音乐出版社,1988.

〔俄〕巴尔托里德. 中亚简史. 耿世民,译. 乌鲁木齐:新疆人民出版社,1980.

〔俄〕巴托尔德. 中亚突厥史十二讲. 罗致平,译. 北京:中国社会科学出版社,1984.

〔法〕巴赞. 蒙古布古特碑中的突厥和粟特人. 耿昇,译. 民族译丛. 1987(5).

〔日〕白鸟库吉. 康居粟特考. 傅家勤,译. 北京:商务印书馆,1936.

〔法〕伯希和. 景教碑中叙利亚文之长安洛阳. 冯承均. 西域南海史地考证译丛一编,北京:商务印书馆,1995.

〔法〕伯希和. 四天子说//冯承钧. 西域南海史地考证译丛三编. 北京:商务印书馆,1995.

〔法〕伯希和. 玄奘记传中之千泉//冯承钧. 西域南海史地考证译丛五编. 北京:商务印书馆,1995.

〔法〕伯希和. 沙州都督府图经及蒲昌海之康居聚落(1916)//冯承钧,译. 西域南海史地考证译丛七编. 北京:商务印书馆,1995.

〔日〕长泽和俊. 丝绸之路史研究. 钟美珠,译. 天津:天津古籍出版社,1990.

〔日〕池田温. 中国古代籍账研究. 龚泽铣,译. 北京:中华书局,1984.

〔日〕池田温. 八世纪中叶敦煌的粟特人聚落//日本学者研究中国史论著选译:第9卷. 北京:中华书局,1993.

〔日〕池田温. 唐研究论文选集. 北京:中国社会科学出版社,1999.

〔日〕大津透. 唐律令国家的预算——仪凤三年度支奏抄·四年全金部旨符试释. 苏哲,译. 敦煌研究,1997(2).

〔法〕费瑯编. 阿拉伯、波斯、突厥人东方文献辑注. 耿昇,穆根来,译. 北京:中华书局,1989.

〔前苏联〕弗鲁姆金. 苏联中亚考古. 黄振华,译. 新疆维吾尔自治区博物馆油印本,1981.

〔瑞典〕高本汉. 中国音韵学研究. 赵元任,等,译. 北京:商务印书馆,1948.

〔阿拉伯〕法拉吉·古达玛. 税册及其编写. 宋岘,译. 北京:中华书局,1991.

〔法〕哈密顿. 九姓乌古斯和十姓回鹘考. 耿昇,译//敦煌学辑刊:第4辑,1983.

〔古代阿拉伯〕伊本·胡尔达兹比赫. 道里邦国志(附古达玛:《税册及其编写》). 宋岘,译. 北京:中华书局,1991.

〔日〕护雅夫. 关于粟特人向东方发展的一个考古资料. 陈翰,译. 西北史地,1984(4).

〔日〕荒川正晴. 唐帝国和粟特人的交易活动. 陈海涛,译. 敦煌研究,2002(3).

〔日〕荒川正晴. 唐代粟特商人与汉族商人. 荣新江. 粟特人在中国——历史、考古、语言的新探索.(法国汉学:第10辑). 中华书局,2005年.

〔中亚哥疾宁王朝〕加尔迪齐. 记述的装饰. 王小甫,摘译. 西北史地,1983(4).

〔前苏联〕Б. Г. 加富罗夫. 中亚塔吉克史. 肖之兴,译. 北京:中国社会科学出版社,1985.

〔前苏联〕С. Г. 克利亚什托尔内. 古代突厥鲁尼文碑铭——中亚细亚史原始文献. 李佩娟,译. 哈尔滨:黑龙江教育出版社,1991.

〔美〕劳费尔. 中国伊朗篇. 林筠因,译. 北京:商务印书馆,1964.

〔德〕阿尔伯特·冯·勒克科. 中亚艺术与文化史图鉴. 赵崇民,巫新华,译. 北京:中国人民大学出版社,2005.

〔古代阿拉伯〕马苏第. 黄金草原. 耿昇,译. 西宁:青海人民出版社,1998.

〔塞尔柱王朝〕马卫集论突厥. 胡锦州,田卫疆,摘译//新疆社会科学院中亚研究所. 中亚研究资料,1984(3).

马卫集论中国. 胡锦州,田卫疆,摘译//新疆社会科学院中亚研究所. 中亚研究资料·中亚民族历史译丛(一),1985.

〔法〕莫尼克·玛雅尔. 古代高昌王国物质文明史. 耿昇,译. 北京:中华书局,1995.

〔法〕阿里·玛扎海里. 丝绸之路——中国—波斯文化交流史. 耿昇,译. 北京:中华书局,1993.

〔美〕W. M. 麦高文. 中亚古国史. 章巽,译. 北京:中华书局,1958.

〔韩〕朴汉济. 唐代"六胡州"州城的建置及其运用. 中国历史地理论丛,2010(2).

〔前苏联〕Г·А·普加琴科娃,Л·И·列穆佩. 中亚古代艺术. 陈继周,李琪,译. 乌鲁木齐:新疆美术摄影出版社,1994.

〔前苏联〕Г·А·普加琴科娃. 粟特艺术中的康居人形象. 李琪,译//周伟洲,主编. 西北民族论丛. 北京:中国社会科学出版社,2006.

〔韩〕全海宗. 汉代朝贡制度考//中韩关系史论集. 北京:中国社会科学出版社,1997.

〔日〕桑山正进. 慧超往五天竺国传研究. 京都大学人文科学研究所,1992.

〔日〕桑原隲藏. 东洋史说苑. 钱婉约,王广生,译. 北京:中华书局,2005.

〔日〕桑原隲藏. 论隋唐时代来往于长安之西域人//《内藤博士还历纪念支那学论丛》,1926 年。后收入桑原隲藏. 东洋文明史论丛. 东京:弘文堂,1934;桑原隲藏全集(2). 东京岩波书店,1968 年. 有王桐龄中译本. 隋唐时代西域归化人考. 分载(北京)《师大月刊》1935(22),1936(26),(27);又有何健民译本. 隋唐时代西域人华化考//武汉大学文史季刊,1935,5(2),(3),(4).

〔法〕沙畹. 西突厥史料. 冯承钧,译. 北京:中华书局,2004.

〔法〕沙畹,伯希和. 摩尼教流行中国考. 冯承钧,译//西域南海史地考证译丛,第八编. 商务印书馆,1995.

〔英〕N. 森姆斯威廉. 敦煌、吐鲁番文献所记突厥和粟特基督徒. 王菲,译. 西域研究,1997(2).

〔前苏联〕Б. Я. 斯塔维斯基. 古代中亚艺术. 路远,译. 西安:陕西旅游出版社,1992.

〔日〕松田寿男. 古代天山历史地理学研究. 陈俊谋,译. 北京:中央民族学院出版社,1985.

〔阿拉伯〕苏莱曼. 中国印度见闻录. 穆根来,等,译. 北京:中华书局,1983.

〔日〕藤田丰八. 榻及毾㲪、氍毹考. 何建民,译//中国南海古代交通丛考. 北京:商务印书馆,1936.

〔日〕藤田丰八. 西北古地研究. 杨錬,译. 北京:商务印书馆,1938.

万斯年. 唐代文献丛考. 北京:商务印书馆,1957.

〔匈牙利〕乌瑞. 景教和摩尼教在吐蕃. 王湘云,译//中国敦煌吐鲁番学会,主编. 国外敦煌吐蕃文书研究选译. 兰州:甘肃人民出版社,1992.

〔美〕谢弗. 唐代的外来文明. 吴玉贵,译. 北京:中国社会科学出版社,1995.

〔日〕岩佐精一郎. 唐代粟特城塞之发掘及其出土文物. 万斯年,

译.//唐代文献丛考.北京:商务印书馆,1957.

〔日〕伊濑仙太郎.中国西域经营史研究.东京:巖南堂书店,1955.

〔日〕羽田亨.西域文化史.耿世民,译.乌鲁木齐:新疆人民出版社,1981.

〔日〕羽溪了谛.西域之佛教.贺昌群,译.北京:商务印书馆,1999.

〔英〕H.裕尔.东域纪程录丛.张绪山,译.云南人民出版社,2002.

〔法〕张日铭.唐代中国与大食穆斯林.姚继德,沙德珍,译.银川:宁夏人民出版社,2002.

〔巴基斯坦〕A.H.丹尼,〔俄〕V.M.马松.中亚文明史(第1卷).芮传明,译.余太山,审订.北京:中国对外翻译出版公司,2002.

〔匈牙利〕雅诺什·哈尔马塔.中亚文明史(第2卷).徐文堪,芮传明,译.余太山,审订.北京:中国对外翻译出版公司,2002.

〔俄〕B.A.李斯文斯基.中亚文明史(第3卷).马小鹤,译.余太山,审订.北京:中国对外翻译出版公司,2003.

〔塔吉克斯坦〕阿西莫夫,〔英〕博斯沃思.中亚文明史(第4卷)(上)(辉煌时代·公元750年至15世纪末:历史、社会和经济背景).华涛,译.北京:中国对外翻译出版公司、联合国教科文组织,2010.

〔英〕博斯沃思,〔塔吉克斯坦〕阿西莫夫,刘迎胜.中亚文明史(第4卷)(下)(辉煌时代:公元750年至15世纪末——文明的成就).北京:中国对外翻译出版公司,联合国教科文组织,2010.

后　　记

终于到交稿的时间了。望着面前写了12年的稿子，我非常忐忑，担心有负项英杰、杨兆钧、张广达、黄时鉴诸师的期望。如果有更多的时间，也许会做得更好些。

自1983年9月从项英杰师学习中亚史以来，我虽然坚守这块偏僻的阵地，努力探索，但才疏学浅，资料匮乏，进步缓慢。《百喻经·磨大石喻》云："磨大石者，喻于学问，精勤劳苦；作小牛者，喻于名闻，互相是非。夫为学者，研思精微，博通多识，宜应履行，远求胜果。"磨大石，作小牛，是本书积累写作的态度，也是我治学的态度。本课题研究，起于1999年。由于姜伯勤、蔡鸿生、余太山、林梅村、荣新江、齐东方、吴玉贵、芮传明、陈海涛、韩香、毕波等先生的探究，我对一些子课题的研究落后了，只能向他们虚心学习。受益良多，稽首诚谢。

十多年来，世事沧桑，经历许多变故。期间，2005年初患脑溢血，致使我的探索一度停顿。余太山、芮传明等学长的鞭策，严颉燕等同学的鼓励，使我一路走下来，人生丰富多彩。

我的研究生厉益、李琴、李英英、李丹丹、查亮亮等，最后帮助我打字第10章部分内容，李琴、厉益帮助编制了索引；留学伦敦大学亚非学院的研究生刘旭爽，帮助收集部分英文资料。谢谢你们。

2010年，教育部将此课题列入人文社会科学规划课题成果（"唐朝与中亚诸胡关系史研究"，编号10YJA770061），为本书稿的完成和出版提供了很大帮助。

本课题研究，尚有许多可以深入的地方，尤其是中亚穆格山等地出土的粟特文书、考古成果的利用，唐文化对中亚九姓胡的影响，隋唐入华九姓胡的民族成分,隋唐时期各地九姓胡活动和华化的差异,入华九姓胡的宗教和语言之演变等。所有这些,有待贤者探究了。

最后,感谢夫人刘念群的支持和理解。在资料的收集、整理等方面,她做了大量工作。

许序雅　谨识

2011 年 11 月 29 日于金华丽泽园

索　引

A

·欧·亚·历·史·文·化·文·库·

B

C

D

J

K

L

M

N

O

P

Q

R

S

T

W

X

Y

Z

欧亚历史文化文库

已经出版

林悟殊著:《中古夷教华化丛考》 定价:66.00 元
赵俪生著:《弇兹集》 定价:69.00 元
华喆著:《阴山鸣镝——匈奴在北方草原上的兴衰》 定价:48.00 元
杨军编著:《走向陌生的地方——内陆欧亚移民史话》 定价:38.00 元
贺菊莲著:《天山家宴——西域饮食文化纵横谈》 定价:64.00 元
陈鹏著:《路途漫漫丝貂情——明清东北亚丝绸之路研究》
定价:62.00 元
王颋著:《内陆亚洲史地求索》 定价:83.00 元
〔日〕堀敏一著,韩昇、刘建英编译:《隋唐帝国与东亚》 定价:38.00 元
〔印度〕艾哈默得·辛哈著,周翔翼译,徐百永校:《入藏四年》
定价:35.00 元
〔意〕伯戴克著,张云译:《中部西藏与蒙古人
——元代西藏历史》(增订本) 定价:38.00 元
陈高华著:《元朝史事新证》 定价:74.00 元
王永兴著:《唐代经营西北研究》 定价:94.00 元
王炳华著:《西域考古文存》 定价:108.00 元
李健才著:《东北亚史地论集》 定价:73.00 元
孟凡人著:《新疆考古论集》 定价:98.00 元
周伟洲著:《藏史论考》 定价:55.00 元
刘文锁著:《丝绸之路——内陆欧亚考古与历史》 定价:88.00 元
张博泉著:《甫白文存》 定价:62.00 元
孙玉良著:《史林遗痕》 定价:85.00 元
马健著:《匈奴葬仪的考古学探索》 定价:76.00 元
〔俄〕柯兹洛夫著,王希隆、丁淑琴译:
《蒙古、安多和死城哈喇浩特》(完整版) 定价:82.00 元
乌云高娃著:《元朝与高丽关系研究》 定价:67.00 元
杨军著:《夫余史研究》 定价:40.00 元

梁俊艳著:《英国与中国西藏(1774—1904)》 定价:88.00 元
〔乌兹别克斯坦〕艾哈迈多夫著,陈远光译:
《16—18 世纪中亚历史地理文献》(修订版) 定价:85.00 元
成一农著:《空间与形态——三至七世纪中国历史城市地理研究》
定价:76.00 元
杨铭著:《唐代吐蕃与西北民族关系史研究》 定价:86.00 元
殷小平著:《元代也里可温考述》 定价:50.00 元
耿世民著:《西域文史论稿》 定价:100.00 元
殷晴著:《丝绸之路经济史研究》 定价:135.00 元(上、下册)
余大钧译:《北方民族史与蒙古史译文集》 定价:160.00 元(上、下册)
韩儒林著:《蒙元史与内陆亚洲史研究》 定价:58.00 元
〔美〕查尔斯·林霍尔姆著,张士东、杨军译:
《伊斯兰中东——传统与变迁》 定价:88.00 元
〔美〕J. G. 马勒著,王欣译:《唐代塑像中的西域人》 定价:58.00 元
顾世宝著:《蒙元时代的蒙古族文学家》 定价:42.00 元
杨铭编:《国外敦煌学、藏学研究——翻译与评述》 定价:78.00 元
牛汝极等著:《新疆文化的现代化转向》 定价:76.00 元
周伟洲著:《西域史地论集》 定价:82.00 元
周晶著:《纷扰的雪山——20 世纪前半叶西藏社会生活研究》
定价:75.00 元
蓝琪著:《16—19 世纪中亚各国与俄国关系论述》 定价:58.00 元
许序雅著:《唐朝与中亚九姓胡关系史研究》 定价:65.00 元

敬请期待

〔俄〕Т. Б. 巴尔采娃著,张良仁、李明华译:
《斯基泰时期的有色金属加工业——第聂伯河左岸森林草原带》
李鸣飞著:《玄风庆会——蒙古国早期的宗教变迁》
马小鹤著:《光明的使者》
许全胜著:《黑鞑事略汇校集注》
张文德著:《朝贡与入附——明代西域人来华研究》
尚永琪著:《胡僧东来——汉唐时期的佛经翻译家和传播人》
篠原典生著:《西天伽蓝记》

桂宝丽著:《可萨突厥》
张小贵著:《祆教史考论与述评》
贾丛江著:《汉代西域汉人和汉文化》
王冀青著:《斯坦因的中亚考察》
王冀青著:《斯坦因研究论集》
王永兴著:《敦煌吐鲁番出土唐代军事文书考释》
薛宗正著:《汉唐西域史汇考》
李映洲著:《敦煌艺术论》
叶德荣著:《汉晋胡汉佛教论集》
〔俄〕波塔宁著,〔俄〕奥布鲁切夫编,吴吉康译:《蒙古纪行》
王颋著:《内陆亚洲史地求索》(续)
〔德〕施林洛甫著,刘震译校:《叙事和图画
——欧洲和印度艺术中的情节展现》
王冀青著:《斯坦因档案研究指南》
刘雪飞著:《上古欧洲斯基泰文化巡礼》
汪受宽著:《骊靬梦断——古罗马军团东归伪史辨识》
〔前苏联〕巴托尔德著,张丽译:《中亚历史》
徐文堪编:《梅维恒内陆欧亚研究文选》
〔前苏联〕K. A. 阿奇舍夫、Г. A. 库沙耶夫著,孙危译:
《伊犁河流域塞人和乌孙的古代文明》
徐文堪著:《古代内陆欧亚的语言和有关研究》
刘迎胜著:《小儿锦文字释读与研究》
李锦绣编:《20 世纪内陆欧亚历史文化研究论文选粹》
李锦绣、余太山编:《古代内陆欧亚史纲》
郑炳林著:《敦煌占卜文献叙录》
陈明著:《出土文献与早期佛经词汇研究》
李锦绣著:《裴矩〈西域图记〉辑考》
王冀青著:《犍陀罗佛教艺术》
王冀青著:《敦煌西域研究论集》
李艳玲著:《公元前 2 世纪至公元 7 世纪前期西域绿洲农业研究》
许全胜、刘震编:《内陆欧亚历史语言论集——徐文堪先生古稀纪念》
张小贵编:《三夷教论集——林悟殊先生古稀纪念》

李鸣飞著:《横跨欧亚——马可波罗的足迹》
杨林坤著:《西风万里交河道——明代西域丝路上的使者与商旅》
杜斗诚著:《杜撰集》
林悟殊著:《华化摩尼教补说》
王媛媛著:《摩尼教艺术及其华化考述》
〔日〕渡边哲信著,尹红丹、王冀青译:《西域旅行日记》
李花子著:《长白山踏查记》
王冀青著:《佛光西照——欧美佛教研究史》
王冀青著:《霍恩勒与鲍威尔写本》
王冀青著:《清朝政府与斯坦因第二次中国考古》
芮传明著:《摩尼教东方文书校注与译释》
马小鹤著:《摩尼教东方文书研究》
段海蓉著:《萨都刺传》
〔德〕梅塔著,刘震译:《从弃绝到解脱》
郭物著:《欧亚游牧社会的重器——鍑》
王邦维著:《玄奘》
冯天亮著:《词从外来——唐代外来语研究》
芮传明著:《内陆欧亚中古风云录》
王冀青著:《伯希和敦煌考古档案研究》
王冀青著:《伯希和中亚考察研究》
李锦绣著:《北阿富汗的巴克特里亚文献》
〔日〕荒川正晴著,冯培红译:《欧亚的交通贸易与唐帝国》
孙昊著:《辽代女真社会研究》
赵现海著:《明长城的兴起
——"长城社会史"视野下明中期榆林长城修筑研究》
华喆著:《帝国的背影——公元 14 世纪以后的蒙古》
〔前苏联〕伊·亚·兹拉特金著,马曼丽译:《准葛尔汗国史》(修订版)
杨建新著:《民族边疆论集》
〔美〕白卖克著,马娟译:《大蒙古国的畏吾儿人》
余太山著:《内陆欧亚史研究自选论集》
